公路工程全过程一体化造价管理理论与实践丛书

公路工程造价管理标准化与信息化指南

GONGLU GONGCHENG ZAOJIA GUANLI BIAOZHUNHUA YU XINXIHUA ZHINAN

广东省交通运输工程造价管理站　王燕平　等
长安大学　党晓旭　等
编著

人民交通出版社股份有限公司
China Communications Press Co.,Ltd.

内 容 提 要

本书主要包括：概述，公路工程造价管理标准化与信息化原理，计价依据标准化与信息化设计，项目建议书、可行性研究阶段造价文件编制标准化与信息化，设计阶段造价文件编制标准化与信息化，招标阶段造价文件编制标准化与信息化，施工阶段造价文件编制标准化与信息化，交竣工阶段造价文件编制标准化与信息化，造价审查和监督标准化与信息化，从业人员管理标准化与信息化，造价数据积累查询标准化与信息化，造价数据的系统集成与分析技术等。

本书深入浅出，案例密切结合行业实际，可供公路从业者、各行业的造价管理人员及在校学生学习参考。

图书在版编目(CIP)数据

公路工程造价管理标准化与信息化指南 / 广东省交通运输工程造价管理站，长安大学编著. —北京 ：人民交通出版社股份有限公司，2015.6

ISBN 978-7-114-12181-4

Ⅰ.①公… Ⅱ.①广… ②长… Ⅲ.①道路工程-造价管理-标准化-指南 ②道路工程-造价管理-信息化-指南 Ⅳ.①U415.13-62

中国版本图书馆 CIP 数据核字(2015)第 077647 号

Gonglu Gongcheng Zaojia Guanli Biaozhunhua yu Xinxihua Zhinan

书　　名：公路工程造价管理标准化与信息化指南
著 作 者：广东省交通运输工程造价管理站　王燕平　等
　　　　　长安大学　党晓旭　等
责任编辑：韩亚楠　崔　建
出版发行：人民交通出版社股份有限公司
地　　址：(100011)北京市朝阳区安定门外外馆斜街 3 号
网　　址：http://www.ccpress.com.cn
销售电话：(010)59757973
总 经 销：人民交通出版社股份有限公司发行部
经　　销：各地新华书店
印　　刷：北京鑫正大印刷有限公司
开　　本：787×1092　1/16
印　　张：16.5
字　　数：372 千
版　　次：2015 年 6 月　第 1 版
印　　次：2015 年 6 月　第 1 次印刷
书　　号：ISBN 978-7-114-12181-4
定　　价：45.00 元

《公路工程全过程一体化造价管理理论与实践丛书》
编　委　会

本册编著组

主　　编：贾绍明

副 主 编：王燕平　党晓旭

参编人员：黄成造　吴伟彬　王元庆　管　培　伍　文
　　　　　郭卫民　李桂香　张　帆　郑宇春　吴洲豪
　　　　　刘明林　黄舒扬　白文慧　赵峰逸　李梓华

序言 XUYAN

交通运输是人类文明的生命线，是国民经济的血脉和纽带，是社会和谐并充满活力、人民安居乐业的基本条件。正如经济学创立人亚当·斯密在《国富论》中指出的"一切改良，以交通运输改良最为有效"。交通运输的良性发展，已经成为一个国家现代化的重要前提和标志。

改革开放以来，各级政府始终将交通运输作为优先发展领域，交通基础设施为社会经济持续快速发展提供了重要支撑。"十一五"期间，交通运输事业实现了新的跨越式发展，交通基础设施投资特别是公路建设投资持续增长；与此同时，公路建设成本居高不下，公路工程造价中隐含着社会公共利益与小群体利益之间的矛盾和冲突，行业可持续发展与短期效益之间的矛盾和冲突，这些日益引起社会的普遍关注，公路工程造价管理重要性凸显。"十二五"是交通运输转变发展方式，促进科学发展的关键时期，以人为本、服务至上、科技支撑、提升公路工程造价管理水平，是建设现代交通运输的现实需要，是做好交通运输"三个服务"的题中之意。

俗话说"方法得当，事半功倍"。为适应持续平稳发展的交通建设形势，科学、准确、高效地核定公路工程造价，各级交通运输主管部门从体制、机制、方法、技术和手段等方面不断探索，做了大量富有成效的工作。广东省在公路工程造价管理方面的改革创新就是一个典型。他们响应交通运输部的号召，积极推行现代工程管理理念，结合公路工程造价管理实际，以全过程造价管理为目标，以"专业化、标准化、信息化"为抓手，建立起"公路工程全过程一体化"造价管理体系，贯穿项目前期设计、工程实施、竣（交）工验收等阶段，实现程序衔接、数据连贯、技术均衡的造价管理系统。该体系符合现代工程管理"五化"要求，已在广东全省高速公路建设项目中推广普及，以较少的管理投入，实现了建设造价的合理有效控制。实践证明，这套管理体系是先进的，值得在更大范围内推广。

广东省交通运输厅在公路工程造价管理方面的创新求索，先行先试，敢为人先，具有很好的示范引领作用。希望本书的出版，能促进各级交通运输主管部门和广大从业者相互交流、相互学习、取长补短、共同提高，进一步迈出改革创新的步伐，为全面提升我国公路建设投资控制和工程造价管理水平，为建设交通事业更加美好的未来而不断努力。

交通运输部公路局　局长 

2012年1月

前言 QIANYAN

公路建设成本的合理与否直接关系到社会公众的切身利益。广东省交通运输主管部门怀着关注民生、支持社会经济发展的强烈责任感和使命感，以负责任的政府部门的工作态度，十多年来持续关注公路工程造价管理工作。1988年原交通部发出通知，要求各省、自治区、直辖市成立公路工程定额站，广东省交通运输主管部门及时成立了相关机构，从事公路工程定额管理和前期设计阶段的造价文件审查工作。十多年来，公路建设项目规模越来越大，建设标准要求越来越高，技术难度越来越大，建设条件越来越复杂，新技术、新工艺、新材料、新设备应用越来越广泛，建设市场的开放程度和多元化投资比重越来越高，加之社会公众对民主法治建设越来越敏感，对民生的关注越来越热切，公路工程造价管理的难度也越来越大。广东省实践发现，仅重视设计阶段、着重具体事务性的管理方式已经不能满足公路建设发展的形势和造价管理的要求。2000年初，广东省交通运输主管部门审时度势，提出通过完善管理与技术创新，形在将公路造价管理贯穿于项目前期立项、设计、施工及后期交竣工验收的全过程造价管理模式。按照这一理念，原广东省公路工程定额管理站已于2000年更名为广东省交通运输工程造价管理站。十多年来，广东省交通运输工程造价管理站与长安大学合作攻关，克服了设计、施工和竣工等阶段计价方式不一致，各阶段造价数据不连贯，造价管理阶段脱节、管理业务分割等众多困难，通过技术创新、规范管理，加强信息化、标准化建设，从小范围试点，到推广到全省公路工程造价管理工作中，逐步实现了公路建设各阶段造价管理全过程的串接，形成了独特的工程造价全过程一体化管理体系。

基于对社会利益最大化的行业管理目标的深刻认识和对维护公共利益的执著，针对全过程造价管理存在的具体问题和实际困难，广东省交通运输主管部门多年来开展了多项科学研究，攻坚克难，本系列丛书是在"广东省公路建设造价管理模式研究"、"广东省公路工程造价综合管理系统开发及应用研究"、"山区高速公路建设成本控制研究"、"广东省多元化投资体制的公路造价管理体系研究"、"广东省域路用地材状况普查及其适用性研究"等多项课题研究积累的成果的基础上进一步总结提升后形成。本丛书旨在阐述和介绍全过程管理理念，运用系统的专业方法、先进的信息技术和标准化手段，构建科学的现代公路工程造价管理体系，最终实现合理控制公路工程造价水平的目的。本套丛书所述理念、技术已在广东全省公路工程建设中推广实施，效果良好。

本套丛书提出的公路工程全过程一体化造价管理模式，与交通运输部和其他兄弟省份开展的公路工程造价管理工作的总体方向一致，但在工程实际和地域特征剖析上更加丰富细致，是对我国公路工程造价管理发展方向的一次大胆探索，希望通过该丛书与行业管理者和工程造价从业者分享、交流，共同提高。本套丛书的出版也期望能为我国公路工程造价管理探索一条具有中国特色的创新道路，使造价管理更好地服务于交通运输事业，同时以求在推动中国交通运输行业现代化管理方面起到抛砖引玉的作用。

本套丛书共分三册：第一册，分析公路工程造价管理改革路径如何设计。在深入分析公路工程造价管理需求的基础上，介绍了广东省开展的卓有成效的公路工程全过程一体化造价管理的体系框架，重点对全过程一体化造价管理这一成套技术要点进行阐述和介绍，期望为交通运输主管部门、公路建设单位的领导、广大造价从业者以及关心公路工程造价的社会人士提供一个认识公路工程造价管理现状和行业前沿的简明读本。第二册，介绍公路造价工程专业化、标准化和信息化的方案、组成与应用。将详细介绍公路工程全过程一体化造价管理工作专业化、标准化、信息化的具体内容，以使为有意深入了解全过程一体化造价管理体系的读者以及公路行业管理者、工程管理者和造价从业人员提供一个简明、快速的提升能力的教材。第三册，实用案例。将以典型案例形式介绍如何利用配套的造价信息系统，按照全过程造价管理模式的要求完成造价管理各项业务，为造价从业人员深入学习、实践提供指引。

本套丛书得以出版，得到了交通运输部领导的热情鼓励和亲切关怀，得到了交通运输部公路局、交通运输部路网监测与应急处置中心和广东省交通运输厅领导的大力支持和悉心指导，得到了上海中交海德交通科技股份有限公司的通力合作，得到了人民交通出版社股份有限公司韩亚楠、崔建编辑的精心策划和无私帮助，在此表示衷心感谢。由于时间仓促、水平有限，书中难免有不足之处，恳请各位专家、学者批评指正。

著　者

2015年5月

目录 MULU

1 概述 …… 1

1.1 公路工程造价管理标准化与信息化由来 …… 1

1.2 标准化与信息化技术的发展及应用 …… 2

1.3 公路工程造价管理标准化与信息化的优势 …… 13

1.4 本书适用对象 …… 23

1.5 术语 …… 23

2 公路工程造价管理标准化与信息化原理 …… 28

2.1 造价文件编制的标准化与信息化原理 …… 28

2.2 造价审查行为的标准化与信息化原理 …… 45

2.3 资质资格和信用管理标准化与信息化原理 …… 47

2.4 造价数据积累与查询的标准化与信息化原理 …… 48

3 计价依据标准化与信息化设计 …… 50

3.1 定额标准化与信息化 …… 50

3.2 价格信息管理标准化与信息化 …… 55

3.3 编制办法标准化与信息化 …… 66

3.4 计量规则标准化与信息化 …… 68

4 项目建议书、可行性研究阶段造价文件编制标准化与信息化 …… 71

4.1 估算编制标准化 …… 71

4.2 估算编制信息化 …… 78

4.3 估算编制标准化与信息化优势 …… 88

5 设计阶段造价文件编制标准化与信息化 …… 92

5.1 概、预算编制标准化 …… 92

5.2 概、预算编制信息化 …… 100

5.3 概、预算编制标准化与信息化优势 …… 108

6 招标阶段造价文件编制标准化与信息化 …… 109

6.1 公路工程设计文件工程数量编制标准介绍 …… 109

6.2 公路工程工程量清单编制标准介绍 …… 115

6.3 招标阶段造价文件编制标准化 …… 118

6.4 工程量清单文件编制信息化 …… 134

6.5 清单文件编制标准化与信息化优势 …… 149

7 施工阶段造价文件编制标准化与信息化 ······ 155
7.1 工程设计变更造价文件编制标准化与信息化 ······ 155
7.2 造价管理台账编制标准化与信息化 ······ 162
7.3 施工阶段造价文件编制标准化与信息化优势 ······ 170
8 交竣工阶段造价文件编制标准化与信息化 ······ 174
8.1 工程结算文件编制标准化 ······ 174
8.2 竣工决算编制标准化 ······ 182
8.3 竣工决算编制信息化 ······ 196
8.4 竣工决算编制标准化与信息化优势 ······ 200
9 造价审查和监督标准化与信息化 ······ 205
9.1 造价审查标准化与信息化 ······ 205
9.2 造价监督标准化与信息化 ······ 216
9.3 造价审查和监督标准化与信息化优势 ······ 222
10 从业人员管理标准化与信息化 ······ 224
10.1 从业人员管理标准化 ······ 224
10.2 从业人员管理信息化 ······ 228
10.3 从业人员管理标准化与信息化优势 ······ 230
11 造价数据积累查询的标准化与信息化 ······ 232
11.1 造价数据积累的标准化与信息化 ······ 232
11.2 造价数据查询的标准化与信息化 ······ 235
11.3 造价数据积累与查询的标准化与信息化优势 ······ 243
12 造价数据的系统集成与分析技术 ······ 244
12.1 片区管理 ······ 244
12.2 层次管理 ······ 246
12.3 个人管理 ······ 249
12.4 项目分析 ······ 250

1 概　　述

1.1　公路工程造价管理标准化与信息化由来

1.1.1　造价管理向全过程一体化方向发展

公路是公益性的基础设施，百姓期望优质公路保障通行的同时，出行成本尽量低，而承担着公路与公众利益衔接作用的公路造价，也因此成为近年社会关注的热点。伴随着公路向山区、沙漠、海洋延伸，公路项目的建设规模越来越大，工程内容越来越复杂，特长隧道、跨海工程等新型结构形式不断出现，新技术、新工艺、新材料和新设备广泛应用，多元化投资比重显著提高，公路工程造价管理的难度越来越大，公路工程造价管理技术创新的需求也越来越迫切。

全过程造价管理是考虑建设项目分阶段、多次计价，每一阶段分别计价但又相互关联发展而来的造价管理模式。全过程造价管理能够将影响工程造价的各方面、各因素和各环节都纳入管理范围，具有消除监管盲点的优势，自20世纪80年代引入我国工程造价领域后，即引起部分行业管理者重视，并在公路行业尝试应用。目前，虽然各地对公路项目各建设阶段都有相应的造价管理措施，但不同阶段管理方法不同，管理结果不能有效衔接，管理阶段脱节，各阶段造价水平的合理性无法验证，全过程造价管理的综合绩效没有充分发挥。

公路工程造价，由于工程复杂性和价格波动性，使工程计价的技术性、时变性更强，而公路工程造价的社会敏感性和群众关注度，亦要求计价水平的可靠性、可信度更高。全过程造价管理，具有在横向管理维度和纵向管理深度方面的全方位、系统化优势，因此应予以坚持，但考虑到现行方法在阶段衔接和信息沟通（包括正向控制与逆向反馈）方面的不足与缺失，以及造成的管理绩效不确定的问题，需要进一步完善优化。全过程造价管理，需要由静态全过程发展为动态全过程，由开环全过程发展为闭环全过程，由弱关联全过程发展为一体化全过程，将全过程造价管理推进到一体化阶段，提升为全过程一体化造价管理，即将造价管理贯穿项目前期决策（设计）阶段、中期实施阶段、后期交竣工验收阶段，并实现阶段间管理方法衔接、造价数据连贯、阶段管理连续。突出造价数据关联、共享和造价业务的集成、整合，实现各阶段相互控制、反馈修正的连续化管理和相关业务的系统化管理。只有这样，才能将全过程管理的综合绩效完全发挥，才是真正的全过程管理。

早在20世纪90年代，广东省公路工程造价管理已开始推行全过程管理模式，近年来更是引入专业化、标准化、信息化技术，逐步摸索出一套具有中国特色的公路工程全过程一体化造价管理机制。

1.1.2 标准化、信息化是全过程一体化造价管理的抓手

全过程一体化造价管理中,"全过程管理"是目标,"一体化"技术是实现手段,通过"一体化"技术实现"全过程管理"。"一体化"技术包括造价数据一体化技术和造价业务一体化技术。

目前,公路建设前期、中期和后期计价方式不统一,各阶段造价数据相对独立,相互比照分析困难。造价数据一体化技术,即通过技术手段实现各阶段计价方式衔接,造价数据连贯,形成全过程造价数据闭合控制。目前,造价管理主要侧重于定额测定发布和造价文件审查,尚未把实施阶段的造价监督、从业人员管理等内容纳入管理范畴,而且不同业务之间信息壁垒严重,共享困难。造价业务一体化技术,即造价管理兼顾计价依据、造价文件编审、过程监督和人员资格管理,突出跨业务数据的关联、共享的业务集成技术。

"一体化"技术的核心是造价管理的标准化和信息化。标准化是指以全过程造价管理为目标,针对公路工程造价管理的组成要素,建立分解目标集,制定系列技术标准;信息化是指利用先进信息技术,开发各阶段计价应用软件和造价管理平台,实现对公路工程造价各项业务的信息化管理。二者之间,标准化是基础,信息化是手段。当前,公路建设项目规模庞大,要实现一个公路建设项目全过程、一体化的造价管理,需要搜集数以万计的数据信息,已经无法依靠人工可靠地完成,必须借助信息化手段和计算机技术,利用其在存储、统计、调用、关联、计算、对比方面的优势,辅助人员完成;而信息化又以数据信息的标准为基础,通过形成标准的数据,克服现行管理方式中设计、施工和交竣工等阶段计价方式不统一、造价数据不衔接、管理阶段脱节、管理业务分割等制约全过程造价管理的困难,实现各造价管理阶段和业务内容的全过程串接,最终实现公路工程造价事前控制、事中监督、事后核定,及时识别公路工程造价过程中的异常或不良趋势,为合理控制公路工程建设成本提供管理依托。

从公路工程建设管理技术的发展应用看,一体化技术也适应了交通运输部提出的交通运输业现代工程管理的需要,全过程造价管理一体化技术中的关键点——标准化、信息化,是交通运输部提出的公路建设"五化"(人本化、专业化、标准化、信息化、精细化)在公路工程造价管理行业的具体应用和拓展。

1.2 标准化与信息化技术的发展及应用

1.2.1 标准化信息化概念

(1)标准化。根据《标准化工作指南 第1部分:标准化和相关活动的通用词汇》(GB/T 20000.1—2002)的定义,标准化是指为在一定范围内获得最佳秩序,对现实问题或潜在问题制定共同使用和重复使用的条款的活动。

(2)信息化。1963年,日本学者 Tadao Umesao 首次提出信息化概念,并将其定义

为通信现代化、计算机化和行为合理化的总称。其中，通信现代化是指社会活动中的信息交流基于现代通信技术；计算机化是社会组织和组织间信息的产生、存储、处理（或控制）、传递等广泛采用先进计算机技术和设备管理的过程；行为合理化是指人类按公认的合理准则与规范进行。在我国，《2006—2020年国家信息化发展战略》中指出，信息化是充分利用信息技术，开发利用信息资源，促进信息交流和知识共享，提高经济增长质量，推动经济社会发展转型的历史进程。

1.2.2 标准化与信息化技术在建筑工程造价管理中的应用

（1）建筑工程造价管理标准化开展情况。建设部门主要从计价依据管理、招投标与合同管理、资金使用监督、从业人员和咨询单位管理等方面制定了一系列的技术标准和规章制度。

计价依据管理方面，建设工程计价采用定额计价与清单计价相结合的方式。住建部（原建设部）等部门先后制定并发布了《市政工程投资估算编制办法》（2007）、《市政工程投资估算指标 》（2007）、《市政工程设施养护维修估算指标》（2011）、《城市轨道交通建筑安装工程费用标准编制规则》（2001）、《城市轨道交通工程投资估算指标》（2008）、《城市轨道交通工程设计概预算编制办法》（2007）、《城市轨道交通工程概算定额》（2011）、《城市轨道交通工程预算定额》（2008）、《中央基本建设投资项目预算编制暂行办法》（2002）、《全国统一建筑工程基础定额》（1995）和《全国统一建筑工程预算工程量计算规则》（1995）、《全国统一建筑装饰装修工程消耗量定额》（2002）、《全国统一安装工程基础定额》（2006）、《全国统一房屋修缮工程预算定额》（1995）、《全国统一市政工程预算定额》（1999）、《全国统一安装工程预算定额》（2000）和《全国统一安装工程预算工程量计算规则》（2000）、《全国统一施工机械台班费用定额》（2001）、《全国统一安装工程施工仪器仪表台班费用定额》（1999）、《建筑工程劳动定额》（2008）、《建筑安装工程费用项目组成》（建标［2003］206号）、《建设工程计价设备材料划分标准》（GB/T 50531—2009）、《关于工程建设其他费用项目划分暂行规定》（计标［1985］352号）、《建设工程监理与相关服务收费规定》（发改价格［2007］670号）等一系列建设工程定额和取费标准，宏观指导各地建设工程估、概、预算编制。住建部（原建设部）还出台了《中华人民共和国标准施工招标文件》（2007）、《建设工程工程量清单计价规范》（GB 50500—2013）、《建设工程建筑面积计算规范》（GB/T 50353—2013）等文件，规范建设工程工程量清单计价。

造价文件编审方面，作为协助主管部门管理建设工程造价的行业协会，中国建设工程造价管理协会制定了《建设项目投资估算编审规程》（CECA/GC1—2007）、《建设项目设计概算编审规程》（CECA/GC2—2007）、《建设项目施工图预算编审规程》（CECA/GC5—2010）、《建设工程招标控制价编审规程》（CECA/GC6—2011）、《建设项目工程结算编审规程》（CECA/GC3—2010）、《建设项目全过程造价咨询规程》（CECA/GC4—2009）和《建设工程造价咨询成果文件质量标准》（CECA/GC7—2012）等行业协会标准，规范建设工程造价文件编审环节，提高编审质量。

招投标与合同管理方面，原建设部制定了《建筑工程施工发包与承包计价管理办法》(建设部令[2001]第107号)、《建设工程价款结算暂行办法》(财建[2004]第369号),对标底编制、投标报价、合同价、工程设计变更价款调整、工程价款结算及支付等做了详细规定;制定发布了《工程担保合同示范文本(试行)》(建市[2005]第74号)、《建设工程勘察设计合同》(建设[2000]第50号)、《建设工程设计合同(示范文本)》(建设[2000]第50号)、《建设工程施工合同(示范文本)》(建建[1999]第313号)、《建设工程施工专业分包合同(示范文本)》、《建设工程施工劳务分包合同(示范文本)》、《建筑装饰工程施工合同(示范文本)》(建监[1996]第585号)、《建筑工程造价咨询合同(示范文本)》(建标[2002]第197号)、《工程建设监理合同(示范文本)》(建监字[1995]第547号)等系列建设工程合同范本文件,对工程建设项目的计费进行了格式规范。

资金使用监督方面,原建设部等部门出台了《建筑工程安全防护、文明施工措施费用及使用管理规定》(建办[2005]89号)、《建设工程质量保证金管理暂行办法》(建质[2005]7号)、《高危行业企业安全生产费用财务管理暂行办法》(财企[2006]478号),对建筑工程安全防护、文明施工措施费,建设工程质量保证金,安全生产费用的编制、使用、监督等进行了规范。

在造价从业人员管理方面,原人事部、建设部联合发布了《造价工程师执业资格制度暂行规定》(人发[1996]77号),明确工程造价技术人员实行执业资格准入制度。为了规范执业行为,原建设部发布了《注册造价工程师管理办法》(建设部令[2006]150号),《关于注册造价工程师变更、暂停执业、注销注册等有关事项的通知》(建标造函[2008]2号),中国建设工程造价管理协会发布了《全国建设工程造价员管理办法》(中价协[2011]021号)、《关于造价员从业印章和资格证书补充规定的通知》(中价协[2011]024号)、《全国建设工程造价员资格考试大纲》、《造价工程师继续教育实施办法》(中价协[2002]017号)等文件对注册造价工程师的注册、造价员的登记、变更、执业、继续教育、监督管理、自律等进行规范,明确造价工程师(员)实行资格年检制度,并规定注册造价工程师(造价员)及其聘用单位应向注册、登记机关提供包括造价工程师(员)的基本情况、业绩、良好行为、不良行为等内容的信用档案信息,并按规定向社会公示,对造价工程师(员)注册、变更、注销的申请表格样式也进行了规范。目前,中国建设工程造价管理协会正在研究制定"工程造价专业人员继续教育大纲及实施方案",完善细化行业自律方面的制度和办法。在造价咨询单位管理方面,原建设部发布了《工程造价咨询单位资质管理办法(试行)》(建标[1996]133号)和《工程造价咨询单位资质管理办法(试行)实施细则》(建标[1996]316号),明确工程造价咨询行业实行市场准入制度。发布了《工程造价咨询单位管理办法》(建设部令[2000]74号)、《建设工程项目管理试行办法》(建市[2004]200号),从资质等级与标准、资质许可、服务内容、收费标准、工程造价咨询管理等方面规范工程造价咨询企业的从业行为,并规定造价咨询单位实行资质年检,对资质条件、工作业绩、内部制度建设、服务质量、社会资信等内容进行检查并根据检查结果进行升、降级和注销资质处理。

为了加强和规范对工程造价咨询企业和造价从业人员的监督管理,住建部建立了“工程造价咨询统计报表制度”，要求取得建设工程造价咨询资质的企业按照规定格式定期上报企业的基本情况和业绩信息。中国建设工程造价管理协会制定了《造价工程师职业道德行为准则》（中价协[2002]015号）、《工程造价咨询单位执业行为准则》（中价协[2002]015号），住建部（原建设部）制定了《建筑市场诚信行为信息管理办法》（建市[2007]9号），起草了《工程造价咨询企业和注册造价工程师监督实施办法》（征求意见稿）、《全国建筑市场注册执业人员不良行为记录标准》（征求意见稿）和《工程造价咨询企业和注册造价工程师信用档案信息管理办法》（征求意见稿），向社会公示征求意见，探索建立信用管理与激励机制。

此外，为了规范行业常用语，避免理解歧义，为造价标准化管理奠定基础，中国建设工程造价管理协会还起草了《工程造价术语标准》（征求意见稿）。

在全国性造价管理规章制度体系基础上，各省建设部门还结合地区实际和管理需要出台了一系列地方标准和管理规定。以广东省为例，广东省建设部门出台了《广东省建设工程造价管理规定》对建设工程造价管理的主体、造价文件编审、造价从业人员和咨询单位的准入执业进行了规定；先后制定了《广东省建筑工程计价办法》、《广东省建设工程计价通则》（2010）、《广东省实施<建设工程工程量清单计价规范>（GB 50500—2008）若干意见》、《广东省建筑工程量清单项目设置规则》、《广东省建设工程标准施工合同》（2009）、《广东省建筑与装饰工程综合定额》（2010）、《广东省园林绿化工程综合定额》（2010）、《广东省市政工程综合定额》（2010）、《广东省安装工程综合定额》（2010）、《广东省房屋建筑和市政修缮工程综合定额》（2010）、《广东省建设施工机械台班费用》（2010）、《关于安全防护、文明施工措施费用计算补充规定的通知》（粤建价函[2007]489号）、《关于建设工程工料机价格涨落调整与确定工程造价的意见》（粤建价[2007]402号）等计价依据，并每隔3~5年修订一次，指导造价文件编制。部分地市还结合国家、省规定和地区特征，制定了本行政区域内建筑工程造价管理标准和制度。

（2）建筑工程造价管理信息化开展情况。信息技术在我国建设工程造价管理领域的应用，最早可以追溯到1973年，当时我国著名科学家华罗庚在沈阳进行了计算机编制建筑工程概预算的研究。随后，全国各地建设工程造价管理机构和一些大型建筑公司也都尝试使用计算机进行工程造价管理。目前，信息技术在建设工程造价宏观管理和微观管理领域的应用都非常普遍。

政府宏观造价管理方面，建设部门或造价管理机构主要采用门户网站与核心业务结合的信息化实现方案，开展造价管理工作。造价管理机构通过门户网站发布政务信息，计价依据信息，工程造价指标、指数、价格信息，咨询单位、从业人员信息；信息员通过门户网站实现人工、材料、机械价格信息和工程项目造价数据的上报；建设部门或造价管理机构通过门户网站的政务平台接口或其他专用接口与用户进行行政许可、人员考试报名等业务的在线办理、沟通互动。目前，国家层面的建设工程造价管理信息化平台是“中国建设工程造价信息网”，其界面如图1.1所示。网站开放了“建设工程造价政务平台”链接，实现造价管理机构与用户之间造价政务工作的在线办理；开放了“人工成本信息”、“住宅造价信息”、“城市轨道交通造价信息”、“政法基

图 1.1　中国建设工程造价信息管理平台 1

础设施造价信息”链接，实现造价数据、信息的上报和查询；网站“政策法规”选项发布建设工程造价管理的法律法规、部门规章、规范性文件和地方规定；“计价依据”选项发布全国统一计价依据和地方计价依据；“清单计价”选项发布清单计价相关规定、工作动态和规范释义；“造价信息”选项发布各地住宅造价指标走势和对比、各地人工价格信息对比、各地轨道交通概算指标对比；“轨道交通”选项发布项目信息、标准规范、行业资讯；“行政许可”（图 1.2 中“工程造价咨询企业注册造价工程师管理系统”）选项提供工程造价咨询企业资质认定和造价工程师资格注册的在线业务办理通道。

图 1.2　中国建设工程造价管理信息平台 2（造价咨询企业、从业人员）

根据管理分工，中国建设工程造价管理协会协助住建部进行造价咨询企业和从业人员管理。“中国建设工程造价管理协会网站”是国家层面造价咨询企业和从业人员管理相关业务的另一信息化平台，界面如图 1.2 所示。

网站内嵌了“工程造价咨询企业、造价工程师管理系统”，实现造价咨询企业资质认定和造价工程师注册；“注册造价工程师网络教育系统”实现注册造价工程师执业期间继续教育的在线报名、学习、考试、证书打印以及继续教育信息的跨业务共享；“造价员管理系统” 供全国各省级、部门造价员归口管理机构使用，是用于造价员考试报名、信息查询、管理机构履行人员管理职能的平台；“造价员管理”提供省级造价管理机构上报造价员信息、在国家造价员考试试题库抽取考题、造价员下载业务表格的通道；“造价员网络教育系统”实现造价员执业期间继续教育的报名、学习、考试、证书打印业务以及继续教育信息共享；“工程造价咨询统计报表系统”提供造价咨询企业上报基本概况、人员配备、造价业绩、企业财务等情况的通道和造价管理机构审核、查询上报信息的平台；“综合查询系统”提供造价工程师执业资格考试成绩查询、甲级工程造价咨询单位查询、造价工程师注册信息查询、造价员信息查询、造价工程师考试资讯的查询服务。

地方建设部门或造价管理机构开通的造价管理网站功能基本类似，图 1.3 是广东省建设工程造价管理信息平台。

为了规范、提升建设工程造价管理信息化水平，避免重复建设、系统功能不全、交互度差、不兼容以及信息孤岛等问题，住建部出台了《关于做好建设工程造价信息化管理工作的若干意见》（建标造函[2011]46 号）、《造价员信息数据库的字段内容和标准》，起草了《建设工程造价信息化管理办法》（征求意见稿）、《建设工程工料机数据标准》（征求意见稿）、《建设工程造价信息管理办法》（征求意见稿）、《建设工程造价数据积累管理办法》（征求意见稿）等办法。

企业微观造价管理方面，建设工程估算、概算、预算、招标控制价、投标报价、结算等造价文件普遍使用软件编制。部分建设管理单位、造价咨询企业、施工企业或软件开发商，根据管理需要或市场需求，开发了一批项目管理软件，如可供施工企业或监理企业编制内业技术资料的建筑工程资料管理软件，供建设管理单位、施工企业用于招投标管理、预算管理、变更管理、台账管理的项目综合管理系统，供造价咨询企业用于业务管理、协同办公、项目派单、成本控制的综合管理系统等。

1.2.3　标准化与信息化技术在公路工程造价管理中的应用现状

(1)公路工程造价管理标准化现状。各级交通运输主管部门制定了一系列规章制度、技术标准，以规范公路工程造价管理。国家层面，交通运输部(原交通部)制定了《公路工程基本建设项目投资估算编制办法》(2011)、《公路工程估算指标》(2011)、《公路工程基本建设项目概算预算编制办法》(2007)、《公路工程概算定额》(2007)、《公路工程预算定额》(2007)、《公路工程机械台班费用定额》(2007)、《公路建设项目工程决算编制办法》、《交通基本建设项目竣工决算报告编制办法》、《公路工程标准施工招标文件》(2009 年版)，以规范公路建设项目的投资估算、设计概算、施工

首页 繁體 设为首页 邮箱 旧版网站

广东造价信息网
www.gdcost.com

分站链接：广州站 深圳站 珠海站 汕头站 佛山站 韶关站 惠州站 中山站 江门站 阳江站 湛江站 茂名站 肇庆站 清远站

2012-09-05 广东省住房和城乡建设厅关于贯彻落实省政府令第169号的实施意见（粤建法函[2012]669号）

《广东省房屋建筑和市政修缮工程综合定额(2012)》交底培训
预报名系统

网站导航
通知公告
行业新闻
政策法规
造价管理
资质管理
造价资料
理论探讨
总站介绍
造价工程师

造价协会
协会简介
协会章程
协会职能

广东造价在线 全省工程造价信息资源共享平台
"四价"备案系统
指标指数
造价案例
造价员管理 报名 | 考试 | 教育 变更 | 题库
培训预报名系统
厂商报价查询
我要询价
诚聘英才
征稿启事

最新网员
· 广东新迪锐星装饰工程有限公司
· 广州华南路桥实业有限公司
· 广州华南路桥实业有限公司
· 湛江市第四建筑工程有限公司
· 广州市公路勘察设计有限公司
· 广州市古蔓装饰工程有限公司
· 广东外语外贸大学审计处
· 广州市复城建筑工程总公司
· 广东金禾建设工程公司
· 广州万维建设工程顾问有限公司

政府部门网站
造价机构网站
建材专业网站
咨询公司网站
软件公司网站
厂商企业网站

建议与投诉：
gdzjxx@126.com

通知公告
· 关于工程造价信息资源共享平台的声明（粤建… 12.08.29
· 广东省住房和城乡建设厅关于贯彻落实省政府… 12.09.05
· 关于举办《广东省房屋建筑和市政修缮工程综… 12.08.22
· 关于确认使用"修缮定额数据库"的通知（粤… 12.08.14
· 关于汕头等地市造价员资格考试《工程计量与… 12.08.08
· 关于印发《广东省房屋建筑和市政修缮工程综… 12.07.23
· 关于加强定额人工动态单价管理的通知（粤建… 12.07.23
· 关于公布2012年度佛山市"全国建设工程… 12.07.20

行业新闻 更多
· 关于工程造价信息资源共享平台的声… 12.08.29
· 广东省2012年度造价员考试圆满… 12.08.27
· 汕头市举办造价员资格考试 12.08.27
· 关于举办《广东省房屋建筑和市政修… 12.08.22
· 第十七届粤东片区工程造价管理交流… 12.08.21

政策法规 更多
· 广东省住房和城乡建设厅关于贯彻落… 12.09.05
· 关于举办《广东省房屋建筑和市政修… 12.08.22
· 关于确认使用"修缮定额数据库"的… 12.08.14
· 关于印发《广东省房屋建筑和市政修… 12.07.23
· 无障碍环境建设条例 12.07.20

关于工程造价信息资源共享平台的声明

造价管理 更多
· 关于印发《广东省房屋建筑和市政修… 12.07.23
· 关于《广东省房屋建筑和市政修缮工… 12.07.11
· 关于印发2006年广东省安装、市… 11.12.31
· 《广东省市政工程计价依据》（20… 11.12.31
· 《广东省园林建筑绿化工程计价依据… 11.12.31

资质管理 更多
· 广东省2012年度造价员考试圆满… 12.08.27
· 汕头市举办造价员资格考试 12.08.27
· 关于举办《广东省房屋建筑和市政修… 12.08.22
· 关于汕头等地市造价员资格考试《工… 12.08.08
· 关于公布2012年度佛山市"全国… 12.07.20

协会动态 更多
· 广东省工程造价协会会员申请表 11.12.30
· 关于汕头等地市造价员资格考试《工… 12.08.08
· 关于公布2012年度佛山市"全国… 12.07.20
· 关于公布2012年度中山市"全国… 12.07.20
· 关于公布2012年度惠州市"全国… 12.07.20

理论探讨 更多
· 关于加强建设工程造价信息管理的思… 12.05.21
· 地下室大体积混凝土施工防渗漏方法 10.07.29
· 新型住宅给水排水系统的设计 10.07.29
· 水价形成机制比水价本身更重要 09.08.07
· 海外商业操作须正视国际规则 09.07.15

广东造价在线

造价资料 更多
· 关于广州等三地市造价员资格考试《… 12.07.06
· 关于珠海等五地市造价员资格考试《… 12.06.21
· 关于省直单位造价员考生领取准考证… 12.05.14
· 关于打击盗版工程造价类书籍的通知 12.05.09
· 关于打击盗版教材的声明 12.05.09

期刊展示 更多
· 广东工程造价 第10期 12.06.13
· 广东工程造价 第9期 12.05.18
· 广东工程造价 第8期 12.05.04
· 广东工程造价 第7期 12.04.13
· 广东工程造价 第6期 12.04.03

网上书店
新书介绍 广东建设书店图书目录 订购表
建设工程造价专业人员学习培训系列教材
地址：广州市解放北路805号（省造价总站办公楼1楼）
电话：020-8364 3221 传真：020-8364 3441
营业时间：9：30~17：30 节假日休息

软件公司 更多
广东同望科技股份有限公司
广州易达建信科技开发有限公司
广联达软件技术有限公司
广州市殷雷信息技术有限公司
深圳市斯维尔软件科技有限公司
广州爱益尚建筑软件有限公司
广东华联软件科技有限公司

关于征集
2012年度广东省工程材料设备价格信息
的通知

图1.3 广东省建设工程造价管理信息平台

图预算、招投标文件、合同文件、工程结算、竣工决算等造价文件的编制；出台了《公路工程施工招标投标管理办法》、《公路工程施工监理招标投标管理办法》、《公路建设市场管理办法》、《公路工程设计变更管理办法》、《公路工程竣交工验收办法》、《公路建设监督管理办法》等规范性文件，加强对概预算、变更预算、竣工决算的审批，合同文件和招标文件的核备，造价过程监督管理；发布了《公路工程造价人员资格认证管理实施细则》和《公路工程造价人员资格认证管理办法》，规范公路工程造价从业人员资格管理。

地方层面，各省结合实际和管理需要，制定了大量的地方制度和补充规定。目前，各省出台并正在执行的与公路工程造价管理有关的制度文件达200余件，对造价管理办法、定额管理、价格信息、材料价差调整、造价审查、造价从业人员和从业单位的执业和信用管理、造价编审质量评价、造价信息公开等国家层面缺乏统一规定的环节和业务进行了补充规范，具体如表1.1所示。其中，计价依据标准化建设是各省行业造价管理的重点。广东等21省制定了估、概、预算等造价文件编制办法补充规定；云南等26省制定了公路工程补充定额；河南等26省定期采集发布材料价格信息等。各省计价依据标准化建设成果，如表1.2所示。

(2)公路工程造价管理信息化现状。目前，公路工程造价管理使用信息技术较为普遍。有通过网络发布查询造价编制办法、定额、工料机价格信息的；有利用软件测算工程定额，编制估算、概预算、决算、合同清单等造价文件的；有开发项目管理系统，实施施工过程造价管理的；有建立造价信息数据库存储、查询从业人员基本信息、历史项目造价信息的；还有将自己管辖范围的造价业务整合开发综合管理系统并借助互联网实现不同单位、人员之间信息交互的。但是，信息技术在公路工程造价管理中的推广使用还存在一些问题，如不同软件公司开发的通用软件，数据接口不同，相互之间难于交流共享；不同省份、不同项目开发使用的综合管理系统往往基于自身管理需要和地方管理模式，系统功能模块、业务模式有较大差异，相互之间难于交互，重复建设现象严重，这与没有统一的造价信息技术标准有很大关系。

公路工程造价管理规章制度建设情况 表1.1

管理环节		国家规定(文件名)	地方规定(进行补充完善的省份)
综合管理	造价管理办法	无	广东、湖北、湖南、河南、新疆、云南、贵州、西藏、四川、黑龙江、吉林、河北、内蒙古、福建、浙江、江西、江苏、青海、山东
	管理机构设置	无	广东
	定额管理	无	云南、黑龙江、吉林
	价格信息管理	无	新疆、四川、浙江、内蒙古
	材料价差调整	无	广东、广西、湖南、河南、新疆、重庆、四川、黑龙江、
			吉林、辽宁、山西、福建、浙江、江西、江苏
	造价软件管理	无	云南
	造价文件质量评价	无	广东、福建
	造价管理质量评价	无	四川
	造价信息公开	无	河南

续上表

<table>
<tr><th colspan="3">管理环节</th><th>国家规定(文件名)</th><th>地方规定(进行补充完善的省份)</th></tr>
<tr><td rowspan="8">造价编制</td><td colspan="2">可行性研究阶段(估算)</td><td>公路建设项目可行性研究报告编制办法、公路工程基本建设项目投资估算编制办法、公路工程估算指标</td><td>广东、上海</td></tr>
<tr><td colspan="2">设计阶段(概预算)</td><td>公路工程基本建设项目设计文件编制办法、公路工程基本建设项目概算预算编制办法、公路工程概算定额、公路工程预算定额、公路工程机械台班费用定额</td><td>广东、广西、云南、贵州、重庆、黑龙江、辽宁、山西、天津、内蒙古、福建、浙江、江西、安徽、江苏、山东、甘肃、青海、西藏、四川、吉林</td></tr>
<tr><td rowspan="2">招投标阶段</td><td>招标清单、合同清单</td><td>公路工程施工招标投标管理办法、公路工程施工监理招标文件范本、公路工程标准施工招标文件</td><td>广东、湖南、河南、云南、江苏</td></tr>
<tr><td>招标控制价或清单预算</td><td>公路工程施工招标投标管理办法、公路工程基本建设项目概算预算编制办法、公路工程预算定额、公路工程机械台班费用定额</td><td>广东、河南、新疆、云南、浙江、贵州</td></tr>
<tr><td rowspan="2">实施阶段</td><td>变更预算</td><td>公路工程基本建设项目概算预算编制办法、公路工程预算定额、公路工程机械台班费用定额</td><td>广东、浙江、四川</td></tr>
<tr><td>造价台账</td><td>无</td><td>广东、湖南、湖北</td></tr>
<tr><td rowspan="2">竣(交)工阶段</td><td>工程结算</td><td>公路工程标准施工招标文件</td><td>广东、湖南、云南、江苏</td></tr>
<tr><td>竣工决算</td><td>交通基本建设项目竣工决算报告编制办法、公路建设项目工程决算编制办法</td><td>广东、河南、新疆、黑龙江、云南、江西</td></tr>
<tr><td rowspan="6">造价审查</td><td colspan="2">可行性研究阶段(估算)</td><td>无</td><td>广东、吉林、四川、青海、黑龙江</td></tr>
<tr><td colspan="2">设计阶段(概预算)</td><td>无</td><td>广东、河南、新疆、云南、四川、福建、浙江、吉林、青海、黑龙江</td></tr>
<tr><td colspan="2">招投标阶段(招标控制价或清单预算)</td><td>无</td><td>广东、河南、新疆、云南、四川、浙江、吉林、青海</td></tr>
<tr><td rowspan="2">实施阶段</td><td>变更预算</td><td>公路工程设计变更管理办法</td><td>广东、广西、湖北、湖南、河南、新疆、四川、福建、浙江、青海、吉林、江西</td></tr>
<tr><td>造价监督</td><td>公路建设监督管理办法</td><td>广东、湖南、河南、新疆、云南、福建、四川</td></tr>
<tr><td colspan="2">竣(交)工阶段(竣工决算)</td><td>无</td><td>广东、河南、四川、福建、山东、江西</td></tr>
</table>

续上表

管理环节			国家规定(文件名)	地方规定(进行补充完善的省份)
造价审批	可行性研究阶段(估算)		无	四川
	设计阶段(概预算)		公路建设市场管理办法	四川
	实施阶段(变更预算)		公路建设市场管理办法	广东、广西、湖北、湖南、河南、新疆、四川、贵州
	竣(交)工阶段(竣工决算)		公路建设市场管理办法、公路工程设计变更管理办法	辽宁、河北、山西、浙江、江西、山东、陕西
			公路工程竣交工验收办法	广东
造价核备	招投标阶段	招标清单、合同清单	公路工程施工招标投标管理办法、公路工程施工监理招标投标管理办法	贵州
从业管理	资格管理		公路工程造价人员资格认证管理办法、公路工程造价人员资格认证管理实施细则	广东、湖北、湖南、云南、重庆、西藏、四川、黑龙江、辽宁、山西、天津、吉林
	个人执业管理		无	湖北、河南、云南、重庆、福建
	个人信用管理		无	新疆、福建
	单位执业管理		无	湖南
	单位信用管理		无	湖南、新疆

注:数据来源,全国公路工程造价管理工作调研报告。

各省计价依据管理开展情况 表 1.2

内容		开展省份(自治区、直辖市)
造价文件编制办法补充规定		广东、广西、甘肃、云南、贵州、重庆、四川、黑龙江、山西、天津、内蒙古、江西、浙江、青海、安徽、山东、湖北、新疆、陕西、江苏、河北
其中	公路养护工程造价文件编制办法	广东、湖北、新疆、甘肃、陕西、云南、四川、吉林、山西、内蒙古、福建、浙江、江苏
	工程量清单计量规则	广东、湖南、河南、新疆、云南、浙江、江苏
公路工程预算补充定额		广东、湖北、湖南、河北、青海、陕西、云南、贵州、黑龙江、吉林、北京、江苏、福建、浙江、山东、宁夏、重庆、山西、内蒙古、河南、新疆、四川、上海
公路工程养护定额		广东、湖北、甘肃、陕西、云南、贵州、重庆、吉林、山西、江苏、福建、浙江、黑龙江、天津、江西、河北、内蒙古、河南、新疆、北京、四川、上海
公路施工定额		广东、黑龙江、吉林
材料价差调整办法		广东、湖北、湖南、河南、新疆、甘肃、广西、重庆、黑龙江、福建、江西、江苏、陕西、辽宁、浙江、山西
材料价格信息采集发布		广东、湖北、湖南、河南、新疆、甘肃、青海、宁夏、陕西、云南、贵州、重庆、西藏、四川、黑龙江、吉林、山西、天津、北京、内蒙古、河北、福建、浙江、江西、上海、江苏
公路价格指数测算与发布		河北

注:数据来源,全国公路工程造价管理工作调研报告。

总的来看,现阶段公路工程造价管理或多或少开展了标准化、信息化建设,但无论是国家还是地方层面,都还没有建立和形成较成体系的全过程标准化、信息化管理机制。

1.3 公路工程造价管理标准化与信息化的优势

1.3.1 可真正实现全过程造价管理

公路工程造价管理标准化与信息化克服了公路工程设计、施工和竣工等阶段计价方式不一致,造价管理业务分割、部分管理环节空缺,造价数据海量等影响全过程造价管理实现的具体问题和实际困难,通过规范估算、概算、预算、工程量清单、造价台账、结算和竣工决算的项目表及甲乙组文件组成,建立了设计工程量与清单计价工程量、清单计价与定额计价对应体系。制定定额、材料价格等计价依据、造价监督审查内容与流程、从业人员及单位管理等系列技术规范,并搭建集成历史项目资料管理、计价依据管理、造价编审与监督、人员单位资格资质信用管理、造价信息综合查询等功能模块的信息化平台,实现了造价管理贯穿项目前期(决策、设计)阶段、中期(实施)阶段、后期(交竣工)验收阶段,涵盖计价依据管理、造价文件编审、造价过程监督、从业人员管理等业务范围的管理方法衔接、造价数据连贯、阶段管理连续的管理模式,真正意义实现了全过程造价管理。

1.3.2 可实现定额计价与清单计价的统一

我国现行公路工程计价模式,包括定额计价和清单计价两种方式。定额计价即采用标准指标、定额的方式测算工程价格,主要在项目前期决策、设计阶段,编制估、概、预算文件时使用;清单计价采用工程量清单,按市场成本加利润方式综合测算工程价格,主要在项目招投标、施工和结算等阶段,编制招标清单、招标清单预算(招标控制价)、合同清单、造价台账和工程结算文件时使用。这两种计价方式采用的依据、方法不同。定额计价按照施工工序划分项目,按照工程的不同部位、不同的施工方法和工艺、不同材料和材料的不同规格建立项目体系。而清单计价按照工程实体划分项目,将形成某实体部位或构件必须的多项工序或工程内容综合到一起,仅考虑工程部位、材料,不考虑具体的施工方法或措施,较之定额项目的划分有较大的综合性。这就造成了针对同一项目,在前期按照定额计价方式编制的估、概、预算文件与中、后期按照清单计价方式编制的招标清单预算(招标控制价)、合同价、工程结算,由于计价项目体系不同,统计口径不同,无法对照分析,难于把握资金使用的合理性和投资的可控性。原本同一项目不同阶段的造价文件仅是不同时间节点对同一工程的造价测算,可以利用多次测算的造价数据之间的变化关系来分析实际资金使用的合理性,并对未来项目造价咨询和设计方案比选积累可信的经验资料。结果由于项目前期和中后期计价方式不统一,而难于实现。这也是目前我国公路工程造价管理中的一个突出问题。

造价管理标准化建设的一个重要成果就是通过建立关联标准(如多级清单体系),实现估、概、预算项目体系与工程量清单项目体系的对应,以及估、概、预算与工程量清单之间的顺利搭接,搭建起定额计价与清单计价体系联系的平台,从而解决公路建设项目前期和中后期计价方式不统一这一长期制约造价管理的技术瓶颈,使估、概、预算文件与清单文件对比成为可能,使项目前期设计造价与中后期实际成本对比分析成为可能,提升资金管控绩效。

1.3.3 可规范造价文件的编制

(1)规范造价文件表格和项目体系组成,实现不同阶段数据呼应。

①规范造价组成项目表。公路工程造价管理具有多次计价的特点,在项目可行性研究阶段要编制投资估算文件,设计阶段要编制概、预算文件,招投标阶段要编制招标清单、清单预算(招标控制价)和合同清单,项目实施阶段要编制造价管理台账、计量与支付报表、设计变更预算或费用、工程结算,竣工阶段要编制竣工决算。造价文件虽然类型繁多,但都是在不同时间节点、按照不同的管理要求,对同一公路工程项目进行的造价测算或造价核定。由于工程实体相同,各阶段造价文件之间有工程结构方面的对应关系,如果能够充分利用这一内生关系,可以较容易地把握造价变化的脉络、梳理资金使用的线索、提高资金管控绩效。

但传统管理方法在造价文件的结构设计方面对这一点考虑较少,造成各阶段造价文件的结构关联性、呼应性不强。主要表现在不同阶段造价文件项目体系对应性差。以概、预算项目体系和竣工决算项目体系为例,部颁公路工程决算文件的项目体系是对概、预算项目体系进行适当归类汇总后形成的,但仅达到概、预算项目体系比"目"稍粗的层级(表1.3),与概算项目体系(表1.4)相比有较大差别。这种项目体系的不对应,使造价文件之间建立不起比照关系,工程造价的形成缺乏历史过程的追溯。例如,进行决算和概算对比时,首先要将概算按照决算项目体系进行重新归类汇总,然后再在决算项目体系确定的层级上进行费用对比。如果概算与决算某项费用有较大差异,由于比较的项目层级过粗,可能无法深入追究差别的原因,也难于判断差异的合理性。在造价审查实践中,经常出现审查人员凭经验认为资金使用可能存在问题,但无法具体了解问题的源头,难以搞清楚费用关系,当事人解释一下可能就通过,结果却把问题漏掉的情况。

公路工程造价管理标准化建设的成果之一,就是对公路工程估算、概预算、造价管理台账、竣工决算项目体系进行重新设计,以建立不同阶段造价文件项目体系对应衔接关系为目标,以对造价有较大影响的因素进行区分为原则,以项目体系划分符合工程实际为准绳,结合不同阶段造价管理深度的要求,建立阶段连贯的估算、概算、预算、造价管理台账、决算项目表。重新设计后的项目表能够达到:估算和概算项目体系在"目"一级基本对应;概算和预算项目体系基本对应;概算与决算项目体系在"节"一级对应,在第一部分建筑安装工程费用的"桥梁与涵洞工程"、"隧道工程"、"交叉工程",第二部分工具器具购置费等对造价有较大影响的计价单元中做到细目层级的对应;造价管理台账与预算在"节"一级对应,在第一部分建筑安装工程费的

“桥梁与涵洞工程”、“隧道工程”、“交叉工程”，第二部分工具器具购置费做到细目层级的对应；造价管理台账与决算项目体系基本对应。以此解决现有估算、概算、预算、造价管理台账、决算计价项目体系不同，对应性差，造价文件接口不一致，相互对比困难，各管理阶段串接不起来的问题。

部颁工程决算路线工程项目表　　表 1.3

项	目	工程或费用名称
第一部分　建筑安装工程费		
一		路基工程
	1	计价土方
	2	计价石方
	3	排水工程
	4	防护工程
	5	特殊路基处理
二		路面工程
	1	面层
	2	基层
	3	底基层
	4	垫层
	5	路缘石
三		桥梁、涵洞工程
	1	涵洞
	2	桥梁
五		隧道工程
	1	洞门
	2	明洞
	3	洞身
六		其他工程及沿线设施
	1	清除场地
	2	拆除建筑物、构筑物
	3	管理与养护设施
	4	安全设施

项	目	工程或费用名称	
	5	服务设施	
	6	环境保护工程	
七		临时工程	
八		管理、养护及服务房屋	
	1	管理房屋	
	2	养护房屋	
	3	服务房屋	
十二		建筑安装工程费部分	预留费用
			暂定金额
			其他支付
第二部分　设备、工具及器具购置费			
一		设备购置费	
二		工具、器具购置费、	
三		办公及生活用家具购置费	
四		购置费部分	预留费用
			暂定金额
第三部分 工程 建设其他费用			
一		土地、青苗补偿及安置补助费	
二		建设单位管理费	
三		研究试验费	
四		勘察设计费	
九		建设期贷款利息	
十		其他费用部分	预留费用
			暂定金额
总金额			

部颁概、预算项目表（以路基工程为例）　　表 1.4

项	目	节	细目	工程或费用名称
二				路基工程
	1			场地清理
		1		清理与掘除
			1	清除表土
			2	伐树、挖根、除草

项	目	节	细目	工程或费用名称
				……
		2		挖除旧路面
			1	挖除水泥混凝土路面
			2	挖除沥青混凝土路面
			3	挖除碎（砾）石路面

续上表

项	目	节	细目	工程或费用名称	项	目	节	细目	工程或费用名称
				……				2	砂、砂砾垫层
		3		拆除旧建筑物、构筑物				3	灰土垫层
			1	拆除钢筋混凝土结构				4	预压与超载预压
			2	拆除混凝土结构				5	袋装砂井
			3	拆除砖石及其他砌体				6	塑料排水板
				……				7	粉喷桩与旋喷桩
	2			挖方				8	碎石桩
		1		挖土方				9	砂桩
			1	挖路基土方				10	土工布
			2	挖改路、改河、改渠土方				11	土工格栅
				……				12	土工格室
		2		挖石方					……
			1	挖路基石方			2		滑坡处理
			2	挖改路、改河、改渠石方				1	卸载土石方
				……				2	抗滑桩
		3		挖非适用材料				3	预应力锚索
		4		弃方运输					……
	3			填方			3		岩溶洞回填
		1		路基填方				1	混凝土
			1	换填					……
			2	利用方填筑			4		膨胀土处理
			3	借土方填筑				1	改良土
			4	利用石方填筑					……
			5	填砂路基			5		黄土处理
			6	粉煤灰及填石路基				1	陷穴
				……				2	湿陷性黄土
		2		改路、改河、改渠填方					……
			1	利用土方填筑			6		盐渍土处理
			2	借土方填筑					……
			3	利用石方填筑		5			排水工程
				……			1		边沟
		3		结构物台背回填				1	现浇混凝土边沟
			1	填碎石				2	浆砌混凝土预制块边沟
				……				3	浆砌片石边沟
	4			特殊路基处理				4	浆砌块石边沟
		1		软土处理					……
			1	抛石挤淤			2		排水沟

续上表

项	目	节	细目	工程或费用名称
			1	现浇混凝土排水沟
			2	浆砌混凝土预制块排水沟
			3	浆砌片石排水沟
			4	浆砌块石排水沟
				……
		3		截水沟
			1	浆砌混凝土预制块截水沟
			2	浆砌片石截水沟
				……
		4		急流槽
			1	现浇混凝土急流槽
			2	浆砌片石急流槽
				……
		5		暗沟
				……
		6		渗(盲)沟
				……
		7		排水管
				……
		8		集水井
				……
		9		泄水槽
	6			防护与加固工程
		1		坡面植物防护
			1	播种草籽
			2	铺(植)草皮
			3	土工织物植草
			4	植生袋植草
			5	液压喷播植草
			6	客土喷播植草
			7	喷混植草
				……
		2		坡面圬工防护
			1	现浇混凝土护坡
			2	预制块混凝土护坡
			3	浆砌片石护坡
			4	浆砌块石护坡
			5	浆砌片石骨架护坡
			6	浆砌片石护面墙
			7	浆砌块石护面墙
				……
		3		坡面喷浆防护
			1	抹面、捶面护坡
			2	喷浆护坡
			3	喷射混凝土护坡
				……
		4		坡面加固
			1	预应力锚索
			2	锚杆、锚钉
			3	锚固板
				……
		5		挡土墙
			1	现浇混凝土挡土墙
			2	锚杆挡土墙
			3	锚定板挡土墙
			4	加筋土挡土墙
			5	扶壁式、悬臂式挡土墙
			6	桩板墙
			7	浆砌片石挡土墙
			8	浆砌块石挡土墙
			9	浆砌护肩墙
			10	浆砌(干砌)护脚
				……
		6		抗滑桩
				……
		7		冲刷防护
			1	浆砌片石河床铺砌
			2	导流坝
			3	驳岸
			4	石笼
				……
		8		其他工程
				……

②规范造价文件表格组成。

部颁造价文件编制办法中规定的部分阶段造价文件表格组成反映的造价数据信息不够齐全,难以体现、突出计价重点。以部颁公路工程决算文件的甲组文件表格组成为例:包括项目概况表、投资控制情况比较表(比较概预算、标底、合同、决算费用)、工程量比较表(比较概预算、合同、决算工程量)、概预算分析表、标底合同分析表、决算分析表、建安工程决算汇总表、设备器具支出汇总表、工程建设其他费用支出汇总表;乙组文件包括合同段工程决算表(用于提供甲组文件中建安工程决算汇总表中分合同段数据和设备器具支出汇总表中的部分安装合同中涉及的设备费用数据),合同登记表(分土建、安装、计日工合同登记表,为合同段工程决算表提供分合同段的合同工程量、计日工合同数量和金额数据),变更登记表(为合同段工程决算表提供变更工程量和金额数据),变更引起调整金额登记表、工程项目调价登记表、工程项目索赔登记表、计日工支出金额登记表(为合同段工程决算表提供分合同段的调价、索赔、计日工数据),收尾工程登记表,报废工程登记表,工程支付情况登记表(为合同段工程决算表提供支付工程量和金额数据)。乙组文件仅提供了合同段的基础数据,设备、工具及器具购置费中除安装工程涉及设备以外的其他设备器具以及工程建设其他费用都没有基础数据。乙组文件中的计日工支出金额登记表和工程项目调价登记表只有汇总数据没有明细。这就造成设备、工具及器具购置费,工程建设其他费用,计日工支出和工程项目调价登记表只有汇总数据没有基础数据支撑,汇总数据很难追根溯源,并进行核实,辨别其合理性。

公路工程造价管理标准化建设的成果之一,就是对公路工程估算、概算、预算、招标清单、招标清单预算(招标控制价)、合同清单、变更预算、造价管理台账、结算、竣工决算的表格组成进行调整和补充,包括增加或删减部分组成表格,对仍然沿用的一些表格的内容根据造价管理需要进行优化调整。例如,部颁工程决算甲组文件的"投资控制情况比较表",概预算不分列、没有变更数据,同一阶段工程数量与费用不能同表展现,这些都对造价执行情况的对比与分析带来了困难和不便,标准化建设对这些内容进行了优化设计。

(2)规范造价项目组成编码和子目增减规则,便于历史数据挖掘和设计方案比选。部颁估算、概预算文件编制办法对造价文件项目表的内容和格式做了规定,一般以附录形式展现其项、目、节、细目,工程或费用名称,计价单位,以备注栏解释概念、说明细目递增规则。并规定,在编制估算、概预算文件时,如实际出现的工程和费用项目与项目表的内容不完全相同时,第一、二、三部分和"项"的序号保留不变,"目"、"节"、"细目"可随需要增减,并按项目表的顺序以实际出现的"目"、"节"、"细目"依次排序,不保留缺省的"目"、"节"、"细目"的序号。这种编码规则给历史项目造价数据的挖掘造成了极大困难,也给公路工程设计方案的技术经济比选带来了极大不便。

不同时期、不同地区的公路建设项目造价不同,但类似工程项目中的劳动力、机械台班、材料消耗量,这些形成工程结构物实体消耗是有规律、可类比的。如果抽取历史项目造价信息中包含在施工工序中的人工、材料、机械含量信息,采用适当的方法进行归纳总结,并以此对定额指标进行更新修订,或生成一些有参考价值的造价指标，既可以实现项目前期编制的估、概、预算与行业发展、企业管理水平的一致性，有效指导后期建设资金使用，也可以对新建项目资金筹集预测提供经验。因此，历史项目的数据挖掘非常必要，也是行业管理的一项重要工作。然而，现代公路建设项目规模越来越大，其造价文件中包含的数据信息数以万计，采用人工方式对历史项目中的有用信息进行摘取、归纳、处理已不可能。必须借助计算机，利用其在查找、分析、计算方面的速度和可靠性优势，对历史项目造价数据进行挖掘。而计算机本身不能自动识别目标，计算机进行数据提取分析的前提是指定目标、明确规则，软件开发人员必须先设置好数据提取规则，才能引导计算机正确提取目标数据并进行后续运算。因此，项目表中项目编码的唯一性就显得非常重要。软件开发人员一般都是利用编码来定位工程或费用名称，进而提取目标数据，进行分析与计算。目前，部颁估算、概预算编制办法均不保留缺省“目”、“节”、“细目”序号的做法，使造价文件中的“工程或费用项目”与编码之间丧失了唯一对应性，使利用编码来定位目标数据难以实现，给历史项目造价数据挖掘带来了极大困难。标准化建设的成果之一就是建立了一套标准项目表，并规定如果实际工程和费用项目与标准项目表的内容不完全相同时，项目表中已确定的序号不能改变，新增减“工程或费用名称”按照“备注”栏中规定的规则增减“项”、“目”、“节”、“细目”并生成对应编码，解决了造价文件中“工程和费用项目”与编码不一一对应的问题，使利用计算机进行历史项目数据的挖掘成为可能。

部颁估算、概预算项目表设置了“备注”栏用于解释“工程或费用名称”的含义，或说明增加“节”、“细目”的规则，但工程内容缺项较多以省略号代替，并未在“备注”栏中说明新增子目规则的情况，给增补缺项工程和费用项目带来困难和混淆。部分已列明的增补规则也多为原则性约定，造价编制时自由度较大，不利于固化。例如，部颁概、预算项目表第一部分建筑安装工程费“四—2—3 箱涵”，“备注”栏仅说明“按不同的涵径划分细目”，其设置的一个细目示例是“4.0m×4.0m 钢筋混凝土箱涵”。类似这种子目增补规则过于笼统，遵循如此规则设置的子目将较随意。“项”、“目”、“节”、“细目”的编码与“工程或费用名称”之间无法建立一一对应关系，新增子目对应的造价数据在数据挖掘时无法有效使用，不同设计方案比选时的方案差异也不容易归纳和比较。进行标准化设计后，在所有可以增补子目的位置都在“备注”栏内明确规则。例如，第一部分建筑安装工程费“四—2—3 箱涵”，表 1.5 为标准化设计后的项目表，从中可以看出“备注”栏给出的子目递增原则，“箱涵”下的细目设置规则为涵径以 1m 为单位递增，这样就形成了“工程或费用名称”与“项目编码”的一一对应关系。同时，以涵径 1m 为单位递增细目，既可以把对造价有较大影响的项目区别开来，也不至于使细目特别繁冗。方案比选时，方案之间的差异也容易归纳总结，便于利用历史造价指标能动影响设计方案。

标准化设计后的概预算项目表（以箱涵为例） 表 1.5

节	细目	工程或费用名称	单位	备　注
3		箱涵	m/道	按不同的涵径划分细目
	1	1~3m 以内箱涵	m/道	单跨

续上表

节	细目	工程或费用名称	单位	备　注
	2	1~4m 以内箱涵	m/道	
	3	1~5m 以内箱涵	m/道	
	4	1~6m 以内箱涵	m/道	
	5	1~7m 以内箱涵	m/道	
	6	1~8m 以内箱涵	m/道	
	7	2~3m 以内箱涵	m/道	双跨
	8	2~4m 以内箱涵	m/道	
	9	2~5m 以内箱涵	m/道	
	10	2~6m 以内箱涵	m/道	
	11	2~7m 以内箱涵	m/道	
	12	2~8m 以内箱涵	m/道	
	13	其他箱涵	m/道	可按不同涵径划分细目
		……		

此外,目前在现行部颁《公路工程标准施工招标文件》中,工程量清单只是给出了最常见的子目名称作为示例,具体使用时,由清单编制人员按照工程实际自行增加子目,并没有给出子目递增的设置规则。编制清单文件时,编制人员按照自己理解和方便进行编制,编制自由度较大。编制而成的造价文件,在数据挖掘时,新增项目对应的数据由于编制规则不统一,难以有效利用,更谈不上横向比对分析。例如,部颁工程量清单中"子目号"208-5-b 对应的"子目名称"是 C…混凝土,清单编制人员可以根据实际护面墙工程使用的混凝土强度等级在该项下增加子目,自定编码。进行标准化设计后,在工程量清单表中增加了"备注"栏,明确规定清单子目增减规则,减小系统自由度。仍然以"208-5-b, C…混凝土"子目为例,表 1.6 为标准化设计后的结果。

标准化设计后的工程量清单(以护面墙为例)　　表 1.6

子目号	子目名称	单位	数量	单价	合价	备　注
208-5	护面墙					
208-5-1	浆砌片(块)石护面	m^3				
208-5-2	现浇混凝土护面					子目号按水泥混凝土强度等级每增加 5 递增
208-5-2-1	C10 现浇混凝土护面	m^3				
208-5-2-2	C15 现浇混凝土护面	m^3				
…	……					

1.3.4　可实现工程设计到工程计价的无缝衔接

传统公路工程造价业务活动,无论是设计单位编制概预算、行业管理部门开展造价审查或审计部门核查建设投资、投标单位编制投标报价、建设管理及监理单位开展招标、合同或变更管理，均主要依靠徒手翻阅设计文件中的工程数量汇总表或明细表，手工采集设计工程量数据，并进行统计，这样不仅效率低且容易出错。施工环节也经常出现现场完成的工程量与设计图纸反映的细部工程量难以准确对应的情况。编制设计文件工程数量表，依据部颁《公路工程基本建设项目设计文件编制办法》，但该办法只是以图表示例的方式对设计文件中工程数量表的内容和形式做了原则性规定，规定的内容相对粗略，提供的信息量较少。不同设计人员按照规定要求，根据各自编制习惯，编制的工程数量表格式各异、千差万别，经常出现设计文件工程数量表中的内容不能满足造价编审人员编制、校对造价文件需要，需要造价编审人员重新手工翻阅设计文件细部图纸，从设计文件中读取、二次计算所需工程数量信息等情况。公路工程造价管理标准化建设的一项成果，就是制订公路工程设计文件工程数量编制标准，通过制订设计文件工程数量制式表格，对公路工程设计文件工程数量表格式、内容进行逐表规范，并开发配套工具软件用于编制工程数量表，快速生成工程量清单，可极大地提高招标清单、预算的编制效率、大幅度减少出错率，增强了设计工程量和施工现场计量工程量的一致性，避免了手工翻阅设计文件摘取设计数量的烦琐工作，大幅度提高了造价管理工作乃至项目管理工作的绩效。

1.3.5 可规范造价审查行为

传统的造价审查活动，经验丰富的审查人员往往借助自身积累的经验，一是对自己日常审查中经常遇到的问题，进行重点审查；二是基于日常审查积累的经验数据，如果发现与经验数据有较大出入的，进行重点审查，以此提高审查效率和准确性。对于刚刚入行或从未受理过类似项目的审查人员，由于缺乏经验支撑，只能采用逐项费用审查的方法完成工作，效率较低，特别是随着公路项目建设规模及复杂性的日益增大，受审查时限和工期压力制约，对工作效率的要求更为迫切。另外，传统审查中审查人员与建设管理或造价编制单位之间沟通较少，对项目的个性和特性了解不多，审查结论往往不能被认可或诚恳接受，沟通过程也很少以书面形式留存资料，常常引起不必要的质疑和争议。

标准化管理，可建立起细致严密、运转高效的造价审查机制。首先，审查流程规范化。造价管理机构收到审查委托后，按程序指派项目负责人，成立审查小组，分配审查任务，开展审查工作。审查结束后，审查小组形成初步结论，报科室负责人复审、分管领导终审，形成三级内审制度，必要时征求委托方意见，最终形成审查结论。其次，审查方法科学化。采取先进行格式符合性审查，再开展内容准确性审查的两阶段审查方法，充分借助积累的历史项目数据，与类似项目进行纵向对比，和待审项目不同阶段造价数据进行横向对比，查找造价差异较大单元，再对异常单元进行逐项费用分析。对于估算、概算、预算文件，重点审查单位工程造价指标、单位工程量含量是否合理，定额、工料机单价、费率套用是否准确；对于招标阶段的工程量清单及招标清单预算（招标控制价）文件，重点查核清单工程量与设计工程量、预算工程量是否一致，是否与清单子目计量支付规则匹配；对于交竣工阶段的决算文件，重点审查工程结算费用是否严格执行国家规定及合同约定，竣工决算包括的项目费用是否完整，对竣工决算审查中遇到的问题,采用标准格式的查询单与委托单位及相关方进行书面沟通,最终形成合法、合理、准确的审查结论。造价审查过程中,对历史项目造价数据的合理利用,有助于缩小逐项审查范围,实现模糊审查与精确审查结合,审查精度与审查效率统一。

对于公路建设工程实施阶段的造价监督,传统造价管理对这一环节关注较少,开展此项工作的省份不多,全国不足三分之一的省份开展了这项工作。从开展的效果来看,已开展省份的造价监督活动计划性、目的性、针对性普遍不强,成效不高。标准化管理,通过建立规范、有序的监督检查机制,定期采取综合检查(普遍性检查)、专项检查(重点项目、重点事项检查)和专项行动(配合政府专项治理活动开展)三位一体的监督检查方式,做到事先计划(年初制订监督计划,文件下发建设单位)、覆盖全面(覆盖所有在建项目)、内容明确(统一监督检查报告和报表格式)、方式可行(自检、现场检查相结合),可提升造价监督的效果。

1.3.6 可量化从业人员和从业单位的管理和考核

公路工程造价从业人员和从业单位主要从事造价编制、审查、咨询和管理工作,其工作能力、职业素质和业务质量对造价管控有重要影响。长期以来,由于各种原因,特别是管理体制方面的原因,对公路工程造价从业人员和单位缺乏有效监管,技术上也缺乏系统、可操作的制度和行为规范设计,造成"加强从业人员和单位管理"常挂嘴边,但实际基本处于"放任自流"状态。

对于造价从业人员管理,1995 年、1996 年,原交通部相继发布了《公路工程造价人员资格认证管理办法》和《公路工程造价人员资格认证管理实施细则》,明确公路工程造价从业人员实行持证上岗、定期培训、专业证书定期审验的制度。但多年以来,交通运输部门授予的公路造价执业资格未被普遍认可,从业人员考证的积极性不高,持交通运输部门造价证人员数量较少,持证上岗制度没有真正执行起来。公路工程造价甲、乙级资格证年检、从业人员继续教育更是没有持续开展,诚信管理由于缺少可行的评价工具和方法,介入困难,没有形成持续稳定的从业人员能力提升机制。近几年来,随着交通运输部职业资格中心的成立,这种局面逐渐改善,2014 年 2 月交通运输部办公厅出台了《关于开展公路工程造价人员继续教育工作的通知》,《公路造价工程师注册管理办法》和《公路造价工程师继续教育办法》等行业管理制度也在征求意见过程中,但配套制度、措施、机构的建立健全还需要一个过程。

造价管理标准化建设,明确和重申持证上岗制度,要求从事公路(养护)工程造价管理、造价咨询、经济评价等业务的专业人员,应持有交通运输部颁发的甲、乙级资格证书。造价文件必须由按级别持证的造价人员编制(审核、审查)、签名(盖章)。交通运输行业主管部门或其授权的造价管理机构,在进行造价审批或造价监督检查时,应对造价文件编审人员或造价管理人员的持证上岗情况进行逐一核查;要求对公路工程造价从业资格证书定期年检,对从业人员持续、规范地开展继续教育;要求制订公路造价从业人员信用管理办法,建立造价从业人员信用库并动态维护。配套制订《造价文件编审质量评分标准》,对造价文件编审质量进行量化评分,将评分结果记入从业人员信用库,以此介入信用管理。

对于造价从业单位管理,目前建设工程造价咨询、招标代理等资质由住建部门发放与管理,工程咨询资质由发展改革部门发放与管理,交通运输部门没有管理权限,也没有出台任何管理规定。各省也都基本未开展相关工作,或者仅通过建立推荐或准入名单等形式尝试性开展一定程度的市场引导。标准化建设要求加强公路造价从业单位管理顶层制度的设计,包括制订造价从业单位资质申请和延续的初审制度、造价从业单位监督实施办法、造价从业单位信用管理办法,并建立造价从业单位信用信息库,对从业单位信用信息的组成、采集,信用级别的评定、公告、奖惩等进行规范并动态跟踪。通过制订制度、强化落实,推进对从业单位的管理。

1.3.7 可建成涵盖业务全、集成化高的造价综合管理系统

传统的公路造价管理系统,往往局限于全过程造价管理的部分环节。有的地区甚至使用了多个环节性系统,但各系统之间交互差,数据不能共享,综合绩效不高。公路工程造价管理信息化建设的重要成果“公路工程造价综合管理系统”(以下简称“综合管理系统”)是基于全过程一体化管理目标,在系统化地分析各参与方进行公路项目全过程造价管理需求、形成标准化的全过程造价管理工作规则和行动计划的基础上,设计的一套具有对造价基础信息(价格信息、定额信息、造价指数、投资控制指标)进行采集、传输、存储、加工、更新和维护功能,造价文件编制与审查、造价监督检查功能,从业人员、单位管理功能,能够满足决策层、管理层和操作层不同层面工作需要,实现管理各参与方之间信息共享、信息交互,集成信息设备、通信网络、数据库和支撑软件的功能齐全、性能稳定、结构开放、简单高效的造价数据信息化综合管理系统。与传统的公路工程造价信息系统相比,以造价标准化建设成果为基础开发的公路工程造价综合管理系统,集成了公路工程造价管理的全部基本建设阶段和全部业务环节,覆盖面全、集成化高、数据交互共享好、综合管理绩效高。

1.4 本书适用对象

本书拟解决以下问题:

(1)什么是公路工程造价标准化管理,怎样实现标准化管理。

(2)公路工程造价管理的标准化建设成果怎样实现信息化。

(3)应用示例,通过示例展示如何利用建立的标准化与信息化体系开展造价管理工作。适用读者是对公路工程全过程一体化造价管理理论与应用技术感兴趣的公路行业和其他行业管理人员、公路工程造价从业人员。通过本书,读者可以了解公路工程全过程一体化造价管理实现的具体路径,结合自身需要从中获得启示,也可以学习如何按照全过程一体化造价管理的要求开展造价管理工作,提升管理绩效。

1.5 术　　语

1.5.1 公路工程全过程一体化造价管理中的新术语

(1)全过程一体化造价管理。以充分培育专业队伍、制订标准规范、利用信息技

术为抓手，贯穿公路建设项目前期（立项、设计）阶段、中期（招标、施工）阶段、后期（交、竣工）阶段，实现管理方法衔接、造价数据连贯、阶段管理连续，并涵盖计价依据管理、造价文件编审、造价过程监督、从业人员管理等业务范围的全过程、一体化造价管理技术。

（2）造价管理专业化。造价管理专业化是指公路工程造价管理专业化程度高，需要一支业务过硬、专业素质高的技术队伍承担。

（3）造价管理标准化。造价管理标准化是指以全过程造价管理为目标，分析公路工程造价管理的组成要素，建立分解目标集，制订系列技术标准和管理规范。

（4）造价管理信息化。造价管理信息化是指利用信息技术，开发应用软件和管理平台，实现造价管理标准化，提高公路工程造价管理绩效。

1.5.2 公路工程造价基本概念

（1）公路工程造价。公路工程造价是指建设一条公路或一座独立大桥或隧道，使其达到设计要求而需花费的全部费用。一般由建筑安装工程费用、设备和工器具购置费用、工程建设其他费用等组成。建筑安装工程费用是指建筑物的建造及设备安装费用，包括直接费、间接费、利润和税金等。设备和工器具购置费用是指按照设计文件要求配置的、达到固定资产标准的设备和首套工器具以及生产家具的购置费用。工程建设其他费用是指除上述两项费用以外，建设项目必须支付的其他费用，包括征用土地及迁移补偿费，建设单位管理费、勘察设计费，研究试验费，固定资产投资方向调节税、预备费，以及按有关规定纳入建设投资的建设期贷款利息等。

（2）公路工程造价管理。公路工程造价管理是指运用行政、技术和经济的方法，合理确定和有效控制工程造价，并对工程造价行为开展管理的活动。所谓合理确定，就是在工程建设各个阶段，采取科学的计算方法和符合实际的计价依据，合理确定工程投资估算、初步设计概算、施工图预算、清单预算、承包合同价、工程结算价和竣工决算；所谓有效控制，就是在优化建设方案、设计方案的基础上，在建设程序的各个阶段，采取有效的方法和措施，把公路工程造价控制在合理范围和批准限额以内，以求合理地使用人力、物力和财力，取得更好的社会效益和投资效益。所谓对工程造价行为开展管理，主要是指为合理确定和有效控制工程造价，开展的公路工程计价依据研究、造价标准的制修订、造价从业人员和单位的执业资格等管理行为。

（3）公路工程造价文件。公路工程造价文件是公路建设工程各阶段造价的成果体现。主要包括：在项目可行性研究阶段编制的投资估算文件，设计阶段编制的概、预算文件，招投标阶段编制的工程量清单、清单预算，合同工程量清单文件，项目实施阶段编制的造价管理台账、设计变更费用文件和工程结算文件，竣工阶段编制的竣工决算文件等。

1.5.3 公路工程造价常见术语

（1）公路工程计价依据。广义的计价依据是指从事公路工程造价管理所需的各类基础资料。狭义的计价依据是指计算和确定工程造价的各类基础资料，包括各类造价文件编制办法、计价通则、管理规范,估算指标、概算定额、预算定额、施工定额等造价标准,工程造价信息,工程造价指标指数,以及建设项目经济评价办法和参数等其他资料。

(2)公路工程定额。定额是指在一定的生产力水平和科学技术水平下,生产条件正常,施工组织合理,并且合理使用材料和机械的情况下,完成单位合格产品所必需消耗的人工、材料、机械设备的数量标准。公路工程定额可以按照生产要素、编制程序和用途、颁发部门和管理权限等条件分类,具体如图 1.4 所示。

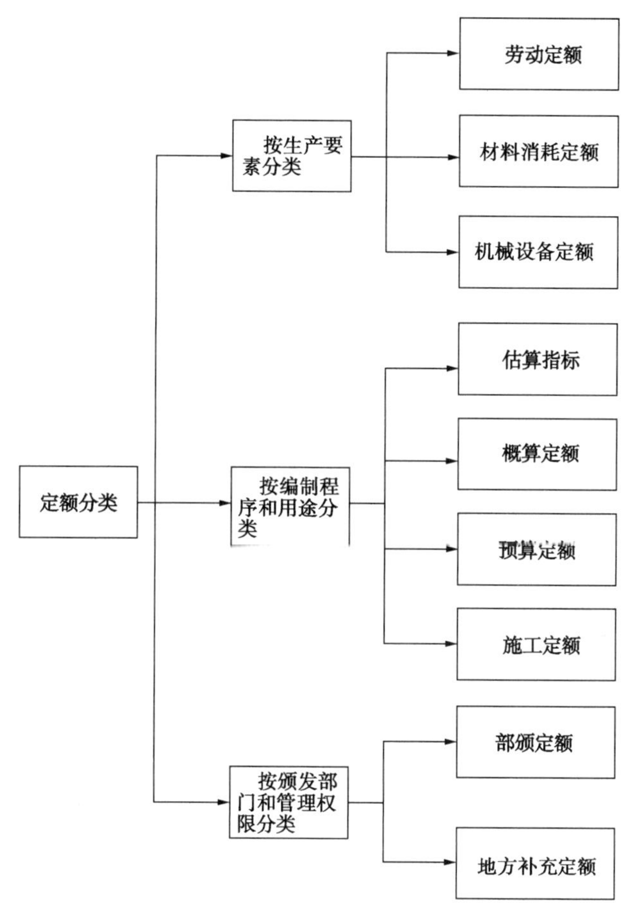

图 1.4　公路工程定额组成

①按生产要素分类(即按定额反映的实物消耗内容分类)。

a.劳动定额。又称人工定额,是在正常的生产技术和生产组织条件下,完成单位合格产品所规定的劳动消耗量标准。常以为生产合格产品所消耗的劳动时间的形式表示。如《公路工程概算定额(上、下册)》(JTG/T B06-01—2007)中“1-1-4 夯实填土”中规定,每完成人工夯实填土 1000m^{3}实体,需要 151.8 工日。

b.材料消耗定额。材料消耗定额是指在节约和合理使用材料的条件下,生产单位合格产品所必需消耗的一定品种、规格的材料、半成品、配件、水、电、燃料等的数量标准。如《公路工程概算定额(上、下册)》(JTG/T B06-01—2007)中“1-3-8 木桩填石护岸”规定,每完成 10m^{3}木桩实体,需要原木 10.617m^3,锯材 0.068m^3,铁件 2.4kg,

铁钉 20.2kg，片石 24.11m^3。

c.机械台班消耗定额。机械台班消耗定额是指在正常施工条件下，合理地组织生产与合理地利用某种机械，完成单位合格产品所必需的机械台班消耗标准。如《公路工程概算定额（上、下册）》（JTG/T B06-01—2007）中“1-1-7 装载机装土石方”中规定完成 1.0 m^3以内轮胎式装载机装载 1000 m^3天然密实方土方，需要 2.62 台班。

②按编制程序和用途分类。

a.估算指标。估算指标是以人工、材料、机械台班消耗量表现的指标，仅包括主要工程项目的建筑安装工程费中的人工费、材料费和机械使用费，是扩大的定额。估算指标是编制项目建议书和（预）可行性研究报告中投资估算的依据。

b.概算定额。概算定额是在预算定额的基础上，根据有代表性的通用设计图和标准图等资料，进行综合、扩大和合并而成的定额，是编制初步设计概算，修正概算的依据，也是编制估算指标的基础。

c.预算定额。预算定额是用于确定一定计量单位的分项工程或结构构件的人工、材料和机械台班消耗量的数量标准，是在施工定额的基础上，按照国家的方针、政策编制的，具有权威性质的一种指标性文件，是编制施工图预算、招标标底，投标报价、工程拨款的依据。

d.施工定额。施工定额是企业内部规定在合理的劳动组织和正常施工条件下，为完成单位合格产品生产所需消耗的人工、材料和机械台班的数量标准。施工定额是企业内部管理定额，反映了企业的施工水平、装备水平和管理水平，是企业加强管理、降低劳动消耗、控制成本开支、提高劳动生产率和企业经济效益的有效手段，也是编制预算定额的基础。

③按颁发部门和管理权限分类。

a.部颁定额。由交通运输部统一颁布的在行业内部具有权威性和强制性的定额。目前，公路工程的部颁定额有《公路工程估算指标》（JTG/T M21—2011）、《公路工程概算定额（上、下册）》（JTG/T B06—01—2007）、《公路工程预算定额（上、下册）》（JTG/T B06-02—2007）、《公路工程机械台班费用定额》（JTG/T B06-03—2007）等。

b.地方补充定额。由地方交通运输行政主管部门根据自身管理需要，结合本地工程建设特点对部颁定额中缺乏的项目补充的定额。

（3）估算。投资估算是指在项目投资决策阶段，按照现有的资料和特定的方法，对建设项目的投资额进行的估计。

（4）概算。概算包括初步设计概算和修正概算。初步设计概算是在初步设计阶段，由设计单位根据初步设计图纸，概算定额、指标，工程量计算规则，材料、设备的预算单价，行业主管部门颁发的有关费用定额或取费标准等资料，预先计算工程从筹建至竣工验收交付使用全过程建设费用的经济文件。修正概算是在技术设计阶段进行，由于设计内容与初步设计的差异，设计单位应对投资进行具体核算，它是对初步设计概算进行修正而形成的经济文件，其作用与设计概算相同。

（5）预算。施工图预算是指拟建工程在开工之前，根据已批准并经会审后的施工图设计文件、施工组织设计、现行工程预算定额、工程量计算规则、材料和设备的预算单价、各项取费标准，预先计算工程建设费用的经济文件。

(6)工程量清单。工程量清单是把承包合同中规定的准备实施的全部工程项目和内容，按工程部位、性质以及它们的数量、单价、合价等以列表形式表示出来，作为投标报价和中标后计算工程价款的依据，工程量清单是承包合同的重要组成部分。

(7)工程结算。工程结算是指施工企业按照承包合同和已完工程量向建设单位(业主)办理工程价款清算的经济文件。

(8)竣工决算。竣工决算是指在竣工验收阶段，建设单位编制的从筹建到竣工验收、交付使用全过程实际支付建设费用的经济文件。

(9)造价管理台账。造价管理台账是为反映项目批准概算至工程结算之间动态变化而建立的造价文件，是工程实施阶段造价主要信息的反映，也是实现造价全过程动态管理的重要体现。

本章小结

本章在分析改革必要性的基础上，提出全过程一体化造价管理是公路工程造价管理的必然发展方向，阐明了全过程一体化造价管理的突出优势和解决的关键问题。界定了全过程一体化造价管理及其两个关键抓手——标准化、信息化的定义和相互关系。对公路工程造价管理的基本概念、常见术语和本书中出现的全过程一体化造价管理的新术语进行了诠释。对本书主要解决的问题、适用对象进行了介绍。

2 公路工程造价管理标准化与信息化原理

2.1 造价文件编制的标准化与信息化原理

公路工程造价管理的一项重要内容就是对估算、概算、预算、招标控制价或清单预算、造价台账、设计变更预算、工程结算、竣工决算等各阶段造价文件进行对比分析,合理确定各阶段造价,梳理资金使用线索,分析资金使用合理性,查找资金使用存在的问题,提高资金使用绩效。但由于现有造价文件编制办法存在结构设计方面的欠缺和不足,使各阶段造价文件对比困难,下面我们讨论如何通过造价文件编制的标准化与信息化来实现上述目标。

2.1.1 造价文件编制标准化与信息化需求

公路工程全过程一体化造价管理的一个技术障碍是公路项目前期(立项、设计)、中期(招标、实施)和后期(交工、竣工)阶段的计价方式不统一,不同阶段造价文件的项目组成对应性差,造价文件展现形式不统一,造成全过程计价的基础数据衔接不起来。要实现全过程造价管理,必须对现行造价文件编制办法进行修订,实现以不同管理阶段计价方式衔接、联通为目的的标准化,把各管理阶段真正串接起来。

(1)需要实现定额计价与清单计价的转换。目前,我国公路工程建设项目在可行性研究和设计阶段,采用定额计价编制估算、概算、预算,测算工程造价。而在工程实施阶段,多采用工程量清单计价,编制招标清单、投标清单报价、合同清单、工程结算清单,测算工程造价。虽然都是对同一工程内容进行计价,但两种计价方式有较大区别,主要表现为项目体系不同。表 2.1 和表 2.2 分别列出了桥梁涵洞工程部颁概预算编制办法中的项目组成和部颁招标文件范本中工程量清单子目组成,从表中可以明显看出两种计价方式项目内容有较大差异。项目组成的差别会造成按照两种计价方式编制的造价文件由于计价内容不对应,造价文件接口不同,无法对同一项目不同阶段的造价文件进行对比,不能实现全过程造价管理。因此,有必要建立定额计价和清单计价之间的转换关系,消除计价方式不一致对全过程造价管理的制约。

概预算项目表—桥梁涵洞工程(摘自部颁公路工程概预算编制办法)　　表 2.1

项	目	节	细目	工程或费用名称	项	目	节	细目	工程或费用名称
四				桥梁涵洞工程			2		混合式过水路面
	1			漫水工程		2			涵洞工程
		1		过水路面			1		钢筋混凝土管涵

续上表

项	目	节	细目	工程或费用名称	项	目	节	细目	工程或费用名称
			1	1-ϕ1.0m 圆管涵			2		……
			2	1-ϕ1.5m 圆管涵		6			××特大桥工程
			3	倒虹吸管			1		基础
				……				1	天然基础
		2		盖板涵				2	桩基础
			1	2.0m×2.0m 石盖板涵				3	沉井基础
			2	2.0m×2.0m 钢筋混凝土盖板涵				4	承台
				……					……
		3		箱涵			2		下部结构
			1	4.0m×4.0m 钢筋混凝土箱涵				1	桥台
				……				2	桥墩
		4		拱涵				3	索塔
			1	4.0m×4.0m 石拱涵					……
			2	4.0m×4.0m 钢筋混凝土拱涵			3		上部构造
				……				1	预应力混凝土空心板
	3			小桥工程				2	预应力混凝土 T 形梁
		1		石拱桥				3	预应力混凝土连续梁
		2		钢筋混凝土矩形板桥				4	预应力混凝土连续刚构
		3		钢筋混凝土空心板桥				5	钢管拱
		4		钢筋混凝土 T 形梁桥				6	钢箱梁
		5		预应力混凝土空心板桥				7	斜拉索
				……				8	主缆
	4			中桥工程				9	预应力钢材
		1		钢筋混凝土空心板桥					……
		2		钢筋混凝土 T 形梁桥			4		桥梁支座
		3		钢筋混凝土拱桥				1	矩形板式橡胶支座
		4		预应力混凝土空心板桥				2	圆形板式橡胶支座
				……				3	矩形四氟板式橡胶支座
	5			大桥工程				4	圆形四氟板式橡胶支座
		1		××大桥				5	盆式橡胶支座
			1	天然基础					……
			2	桩基础			5		桥梁伸缩缝
			3	沉井基础				1	橡胶伸缩装置
			4	桥台				2	模数式伸缩装置
			5	桥墩				3	填充式伸缩装置
			6	上部结构					……
				……			6		桥面铺装

续上表

项	目	节	细目	工程或费用名称	项	目	节	细目	工程或费用名称
			1	沥青混凝土桥面铺装				4	桥梁水泥混凝土防撞墙
			2	水泥混凝土桥面铺装				5	桥梁防护网
			3	水泥混凝土垫平层					……
			4	防水层			8		其他工程
				……				1	看桥房及岗亭
		7		人行道系				2	砌筑工程
			1	人行道及栏杆				3	混凝土构件装饰
			2	桥梁钢防撞护栏					……
			3	桥梁波形梁护栏					

工程量清单子目表——桥梁涵洞（摘自部颁公路工程标准施工招标文件） 表 2.2

子目号	子 目 名 称	子目号	子 目 名 称
401-1	桥梁荷载试验（暂估价）	407-1	挖孔灌注桩（ϕ…m）
401-2	地质钻探及取样试验（暂定工程量）	407-2	钻取混凝土芯样（ϕ70mm）（暂定工程量）
-a	ϕ70mm	407-3	破坏荷载试验用桩（ϕ…m）（暂定工程量）
-b	ϕ110mm	408-1	桩的检验荷载试验（暂定工程量）（ϕ…m）（kN）
403-1	基础钢筋（包括灌注桩、承台、沉桩、沉井等）		
-a	光圆钢筋（HPB235、HPB300）	408-2	ϕ…m 桩破坏荷载试验（…m）（暂定工程量）
-b	带肋钢筋（HRB335、HRB400）	409-1	钢筋混凝土沉井
403-2	下部结构钢筋	-a	井壁混凝土（C…）
-a	光圆钢筋（HPB235、HPB300）	-b	顶板混凝土（C…）
-b	带肋钢筋（HRB335、HRB400）	-c	填芯混凝土（C…）
403-3	上部结构钢筋	-d	封底混凝土（C…）
-a	光圆钢筋（HPB235、HPB300）	410-1	混凝土基础（包括支撑梁、桩基承台，但不包括桩基）
-b	带肋钢筋（HRB335、HRB400）		
403-4	附属结构钢筋	410-2	混凝土下部结构
-a	光圆钢筋（HPB235、HPB300）	410-3	现浇混凝土上部结构
-b	带肋钢筋（HRB335、HRB400）	410-4	预制混凝土上部结构
404-1	干处挖土方	410-5	上部结构现浇整体化混凝土
404-2	水下挖土方	410-6	现浇混凝土附属结构
404-3	干处挖石方	410-7	预制混凝土附属结构
404-4	水下挖石方	411-1	先张法预应力钢丝
405-1	钻孔灌注桩（ϕ…mm）	411-2	先张法预应力钢绞线
405-2	钻取混凝土芯样（ϕ70mm）（暂定工程量）	411-3	先张法预应力钢筋
405-3	破坏荷载试验用桩（ϕ…m）（暂定工程量）	411-4	后张法预应力钢丝
406-1	钢筋混凝土沉桩（ϕ…m）	411-5	后张法预应力钢绞线
406-2	预应力混凝土沉桩（ϕ…m）	411-6	后张法预应力钢筋
406-3	试桩（ϕ…m）	411-7	先张法预应力钢筋

续上表

子目号	子 目 名 称	子目号	子 目 名 称
411-7	现浇预应力混凝土上部结构	416-4	盆式支座
411-8	预制预应力混凝土上部结构	416-5	隔震橡胶支座
413-1	浆砌片石	416-6	球形支座
-a	M···	417-1	橡胶伸缩装置
413-2	浆砌块石	411-2	模数式伸缩装置
-a	M···	417-3	梳齿板式伸缩装置
413-3	浆砌料石	417-4	填充式材料伸缩装置
-a	M···	419-1	单孔钢筋混凝土圆管涵(ϕ···m)
413-4	浆砌预制混凝土块	419-2	双孔钢筋混凝土圆管涵(ϕ···m)
-a	M···	419-3	钢筋混凝土圆管倒虹吸管(ϕ···m)
415-1	沥青混凝土桥面铺装(厚···mm)	420-1	钢筋混凝土盖板涵(···m×···m)
415-2	水泥混凝土桥面铺装(C···,厚···mm)	420-2	钢筋混凝土箱涵(···m×···m)
415-3	防水层(厚···mm)	420-3	钢筋混凝土盖板通道涵(···m×···m)
416-1	矩形板式橡胶支座	420-4	钢筋混凝土箱形通道涵(···m×···m)
416-2	圆形板式橡胶支座	421-1	拱涵(···m×···m)
416-3	球冠圆板式橡胶支座	421-2	拱形通道涵(···m×···m)

(2)需要规范估算、概算、预算、造价台账、决算项目表。

①基丁全过程造价管理目标,建立估算、概算、预算、造价台账、决算项日表的对应性。估算、概算、预算、造价台账、决算是公路建设不同阶段造价的具体表现形式。估算是在项目建议书和可行性研究阶段,根据项目规划方案,对工程项目可能发生的工程费用进行的测算,用于计算项目投资规模,供项目投资决策部门参考;概算是在设计阶段,在初步设计深度给定的主体布置和方案图、阐述主要方案的说明书、设计图等资料的基础上测算的工程费用,是编制建设项目投资计划、确定项目投资额的依据;施工图预算是在已有施工图设计的基础上,测算的工程造价,是确定工程造价、比选方案的依据;造价台账是施工阶段不同统计时点实际发生费用的记录,主要用于比较实际发生费用与计划费用,保存和记录资金使用的线索;决算是在竣工阶段,根据施工图设计、合同以及变更文件,汇总计算的项目实际完成的工程量、发生的总费用,以及与批准概(预)算的对比,主要用于核定新增固定资产。

从造价文件的编制依据和目的来看,估算、概算、预算、造价台账、决算的编制深度各有不同,但总体来说,各阶段造价文件是一个逐步细化,从宏观决策依据到全面反映建设成果价值的过程。造价文件编制深度不同,决定了不同造价文件项目组成会有粗细层级差异,这种差异是合理的。但是现阶段部颁造价文件编制办法确定的项目表中,部分分部分项工程内容没有较好地体现出设计文件和工程实际的差异。一方面,部分项目表内容偏粗。例如,决算项目表仅达到概、预算项目表比“目”还粗的层级,预算与概算的项目表粗细层级一致。这样做带来的后果是,虽然不同阶段造价文件的项目表仍然能建立对应关系,但对应关系往往建立在“目”,甚至比“目”还粗的层级，由于对应层级过粗，丢失了资金使用环节的大量细节线索，难于分析资金使用的合理性；另一方面，部分项目表内容缺乏对应性。例如，决算项目表第一部分建筑安装工程费中，路基工程（表2.3）是在概、预算项目表“目”的层级上归纳而成的，这种归纳丢失了估、概、预算项目表按照施工工序建立起的逻辑层次关系，使估、概、预、决算文件在路基工程建立不起来直接的对应关系，给不同阶段造价比照带来了困难。另外，造价台账记录了施工阶段资金的实际使用情况，从综合各阶段造价信息做好资金监管的总体目标看，造价台账提供了分析资金使用合理性的重要线索，是资金监管的重要工具，应该给予高度重视。但目前全行业对此还没有统一的编制办法，各项目建设单位在项目实施过程中，主要从便于合同计量与支付管理的角度自行设计台账文件表格，而不是从资金监管的角度考虑台账的设计，设计的台账文件可能缺乏从各阶段造价整合利用角度考虑所需要的元素。因此，有必要结合造价管理深度要求，以建立各阶段造价项目组成对应性，便于实现全过程造价管理为目标，对估算、概算、预算、造价台账、决算项目组成进行标准化，形成标准的项目表。

决算项目表——路基工程（摘自部颁公路工程决算编制办法）　　表2.3

项	目	工程或费用名称
一		路基工程
	1	计价土方
	2	计价石方
	3	排水工程
	4	防护工程
	5	特殊路基处理

②基于科学计价目的，优化、完善估算、概算、预算、造价台账、决算项目表。从科学计价的角度，部颁造价文件编制办法规定的项目表从内容上尚存在与工程实际结合度有一定差距、部分细目划分较粗、部分项目节设置可优化等问题。

近年来，公路建设项目施工经常遇到的工程类别在部颁项目组成中有待补充。例如，部颁概、预算项目表中第一部分建筑安装工程费第二项路基工程第4目“特殊路基处理”仅计列了软土处理、滑坡处理、岩溶洞回填、膨胀土处理、黄土处理、盐渍土处理等特殊路基类型，但对实际公路工程施工经常遇到的填挖交界路段、桥头路基、高填方路段、低填浅挖路段、新旧路拼接段、崩塌及岩堆路段、泥石流路段、滨海路段、红黏土及高液限土、煤系土等特殊路基处理类型缺乏考虑。实际编制时，如遇该类设计方案，只能列入近似项下，造价编审时易出现欠准确、方案对比难等问题。

部颁项目表中部分细目划分较粗，不能将对造价有较大影响的因素完全区分，不利于判断造价合理性。例如，部颁概、预算项目表第一部分建筑安装工程费第五项交叉工程第2目第1节“钢筋混凝土箱式通道”，其下再未划分细目。但实际实施时，钢筋混凝土通道有单跨的也有双跨的，有3m跨径的，也有4m、5m、6m、7m、8m等跨径的，不同跨型、跨径的钢筋混凝土箱式通道造价有较大差别，项目表中仅列钢筋混凝土箱式通道，不再根据跨型和跨径细分细目，造价审查时很难判断该项费用的合理性。

部颁项目表也存在部分项、目、节设置不够清晰，易产生歧义，造成造价编制分类不统一等问题。例如,部颁概、预算项目表第一部分建筑安装工程费第二项路基工程第4目第1节"软土处理"按照不同处治方法划分细目,包括抛石挤淤、砂砾垫层、灰土垫层、预压与超载预压、袋装砂井、塑料排水板、粉喷桩与旋喷桩、碎石桩、砂桩、土工布、土工格栅、土工格室等。这种划分方式与实际工程设计方案多采用多方法综合处治不同,容易造成造价编制人员理解歧义。例如,实际工程设计方案是采用袋装砂井处治软土,编制预算时有的编制人员按设计方案将砂砾垫层、袋装砂井子目计入"袋装砂井"细目,而有的编制人员可能理解为只需要在此细目下计列袋装砂井,而漏计砂砾垫层子目,或将砂砾垫层子目计入其他细目中,这样就造成同样的工程不同人编制结果有差异,造价审查时如果疏忽,较难准确判断费用的合理性。

因此,从科学计价的角度出发,有必要结合工程实际,在充分考虑影响造价的各种结构、材料、规格、施工方法等因素的基础上,优化、完善估算、概算、预算、造价台账、决算项目表。

(3)需要完善工程量清单子目体系。由于部颁招标文件范本中工程量清单子目的设置,主要以体现典型工程为例,体现的主要是一种统一的管理思路,对比具体工程实践应用来说,相对较粗略。存在子目与工程设计工程量结合度有待优化、部分常见工程设计方案缺乏对应子目内容、部分子目划分较粗或划分方式未能把对造价有较大影响的因素有效区分等问题。例如,部颁范本中清单子目"202-2 挖除旧路面"其下设子项时,只列举了挖水泥混凝土路面、沥青混凝土路面、碎石路面三类,对实际设计中经常出现的挖粒料类基层、稳定土类基层等缺乏相应的子项设计。此外,部颁范本中清单对公路附属工程,如交通机电、绿化、附属区房建等内容缺乏计价规范,编制造价文件遇到上述内容时,缺乏统一、具体的编制方法,容易出现文件编制不规范的问题,给后续规范化管理带来困难。如何把这些范本中清单缺项的工程内容的造价确定好,保证符合公路建设成本的实际,需要进一步规范。又如,绿化工程的子项"704-1 人工种植乔木",其下按照树种划分子目,但市场上即使同一类型树种,如果树高或胸径不同,其造价也有较大差异。这种子目划分偏粗,可能出现实际施工用小胸径树报大胸径价的管理漏洞。再如,路面工程的子项"313-3 现浇混凝土加固土路肩(厚…mm)"按m计价。这种计价方式存在的问题:第一,只能解决等厚度路肩加固的计费,不能解决不等厚路肩加固的计费;第二,如果项目实施过程出现厚度变更,需要重新商定单价,容易出现争议,或高套单价;第三,不同强度标号混凝土单价不同,此种计价方式没有考虑混凝土强度标号类型,会出现报高强度混凝土价而用低强度混凝土施工的管理漏洞。例如,实际施工可以采用现浇C15混凝土,也可以用现浇C20混凝土,但是C15混凝土和C20混凝土价格不同。以2014年3月广东省广州市材料信息价格为例,C20的价格为431元/m^3,C15的价格仅为420元/m^3,因此同样进行现浇混凝土加固土路肩施工,但由于采用的混凝土强度等级不同,实际造价不同。

此外,部颁范本中,部分清单子目还存在对工程结构规格信息模糊处理,不利于准确确定造价的问题。如路面工程的子目"314-1-a PVC-U 管(ϕ…mm)",实际施工中,路面及中央分隔带PVC-U排水管有采用ϕ50mm规格的,有采用ϕ75mm规格的,有采用 ϕ125mm 规格的,不同直径规格的 PVC-U 排水管价格差别较大。如果不对这些工程结构规格信息在其相应的清单子目下进一步细分,就容易造成计价欠准确。但是往往这种结构规格类型很多,如 PVC-U 排水管常见规格有 ϕ50mm、ϕ75mm、ϕ110mm、ϕ125mm、ϕ160mm、ϕ200mm、ϕ250mm 等,还有一些非标准的异形尺寸,如果采用枚举法,穷尽所有规格尺寸,整个计价项目体系将非常庞大冗余。因此,需要对工程结构规格信息进行必要的归类,规范项目名称及编码方式,既能使包含不同结构规格信息的计价条目得到细化,又能结合工程实际适当归并,不至于清单子目系统过于繁冗。综上所述,有必要从造价管理的实际需要出发,结合工程实际,对现行清单项目体系进行新增、细化和调整。

(4)需要优化各类造价文件表格。目前,部颁标准或行业规范性文件仅就公路工程估算文件、概预算文件以及工程决算文件有明确的格式规定,部分阶段的造价文件,如合同清单、造价台账、工程结算文件等尚缺乏行业层面的标准格式。已规定的造价文件格式也存在甲乙组文件表格组成内容还不尽完善等问题。

造价台账记录了建设过程中资金使用的详细信息,是分析前期控制造价与后期实际造价变化的线索,是分析资金使用合理性的重要工具。工程结算文件是核算最终支付的依据和凭证,记录了工程完工实际发生费用和建设单位的实际支付情况,与决算数据有逻辑闭合关系,可以通过工程结算与竣工决算的比照,分析异常数据,判断决算费用的合理性。但目前还没有明确规定对造价台账文件和工程结算文件的编制办法和具体格式进行统一规范。部分建设单位从便于项目合同计量与支付管理的角度,自行开发和设计了造价台账和结算文件报表。但由于建设单位主要负责项目具体实施,与行业造价管理部门关注不同,很难保证自行设计的文件格式和内容能够满足全过程造价管理的需要。导致的结果是,虽然造价管理阶段全面、造价文件齐全,但造价数据不能贯通全过程,全过程造价管理还是不能落到实处。因此,有必要对造价台账和结算文件进行基于全过程一体化造价管理的标准化设计。

部分部颁造价文件编制办法规定的甲乙组文件表格之间欠缺对应性,部分对造价有重要影响的汇总数据缺乏基础数据的支撑。如部颁概、预算编制办法中的甲组文件 06 表"工程建设其他费用及回收金额计算表",要求按照预算项目表汇总计列第三部分工程建设其他费用,但乙组文件没有相关的基础数据支撑表格,造成该项费用编制内容偏粗,审查时无法追溯其合理性。实际上,随着近年土地政策的调整、对环境保护等专项评估工作的深入,这部分费用在公路工程造价中所占比重越来越大。以工程建设其他费用中的土地征用及拆迁补偿费为例,根据全国公路造价管理调研的统计资料,2004 年以来,全国新建高速公路土地征用及拆迁补偿费在批复概算中的平均比重占到 8.1%,而广东、山东、浙江、上海等沿海经济发达省市该项费用占到 13%~26%,甚至更高。因此,有必要对部分造价文件的表格进行设计完善,在提供汇总数据的基础上,进一步提供详细的基础数据,以甄别其合理性。

部分部颁造价文件编制办法规定的造价表格不够直观、简洁,甚至缺少关键信息,增加了编制人员的工作量,制约了管理效果。例如,部颁工程决算编制办法规定的建设项目概况表、投资控制情况比较表、工程数量情况比较表、概预算分析表、标底及合同费用分析表、项目总决算分析表都是分别针对路线工程、独立桥梁、独立隧道工程设计了三种表格形式，形式繁冗，适用性不强；“投资控制情况比较表”概算、预算数据未分列，缺少变更环节数据，工程数量与费用未在一张表中同时展现。“投资控制情况比较表”主要用于比较工程项目从设计到竣工各建设阶段的造价情况，用于分析各阶段造价及其变化的合理性。预算是依据施工图测算的工程造价，最接近实际，是确定招标控制价或清单预算价的控制性指标，也是判断合同价格合理性的重要依据；变更数据记录了施工阶段方案变化引起的费用变化信息，是判断决算与合同阶段造价变化合理性的依据。用于分析造价及其变化合理性的“投资控制情况比较表”，如果缺少预算和变更信息，表格设计的初衷就很难达到。另外，在工程造价的确定过程中，费用与其对应的工程量有正相关关系，判断费用的合理性一定是结合工程量进行，如果费用与工程量不在一张表格中同步展现，会增加审查人员翻阅文件的工作量，极大地降低审查效率。因此，基于全过程一体化造价管理目标，有必要对造价文件的表格内容进行简洁性、直观性、完备性方面的完善优化。

(5)需要规范公路工程设计文件的工程数量表。设计工程数量是公路工程确定造价的基础。目前，以设计工程量为基础编制、校对设计概算、施工图预算、招标工程量清单和清单预算，无论是从设计单位编制、审查审计单位核查、施工单位报价、业主及监理单位开展合同或变更管理，依然依靠手工采集设计数据并进行统计，再利用概预算编制软件摘取定额，取费进行计算，效率偏低且容易出错。施工环节也经常出现工程现场完成的实际工程量与设计图反映的细部工程量不对应，工程变更量大的情况。此外，部颁《公路工程基本建设项目设计文件编制办法》亦没有详细规定公路工程设计工程数量统计表的具体内容或格式，设计人员编制的工程数量表格式不一、内容各异，信息量纷杂，但又往往不能完全满足造价编审人员编制、校对工程量的需要，造价编审人员往往要重新翻查设计图纸，手工摘取、计算所需工程数量信息，重复劳动多，易出错。因此，有必要对公路工程设计文件的工程数量表进行标准化与规范化，并辅以信息技术，以提高工程量清单或概、预算编审效率、降低出错率，减少因差错造成的变更。

2.1.2 造价文件编制标准化与信息化方法

(1)定额计价与清单计价的转换方法。要建立定额计价与清单计价的转换关系，关键是建立预算项目与清单子目之间的对应关系。预算项目按施工程序划分，清单子目按工程实体划分，现行计价体系中预算项目对应的作业内容往往包含数个清单子目对应的工程实体内容。因此，可以把预算项目和清单子目按照各自对应的施工作业内容进行匹配，将预算项目按照施工作业内容分解、对应若干个清单子目，进而建立预算项目与清单子目之间的对应转换关系，实现预算文件与清单文件、定额计价与清单计价的联通。

(2)估算、概算、预算、造价台账、决算项目表标准化方法。

①增加台账项目表。目前，各类技术标准或编制办法均对公路工程造价管理台账文件的编制缺乏规定，应从满足全过程一体化造价管理需要、着重建立造价文件对

应性的角度考虑设置台账阶段造价文件的项目表,重点是建立初步设计概算、施工图预算、合同价格和预估决算的对应性,衔接资金计划使用和实际支付情况。

②建立项目表对应性。考虑编制各种造价文件依据的设计文件和合同文件深度,结合全过程造价管理需要,以估算和概算项目表在“目”一级建立对应;预算项目表在概算项目表基础上对部分较复杂的分部分项工程设置更细化的细目;造价台账与预算项目表在“节”一级建立对应,在桥梁与涵洞工程、隧道工程、交叉工程,以及工具器具购置等对造价有较大影响的分部分项工程建立细目级的对应;决算与概算项目表在“节”一级建立对应,在桥梁与涵洞工程、隧道工程、交叉工程和工具器具购置等对造价有较大影响的分部分项工程建立细目级的对应为原则,对估算、概算、预算、造价台账、决算项目层次进行标准化。

③优化调整项目表。

a.新增项目表内容。

(a)按照工程内容新增。如在部颁概算项目表中“第一部分　建筑安装工程费”的第一项“临时工程”下增加“拌和设施安拆及其他临时工程”目;在第二项“路基工程”第4目“特殊路基处理”下增加“填挖交界路段处理”、“桥头路基处理”、“高填方路段处理”、“新旧路拼接处理”等节。

(b)按照设计方案新增。如部颁概算项目表中“第一部分　建筑安装工程费”的第二项第4目第1节“软土处理”下增加“强夯处理”、“反压护道”等细目。

(c)按照施工材料新增。如在部颁概算项目表中“第一部分　建筑安装工程费”的第三项第6目“水泥混凝土面层”下增加“碾压混凝土面层”等细目。

b.细化项目表内容。

(a)按照结构物属性细化。如在部颁概算项目表中“第一部分　建筑安装工程费”第二项第2目第1节“挖土方”下按照土方属性增加“利用土方开挖运”和“弃土方开挖运”等细目。

(b)按照工程部位细化。如在部颁概算项目表中“第一部分　建筑安装工程费”第二项第2目第3节“挖非适用材料”下细分“挖路基段非适用材料”和“挖结构物台背处非适用材料”等细目。

(c)按照施工内容细化。如部颁概算项目表中“第一部分　建筑安装工程费”第二项第4目第1节第6细目“塑料排水板”,按照该处治方式包含的分部分项工程内容增加“塑料排水板”、“堆载预压”、“砂垫层”等下一级细目。

(d)按照结构物规格细化。如在部颁概算项目表中“第一部分　建筑安装工程费”第五项第2目第1节“钢筋混凝土箱式通道”下,按照跨径细化增加“单跨3m以内箱式通道”,“单跨4m以内箱式通道”等细目。

c.调整项目表的现有内容。部颁项目表中部分项目的设置方式还不能把对造价有较大影响的因素完全区分开来,不便于判断费用的合理性和在设计方案比选时把握方案的差异。因此,需要调整项目表的内容设置。

如部颁概算项目表中“第一部分　建筑安装工程费”第二项第6目“防护与加固工程”,按照处治方式设置了“坡面植物防护”、“坡面圬工防护”、“坡面喷浆防护”等节。工程实际中,虽然各类边坡防护与加固采用的设计多为植物防护、圬工防护、喷浆防护、锚索、锚固板、抗滑桩等方案,但工程量规模却是因挖方边坡、填方边坡、高边坡等边坡类型不同,而使造价指标差异较大。如果不根据具体边坡形式分别计价,混在一起,造价审查时很难直观判断设计方案和费用的合理性,方案比选时很难把握不同方案的技术经济性。因此,需要对相关工程的项、目、节组成进行调整。如首先按照填方边坡、一般挖方边坡、高边坡等边坡形式分节,再对填方边坡和一般挖方边坡按照处治方式划分细目。而对处治费用大的高边坡,通常采取一坡一图设计,需要按照施工工点划分细目后,再按处治方式划分下级细目,具体如表 2.4 所示。

路基防护与加固工程的概、预算项目设置示例 表 2.4

目	节	细目	下一级细目	计价单位
路基防护与加固工程				km
	填方边坡防护与加固			km/m^2
		坡面植物防护		m^2
		坡面圬工防护		m^3/m^2
		浆砌片(块)石护脚		m^3
		干砌片(块)石护脚		m^3
		……		
	一般挖方边坡防护与加固			km/m^2
		坡面植物防护		m^2
		坡面圬工防护		m^3/m^2
		浆砌片(块)石护脚		m^3
		干砌片(块)石护脚		m^3
		坡面喷射防护		m^3/m^2
		……		
	高边坡防护与加固			km/m^2
		K…+…~K…+…坡面加固		km/m^2
			坡面植物防护	m^2
			坡面圬工防护	m^3/m^2
			浆砌片(块)石护脚	m^3
			干砌片(块)石护脚	m^3
			坡面喷射防护	m^3/m^2
			预应力锚索	m/t
			锚杆、锚钉	m/t
			锚固板	m^3
			抗滑桩	m^3/m

续上表

目	节	细目	下一级细目	计价单位
			……	
		K…+…~K…+…坡面加固		km/m^2
			……	

又如特大桥工程,往往其引桥和主桥结构形式不同,而且工程量和造价差异性较大,如果按照部颁项目表中对特大桥按照基础、下部构造、上部构造等工程部位设置项目、节,难以将不同设计结构类型的主桥、引桥的工程造价区分出来,无法对设计的技术经济性准确评价。因此,对于特大桥工程,需要先按照单座桥梁划分节,再按引桥和主桥划分细目,在此基础上按照基础、下部结构、上部结构等工程部位划分下一级细目。而对于互通式立体立交工程,因主线和匝道建设规模和技术标准的差异性较大,也有必要按照主线、匝道工程分别划分,再分别针对主线和匝道工程,按照路基、路面、桥涵、隧道等工程内容设置项目细目。

对于隧道工程,部颁项目表中对隧道没有进行分类,是按照洞门及明洞开挖、洞门及明洞修筑、洞身开挖、洞身衬砌等工程内容划分节。工程实际中,分离式隧道、小间距隧道、连拱式隧道等不同设计类型的隧道,无论是在工程结构、施工方法,还是设计工程量、材料消耗量、工程造价等方面都有较大差异,在造价编制过程中,如果不对隧道设计类型加以区分,既难判断费用合理性,也不利于方案比选,更不利于利用历史资料比对造价指标。此外,对于"洞身开挖",虽然其从施工工序上一般都要进行开挖、支护和二次衬砌,设计内容相对固定,但不同围岩等级,具体设计处理方案不同,造价更有差异。从科学计价角度,这些对造价的确定影响较大的因素都应予以区分。因此,标准化设计往往建议,隧道工程项目内容层次的确定,可以先按分离式隧道、小间距隧道、连拱隧道等不同类型分目,再按单座分节,按洞门及明洞开挖、洞门及明洞修筑、洞身开挖、洞身衬砌等工程内容划分细目。而针对其中"洞身开挖"等占隧道施工工程量和造价比重较大的细目,宜按照围岩等级不同,划分下一级细目。每种围岩级别下再按开挖、超前支护、初期支护、二次衬砌等工序进一步设置细目。

d.规范同类项目的累进方式。部颁项目表中部分项、目、节按照结构物规格进行细化,但未归类或明确累进规则,只是按设计实际规格尺寸直接枚举计列。这种项、目、节设置方式,不利于在方案比选时甄别不同方案的差异,同时积累的历史资料也难于形成有价值的技术经济指标(如特定尺寸的管涵、盖板涵的设计工程量技术指标或造价经济指标)。标准化设计可以按照既区分差异又适当归类的原则,建立同类结构物规格的累进规则。如部颁概算项目表中"第一部分　建筑安装工程费"第四项第2目第2节"盖板涵"规范涵径累进规则后,可以按照表2.5设置项、目、节。

e.明确省略部分的设置规则。工程设计方案多不胜举,施工技术也在不断发展,为了使造价文件项目表尽量简化,同时适应公路工程新技术发展需要,项目表中通过设置省略号,对工程中出现但项目表中未计列的项目,为造价编制人员提供自行增加的空间。但目前,部颁概、预算项目表中大量省略号行对应的备注栏空缺,给造价编制人员新增工程内容带来不确定性和较大随意性。标准化设计,应从便于造价编制人员会意和理解项、目、节增加原则方面给出引导，以尽可能拓宽项目内容。

盖板涵项、目、节设置示例 表 2.5

盖板涵	m/道	按不同涵径划分细目
1~2m 以内盖板涵	m/道	单跨
1~3m 以内盖板涵	m/道	
1~4m 以内盖板涵	m/道	
1~5m 以内盖板涵	m/道	
1~6m 以内盖板涵	m/道	
2~2m 以内盖板涵	m/道	双跨
2~3m 以内盖板涵	m/道	
2~4m 以内盖板涵	m/道	
2~5m 以内盖板涵	m/道	
2~6m 以内盖板涵	m/道	
……		

f.结合全过程管理需要补充项目内容。在招标、实施阶段，工程量清单的子目设计从施工实际的角度设置了计日工、索赔、价差调整、代扣代付项目增减建设成本、尾工工程、报废工程等项目，但部颁概、预算、决算项目表均未对此类费用项目考虑，尤其是工程竣工决算文件作为公路建设项目全部投资费用的体现，将上述建设管理过程中可能发生的费用项目纳入项目表、计入工程总造价中是十分必要的。

（3）工程量清单体系的标准化方法。工程量清单体系是贯穿于公路建设项目招标、施工、交竣工等多阶段的最主要工程计量计价方式，带有价格的工程量清单是重要的造价文件。对现有的工程量清单体系，采用标准化方法进行规范和标准，十分必要。

①新增常规工程需要的清单子目。

a.按照施工材料新增。按照施工材料不同，补充缺少的清单子目。如部颁招标文件范本中，工程量清单“309 热拌沥青混合料面层”项，按照近年常用类型，可增加“砂粒式沥青混凝土”、“细粒式沥青碎石混合料”、“中粒式沥青碎石混合料”、“粗粒式沥青碎石混合料”、“特粗式沥青碎石混合料”等子目。又如“202-1 路基挖方”项下，按照挖方材料，可增加“挖淤泥”、“挖非适用材料”等子目。

b.按照结构物类型新增。如在“202-3 拆除结构物”项下，可增加“拆除标志牌”、“拆除隔离栅”、“拆除波形护栏”等子目。又如在“207 坡面排水”项下可增加“跌水井”、“集水井”、“泄水槽”等子目。

c.按照工程处治方式新增。部颁招标文件范本的工程量清单中，缺少部分工程内容的某些常见处治方式，可以结合实际，按照处治方式对缺少的清单子目进行补充。如“205-1 软土地基处理”项下，可增加“预应力混凝土管桩”、“高压旋喷桩”、“粉喷桩”等子目。

d.按照工程内容新增。如在“第 200 章 路基”中增加“206 路基整修工程”，在“第 300 章 路面”中增加“316 旧路面处理”、“307 旧路面利用”，在“第 400 章 桥梁、涵洞工程”中增加“423 桥梁加固”等子目，并在“路基整修工程”子目下，按照工程部位增加“206-1 整修路拱”、“206-2 整修边坡”等子目。

②细化既有清单子目。

a.按照工程用材细化。混凝土、沥青、钢材、地材都是公路建设的主要消耗材料，这些材料规格类型繁多，造价也有较大差别，从对造价有较大影响的因素进行详细区分，从科学计价的角度，可按照不同材料的规格类型，对部颁招标文件范本的工程量清单中有关施工用材的子目进行细分。

如对水泥混凝土，随着现在大型工程采用高强度等级混凝土的情况越来越普遍，按照混凝土强度等级细分清单子目十分必要。如部颁招标文件范本的工程量清单子目“313-4 混凝土预制块加固土路肩”可按混凝土强度，分为 C15、C20…混凝土预制块加固土路肩。对于沥青混凝土，可按照沥青或结构设计种类细分。如“415-1 沥青混凝土桥面铺装”，可分为普通沥青混凝土桥面铺装、改性沥青混凝土桥面铺装、SMA 桥面铺装等子目。而对钢材，可按加工形式细分，如“209-3-b 混凝土挡土墙钢筋”，可分为普通钢筋、预应力钢筋等子目。对于地方性道路用材，可按照材料类型细分子目，如“207-5 …mm×…mm 路基盲(渗)沟”可按照使用的石料类型分为碎石料盲(渗)沟、砂砾料盲(渗)沟等子目。

施工中经常出现一项施工内容需要采用多种材料或可以采用不同材料的情况，此时可按照材料、材质细分清单子目。如“205-1-n 强夯置换”可以按照置换材料不同分为“强夯置换(土)”、“强夯置换(砂砾)”等子目。如“207-7 现浇混凝土坡面排水结构物”，可按结构物采用的材料细分为“钢筋”、“C10 混凝土”、“C15 混凝土”等子目。

b.按照结构物规格细化。预应力管桩管径、路面施工层厚度、土工材料宽度、特种材料用量、设备型号规格等特征信息不同，往往工程造价差异性大，可以根据这些特征信息对相关的清单子目进行细化。如对于管材和桩，可以按照管(桩)径细分子目，如“314-2 纵向雨水沟(管)”可以按照管径细分子目；“205-1-j 砂桩”可以按照桩径细分“ϕ100mm 以内”、“ϕ100~200mm”等子目。对于挖除、铺筑、喷射、浇筑混凝土等，可以按照混凝土设计厚度细分子目，如“202-2-a 水泥混凝土路面”可按挖除路面厚度分为“挖除 50mm 内厚水泥混凝土路面”、“挖除 60mm 厚水泥混凝土路面”等子目。对于板材，可以按照材料宽度细分子目，如“205-1-g 塑料排水板”，可分为“板宽 100mm 以内”、“板宽 100~150mm”等子目。对于工具、器具、设备等，可按照型号不同细分子目，如“606-1 防眩板”可按照类型分为“Gs-P-E”、“Gs-P-C”等子目。

c.按照施工方法细化。采用不同施工方法或工艺作业，工程造价也会有较大差异。混凝土、砌体的施工工艺和软基、岩溶洞的处治方法不同，可以按照施工方法细分子目。混凝土可以按照预制、现浇工艺细分子目，如“602-1 混凝土护栏”可以按“现浇混凝土护栏”、“预制混凝土护栏”等细化子目。砌体可以按照干砌、浆砌细分子目，如“207-6 涵洞上下游改沟、改渠铺砌”，可以按“浆砌片石铺砌”和“干砌片石铺砌”细分子目。而“205-1-d 预压与超载预压”可以按照处治方式细分为“土方等、超载预压”,“水压预压”等子目。岩溶洞处理可以按“回填”、“灌浆处理”等处治方法细分子目。

d.按照工程部位细化。工程不同部位,施工内容、方法、难易程度不同,造价也有较大差异。对于桥梁、涵洞、隧道、交通工程等,可按施工部位划分子目,如“421-1 拱涵”可按“基础、台身、拱圈、拱上结构”等细分子目。

e.同时满足多种计价需求的细化。对于桥涵工程混凝土上部结构的预制、运输、安装,考虑到不同需求的建设项目管理需要,可考虑分别设计按施工内容细分的子目和按上部结构类型细分的子目两种计价计量方式,供不同建设管理模式灵活选用。如“410-4 预制混凝土上部结构”,可先按预制、运输、安装等施工工序分类,再对每一分类按上部结构类型进一步划分子目;也可合并设置综合子目,按上部结构类型细分子目。具体见表 2.6。这样,既满足了不同建设管理模式的需要,也可统一计价计量规则。

“410-4 预制混凝土上部结构”子目细分示例 表 2.6

410-4 预制安装混凝土上部结构		
子 目 号	子 目 名 称	单 位
410-4-1	安装混凝土上部结构	(分别计价)
410-4-1-1	实心板安装	m^3
410-4-1-2	空心板安装	m^3
410-4-1-3	小箱梁安装	m^3
410-4-1-4	T 梁安装	m^3
410-4-1-5	工字梁安装	m^3
	……	
410-4-2	运输混凝土上部结构	m^3(分别计价)
410-4-3	预制混凝土上部结构	m^3(分别计价)
410-4-3-1	实心板预制	m^3
410-4-3-2	空心板预制	m^3
410-4-3-3	小箱梁预制	m^3
410-4-3-4	整体式箱梁预制	m^3
410-4-3-5	T 梁预制	m^3
410-4-3-6	工字梁预制	m^3
	……	
410-4-4	预制运输安装混凝土上部结构	(综合计价)
410-4-4-1	实心板	m^3
410-4-4-2	空心板	m^3
410-4-4-3	小箱梁	m^3
410-4-4-4	整体式箱梁	m^3
410-4-4-5	T 梁	m^3
410-4-4-6	工字梁	m^3
	……	

③对既有清单子目局部调整。部颁招标文件范本中工程量清单部分子目计价方式，如果进一步调整优化，体现的计价计量结果会更准确。如"202-2-a 挖除水泥混凝土旧路面"是以"平方米"为计量单位，但不同路面厚度，挖除相同面积对应的实体工作量其实并不相同，实际计量计价时易引起合同纠纷。标准化设计，建议可按不等厚路面和等厚路面划分子目，不等厚路面以实体体积为计量单位，等厚路面以面积为计量单位，对等厚路面还可进一步按照厚度不同累进划分子目。具体参见表2.7。

"挖除水泥混凝土路面"子目细分示例 表2.7

202-2-1 挖除水泥混凝土路面		
子目号	子目名称	单位
202-2-1-1	挖除不等厚的水泥混凝土路面	m^3
202-2-1-2	挖除50mm内厚水泥混凝土路面	m^2
202-2-1-3	挖除60mm厚水泥混凝土路面	m^2
	……(按每10mm厚度递增子目编号)	

又如"420-2 钢筋混凝土箱涵(…m×…m)"，该子目是按箱涵截面划分子目、以涵长为计量单位。如果发生截面形式的设计变更，需要重新定价，建设管理单位和施工企业往往就新增单价，容易产生争议。如果按照箱涵分项工程内容分别计量，如分"涵基开挖"、"涵洞基础垫层"、"涵洞基础"、"涵洞墙身"、"涵洞铺砌及截水墙"、"涵身"等清单子目，以水泥混凝土或浆砌圬工实体体积为计量单位，即使施工过程中涵洞部分分部分项工程变更，也不影响按合同单价正常计量，不容易引起计价争议。再如，"405-1 钻孔灌注桩(φ…mm)"以桩径划分子目，以桩长为单位计量。实际施工中，在陆地、一般江河还是海洋区域内施工，钻孔灌注桩采用长桩还是短桩，大桩径还是小桩径，造价差别较大，仅依据桩径划分子目，欠准确。标准化设计建议先按施工位置——陆地、一般江河、海洋分类，再按孔深划分子目，最后按照桩径进一步划分子目。具体参见表2.8。

"钻孔灌注桩"子目细分示例 表2.8

405 钻孔灌注桩		
子目号	子目名称	单位
405-1	陆上钻孔灌注桩	
405-1-1	孔深60m以内的陆上钻孔灌注桩	
405-1-1-1	桩径100cm以内	m
405-1-1-2	桩径110cm	m
	……(按每10cm递增子目编号)	
405-1-2	孔深60m以上的陆上钻孔灌注桩	
405-1-2-1	桩径100cm以内	m
405-1-2-2	桩径110cm	m
	……	
405-2	水中钻孔灌注桩(一般江河)	
405-2-1	孔深60m以内的水中钻孔灌注桩	

续上表

子目号	子 目 名 称	单 位
405-2-1-1	桩径 100cm 以内	m
405-2-1-2	桩径 110cm	m
	……	
405-2-2	孔深 60m 以上的水中钻孔灌注桩	
405-2-2-1	桩径 100cm 以内	m
405-2-2-2	桩径 110cm	m
	……	
405-3	水中钻孔灌注桩(海洋)	
405-3-1	孔深 60m 以内的海中钻孔灌注桩	
405-3-1-1	桩径 100cm 以内	m
405-3-1-2	桩径 110cm	m
	……	
405-3-2	孔深 60m 以上的海中钻孔灌注桩	
405-3-2-1	桩径 100cm 以内	m
405-3-2-2	桩径 110cm	m
	……	

④以备注栏说明清单子目增减规则。部颁招标文件范本中,对工程量清单中不能穷举的工程内容,以省略号表示。标准化设计试图通过寻找清单设置规律,增设备注栏,对新增或删减清单子目的规则进行适度固化,建立有规律可循的清单子目名称及其对应清单编号,来实现对庞大的工程量清单系统的规范管理。

例如,桩、管类按照直径由小到大编码;混凝土或浆砌片(块)石按照圬工强度等级由低到高编码;边坡防护中混凝土喷射一般等厚度施工,可按喷射厚度由薄到厚编码;锚杆按照钻孔直径编码;路面工程中等厚度砂砾、碎石、稳定土垫层、底基层、基层、面层,按照施工层厚度由薄到厚编码;稳定土路面按掺加石灰(水泥)含量由小到大编码;桥梁支座按支座反力标准由低到高编码等。

(4)造价文件格式的标准化方法。造价文件格式标准化的目的是实现全过程一体化造价管理。主要包括增补现有技术标准和行业规范尚未规定的造价文件,如施工阶段的造价管理台账和工程结算文件;完善、优化现有部颁编制办法已规定的造价文件。

①规范造价管理台账、设计变更预算和工程结算格式。

a.造价管理台账。设置台账的主要目的是动态掌握公路建设项目资金使用实际及工程进度情况,了解工程设计变更增减工程量、费用情况,加强实施阶段的造价监督管理,并在此过程中落实对公路工程造价从业人员的执业监督。基于这一目的,造价文件标准化设计中,对造价管理台账的内容设计应涵盖建设项目基本信息、各阶段造价对比信息、设计变更信息、合同款支付进度信息、设计概算批复信息、造价从业人员执业信息等。

与造价管理相关的建设项目基本信息，主要是工程可行性研究估算、初步设计概算、施工图预算等造价文件的核准或批复部门、时间、费用、工程规模、技术标准等基本信息。

各阶段造价对比信息，主要帮助建设单位管理人员及时了解项目资金计划控制情况、实际使用情况，未来可能的变化情况，使管理人员在项目实施阶段动态掌握资金使用情况及预估工程决算情况，防范资金使用、进度控制风险。因此，需要提供初步设计、施工图设计、招标清单、合同清单、设计变更、本期末完成、预估调整、预估决算的工程量和价格信息等内容。此外，考虑到土地征用及拆迁补偿费在工程项目总造价中所占比重越来越高，而且易受政策性因素影响、易变化、不确定性强，有必要在管理台账中专门针对土地征用及拆迁补偿费设计适合的报表，便于管理人员及时掌握和跟踪该项费用。

设计概算批复信息，主要考虑初步设计文件从编制、评审到最终获得行业主管部门批复，一般存在工程量和计价的变化，在建设实施阶段，有必要将批复设计概算增、减情况按分部、分项、分目、分节工程逐项落实，以便于准确实现同实施阶段的合同款计价计量、工程设计变更、工程结算对比，实行以批复概算为最终控制额的投资管控。

工程变更信息，帮助管理人员全面掌握变更事由、费用情况和审批确认情况。既要有汇总信息，便于对项目整体变更情况的把握，也要有分部分项工程基础数据信息，掌握逐项工程变更申报及批复情况。

合同款支付进度信息，帮助管理人员了解各合同段价款逐期支付情况。要求提供合同金额、结算金额、应扣款、应支付、已支付、待支付等信息。

造价从业人员执业信息，提供与建设项目相关的参建各方造价从业人员的持证、继续教育、工作业绩、工作质量评价等信息。

b.设计变更预算。公路工程建设过程中，可能出现设计变更事项。根据国家规定，工程设计变更实行审查、审批制，项目法人在报审设计变更文件时，应当提交工程量、投资变化对照清单和分项概、预算文件，并建立公路工程设计变更管理台账，定期对设计变更情况进行汇总。因此，设计变更预算文件应提供建设项目变更意向申报、批复信息，变更前后工程量清单对比信息、预算对比信息，工程变更新增清单子目单价计算信息，变更前后人工、主要材料、机械台班数量对比信息、单价对比信息，变更后设计预算文件等。

c.工程结算。工程结算是对所有公路工程合同需支付费用的清理和总结。根据现阶段公路建设项目招标类型，涉及的分类一般有施工、勘察设计、监理服务、土地征用及拆迁补偿、技术咨询、材料采购等。由于施工、勘察设计、监理服务、征地拆迁补偿等内容有较大区别，公路主体工程施工和附属区房建工程施工，从工程内容、技术标准、计价办法上也有较大差异。因此，造价管理标准化设计有必要对公路工程、附属区房建工程、勘察设计、工程监理和土地征用及拆迁等类型分别制订结算文件，主要内容应重点体现合同执行情况和合同变更情况。

②完善、优化概算、预算、决算、招标清单格式。优化概算、预算、决算文件，核心是从全过程一体化造价管理角度，梳理造价文件需完善的信息，重点是建立各类造价

文件甲乙组表格内容的对应性,并对占比重越来越大的设备及工具器具购置费和工程建设其他费用完善、补充基础数据信息。

a.概、预算文件。考虑到近年来公路建设项目征地拆迁、前期工作、勘察设计和专项评价(估)等方面的支出费用大幅升高,有必要在甲组文件提供这类项目汇总费用的同时,在乙组文件中提供更为详细的基础数据支持。因此,需要在乙组文件中增加公路工程土地征用及拆迁补偿费用、前期工作经费和专项评价(估)费用等详尽信息。

b.竣工决算文件。竣工决算文件的编制原则之一,就是既能保证报表清晰简明,又要让所有各项费用支出都能通过文件追根溯源,便于准确核实。结算费用要能落到实处,变更费用要能理清脉络。基于这一目标,造价管理标准化设计,应在部颁决算编制办法基础上,将竣工决算文件分为甲组和乙组两类文件,甲组文件力求清晰简明,乙组文件作为甲组文件的基础,提供支撑数据。在报表方面,增补体现工具器具购置费用、土地征用及拆迁、建设单位管理费用、工程监理费用、设计文件审查费用、竣(交)工验收试验检测费用、研究试验费用、建设项目前期工作费用、专项评价(估)费用、扣代付项目增减建设成本费用、建设期贷款利息等结算信息的专项报表;在基础支撑数据方面,增补其他费用项目结算信息、建设期贷款利息计算信息、合同结算支付信息等内容。

c.招标清单文件。公路工程主体土建工程、附属区房建工程、勘察设计、工程监理等工程类型的造价构成、投标报价方式有较大差别。现阶段公路工程项目也一般按照上述工程类型分类招标,因此公路项目招标清单文件格式和内容宜按照上述类型特点分类差别制订。

2.2 造价审查行为的标准化与信息化原理

2.2.1 造价审查行为的标准化与信息化需求

对公路工程造价文件进行审查,核定投资控制额,是交通运输行政主管部门开展造价监管的主要手段。多年来,公路工程造价实行审查(批)制度,对有效节约社会资本、提高项目效益成效显著。原交通部2012年底的全国公路工程造价管理工作调研成果显示,部分省造价审查核减金额平均约占送审费用的3.31%(表2.9)。如以"十一五"期全国公路投资约3.6万亿元计,仅造价审查节约建设资金约1200亿元。造价审查在科学定价、合理计价方面的作用较为显著。

"十一五"期部分省份造价审查调整费用情况示例 表2.9

序号	省份	送审金额(亿元)	调整费用(亿元)	审查金额(亿元)	调整比例	备注
1	广东省	10229	−572.82	9656	−5.60%	"十一五"期
2	云南省	420	−12.46	407	−2.97%	2010年14个建设项目

续上表

序号	省份	送审金额（亿元）	调整费用（亿元）	审查金额（亿元）	调整比例	备　注
3	江苏省	1870	-64.00	1806	-3.42%	2002年至2010年
4	浙江省	1407	-44.91	1362	-3.19%	估算、概算、预算
5	浙江省	837	-23.22	814	-2.77%	清单审查
6	河南省	2496	-100.00	2396	-4.01%	"十一五"期
7	四川省	5870	-72.34	5798	-1.23%	"十一五"期
平均值					-3.31%	

尽管如此，公路工程造价审查制度还有待规范，造价审查体现的社会效益潜力还有待挖掘。目前，交通运输部仅对国家重点公路项目的投资估算、设计概算组织评审，一般委托工程咨询企业代部审查。地方层面，各省交通运输行政主管部门由于各自造价管理需要、对造价审查监督重要性的认识、相关造价管理机构的技术力量配置以及地方工程造价咨询市场发育等方面情况的不同，无论是从公路工程造价审查的主体和方式，还是审查阶段的确定，都有较大差异。一般来说，工程可行性研究阶段由各省交通运输行政主管部门对公路建设项目工程可行性研究（含投资估算）组织行业评审，提出行业审查意见，报发展改革行政主管部门立项审批（核备）；设计阶段由各省交通运输行政主管部门对公路建设项目初步设计（含设计概算）、施工图设计（含施工图预算）组织行业评审，出具设计审批意见，少部分省是由建设主管部门或发改部门对初步设计（含设计概算）进行审批；招投标阶段，招标文件按规定程序由交通运输行政主管部门进行核备，招标单位一般委托公路造价管理机构或工程造价咨询企业进行招标控制价或清单预算的审查；施工阶段，云南、广东等多个省份交通运输行政主管部门委托公路造价管理机构开展造价控制过程监督，各省交通运输行政主管部门对重（较）大设计变更组织审查，设计变更费用实行审查审批制度；交、竣工阶段，仅广东、福建等个别省份交通运输行政主管部门委托公路造价管理机构进行竣工决算审查，交通运输行政主管部门按公路工程竣、交工验收办法的规定，对工程竣工决算进行最终认定。

从目前现状看，交通运输行政主管部门未下设专职造价管理机构的，一般委托具有工程造价咨询资质的设计单位或咨询单位代为审查；下设专职造价管理机构的，一般授权其进行审查；虽有专职造价管理机构但限于技术力量未承担造价审查职能的，一般亦委托工程咨询单位或设计单位代为审查。审查过程一般根据项目规模，由技术人员组成临时性小组分工完成。审查人员一般借助自身经验，对经常遇到的问题或不符合工程建设和市场价格规律的内容进行重点审查；缺乏经验支持时，逐项审查。由于缺乏严格的审查准则和行为规范，在项目规模庞大、审查周期短时，审查的可靠性和公平、合理性值得推敲。此外，审查过程中审查人员与项目建设单位或造价文件编制单位之间沟通交流较少，审查结论往往不能被认可。即使相互沟通，沟通过程资料也很少以书面形式保留，审查结论往往引起质疑和争议。

立项、设计阶段，造价文件是设计文件的重要组成部分；施工阶段，造价文件是合同文件的重要组成部分；交竣工阶段，造价文件是工程验收、移交资料的组成部分。造价审查是政府行业主管部门开展监管的重要手段，对审查阶段和环节进行必要的规范，对审查流程和技术方法进行统一的规定，对参审人员的职业素质和操守进行严格的考核，十分必要。

2.2.2 造价审查行为的标准化与信息化方法

全过程一体化造价管理的核心之一是造价数据信息实现全过程监管。通过造价数据和工程量之间固有的逻辑关系，比照分析建设项目各环节资金使用是否存在问题，动态监管造价。如果关键环节造价数据信息缺失，数据不能形成闭合链，数据之间的逻辑关系不明确，资金监管难度增大。因此，对于造价审查的阶段设置，应该贯穿前期(立项、设计)、中期(施工)、后期(交、竣工)，覆盖计划、变更、完工等关键环节，形成闭合数据链的角度考虑。对确定承担审查工作的主体，要考虑职业道德、敬业精神和执业能力，无论是由专职造价管理机构还是工程(造价)咨询单位承担审查工作，均应对审查人员资格和单位资质有明确的准入制度，对业绩和信用有客观的评价方法，对不良行为有清晰界定和有力的惩处措施，这是造价管理标准化的关键。对审查流程的设置，应保证审查任务指派、分工、汇总路径明确、职责清晰、运转顺畅。审查过程应建立审查人员与建设单位或编制单位的定期沟通制度，如审查前的技术交底、审查中期的问询查询、初步审查结论形成后的质疑解释，特别是对初步审查结论形成后的质疑解释，应该采取书面沟通的方式。对于审查技术，尽量借助信息化技术，在对已经积累的大量历史造价信息资料进行挖掘分析的基础上形成参考性控制指标，辅助审查人员快速定位审查重点和敏感点，精细分析，出具合理的审查结论。

2.3 资质资格和信用管理标准化与信息化原理

2.3.1 资质资格和信用管理标准化与信息化需求

一直以来，由于体制方面的原因，交通运输行业对公路工程造价从业人员和咨询单位管理较为弱化。人员管理方面，持交通运输部门造价证上岗执业制度迟迟未能落实，从业人员年检、继续教育基本未开展。少数尝试性开展的省份，其培训内容、方式、课时、考核也是在探索阶段，还没能形成规范的制度。在人员信用管理方面，缺乏对信用客观、量化的评价和对失信行为的惩处措施。对咨询单位的管理更是基本缺失，无论是资格准入、执业监督还是信用管理，目前都没有介入的渠道。造价从业人员和咨询单位管理基本处于“放任自流”状态，极大地影响了造价行业的发展和造价管理质量。因此，需要找到合适的切入点，对公路工程造价从业人员和咨询单位管理进行规范。

2.3.2 资质资格和信用管理标准化与信息化方法

公路工程专业性较强，不同于一般的建筑工程，对从业人员管理，要明确持交通运输部门造价证上岗的制度。造价监督检查时,应对造价文件编制人员及造价管理人员持证上岗情况进行核查;规范公路工程造价专业资格证书年检制度,对年检范围、内容、需提交的资料、步骤与方法、存在问题的处理处罚等关键环节进行明确;制定公路工程造价从业人员继续教育制度,对继续教育的对象、学习内容、授课方式、年度累计学时、教学组织、考核方式、成绩处理等环节进行规范,并将继续教育情况与资格证年检挂钩;制订公路工程造价从业人员信用管理制度,建立从业人员信用库,制订造价文件编审质量评分法,以业务质量介入信用评价和管理。将造价文件编审质量评分与业务报送捆绑,凡提交的造价文件都进行评分,并将评分结果进入个人信用库,避免个人主观填报虚假信息,或选择性填报有利信息。造价标准化和信息化设计可以从推行信息化管理技术入手,将从业人员的资格考试、注册、年检、信用记录等信息按一定规则纳入系统,并将系统信用数据库与造价文件报送平台关联,只要有造价编审行为,就可将评分结果自动汇入相关人员信用库,实现数据自动关联。

对于造价咨询企业,可以通过部门协商介入资质管理,建立公路工程造价咨询企业资质申请、延续行业初审制度。凡是申请建设工程造价咨询企业资质而从事公路工程造价咨询业务的,或从事公路工程造价咨询业务的企业,其持有的建设工程造价咨询企业资质有效期届满需要延续的,首先向交通运输行政主管部门提出申请,进行资格初审,初审合格的,方可提交建设行政主管部门审批,并配合制订符合公路行业要求的资格初审条件;制订公路工程造价咨询企业监督实施办法,对公路工程咨询企业业务范围及执业行为实施监督,明确监督范围、内容、方法、惩处等;制订公路工程造价咨询企业信用管理办法,建立造价咨询企业信用信息库,对咨询企业信用信息组成、采集、评级、奖惩等进行规范。企业信用评级可以从企业从业人员的信用信息入手,采用人员信用信息和企业宏观信息相结合的信用评级方法。

2.4 造价数据积累与查询的标准化与信息化原理

2.4.1 造价数据积累与查询的标准化与信息化需求

就公路建设项目而言,不同时期、不同地区的同类工程,造价各不相同;不同时期、不同地区的经济发展、物价水平、贷款利率也不一样。但是除了这些差别,劳动力、机械台班、公路建设用材料等形成工程结构物的实体消耗是有规律可循的,与历史同类项目具有一定的可比性。如果采取一定的方法抽取历史项目造价信息中包含在施工工序中的人工、材料、机械含量信息,采用适当的方法进行归纳总结,以此对概、预算定额或估算指标进行更新修订,或许会生成一些有参考价值的设计技术经济指标,能够促进项目前期编制的造价文件或企业投标报价与行业发展、企业水平保持一致,对资金控制亦能发挥指导作用。否则,历史项目数据无法有效利用,体现的只是一个个孤立的计价信息,没有应用价值,对总结什么是先进的、可以推广的设计方案或施工技术就无从判断,对行业进步也无从体现,难以推动行业健康可持续发展。

随着现代公路工程建设项目规模的不断扩大,造价数据信息也呈现海量趋势,仅凭人工或一般的编辑软件难以可靠地完成大量数据的积累与分析。因此,需要运用标准化与信息化技术,使历史造价数据积累与查询变得可能。

2.4.2 造价数据积累与查询的标准化与信息化方法

(1)规范数据采集规则。明确需要采集、积累、存储的造价数据类型,制订历史项目数据(与现行造价文件编制办法不同)与现行数据对比规则,明确数据采集主体、渠道、周期及数据筛选、过滤方法。

(2)规范数据格式。借助信息系统对历史项目数据进行挖掘分析,首先数据格式要标准,如造价文件中项目构成及对应编码要有一定规律,采集的数据内涵、类型要统一,否则计算机就不能准确定位目标数据,正确生成由基础性数据形成的造价指标和指导性数据。对造价文件的项目组成和编码规则标准化、对采集数据的格式标准化,是造价管理标准化设计的重要内容。

(3)设置灵活的查询方式。查询系统既要能根据造价管理经验固定提供一些常用的技术经济指标,也要能满足多样化需求,提供自定义指标和不同需求的查询路径。

(4)关注查询数据的广泛性。历史造价数据的积累,应不局限于建设项目各阶段造价文件中计价计量的数据。基于全过程一体化造价管理和行业监管的需要,还应关注建设项目建设规模、技术标准,工料机价格的动态信息,从业单位和人员执业的动态信息,定额、计费标准的动态信息等内容,并注意数据之间的横向关联性。

本章小结

本章以造价文件编制、造价审查、资质资格和信用管理、造价数据积累与查询等公路行业造价管理的主要业务范畴和工作抓手为切入点,系统分析了公路工程造价管理标准化信息化的基本需求。结合工程实际,基于科学管理的基本原则,从满足需求的角度讨论了公路工程造价管理标准化信息化方法。

3 计价依据标准化与信息化设计

公路工程计价依据是用以计算公路工程造价的基础资料，通常包括各类造价文件编制办法、计量计价通则、管理规范，估算指标、概（预）算定额、施工定额等计价标准，工料机价格信息、项目经济评价方法和参数、发布的造价指标系数，设计文件、合同、施工组织计划以及政府部门发布的与公路工程定价有关的法律法规及相关政策。

公路工程计价依据一般分为全国统一的计价依据和省补充计价依据。其中，定额标准、工料机价格信息、造价文件编制办法和工程量计量规则是确定公路工程造价的重要因素，有必要进行标准化与信息化设计。

3.1 定额标准化与信息化

定额是在标准的施工条件下，按照规定的质量要求完成一定工作任务，允许的人工、材料、机械消耗的最高标准，是对大量建设项目调查后测定得到的统计指标。定额计价方式是控制公路工程造价的重要计划性手段，定额是公路建设项目在立项、设计阶段进行投资控制的基础和核心。公路工程定额的编制质量将直接影响工程造价的合理性，决定造价管理效果和项目投资绩效。这就要求对公路工程定额的管理既要科学、合理，又要全面、动态；既能反映出公路工程的实际价格与价值规律，又能覆盖各种工程现象和结构，并随着公路工程新技术发展和管理需要及时更新补充。因此，对定额管理进行标准化与信息化设计显得尤为重要。

3.1.1 定额标准化

公路工程的施工工艺和施工组织的相对稳定性决定了其定额的相对稳定性；另一方面，随着公路建设向山区、沙漠、海洋等特殊地质地貌地区延伸，出现了一批新的工程结构，公路“四新”技术在施工中也广泛应用，这些都意味着定额体系只有不断地补充和更新，才能贴近工程实际，才能使定额计价客观反映公路工程内在的价值规律。因此，公路工程定额计价体系应是一个开放系统，应根据公路工程修建技术的发展适时补充和更新。目前，我国公路工程定额体系更新周期总体偏长且缺乏计划性，如目前使用的公路工程估算指标是在 1996 年版本的基础上沿用 15 年后修订更新的；概、预算定额是在 1992 年版本的基础上沿用 16 年后修订更新的。造成利用定额、指标测算的工程成本容易偏离工程实际，难以准确反映公路产品的价值规律。此外，虽然各省交通运输行政管理部门结合本省实际制订了部分补充定额，但一方面，这种行为缺乏规划性，另一方面由于目前公路工程定额编制方法还未规范统一，造成即使相同工程类型的定额指标，不同省份编制的定额水平也有较大差异，相互参考性、借鉴性不强,交流共享困难,不利于技术进步。

定额标准化设计,就是分层次建立定额编制的技术标准,充分考虑工程的地域差异性,并使定额体系具有一定灵活性,采取全国统一定额与各省补充定额相结合的公路工程定额体系,根据公路建设形势和修建技术的发展变化,制订定额制(修)订工作规划,及时补充更新公路工程定额,并规范定额编制方法,科学抽取、测定定额,使测定的补充定额具有规范、统一的技术接口。

(1)逐步完善定额体系。广东省近年来开展定额标准化研究,逐渐形成广东省公路工程定额标准体系,其组成如图3.1所示。

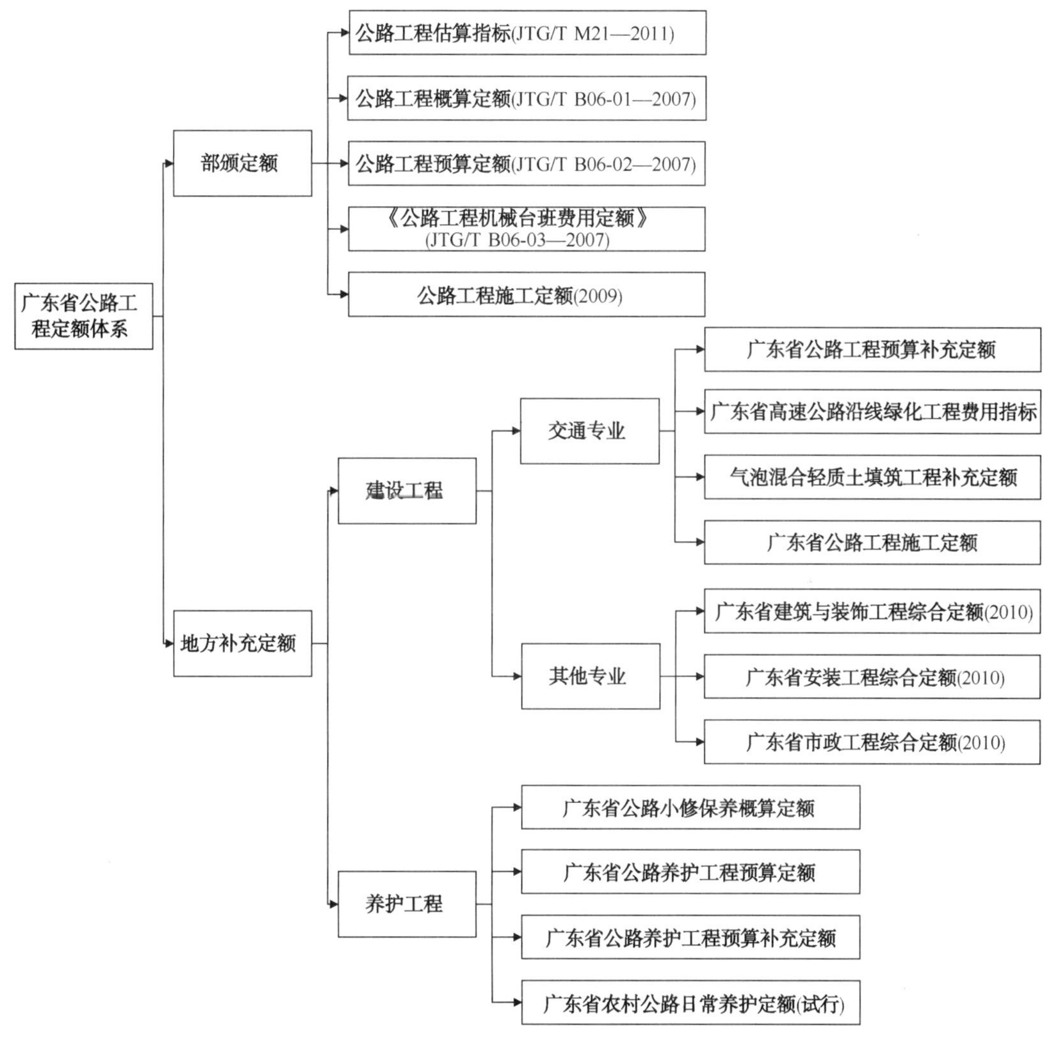

图3.1 广东省公路工程定额标准体系

此外,依托港珠澳大桥建设工程,广东省正在开展《外海桥梁、隧道工程定额研究》,采用分阶段分部形成研究成果的方式,就外海特大型桥梁工程、海底隧道工程以及外海修筑人工岛工程施工关键工序进行定额测定和补充预算定额的编制。该项成果的出台,将进一步完善我国特大型、跨界交通基础设施建设工程的定额计价依据,对促进公路建设科技进步,具有十分重要的现实意义。

(2)规范定额编制方法。编制公路工程定额一般分为准备工作,收集资料,编制定额,定额测算,送审、报批、出版和动态更新六个阶段,如图3.2所示。建立规范的编制流程,是定额标准化设计的重要内容之一。

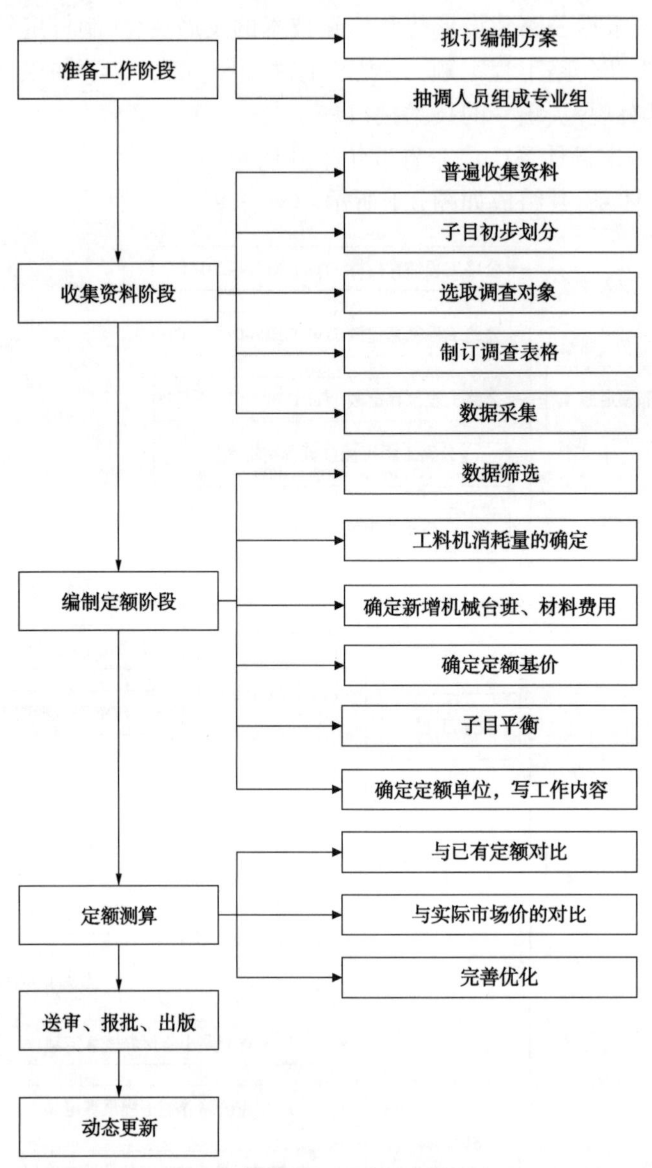

图3.2 规范公路工程定额编制流程

①准备工作。首先拟订定额编制方案。包括编制定额的目的和任务,确定定额编制的范围和内容,明确定额的编制原则、依据、要求、子目划分和表现形式,拟定参加编制的单位和人员,确定编制地点及经费来源,提出编制工作的规划和时间安排。

②收集资料。

a.收集相关设计图纸、项目资料、现行类似定额资料等。通过普遍收集、专题座谈等方式,收集现行标准、规范以及造价管理部门积累的各种参数信息;新结构、新材料、新工艺、新设备、新技术的实践资料;各种结构图(包括施工图);施工工艺方法;人工施工定额、机械施工定额等定额编制基础资料。

b.子目初步划分。基于施工工作内容,根据工程结构部位、生产工艺、施工工序、材料种类、机械种类等初步划分定额子目。

c.选取调查对象。按照统计原理,确定样本数量。选择与补充定额适用条件一致,在地质地形、气候环境、工程规模等方面有代表性,调查作业内容已有部分完工,但尚有大量还未进行,作业已经逐渐规范、熟练、有序,人员、操作、工序规范,施工机械化水平较高,工程质量好、信誉高,能反映行业平均水平的施工企业的施工项目作为调查样本。

d.制订调查表格。一般包括补充定额子目初步划分表,材料消耗量计算表,人工消耗量计算表,补充机械台班费用计算表,其他材料费、小型机具使用费及设备摊销费计算表,补充定额基础资料调查表,补充材料、半成品单位重、损耗、基价表,补充定额混凝土配合比表等。

e.数据采集。通过现场观察、测定采集各调查数据。

③编制定额。

a.数据筛选。对于采集的调查数据,利用统计学原理结合工程实际对异常数据进行剔除。

b.计算工料机消耗量。根据人工、材料、机械的投入数量、投入时间和产出,计算单位产品消耗的工时、材料、机械台班。考虑到一些琐碎的工作难以一一计算,而且在施工中可能出现一些事先无法估计的工作及影响效率的因素,定额中工料机消耗量的确定还应考虑幅度差,进行适当放大。

c.确定新增机械台班、材料费用。新增机械台班费用,按照固定费用、不变费用分别计算。新增材料费用,根据市场价格信息统计。

d.确定定额基价。将各定额子目的人工费、材料费、机械费累加,计算定额基价。

e.子目平衡。预算定额初步编制完成后,可能出现定额子目过多、使用不便的问题,需要进行子目平衡分析,判断是否可以综合部分子目。即罗列各种可能的子目组合方式,分别判断其组合可能性。判断主要采取综合误差率法。首先确定定额子目合并后的新定额单位,然后分别计算各样本项目单位数量新定额子目的工程费用,统计其误差率,若误差率小于容许误差率,则该定额组合方式可行,可综合为一个子目。否则,应该单独划分子目。

f.确定定额单位、工作内容。根据子目平衡分析结果,并结合有关使用单位的意见,最终确定定额子目划分、计量单位、子目工作内容。

④定额测算。为了检验编制成果,在新定额编制成稿向审批部门报告以前,必须与已有定额以及实际市场价格进行对比测算,分析水平升降原因。与其他行业、其他省份已有或类似定额对比,分析初步计算得到的工、料、机消耗的合理性。将按照定额计算的费用标准,与实际市场价进行对比。在相同材料价格基准下,按照市场实际价格水平对定额进行调整,保证定额能够较真实地反映市场平均水平。

⑤送审、报批、出版。编写定额编制报告,送行业行政管理部门审查,并根据审查意见修改完善报批。获批后,参照规定的形式出版。

⑥动态更新。根据工程项目,在施工工艺、施工机械以及施工材料等方面发生的

变化,对定额定期进行动态更新。

3.1.2 定额信息化

公路工程定额应按照估算指标、概算定额、预算定额等类型,区分部颁定额、本省补充定额、其他省补充定额、其他专业定额、工程参数等不同适用范围,分门别类地进行管理。由于定额标准分类广、内容多,采用信息化手段进行管理显得必要而迫切。

(1)规范既有定额信息。广东省在造价综合管理系统研发过程中,对现有公路工程定额或相关行业定额进行梳理,将综合管理系统信息化的思路用于定额管理。如图 3.3 所示,在综合管理系统中的“计价依据管理”菜单下,使用者可以通过点击“计价依据管理>>公路建设定额>>部颁定额”查看及调用部颁公路工程定额。

图 3.3 部颁公路工程定额

使用者可以通过点击“计价依据管理>>公路建设定额>>内部定额”查看及调用本省补充定额,如图 3.4 所示。

图 3.4 本省补充定额

类似设计,使用者可以通过综合管理系统,查看、调用其他专业建设定额、其他省公路工程补充定额、公路养护工程定额等内容。

(2)逐步建立定额测算信息。广东省在造价综合管理系统研发过程中,对拟增公路工程定额测算工作利用信息化技术,通过设计“工作计划制订→报送资料→复核报送资料→新增工料机调查→初步分析→定额对比→审批→计价依据发布”等环节,实现远程报送和网上分析、审批、发布。如图 3.5 所示,在综合管理系统中的“计价依据管理”菜单下,使用者可以通过点击“计价依据管理>>定额测算>>工作计划”管理新增定额测算各环节。

3.1.3 定额标准化与信息化优势

对定额管理进行标准化设计,公路工程定额体系在原部颁定额的基础上进行了扩展,补充了其他专业定额、本省补充定额、其他省补充定额以及工程参数,使定额项目更加全面,能够覆盖各类工程结构类型和施工工艺、施工技术,更符合工程实际和管理需要,造价文件审核的依据性更强。增加的其他省补充定额,可用于在测算编制本省补充定额时进行横向对比分析,有利于提高定额编制的科学性和合理性。对定额测定过程进行程序设计并信息化,可以及时积累、修正定额测算过程,不断优化测算结果,并予以全过程数据和分析过程的保存,实现过程和数据的可追溯。此外,公路工程定额标准体系固化于管理系统中,查询、对比、调用更加方便、使用更加广泛。

图 3.5　工作计划

3.2　价格信息管理标准化与信息化

准确确定公路建设工程消耗的工料机价格,是公路工程计价工作的最基础环节之一。公路建设工程计价涉及的工种、材料、机械类型繁多,受市场和政策影响较大,如何反映市场价值规律,即准确又高效地确定工料机价格,以合理确定工程造价是造价管理标准化和信息化设计中值得关注的问题。

3.2.1　价格信息管理标准化

(1)价格信息采集。获取可靠的价格信息需要依托稳定的信息员队伍,建立规范的信息员管理制度和标准的信息采集程序。

①信息采集队伍。以广东为例,交通运输建设工程人工、材料、机械台班的市场价格信息一般由信息员采集并定期上报地市级造价管理站或省造价管理站。信息采集报送采取分层管理模式,省造价管理站管理、指导地市造价站、省管项目(如省交通集团、省公路局负责的建设项目)建设单位的价格信息采集的上报工作。地市级造价管理站聘有基层信息员,主要来源于地方建设项目管理单位、主要材料供应商、建筑材料市场供应商,并配有本站工作人员兼任信息员。一般要求省管建设项目设专职材料信息员。这些一线信息员负责工、料、机市场价格信息的采集,定期按规定程序、规定形式报送至地市级造价管理站或省管项目建设单位,再由地市级造价管理站、省管项目建设单位汇总、综合后报至省造价管理站。对于信息员的人员管理、业务培训、考核奖惩,也采用分层管理的模式。

②采集技术。价格信息采集,还应当建立一套完整的采集技术标准。

a.工料机编码标准。广义上的公路工程价格信息包含人工单价、建筑材料价格、机械台班价格,简称工、料、机价格。为便于工、料、机价格信息的管理,并分析不同工种、不同品牌、不同型号、不同地区的工、料、机价格差异,需要对交通运输部《公路工程预算定额》和《公路工程机械台班费用定额》中颁布的工、料、机名称及代号进行更细致的划分,并建立代码标准,形成一一对应的工、料、机编码库。

(a)人工。根据人工的工种类别、用工地区等因素,将人工进行细分。同时,对于从事劳务、材料、施工机械的计日工还需要根据材料、机械的规格、品牌或者厂家进行区分。

(b)材料。按照材料大类、型号或品种、规格、品牌、厂家、产地、采购地等情况分类编码。

(c)机械。按照机械类型、型号、品牌、使用地等情况分类编码。

b.信息采集流程标准。

(a)标准已有的工、料、机的信息报送。基层信息员每月定期按照规定格式(表3.1)填报价格信息,填报前,信息员应准确理解表格附注的名词定义或约定的标准。为提高价格信息采集报送质量,对信息员允许上报的材料类型进行权限设置,例如信息员只能上报本地区、规定种类的材料价格信息。

×年×月公路工程常用工料机信息价采集表(以材料为例) 表3.1

序号	编码	材料名称	定额代号	规格及型号	单位质量(kg)	单位	材质	产地、品牌或厂家	工地价(元)	供应价(元)	采购地点	采购地点至工地运距(km)	单位材料每公里运价(元)	计算值(元)	计算公式	修正值(元)	上期公布信息价(元)	备注
1																		
2																		
3	…	……																

(b)需新增的工、料、机的信息报送。对于尚未列入工、料、机标准编码库的材料,信息员或者供货商、生产企业可以按照规定格式(表3.2)单独上报。上报后,省造价管理站经一定程序决定是否有必要列入新增工、料、机编码及如何定价、何时发布等。待该价格信息发布条件成熟后,将该新增工、料、机价格对外发布。

×年×月公路工程新增工料机信息价采集表(以材料为例) 表3.2

序号	材料名称	规格及型号	单位质量(kg)	单位	材质	产地、品牌或厂家	工地价(元)	供应价(元)	采购地点	运距(km)	单位材料每公里运费(元)	备注
1												
…												

（2）定价。以材料价格为例，标准化设计中将材料价格分为信息价和参考价两种形式发布，用途各不相同。信息价是造价管理部门根据各类典型工程材料用量和社会供货量，通过市场调研经过加权平均计算得到的当月（上月）平均价格，属于社会平均价格，多用于编制估、概、预算或工程标底、招标控制价等用途。参考价是造价管理部门根据材料价格历史信息及趋势，综合考虑宏观政策调整等众多因素制订的一种参照价格，一般用于造价审查或审批造价时参考。

基层信息员将采集的价格信息上报地市级造价管理站，地市级造价管理站按一定规则筛选分析各信息员上报的价格信息，确定本地区公路工程工、料、机信息价并上报省造价管理站。省造价管理站通过分析各地市级造价管理站上报的信息价，结合从省管建设项目获取的价格信息，综合确定全省公路工程材料信息价及参考价。

①地市级定价。地市级造价管理站信息管理员按照规定格式（表3.3）汇总各基层信息员上报的价格信息，筛选、综合后制订出该地区的材料信息价。为校核基层信息员上报价格信息的合理性，要求基层信息员采集填报的数据可以追溯运距、供应价等源数据及计算规则。

×年×月×市公路工程价格信息汇总表　　表3.3

序号	编码	材料名称	定额代号	规格及型号	单位质量（kg）	单位	材质	产地、品牌或厂家	×；信息员编号：×	×；信息员编号：×	……	计算公式	计算值（元）	修正值（元）	上期公布信息价（元）	备注
1	1	公路														
2	1-1	人工							×							
3	…	……														

②省级定价。省造价管理站设有造价信息化领导小组，并形成定期会议确定工料机价格信息制度。仍以材料价格信息确定为例，省造价管理站有关部门每月定期按照规定的格式（表3.4、表3.5）汇总各地市级造价管理站上报的价格信息，根据各地市级造价管理站或省管建设项目信息员的历史报价偏差等因素筛选数据后，综合形成《×月材料信息价及参考价定价分析报告》初稿，报造价信息化领导小组专题会议，讨论后形成月度公路工程材料信息价和参考价，其中信息价通过网站和期刊定期对外发布。参考价作为公路建设项目造价审查参考使用。

（3）料场信息。地方材料如砂、石，地域性强、各地料场产量在一定时期内相对稳定，其价格变化对公路工程建设项目的造价确定影响较大。为便于造价编制和审查时，编审人员能准确把握地方材料各料场的主要产量、运输条件、产品规格等影响出场价和运距的信息，造价管理部门有责任对其区域内的主要料场地理位置、产品品种、储量、质量、开采年限、出厂价、料场到主干道道路的距离、运输道路等级等重要信息进行采集，并每月发布价格信息，以供市场各方参考。料场信息价的采集和定价与地方材料信息价的采集和定价方法基本相同。

×年×月外购材料信息价及下期建议价统计表(适用于钢材、水泥等材料)

表 3.4

序号	编码	材料名称	定额代号	规格及型号	单位质量(kg)	单位	材质	产地、品牌或厂家	×月信息价(元)	上期建议价(元)	×月信息价(元)			下期建议价(元)	珠三角地区						××地区						备注
															广州市						××市						
											计算值	计算公式	修正值(元)		广州站(元)	×项目(元)	×省站信息员(元)	计算值(元)	计算公式	修正值(元)	×站(元)	×项目(元)	×省站信息员(元)	计算值(元)	计算公式	修正值(元)	
1	1	公路																									
2	1-1	……													×												
3	…	……																									

注:外购材料是指由建设单位(或业主)按合同规定直接供应或由施工企业自行在市场上采购的材料。

×年×月地方材料信息价及下期建议价统计表(适用于砂、石料等材料)

表 3.5

序号	编码	材料名称	定额代号	规格及型号	单位质量(kg)	单位	材质	产地、品牌或厂家	珠三角地区								××地区	备注
									广州市								××市	
									上月参照价(元)	广州站(元)	××项目(元)	××省站信息员(元)	计算值(元)	计算公式	修正值(元)	下期建议价(元)	……	
1	…	……								×								
2																		
3																		

注:地方性材料是指在当地采集或由当地原材料加工而成的材料。

(4)价格发布。价格发布采取分级发布。省造价管理站和地市级造价管理站均有公路工程工、料、机价格信息发布的权限。地市级造价管理站可以按月或按季发布地方材料信息价、料场信息价等，省造价管理站可以按月或按季发布外购材料全省综合信息价、外购材料各市信息价、地方材料参考价、料场参考价等。

①地市级价格信息发布。地市级造价管理站按照表3.6和表3.7的形式发布地方材料信息价和料场信息价。

×市×年×月(第×季度)材料信息价 表3.6

序号	编码	材料名称	定额代号	规格及型号	单位质量(kg)	单位	材质	产地、品牌或厂家	××月信息价(元)	××月信息价(元)	……	第×季度信息价(元)	备注
1	1	公路											
2	1-1	……											
3	…	……											

×市×年×月(第×季度)料场信息价 表3.7

序号	市名称	县(市、区、镇)名称	料场类别	料场名称	编码	材料名称	定额代号	规格及型号	单位质量(kg)	单位	材质	××月料场参考价(元)	××月料场参考价(元)	……	第×季度料场参考价(元)	备注
1	广州市	××区	水泥厂	……	…	……										
					…	……										
				……	…	……										
					…	……										
			砂场	……	…	……										
					…	……										
				……	…	……										
					…	……										

②省级价格信息发布。省造价管理站按照表3.8~表3.10发布外购材料信息价、地方材料参考价、料场参考价。

广东省×年第×季度交通建设工程主要外购材料信息价 表3.8

序号	编码	材料名称	定额代号	规格及型号	单位质量(kg)	单位	材质	产地、品牌或厂家	全省综合信息价(元)				各市信息价(元)				备注
													××市				
									×月	×月	×月	第×季度	×月	×月	×月	第×季度	
1	1	公路															
2	1-1	……															
3	…	……															

广东省×年第×季度交通建设工程主要地方材料参考价 表 3.9

序号	编码	材料名称	定额代号	规格及型号	单位质量(kg)	单位	材质	产地、品牌或厂家	各市信息参考价(元)				备注
									××市				
									×月	×月	×月	第×季度	
1	…	……											

×市×年×月(第×季度)料场参考价 表 3.10

序号	市名称	县(市、区、镇)名称	料场类别	料场名称	编码	材料名称	定额代号	规格及型号	单位质量(kg)	单位	材质	××月料场参考价(元)	××月料场参考价(元)	……	第×季度料场参考价(元)	备注
1	广州市	××区	水泥厂	……	…	……										
					…	……										
				……	…	……										
					…	……										
			砂场	……	…	……										
					…	……										
				……	…	……										
					…	……										

(5)信息员管理。造价管理部门应形成对信息员进行登记、培训、考核、奖惩的制度。省造价管理站设计有表格,对信息员的姓名、性别、学历、所在单位(隶属项目或地市)、工作年限、权限地区等基本信息进行登记,并及时更新记录培训信息。

信息员考核采用分级考核,地市级造价管理站、省管项目建设单位对所属基层信息员进行考核,省造价管理站对地市级造价管理站和建设单位进行考核。考核包括月度考核和年度考核。

①月度考核。地市级造价管理站、建设单位对基层信息员,省造价管理站对地市级造价管理站、建设单位分别按表 3.11、表 3.12 进行月度考核,形成考核结论。

信息员月度考核表 表 3.11

序号	项目(地市站)名称	项目(地市站)编号	姓名	信息员编号	×年度×月					备注
					上报信息个数	选中个数	选中率(%)	上报时间情况	得分	
					①	②	③	④	⑤	
1										

地市站(建设单位)月度考核表 表 3.12

序号	项目(地市站)名称	项目(地市站)编号	×年度×月					备注
			上报信息个数	选中个数	选中率(%)	上报时间情况	得分	
			①	②	③	④	⑤	
1								

②年度考核。地市级造价管理站、建设单位对基层信息员，省造价管理站对地市级造价管理站、建设单位，分别按表3.13、表3.14进行年度考核，形成考核结论。

信息员年度考核表 表3.13

序号	项目（地市站）名称	项目（地市站）编号	姓名	信息员编号	×年度					年上报次数	评价	备注
					1月得分	2月得分	3月得分	……	12月得分			
1												

地市站（项目）年度考核表 表3.14

序号	项目（地市站）名称	项目（地市站）编号	×年度					年上报次数	评价	备注
			1月得分	2月得分	3月得分	……	12月得分			
1										

省造价管理站和地市级造价管理站根据考核结果对优秀基层信息员及优秀管理单位进行资金补助或奖励。

（6）价格信息监督。为做好工、料、机价格信息的采集、定价、发布，还应形成监督监管机制和信息反馈制度。省造价管理站依托造价管理监督检查制度，定期对地市级造价管理站和省管项目建设单位价格信息采集上报工作进行监督检查。对于地市级造价管理站，一般可每年组织一到两次专项检查；或到地市级公路建设项目现场了解，或与基层信息员座谈，主要检查价格信息工作制度是否完善、能否落实，上报信息是否及时、准确，信息采集、定价方式是否规范，信息员管理以及对未来工作的建议等；对省管项目建设单位信息采集上报工作的监督检查，一般不单独进行，多可结合施工阶段造价管理监督工作一并进行。检查完成后，形成结果信息反馈制度，并及时跟踪整改结果。

3.2.2 价格信息管理信息化

（1）业务流程。公路建设工程用工、料、机价格信息价的确定，不仅是一项数据量较大的数理统计工作，还是一项时效性很强的工作，价格信息管理的信息化是技术发展的必然结果。

仍以材料信息价为例，信息化设计可实现材料价格的上报、定价、发布。首先，基层信息员、厂家将采集的材料价格、料场信息上报地市级造价管理站，并根据实际按规则添加新型材料。地市级造价管理站将多个基层信息员上报的价格信息汇总计算后报省造价管理站。省造价管理站审核地市站、省管项目信息员上报的材料价格数据、计算公式，剔除异常数据并根据地市站、省管项目建设单位历史报价偏差筛选数据，采用算术平均、去最值平均、加权平均、自定义方法等算法计算定价，作为材料价格“计算值”，并根据上期发布的价格、经济政策等影响因素调整后形成材料价格“修正值”，生成报表，并编制定价分析报告提交造价信息化领导小组开会审定后，按月或季度对外发布。具体业务流程，如图3.6所示。

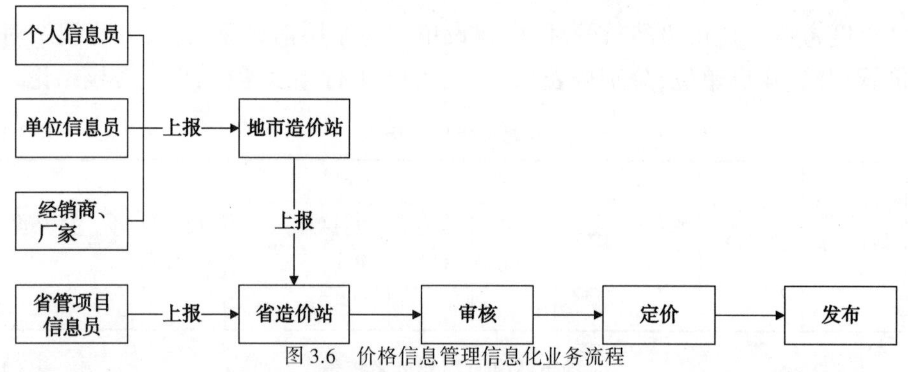

图 3.6　价格信息管理信息化业务流程

(2)信息化实现。按照上述业务流程,开发工、料、机价格信息模块操作界面,如图 3.7 所示,使用者可以利用操作模块查看各单位、信息员上报的价格信息、地市级站发布的价格信息,可以分外购材料、地方材料进行综合定价。

图 3.7　开发工、料、机价格信息模块操作界面

(3)示例。

下面以外购材料为例,介绍材料定价信息化流程。

第一步:基层信息员上报材料价格信息(图 3.8)。

序号	编码	材料名称	定额代号	规格型号	单位质量	单位	材质
1	1-2-05-01	原木		—		cm^3	
2	1-2-05-01-01	松原木		—		m^3	
3	1-2-05-01-02	杉原木		—		m^3	
4	1-2-05-01-03	杂原木		—		m^3	
5	1-2-05-01-04	松杂原木		—		m^3	
6	1-2-05-02	锯材		—		m^3	
7	1-2-06-01-01	普线		直径6.5～8mm	484758	t	
8	1-2-06-01-01-01	普线		直径6.5～8mm		t	HPB235

图 3.8　基层信息员上报材料价格信息

基层信息员按指定的网站、用户名和密码,通过互联网登录造价管理综合系统,新建采集表,填报材料价格、料场信息等。

对采集的价格信息进行上报(图 3.9)。

新增　查看　编辑　删除

当前位置: -> 价格采集 -> 材料价采集列表

材料价采集列表

序号	操作	年份	月份	地区	信息员	是否上报	创建日期	更新日期
1		2013	2	江门市	林慕清	未上报	2013-03-22 10:04	2013-03-22 10
2		2013	1	江门市	林慕清	未上报	2013-03-21 18:22	2013-03-21 18
3		2012	11	江门市	林慕清	已上报	2013-01-30 00:00	2013-01-30 15
4		2012	10	江门市	林慕清	已上报	2012-10-25 00:00	2012-10-25 14
5		2012	9	江门市	林慕清	已上报	2012-11-01 00:00	2012-11-02 17
6		2012	8	江门市	林慕清	已上报	2012-10-25 00:00	2012-12-10 09

图 3.9　对采集的价格信息进行上报

第二步:打开外购材料分析定价表(图 3.10)。

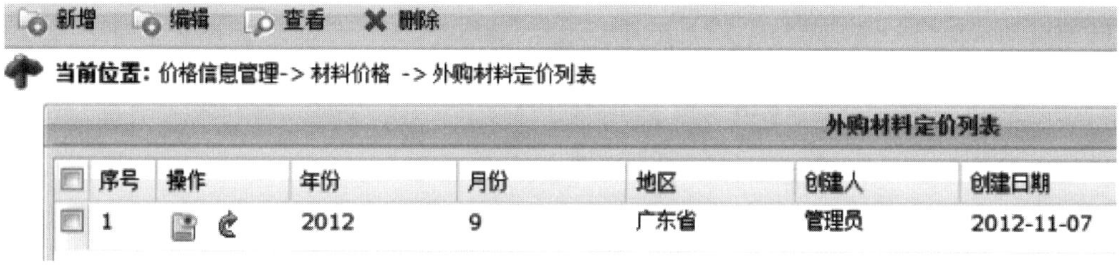

新增　编辑　查看　删除

当前位置: 价格信息管理-> 材料价格 -> 外购材料定价列表

外购材料定价列表

序号	操作	年份	月份	地区	创建人	创建日期
1		2012	9	广东省	管理员	2012-11-07

图 3.10　外购材料分析定价列表

点击“价格信息管理>>材料价格>>外购材料定价列表”,打开外购材料分析定价列表。

在列表页面选择刚创建的记录操作列中的 按钮,打开外购材料分析定价表(图 3.11)。

第三步:审核价格数据、计算公式,进行定价计算(图 3.12)。

检查设置地市级站、省造价管理站信息员填报的数据、计算公式。系统默认所有数据都参与定价计算,右键单击某个单元格,选择“不采用”设置,该项数值不参与定价计算。

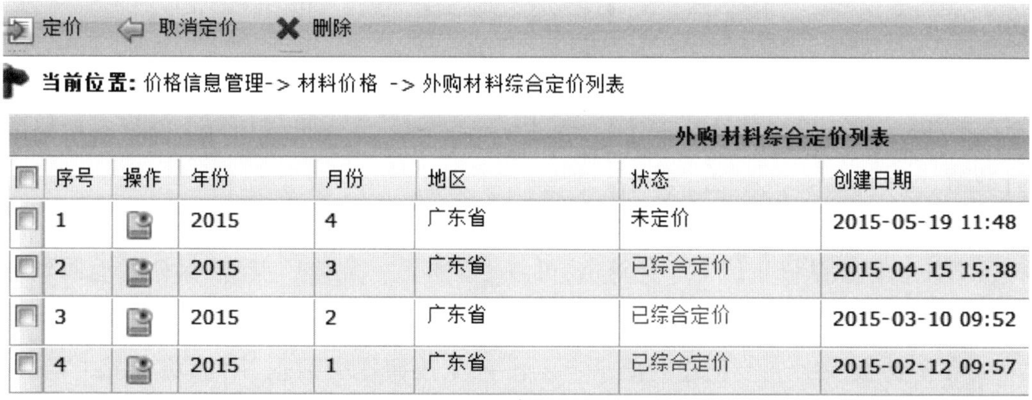

定价　取消定价　删除

当前位置: 价格信息管理-> 材料价格 -> 外购材料综合定价列表

外购材料综合定价列表

序号	操作	年份	月份	地区	状态	创建日期
1		2015	4	广东省	未定价	2015-05-19 11:48
2		2015	3	广东省	已综合定价	2015-04-15 15:38
3		2015	2	广东省	已综合定价	2015-03-10 09:52
4		2015	1	广东省	已综合定价	2015-02-12 09:57

a)

图　3.11

序号	材料名称	定额代号	规格及型号	单位	肇庆市信息价	云浮市信息价	韶关市信息价	惠州市信息价	中山市信息价	东莞市信息价	珠海市信 价
								广东省交通建设工程外购材料2015			
1	光圆钢筋	111	直径10～14mm	t	3390	3450	3945.8	3750.8	3500	3000	3150
2	带肋钢筋	112	直径15～24mm，25mm以上	t	3390	3450	3929.53	3802.28	3600	3187	3150
3	冷轧带肋钢筋网	113	直径7～9mm	t				4241.1	4200	3837.63	4000
4	环氧光圆钢筋	114	带环氧涂层的光圆钢筋	t					5100	4691.65	4850
5	环氧带肋钢筋	115	带环氧涂层的带肋钢筋	t					5100	4729.78	4850
6	预应力粗钢筋	121	直径10mm以上精轧螺纹钢筋	t					5500	5013.54	5250
7	钢绞线	125	普通，无松弛	t	5050		5500		4800	5414.5	5200
8	高强钢丝	133	Φ5mm预应力用碳素钢丝	t	4350				4720	4715.91	4650
9	镀锌高强钢丝	134	Φ5mm预应力用镀锌碳素钢丝	t					6520	6379.55	7050
10	波纹管钢带	151	0.25mm×36mm、0.28mm×36mm	t			5800		5420	5298.29	5550
11	型钢	182	工字钢、角钢	t	3600		3900		3700	3655.15	3350
12	钢板	183	A3，δ=5～40mm	t	3750		3900		3600	3815.35	3400
13	圆钢	184	Φ6～36混合型号	t	3320				3475	3576.66	3150
14	钢轨	185	重轨、轻轨、吊	t					4300	3984.65	3600

b)

图 3.11 外购材料分析定价表

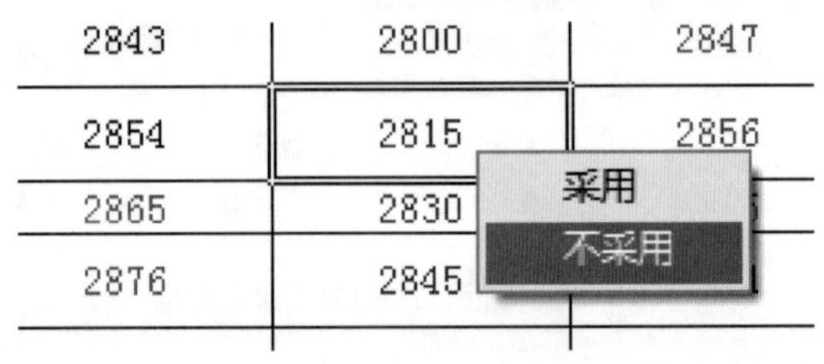

图 3.12 审核价格数据、计算公式

选择计算公式。系统自动默认采用算术平均值公式，点击该单元格可以修改计算公式，采用其他规则计算(图 3.13)。

计算公式	计算值（元）		修正值（元）
算术平均	2895	计算	2895
算术平均	2896.67	计算	2896.67
算术平均 去最值平均	2906.67	计算	2906.67

图 3.13 选择计算公式

数据检查完毕，计算公式确定后，点击 计算全部 实现批量计算全部材料价格的计算值。

第四步：检查、修改填报值，保存。

系统自动默认修正值等于计算值，可以手工修改。完成后点击“保存”，返回到定价列表界面。

第五步：提交。在刚创建的记录上点击 按钮提交数据，用于发布正式定价，如图 3.14 所示。

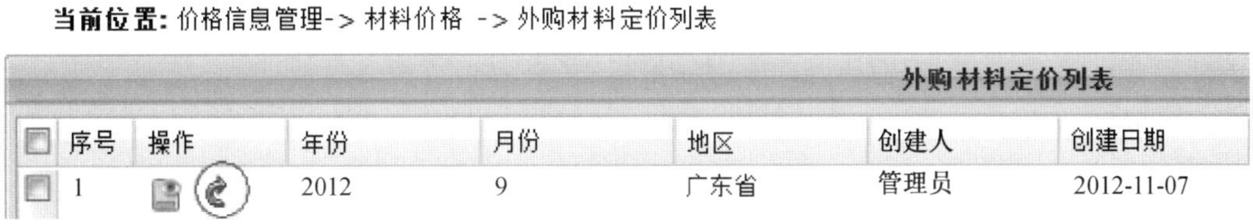

当前位置：价格信息管理-> 材料价格 -> 外购材料定价列表

外购材料定价列表							
☐	序号	操作	年份	月份	地区	创建人	创建日期
☐	1		2012	9	广东省	管理员	2012-11-07

图 3.14 提交

3.2.3 价格信息管理标准化与信息化优势

公路工程工料机价格信息的确定和发布已成为各级造价管理部门管理的重要内容之一。但长期以来，由于技术手段落后、材料价格信息调查品种不全、渠道不丰富、途径不稳定、时效性差、信息不完善等问题，造成据此测算的工程造价难以准确反映公路产品的价格规律。开展标准化与信息化研究，建立工料机种类和价格的编码数据库，规范价格信息的采集渠道、采集方式、定价规则、发布方式，调查种类更齐全、类型划分更细致、数据采集渠道更可靠、数据发布时效性更强、方式更便捷。

(1)材料信息编码库得以建立。通过建立人工、材料、施工机械价格信息编码库，区分类型、规格、地区等与材料价格密切相关的属性信息并单独编码，使价格信息覆盖面更齐全，既便于材料价格信息的采集、存储、查询，也利于造价审查和监督的对比需要。同时，编码库是一个开放的数据库，可对公路建设施工采用的新材料随时按约定的规则扩展、添加，保证了价格数据信息适应工程管理的发展需要。

(2)定价行为得以规范。根据信息员工作业绩、所在地域和建设项目特征，限定数据采集类型，提高数据采集的可靠性和可信性；通过规范数据采集格式，扩展采集数据属性信息，综合历史报价质量，全面考虑定价影响因素，提高定价的科学性和合理性，使工料机价格更符合市场规律。

(3)交互方便发布及时。价格信息上报工作通过公路工程综合管理系统完成，信息采集环节和定价环节交互便捷。价格采集、定价制度规范，方法明确，工具快捷，价格工作效率高，价格信息发布及时。目前，全国有 26 个省、自治区、直辖市开展了材料价格信息的采集和发布。其中，65.4%的省份采用刊物发布材料价格信息，46.2%的省利用网站发布，还有 3.8%的省利用文件发布。26.9%的省每月发布一次材料价格信息，30.8%的省每季度发布一次材料价格信息。标准化与信息化管理后，广东省交通运输工程造价站每月通过网站定期发布全省材料价格信息，走在了全国交通运输工程价格信息工作的前列。

(4)信息员考核得以量化。对信息员实行登记、培训、考核、奖惩的综合管理，特别是制订了价格信息工作质量量化评价方法，以绩效为准绳，客观、定量地评价信息员和管理部门价格信息工作质量并针对性奖惩，有利于调动相关单位和人员积极性，提高价格信息采集质量。

(5)实现信息的可追溯。工料机价格信息从采集到分析，从定价到发布，均采用信息技术实现传输，较好地实现了对原始数据的保存，对加工后数据来源有较好的可追溯性。基于数据的可追溯性，使得工料机价格信息的确定过程更为公开、透明。

3.3 编制办法标准化与信息化

各类造价文件编制办法及其配套指标或定额(简称“编制办法”),是编制公路工程各类造价文件的依据,“编制办法”规定了公路工程各阶段造价的基本组成、计算方法和计价标准。造价文件编制办法的科学性、适用性对合理确定工程造价、有效控制工程造价有着重要意义。

3.3.1 编制办法标准化

作为造价管理标准化建设成果,在部颁造价文件编制办法的基础上,广东省建立了适应地方特点和工程实际的公路工程造价文件编制办法标准体系,该体系包括行业统一标准和地方补充标准两部分。

执行的行业统一标准包括:交通运输部(原交通部)发布的《公路工程基本建设项目投资估算编制办法》(JTG M20—2011)及其配套估算指标、《公路工程基本建设项目概算预算编制办法》(JTG B06—2007)及其配套定额、《交通基本建设项目竣工决算报告编制办法》(交财发[2000]207号)、《公路建设项目工程决算编制办法》(交公路发[2004]507号)和《公路工程标准施工招标文件》(2009)(交公路发[2009]221号)等。

广东省地方补充标准包括:广东省交通运输厅(原广东省交通厅)发布的《广东省公路工程造价文件编制办法》(试行),《广东省执行交通运输部〈公路工程基本建设项目投资估算编制办法〉(中华人民共和国行业标准JTG M20—2011)补充规定》、《广东省执行交通部〈公路基本建设工程概算预算编制办法〉的补充规定》、《广东省执行交通运输部〈公路工程标准施工招标文件范本(2009年版)的补充规定》、《广东省高速公路建设标准化管理指南(试行)(工程造价标准化管理)》、《广东省公路养护工程预算编制办法》及其配套定额、《广东省交通建设项目主要建筑材料价差调整指导性意见》等。

在上述地方补充标准基础上,为加强重点环节造价文件编制、审核、审查等行为的规范性,广东省交通运输主管部门还组织编制了《广东省公路工程建设项目估、概(预)算管理规程(送审稿)》、《广东省公路工程施工图设计变更预算管理规程》、《广东省公路工程施工招标清单预算管理规程》、《广东省公路工程竣工决算管理规程》等作业指导性文件。

3.3.2 编制办法信息化

编制办法信息化主要实现公路工程造价文件编制办法的分类存储,快速、便捷查阅和套用。广东省公路工程造价综合管理系统中,设置“计价依据”菜单,分类归入各类造价文件编制办法及其配套指标或定额,使用者可以通过点击“计价依据管理>>公路建设编制办法>>部颁办法”等项,便利地查阅部颁编制办法,如图3.15所示。

图 3.15　部颁办法查询

使用者可以通过点击“计价依据管理>>公路建设编制办法>>各省补充规定”等项，便捷查阅编制办法的各省补充规定。而对于广东省地方补充标准或作业指导性文件，亦可方便地查阅、下载、使用，如图 3.16 所示。

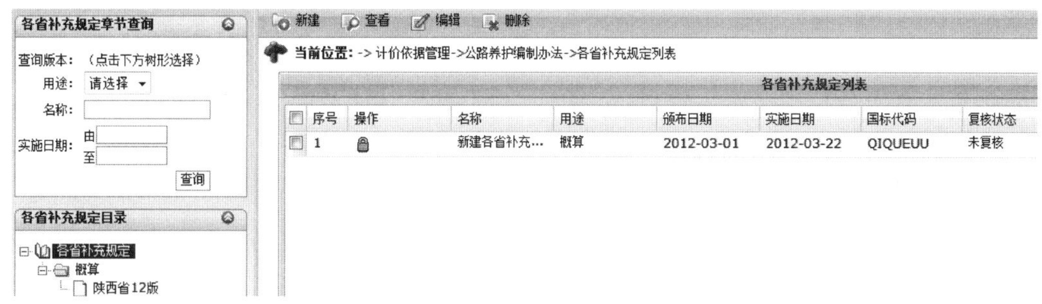

图 3.16　省补充规定章节查询

类似的，使用者可以查阅系统中存储的公路建设工程其他计费标准和各省公路养护工程造价管理方面的规定。

3.3.3　编制办法标准化与信息化优势

由于不同阶段部颁公路工程造价文件编制办法独立颁布，在使用过程中尚存在一些问题，主要是各阶段造价文件编制办法相互呼应性差，不同阶段造价比照困难；部分阶段造价文件编制办法缺失，部分造价文件编制内容欠适用；公路工程计价对地域差别等因素考虑较少等。

标准化后，根据公路工程的特点和全过程一体化造价管理的需要，对部颁投资估算项目表、概预算项目表、决算项目表、工程量清单子目进行了补充、调整、完善，并引入三级清单体系，使各阶段造价文件的计价项目体系能够相互衔接，解决了不同阶段造价文件呼应性不强的问题；对公路工程台账、结算等文件的组成进行了规定，对部颁估算、概算、预算、招标清单、招标清单预算、合同清单、变更预算、竣工决算文件的组成进行调整和补充，包括增加或删减部分组成表格，对仍然沿用表格的内容进行优化调整；对公路工程人工工日单价，地区类别、沿海地区工程施工增加费费率及规费费率，工程建设其他费等具有地域特征的计价元素进行了具体规定，使工程计价更符合地区实际。信息化后，部颁公路工程造价文件编制办法和各省补充规定集中存放，查阅、使用更加方便。

3.4 计量规则标准化与信息化

计量是按照合同采用的技术规范所规定的方法,对承包人符合要求的已完工程的实际数量进行测量、计算、核查和确认的过程,是按照各分项工程或结构件工程为单元来确定已完工程材料、工艺的方法。规范计量规则,可以统一、明确计量方法,避免同一工程,不同项目、不同人员在测量计算完工工程数量时,由于认识不到位、理解不准确带来的工程数量误差,以及可能引发的计价误差。科学完善的公路计价体系是规范计价行为,约束承包人履行合同义务的重要手段,也是确保项目合理支出的基础。

3.4.1 计量规则标准化

部颁招标文件范本未将工程量清单计量与支付规则独立设章,而是原则性规定,分布于技术规范各章节之中。而且部颁招标文件范本中对工程量清单子目以范例为主,部分工程的清单子目缺失,相应的计量与支付规则亦缺失。

因此,计量规则标准化设计的主要内容:一是在部颁招标文件范本基础上,结合公路工程常规设计中工程量计价需要,增补缺失的工程项计量规则;二是将散布于技术规范各章节的计量与支付规则进行梳理、补充、细化,使之更适用于公路工程计价的需要。

标准化后计量与支付规则独立成篇,包括适用范围、工程量计量的一般要求、计量与支付规则条文三部分内容。

(1)适用范围,主要对规则使用的地域范围、适用的工程类型、施工过程的质量控制以及规则未涉及的技术细节处理等进行了规定。

(2)工程量计量的一般要求,主要规定了工程量常用计量单位、计量监督与审核程序、计量支付范围、规则适用范围等一般性原则,不同材料重量的计量方法与要求,面积的测量方法,结构物尺寸的计量方法,土方计量方法与要求,运输车辆、车辆装载要求和计量方法,重量计量方法与体积计量方法的换算,沥青和水泥计量方法,成套计价单元即按照“总额”或“一次支付项目”计价的工程子目的计量支付要求,标准制品的计量标准。

(3)计量与支付规则条文,按照工程量清单对应的章节体系展开,逐章逐节,一一对应,界定该节包含的工程内容计量方法、支付方法以及可以支付的子目。对各支付子目将对应的子目编号、子目名称及其计量单位以表格的形式展现。以第100章“总则”第104节“承包人驻地建设”为例,计量与支付规则如下:

①计量。驻地建设完成后,经监理人现场核实,以总额计量。

②支付。104-1项所报总价的90%,应在第1~3次进度付款证书中,以3次等额支付;余下的10%,应在承包人驻地建设已经移走和清除,并经监理人验收合格后予以支付。

③支付子目(表3.15)。

支 付 子 目　　　　表 3.15

子　目　号	子 目 名 称	单　　位
104-1	承包人驻地建设	总额

3.4.2　计量规则信息化

工程量清单子目的计量与支付规则与对应的子目号、子目名称、计量单位一并，均应固化在造价编制软件或项目管理信息系统中，以方便使用者查询、套用，规范计量、准确计价。

3.4.3　计量规则标准化与信息化优势

(1)系统性整合。部颁《公路工程标准施工招标文件》(简称"部颁招标文件范本")对工程量计量与支付的规定在第七章"技术规范"中进行了表述。标准化后，把分散于"部颁招标文件范本"第七章"技术规范"各章节中的计量与支付内容，独立于材料、试验、施工要求、质量检验等施工技术要求，单独抽取出来，系统整合，形成独立的工程量清单计量与支付规则，结构更加清晰、醒目，体系更加系统、完整，条文更加易读、易用。

(2)结构性调整。工程量计量与支付规则是对清单子目计量与支付方法的明确与规范。结构上，计量与支付规则与工程量清单逐章逐节对应。标准化后的工程量清单较部颁工程量清单由 700 章增加到 900 章，将原 600 章"安全设施及预埋管线"调整为"交通安全设施工程"，新增 800 章"机电工程"和 900 章"附属区房建工程"，其他各章清单子目也进行了补充和调整。相应的计量与支付规则也进行了针对性的调整。例如，标准化后的工程量清单第 102 节"工程管理"增加了清单子目 102-5"交通管制经费"，相应的计量与支付规则也进行了补充。计量规定中增加"交通管制经费适用于需要边施工边维持通车(通航)的新建、改建、扩建工程，以总额计量，其费用包括为完成工程项目所发生为实现道路管制与疏导、航道管制与疏导的措施费、人员经费、协调管理费等一切费用，交通管制经费应专项使用，不得挪作它用。"支付规则增加"102-5-费用将根据承包人工程的实施情况及工程进度，经监理人确认后按进度拨付。"

(3)技术性规范。

①补充。"部颁招标文件范本"中，部分清单子目缺少计量规则，标准化后对未明确计量规则的子目进行了补充，界定了对应的计价工序内容和工作范围，避免了由于定义不清可能带来的认识差异和可能产生的重复计价。例如，部颁计量与支付规则中没有对第 205 节"特殊地基处理"、205-1-m 子目"强夯"的计量进行规定，标准化后增加了"强夯"的计量规定，"采用强夯处理，以图纸为依据经监理人验收合格后以平方米为计量，包括施工前地表处理、拦截地表和地下水、强夯及强夯后的标准贯入、静力触探测试等相关作业。"进一步清晰界定了强夯作业的计价内容。

②细化。"部颁招标文件范本"中，部分计量规则对清单子目包含的计价工序和业务内容缺少规定，容易造成清单子目对应的计价范围认识不一、重复计价。标准化

后对清单子目对应包含的业务内容进行了细化、说明、解释，对计价内容进行了明确规定。例如，工程量清单第203节“挖方路基”，部颁计量规则规定“路基土石方开挖数量包括边沟、排水沟、截水沟，应以经监理人校核批准的横断面地面线和土石分界的补充测量为基础，按路线中线长度乘以经监理人核准的横断面面积进行计算，以立方米计量。”标准化后增加了对土石方开挖子目包含的计价工序的规定，“路基土石方开挖计价中均含开挖、运输、堆放及弃土的碾压整理所需费用。计价中还包括弃土场的场地清理、地貌恢复、施工便道、便桥的修建与养护、临时排水与防护等工作内容及一切与此有关的作业费用，不再单独计量。”

③调整。“部颁招标文件范本”中，部分清单子目的计量规则没有抓住和反映影响造价的关键因素，计价环节容易产生漏洞。标准化后，对部分清单子目的计量方式进行了调整。例如，部颁计量规则对第207节“坡面排水”中的清单子目207-1“M…浆砌片石边沟”采用按长度计量完工工程量的方法，标准化后调整为以砌体体积计量。

(4)信息化查阅。信息化后，工程计量与支付规则可以存储在综合管理信息系统中，使用者可以在系统中方便、快捷地查询、调阅、使用，避免了保存、翻找纸质文件的麻烦。

本章小结

本章介绍了定额、价格信息、编制办法、计量规则等计价依据标准化与信息化建设成果和管理方法创新后的优势。定额管理标准化侧重于定额编制方法和流程的规范；价格信息管理标准化围绕价格信息采集、定价、料场信息管理、价格发布和信息员管理等管理环节；编制办法标准化关键是制订结合地域工程实际和管理需要的地方补充规定；计量规则标准化核心是工程量清单计量与支付规则的增补、完善和独立成篇。

4 项目建议书、可行性研究阶段造价文件编制标准化与信息化

项目建议书、可行性研究阶段需要编制投资估算文件。投资估算是项目建议书和工程可行性研究报告的重要组成部分，是公路建设项目资金筹措的依据，也是投资控制的起点。为了构建节约型公路行业，适应公路建设发展的需要，需要在公路建设项目前期合理确定和有效控制工程造价。因此，要提高公路建设项目投资估算的编制质量，规范投资估算文件的编制。

4.1 估算编制标准化

投资估算应在交通运输部发布的《公路基本建设工程投资估算编制办法》(JTG M20—2011)基础上，按照全过程一体化造价管理的需要，从项目表组成、造价文件组成、编制方法三个方面对估算编制进行标准化设计。

4.1.1 估算项目表标准化

根据项目建议书和可行性研究报告的工作深度，以建立不同阶段造价文件项目表对应性、造价文件呼应性为主线，现行部颁编制办法的估算项目表较好地体现了这种要求，制订的项目表与设计概算项目表有较好的呼应性。因此，标准化设计只需在部颁基础上进行局部调整。表4.1是估算项目表示例。

估算项目表示例　　表4.1

项	目	节	细目	工程或费用名称	单　位	备　　注
				第一部分　建筑安装工程费	公路公里	指建设项目路线总长度(主线长度)
一				临时工程	公路公里	指建设项目路线总长度(主线长度)
	1			临时道路	km	指新建便道与利用原有道路的总长
		1		临时便道的修建与维护	km	指新建便道长度
		2		原有道路的维护与恢复	km	指利用原有道路长度
				……		
	2			临时便桥	m/座	指汽车便桥长度及座数
	3			临时码头	座	按不同类型划分节或细目
	4			其他临时工程	公路公里	指建设项目路线总长度(主线长度)
				……		
二				路基工程	km	指扣除桥梁、隧道和互通式立体交叉的主线长度，独立桥梁或隧道工程为引道或连接线的长度

项	目	节	细目	工程或费用名称	单 位	备 注
	1			场地清理	km	指清理长度
		1		挖除旧路面	m^2	按不同的路面类型和厚度划分细目
			1	挖除水泥混凝土路面	m^2/m^3	指挖除的面积和体积
			2	挖除沥青混凝土路面	m^2/m^3	指挖除的面积和体积
			3	挖除碎(砾)石路面	m^2/m^3	指挖除的面积和体积
				……		

4.1.2 估算文件组成标准化

投资估算文件分甲乙组文件,甲组文件为各项费用计算表,乙组文件为建筑安装费各项基础数据计算表。具体组成,如图 4.1 所示。

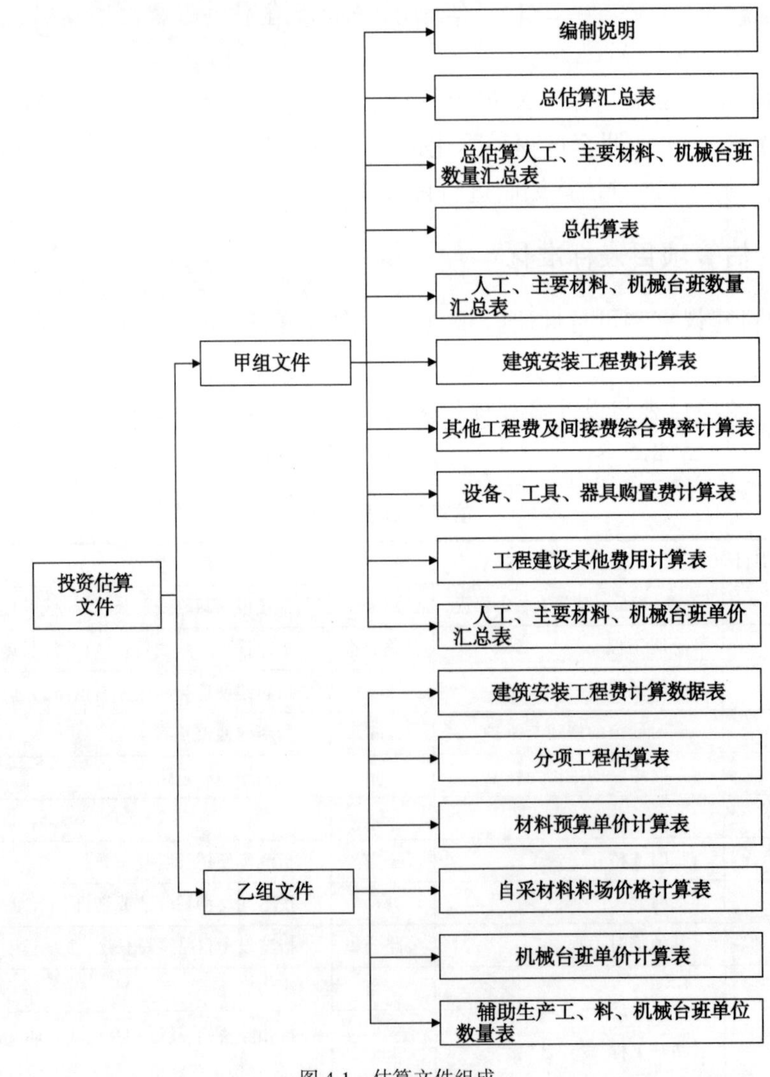

图 4.1 估算文件组成

(1)总估算汇总表。总估算汇总表由单项或单位工程总估算表(01 表)转来,用于汇总全部建设项目投资估算金额、技术经济指标和各项费用比例,如图 4.2 所示。

总估算汇总表										
建设项目名称:							第　页 共　页　01-1表			
项次	工程或费用名称	单位	总数量	估算金额(元)				技术经济指标	各项费用比例(%)	备　注
							合计			
编制:						复核:				

图 4.2　总估算汇总表格式

(2)总估算人工、主要材料、机械台班数量汇总表。总估算人工、主要材料、机械台班数量汇总表由各单项或单位工程人工、主要材料、材料班台数量汇总表(02 表)转来,用于汇总一个建设项目全部人工、主要材料、材料台班数量,如图 4.3 所示。

总估算人工、主要材料、机械台班数量汇总表													
建设项目名称:								第　页 共　页　02-1表					
序号	规格名称	单位	总数量	编制范围									
编制:								复核:					

图 4.3　总估算人工、主要材料、机械台班数量汇总表格式

(3)总估算表。总估算表按投资估算项目表的序列及内容填写,反映了一个单项或单位工程的各项费用组成、估算金额、技术经济指标,如图 4.4 所示。

总估算表										
建设项目名称: 编 制 范 围:							第　页 共　页　01表			
项	目	节	细目	工程或费用名称	单位	数量	估算金额(元)	技术经济指标	各项费用比例(%)	备注
编制:								复核:		

图 4.4　总估算表格式

(4)人工、主要材料、机械台班数量汇总表。人工、主要材料、机械台班数量汇总表各栏数据由乙组文件中分项工程估算基础数据表(08-1表)及辅助生产工、料、机械台班数量表(12表)汇总而来,反映了建设项目对人工、主要材料、机械台班总预估需求数量,如图4.5所示。

人工、主要材料、机械台班数量汇总表

建设项目名称:

编 制 范 围:　　　　第　页 共　页　02表

序号	规格名称	单位	总数量	分 项 统 计								场外运输损耗	
												%	数量

编制:　　　　复核:

图4.5　人工、主要材料、机械台班数量汇总表格式

(5)建筑安装工程费计算表。建筑安装工程费用计算表用于汇总建设项目建筑安装工程费,通过乙组文件中08表数据计算而来,如图4.6所示。

建筑安装工程费计算表

建设项目名称:

编 制 范 围:　　　　第　页 共　页　03表

序号	工程名称	单位	工程量	直接费(元)						间接费(元)	利润(元)费率(%)	税金(元)综合税率(%)	建筑安装工程费	
				直接工程费				其他工程费	合计				合计(元)	单价(元)
				人工费	材料费	机械使用费	合计							
1	2	3	4	5	6	7	8	9	10	11	12	13	14	15

编制:　　　　复核:

图4.6　建筑安装工程费计算表格式

(6)其他工程费及间接费综合费率计算表。其他工程费及间接费综合费率计算表用于分析计算建设项目其他工程费费率和间接费费率,如图4.7所示。

(7)设备、工具、器具购置费计算表。设备、工具、器具购置费计算表用于分析计算建设项目设备、工具、器具购置费,如图4.8所示。

(8)工程建设其他费用计算表。工程建设其他费用计算表用于反映建设项目工程建设其他费用名称、计算方法和金额,如图4.9所示。

(9)人工、主要材料、机械台班单价汇总表。人工、主要材料、机械台班单价汇总表用于汇总人工、主要材料、机械台班预算单价,由乙组文件中材料预算单价计算表(09表)和机械台班单价计算表(11表)转来,如图4.10所示。

其他工程费及间接费综合费率计算表

建设项目名称：

编 制 范 围： 第 页 共 页 04表

序号	工程类别	其他工程费费率(%)													间接费费率(%)											
		冬季施工增加费	雨季施工增加费	夜间施工增加费	高原地区施工增加费	风沙地区施工增加费	沿海地区施工增加费	行车干扰工程施工增加费	施工标准化与安全措施费	临时设施费	施工辅助费	工地转移费	综合费率		规费						企业管理费					
													Ⅰ	Ⅱ	养老保险费	失业保险费	医疗保险费	住房公积金	工伤保险费	综合费率	基本费用	主副食运费补贴	职工探亲路费	职工取暖补贴	财务费用	综合费率
1	2	3	4	5	6	7	8	9	10	11	12	13	14	15	16	17	18	19	20	21	22	23	24	25	26	27

编制： 复核：

图 4.7 其他工程费及间接费综合费率计算表格式

设备、工具、器具购置费计算表

建设项目名称：

编 制 范 围： 第 页 共 页 05表

序号	设备、工具、器具规格名称	单位	数量	单价(元)	金额(元)	说 明

编制： 复核：

图 4.8 设备、工具、器具购置费计算表格式

工程建设其他费用计算表

建设项目名称：

编 制 范 围： 第 页 共 页 06表

序号	费用名称及回收金额项目	说明及计算式	金额(元)	备 注

编制： 复核：

图 4.9 工程建设其他费用计算表格式

(10)建筑安装工程费计算数据表。建筑安装工程费计算数据表为利用计算机软件编制投资估算提供基础数据，如图 4.11 所示。

(11)分项工程估算表。分项工程估算表用于分析计算分项工程估算金额，如图 4.12所示。

人工、材料、机械台班单价汇总表

建设项目名称：

编 制 范 围：　　　　　　　　　　第　　页 共　　页　　07表

序号	名称	单位	代号	预算单价(元)	备注	序号	名称	单位	代号	预算单价(元)	备注

编制：　　　　　　　　　　复核：

图 4.10　人工、材料、机械台班单价汇总表格式

建筑安装工程费计算数据表

建设项目名称：　　　　编制范围：　　　　数据文件编号：　　　　公路等级：

路线或桥梁长度(km)：　　　　路基或桥梁宽度(m)：　　　　第　　页 共　　页　　08-1表

项的代号	本项目数	目的代号	本目节数	节的代号	本节细目数	细目的代号	费率编号	定额个数	定额代号	项或目或节或细目或定额的名称	单位	数量	定额调整情况

编制：　　　　　　　　　　复核：

图 4.11　建筑安装工程费计算数据表格式

分项工程估算表

编制范围：

工程名称：　　　　　　　　　　第　　页 共　　页　　08-2表

编号	工程项目												合计	
	工程细目													
	定额单位													
	工程数量													
	定额表号													
	工、料、机名称	单位	单价(元)	定额	数量	金额(元)	定额	数量	金额(元)	定额	数量	金额(元)	数量	金额(元)
1	人工	工日												
2	……													
	定额基价	元												
	直接工程费	元												
	其他工程费 Ⅰ	元												
	其他工程费 Ⅱ	元												
	间接费 规费	元												
	间接费 企业管理费	元												
	利润及税金	元												
	建筑安装工程费	元												

编制：　　　　　　　　　　复核：

图 4.12　分项工程估算表格式

(12)材料预算单价计算表。材料预算单价计算表用于分析计算材料预算单价,如图 4.13 所示。

材料预算单价计算表

建设项目名称:

编 制 范 围: 第 页 共 页 09表

序号	规格名称	单位	原价(元)	运杂费					原价运费合计(元)	场外运输损耗采购及保管费				预算单价(元)
				供应地点	运输方式、比重及运距	毛重系数或单位毛重	运杂费构成说明或计算式	单位运费(元)		费率(%)	金额(元)	费率(%)	金额(元)	

编制: 复核:

图 4.13 材料预算单价计算表格式

(13)自采材料料场价格计算表。自采材料料场价格计算表用于分析计算建设项目自采材料料场价格,如图 4.14 所示。

自采材料料场价格计算表

建设项目名称:

编 制 范 围: 第 页 共 页 10表

序号	定额号	材料规格名称	单位	料场价格(元)	人工(工日)单价 (元)		间接费(元)(占人工费%)	( )单价 (元)		( )单价 (元)		( )单价 (元)		( )单价 (元)	
					定额	金额		定额	金额	定额	金额	定额	金额	定额	金额

编制: 复核:

图 4.14 自采材料料场价格计算表格式

(14)机械台班单价计算表。机械台班单价计算表用于分析计算机械台班单价,如图 4.15 所示。

(15)辅助生产工、料、机械台班单位数量表。辅助生产工、料、机械台班单位数量表反映辅助生产工、料、机械台班单位数量,由自采材料料场价格计算表(10 表)汇总而来,如图 4.16 所示。

4.1.3 估算编制方法标准化

投资估算按一个建设项目(如一条路线或一座独立大桥、隧道)进行编制。当一个编制项目需要分段或分部编制时,应根据需要分别编制,但必须汇总编制"总估算汇总表"。

编制公路工程投资估算文件,应按标准化的项目表序列及内容进行编制,如果公

机械台班单价计算表

建设项目名称：

编 制 范 围：　　　　　　　　　　　　　　　　　　第　　页共　　页　　11表

序号	定额号	机械规格名称	台班单价(元)	不变费用(元)		可变费用(元)								合计
				调整系数：		人工：(元/工日)		汽油：(元/kg)		柴油：(元/kg)		……		
				定额	调整值	定额	金额	定额	金额	定额	金额	定额	金额	

编制：　　　　　　　　　　　　　　　　　　　　　复核：

图 4.15　机械台班单价计算表格式

辅助生产工、料、机械台班单位数量表

建设项目名称：

编 制 范 围：　　　　　　　　　　　　　　　　　　第　　页共　　页　　12表

序号	规格名称	单位	人工(工日)						

编制：　　　　　　　　　　　　　　　　　　　　　复核：

图 4.16　辅助生产工、料、机械台班单位数量表格式

路工程项目实际发生的“工程或费用名称”与项目表不完全相符时，项目表中“工程或费用名称”第一至第三部分的分类和相应“项”的序号和名称保持固定，不得更改。“目”、“节”、“细目”的内容可视实际情况予以增减，但既定的序号、名称不得改变；对项目表中实际未发生的“工程或费用名称”，在项目估算文件中相应省略；对项目表中缺项的“工程或费用名称”，应参照“备注”栏规定原则，以新增的“目”、“节”、“细目”递补，并纳入项目估算文件。

公路建设项目的互通式立体交叉、辅道、支线，当工程规模较大时，可按投资估算项目表单独编制建筑安装工程费，然后将其投资估算的建筑安装工程总金额列入路线的总估算表中的相应项目内。

4.2　估算编制信息化

4.2.1　估算编制流程

公路工程投资估算编制信息化是指按照标准化的估算文件体系和编制规则利用计算机技术，开发估算编制软件，提供估算文件编制和报表生成工具，以提高文件编制效率，减少编制差错。

根据公路建设项目估算计算方法，结合造价文件表格组成，各项表格数据逻辑关系如图 4.17 所示，估算造价文件编制步骤如图 4.18 所示。

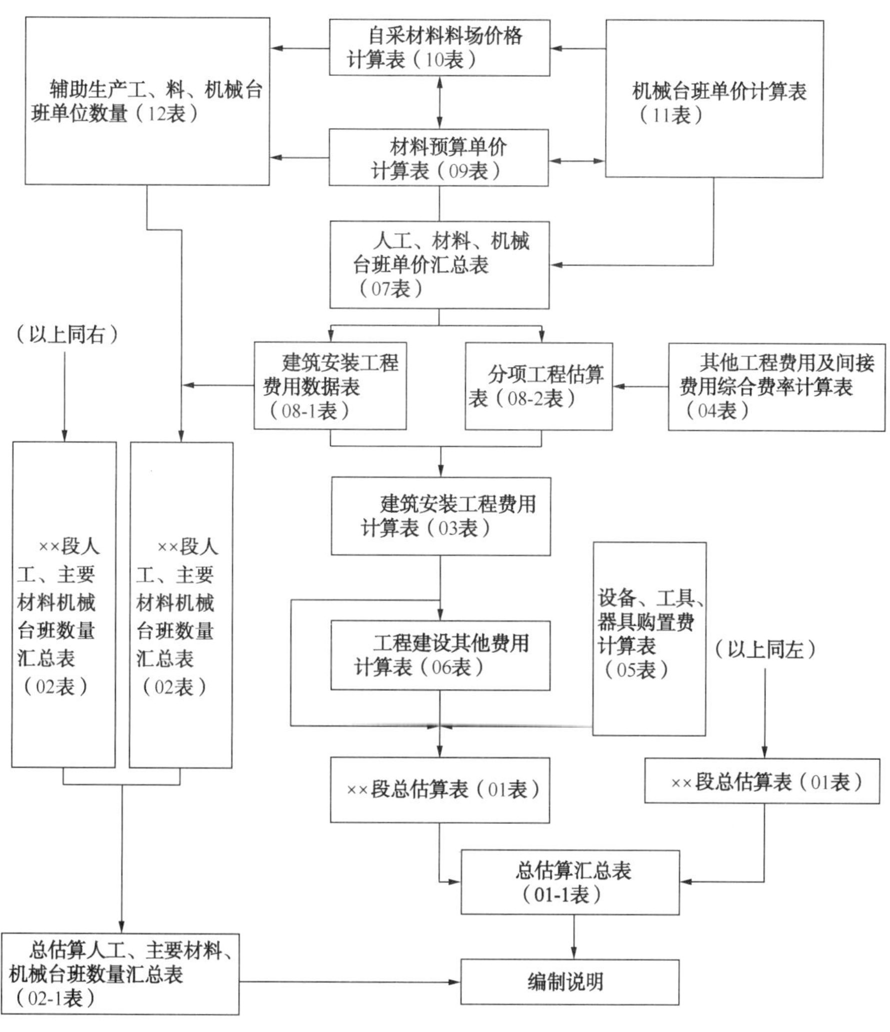

图 4.17　估算文件数据逻辑关系图

4.2.2　估算编制信息化实现

图 4.19 是按照估算文件编制标准化要求，开发的公路工程造价文件编制软件（广东公路造价编审系统）界面。该软件同时还集成了概算、预算、招标清单预算文件编制功能。

估算编制模块集成了估算指标库、估算标准项目表和模板库，提供了汇总估算标准化报表功能。

（1）估算指标库。估算编制模块存储了编制估算造价文件可能采用的各种估算指标、定额、参数文件，编制人员可以根据需要灵活添加。图 4.20 显示的是编制人员选择添加部颁公路工程估算指标（2012）的操作界面。

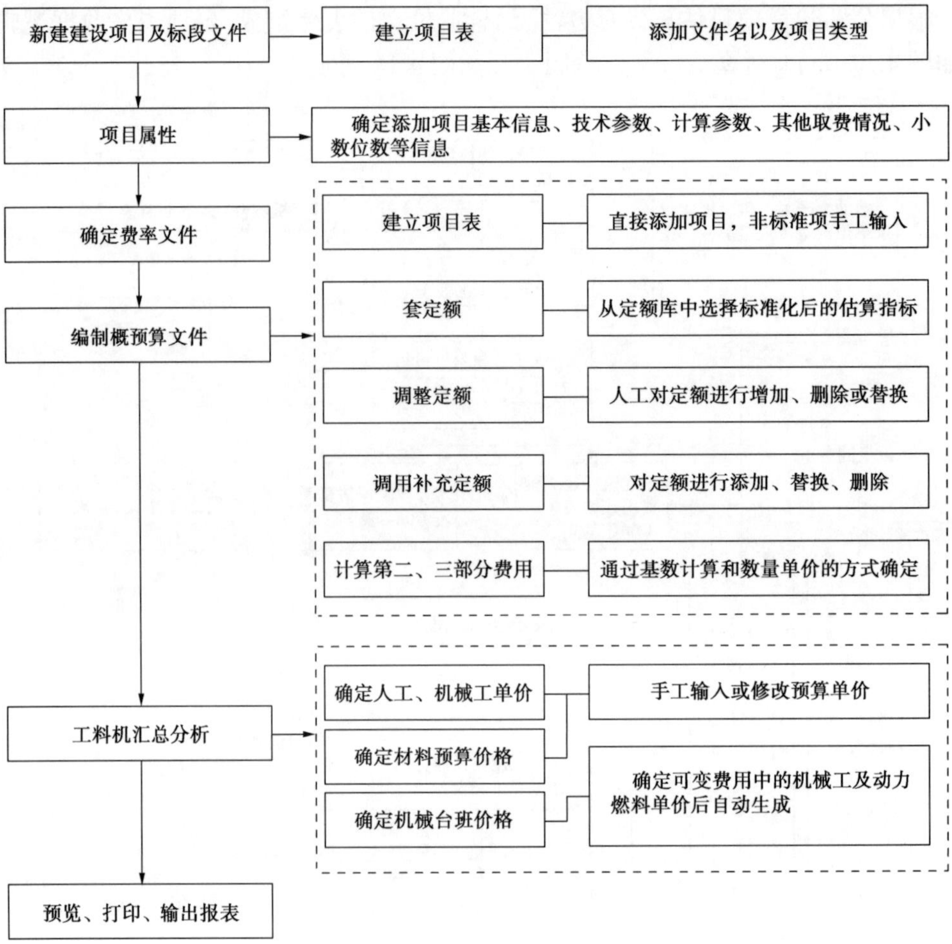

新建建设项目及标段文件
建立项目表
添加文件名以及项目类型
项目属性
确定添加项目基本信息、技术参数、计算参数、其他取费情况、小数位数等信息
确定费率文件
建立项目表
直接添加项目，非标准项手工输入
编制概预算文件
套定额
从定额库中选择标准化后的估算指标
调整定额
人工对定额进行增加、删除或替换
调用补充定额
对定额进行添加、替换、删除
计算第二、三部分费用
通过基数计算和数量单价的方式确定
工料机汇总分析
确定人工、机械工单价
手工输入或修改预算单价
确定材料预算价格
确定机械台班价格
确定可变费用中的机械工及动力燃料单价后自动生成
预览、打印、输出报表

图4.18　估算文件编制步骤流程图

广东公路造价编审系统(标准化2011)学习版 - [可行性估算项目 - 广东公路造价编制案例 - 广东公路造价估算编制案例01标]
文件(F)　编辑(E)　清单报价(L)　造价审查(G)　视图(V)　工具(T)　窗口(W)　帮助(H)
总造价：0 元　调价：0 元　请输入关键字　搜纵横知道
项目管理　广东公路造价估算编制案例01标
建设项目
名称　编制　日期　审核　负责
1　广东公路造价编制案例　2014-01-05
2　纵横广东版高速新例题　2014-01-07
项目分段
全部　可行性估算　建议估算　概算　预算　三级清单预算
名称
1　广东公路造价估算编制案例01标
2　广东公路造价估算编制案例02标
3　广东公路造价预算编制案例01标
4　广东公路造价概算编制案例01标
5　广东公路造价招投标预算编制案例

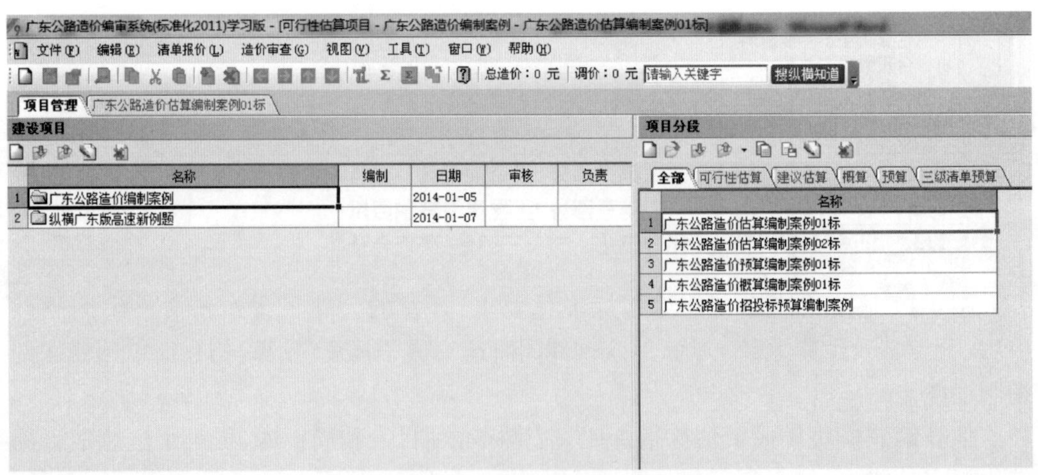

图4.19　估算编制软件界面

(2)估算项目表及模板库。估算编制模块存储了估算文件标准项目表，拆迁补偿费清单、监理费清单、勘察设计费清单等项目表格式，编制人员可以根据编制需要添

加使用，也可以根据需要下载规定的项目表进行使用。模块还建立了基于历史项目的文件模板库，编制人员可以选择类似项目的文件模板，在此基础上新建项目造价文件，提高编制效率。图 4.21 显示的是编制人员选择添加标准项目表的操作界面。

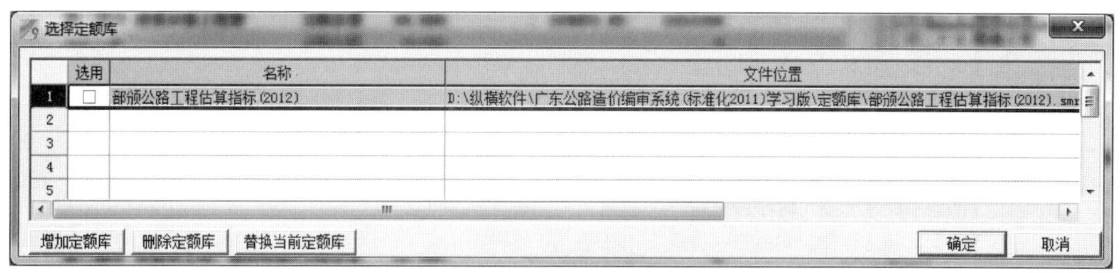

图 4.20　添加部颁公路工程估算指标(2012)

广东估算2012版

添加　☐ 挂接模板库　我的块模板库

查找下条　查找按编号　按名称

选用	编号	清单编号	名称	单位
☐	⊟1		**第一部分　建筑安装工程费**	**公路公里**
☐	⊟1-1		临时工程	公路公里
☐	⊞1-1-1		临时道路	km
☐	1-1-2		临时便桥	m/座
☐	1-1-3		临时码头	座
☐	1-1-4		其他临时工程	公路公里
☐	⊞1-2		路基工程	km
☐	⊞1-3		路面工程	km/m^2
☐	⊞1-4		桥梁涵洞工程	km
☐	⊞1-5		交叉工程	处
☐	⊞1-6		隧道工程	km/座
☐	⊞1-7		公路设施及预埋管线工程	公路公里
☐	⊞1-8		绿化及环境保护工程	公路公里
☐	⊞1-9		管理、养护及服务房屋	公路公里/m^2
☐	⊞2		**第二部分　设备及工具、器具购置费**	**公路公里**
☐	⊞3		**第三部分　工程建设其他费用**	**公路公里**
☐			**第一、二、三部分　费用合计**	**公路公里**
☐	⊞		**预备费**	**元**
☐			**其他费用项目**	**元**
☐			**建设期贷款利息**	
☐			**投资估算总金额**	**元**
☐			**其中：回收金额**	**元**
☐			**公路基本造价**	**公路公里**

图 4.21　添加标准项目表

(3)汇总估算标准化报表。估算编制模块可以自动生成标准化报表文件，方便编制单位上报。图 4.22 显示的是软件支持生成的估算文件报表体系。

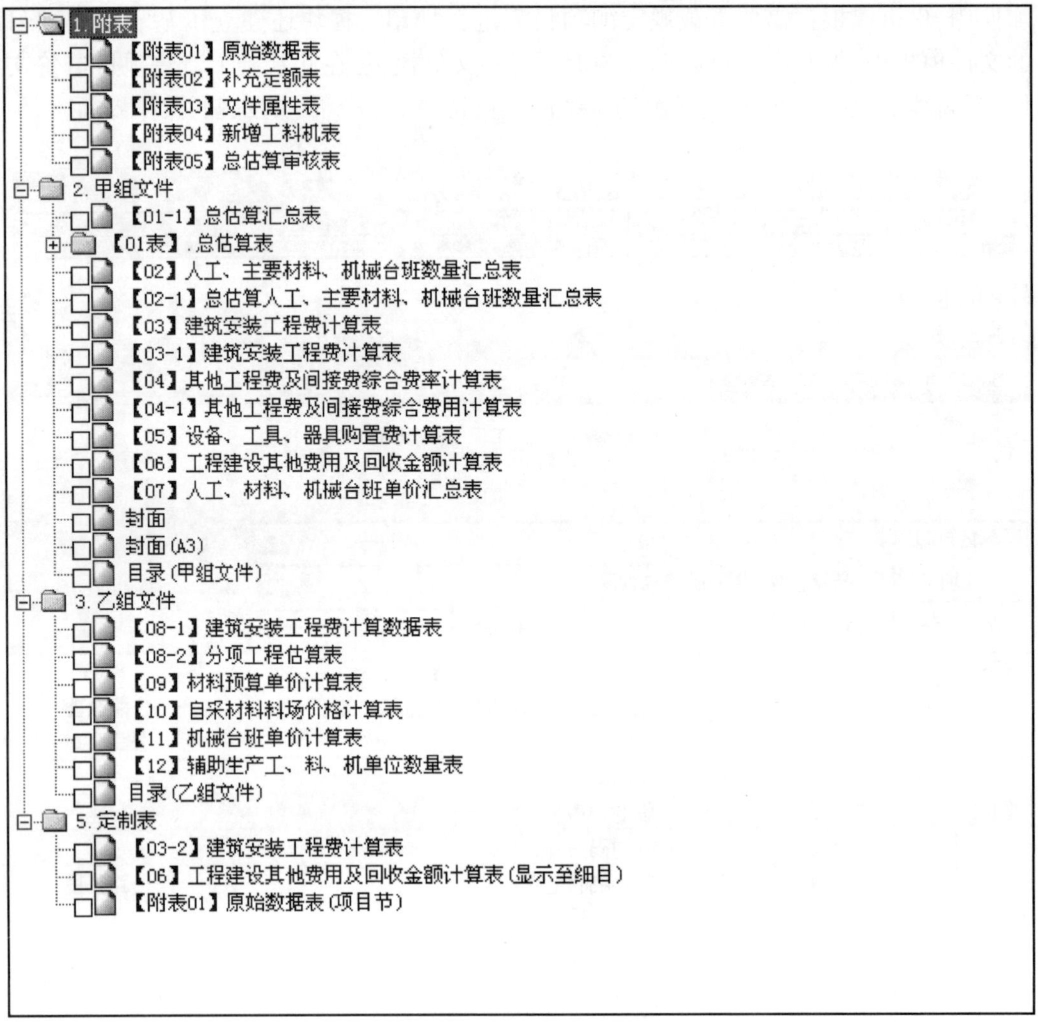

1.附表
- 【附表01】原始数据表
- 【附表02】补充定额表
- 【附表03】文件属性表
- 【附表04】新增工料机表
- 【附表05】总估算审核表

2.甲組文件
- 【01-1】总估算汇总表
- 【01表】.总估算表
- 【02】人工、主要材料、机械台班数量汇总表
- 【02-1】总估算人工、主要材料、机械台班数量汇总表
- 【03】建筑安装工程费计算表
- 【03-1】建筑安装工程费计算表
- 【04】其他工程费及间接费综合费率计算表
- 【04-1】其他工程费及间接费综合费用计算表
- 【05】设备、工具、器具购置费计算表
- 【06】工程建设其他费用及回收金额计算表
- 【07】人工、材料、机械台班单价汇总表
- 封面
- 封面(A3)
- 目录(甲組文件)

3.乙組文件
- 【08-1】建筑安装工程费计算数据表
- 【08-2】分项工程估算表
- 【09】材料预算单价计算表
- 【10】自采材料料场价格计算表
- 【11】机械台班单价计算表
- 【12】辅助生产工、料、机单位数量表
- 目录(乙組文件)

5.定制表
- 【03-2】建筑安装工程费计算表
- 【06】工程建设其他费用及回收金额计算表(显示至细目)
- 【附表01】原始数据表(项目节)

图 4.22 软件支持生成的估算文件报表体系

4.2.3 示例

下面以可行性研究阶段投资估算为例,演示利用配套标准化工具软件编制投资估算文件的过程。

第一步:新建建设项目及标段文件。

打开软件后,选择“文件>>新建项目文件”选项,如图 4.23 所示。

选择“估算”选项并编辑造价基本信息,如图 4.24 所示。

第二步:编辑项目属性及项目信息。

选择“文件>>项目属性”选项,如图 4.25 所示。

对编制造价涉及的信息进行设置,如图 4.26 所示。

第三步:设置费率。

点选左侧功能区“费率”选项,软件转入费率设置界面,如图 4.27 所示。

通过选择“费率标准”,项目涉及费率条件(如冬季施工、雨季施工、夜间施工等)，系统将自动列出相应施工类别费率，用户也可直接对各类别费率进行手动调整，如图 4.28 所示。

图 4.23　操作界面 1

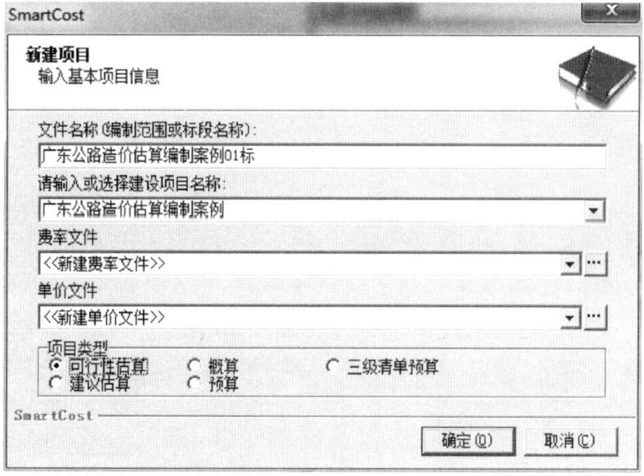

图 4.24　操作界面 2

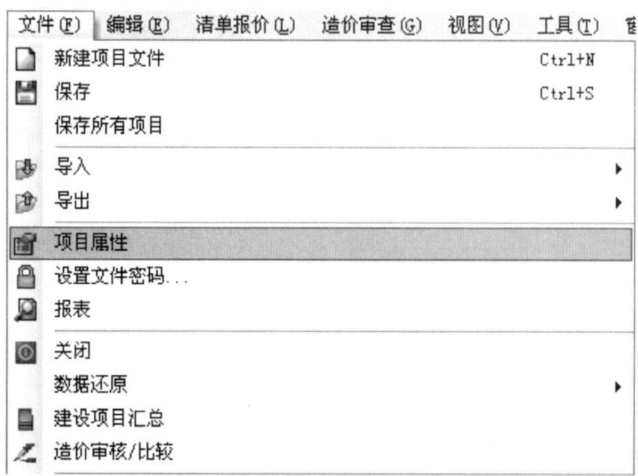

图 4.25　操作界面 3

a)　　b)

c)　　d)

e)　　f)

图 4.26　操作界面 4

第四步:估算项、目、节编制。点选左侧功能区“造价书”选项,软件转入估算编制界面,如图 4.29 所示。

通过从预设的标准化估算项目表(图 4.30a)中直接选择项、目、节,即可实现对本项目估算条目(图 4.30b)的增减。

第五步:套用指标。项、目、节确定后,从指标库选择套用相应指标或定额,如图 4.31所示。

项目管理　广东公路造价估算编制案例01标

造价书　工料机　费率　报表　评分

选择费率文件　导出费率文件

编号	取费类别	其他工程费(%)		规费(%)	企业管理费(%)
		I	II		
1	人工土方	3.9800	1.6400	10.0000	3.9700
2	机械土方	3.9100	1.3900	10.0000	3.9400
3	汽车运输	1.9200	1.3600	10.0000	2.0500
4	人工石方	3.7400	1.6600	10.0000	3.9900
5	机械石方	3.9900	1.1600	10.0000	3.9300
6	高级路面	5.4200	1.2400	10.0000	2.4800
7	其他路面	5.0300	1.1700	10.0000	3.9000
8	构造物Ⅰ	6.2300	0.9400	10.0000	5.3400
9	构造物Ⅱ	7.7900	0.9500	10.0000	6.5300
10	构造物Ⅲ	14.8300	0.9500	10.0000	11.6300
11	技术复杂大桥	7.9400	0.0000	10.0000	5.5900
12	隧道	5.7800	0.0000	10.0000	5.0800
13	钢材及钢结构	5.3300	0.0000	10.0000	3.2600
14	设备安装工程	14.0700	0.9500	10.0000	11.6300
15	金属标志牌安装	4.9800	0.0000	10.0000	3.2600

图 4.27　操作界面 5

编号	取费类别	其他工程费(%)		规费(%)	企业管理费(%)
		I	II		
1	人工土方	3.9800	1.6400	10.0000	3.9700
2	机械土方	3.9100	1.3900	10.0000	3.9400
3	汽车运输	1.9200	1.3600	10.0000	2.0500
4	人工石方	3.7400	1.6600	10.0000	3.9900
5	机械石方	3.9900	1.1600	10.0000	3.9300
6	高级路面	5.4200	1.2400	10.0000	2.4800
7	其他路面	5.0300	1.1700	10.0000	3.9000
8	构造物Ⅰ	6.2300	0.9400	10.0000	5.3400
9	构造物Ⅱ	7.7900	0.9500	10.0000	6.5300
10	构造物Ⅲ	14.8300	0.9500	10.0000	11.6300
11	技术复杂大桥	7.9400	0.0000	10.0000	5.5900
12	隧道	5.7800	0.0000	10.0000	5.0800
13	钢材及钢结构	5.3300	0.0000	10.0000	3.2600
14	设备安装工程	14.0700	0.9500	10.0000	11.6300
15	金属标志牌安装	4.9800	0.0000	10.0000	3.2600
16	费率为0	0.0000	0.0000	0.0000	0.0000

费率计算参数	
名称	参数值
工程所在地	广东
费率标准	部颁费率标准(估算)(2012)
冬季施工	冬一区Ⅰ -1以上
雨季施工	Ⅰ区1个月
夜间施工	计
高原施工	不计
风沙施工	不计
沿海地区	计
行车干扰	次数51～100
施工安全	计
临时设施	计
施工辅助	计
工地转移(km)	50
养老等五险(%)	5
住房公积金(%)	5
基本费用	计
⊞ 综合里程(km)	3
职工探亲	计
职工取暖	准二区
财务费用	计
计划利润率(%)	7
税金综合税率(%)	市区3.48

图 4.28　操作界面 6

逐项设置指标工程量,调整费率类型等定价信息,如图4.32所示。

第六步:计算估算价格。在各项、目、节指标组成、工程量、工料机单价确定后,点击“计算”按钮,计算各项估算金额及指标,如图4.33所示。

第七步:汇总生成估算文件报表。点击左侧功能区“报表”选项,汇总生成估算报表文件,如图4.34所示。

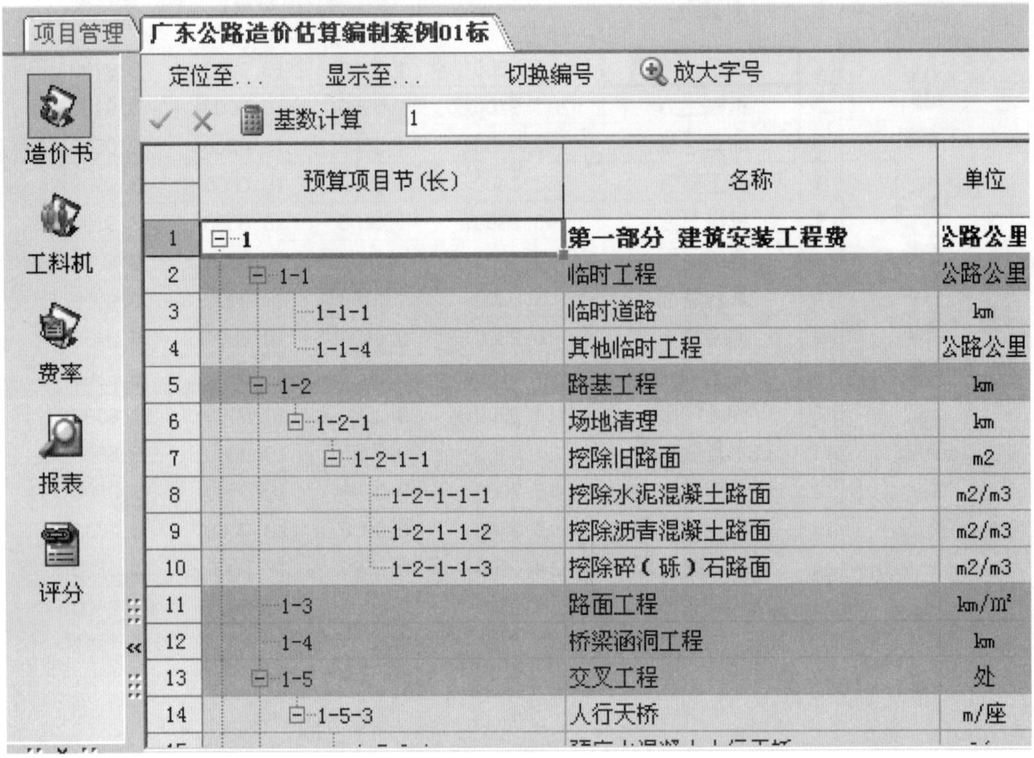

图4.29 操作界面7

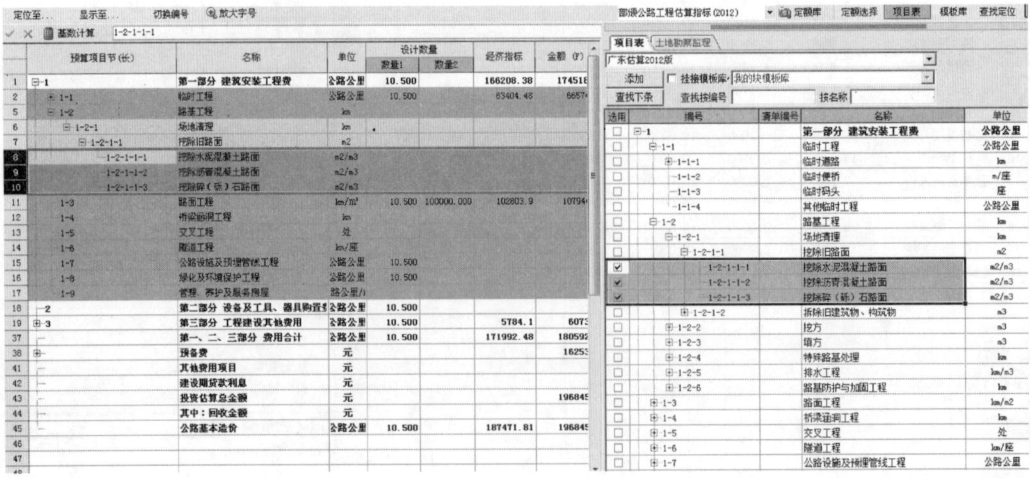

a)

b)

图4.30 操作界面8

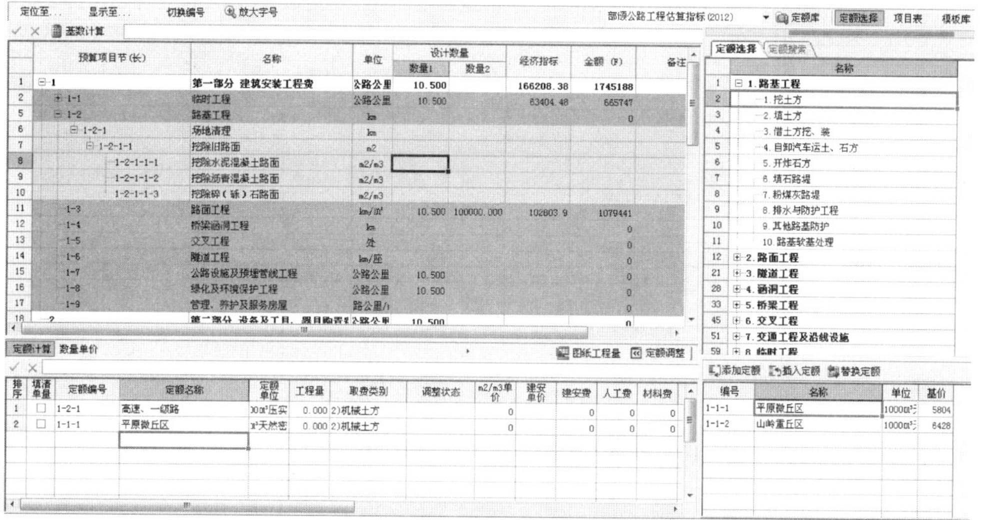

图 4.31　操作界面 9

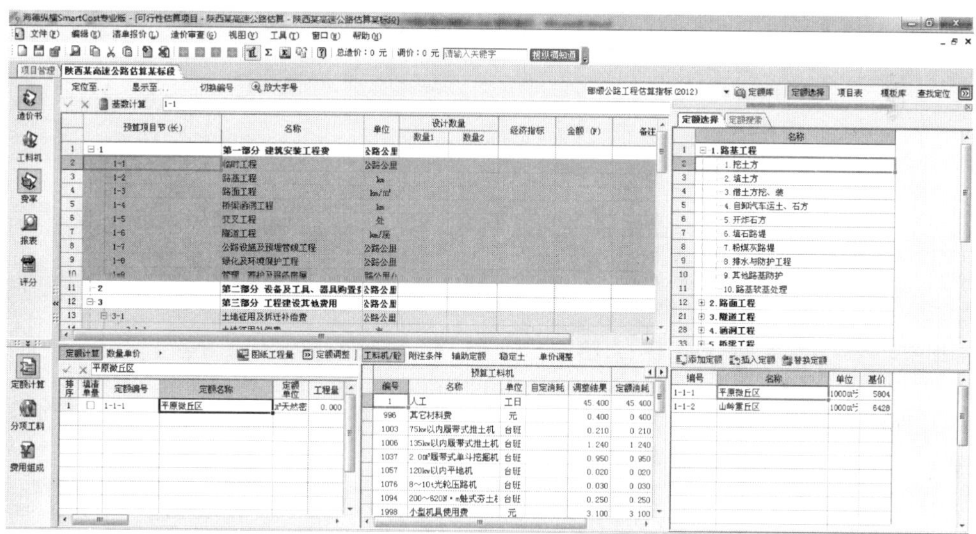

图 4.32　操作界面 10

	预算项目节(长)	名称	单位	设计数量		经济指标	金额 (F)	备注
				数量1	数量2			
1	⊟1	**第一部分 建筑安装工程费**	**公路公里**	**10.500**		**1560520.95**	**16385470**	
2	⊞1-1	临时工程	公路公里	10.500		72035.52	756373	
5	⊞1-2	路基工程	km				145063	
11	1-3	路面工程	km/m²	10.500	100000.000	112207.52	1178179	
12	1-4	桥梁涵洞工程	km				0	
13	⊞1-5	交叉工程	处				5683758	
17	⊞1-6	隧道工程	km/座				8622097	
34	1-7	公路设施及预埋管线工程	公路公里	10.500			0	
35	⊞1-8	绿化及环境保护工程	公路公里	10.500			0	
37	1-9	管理、养护及服务房屋	公路公里/m²				0	
38	2	**第二部分 设备及工具、器具购置费**	**公路公里**	**10.500**			**0**	
39	⊞3	**第三部分 工程建设其他费用**	**公路公里**	**10.500**		**42828.86**	**449703**	
57		**第一、二、三部分 费用合计**	**公路公里**	**10.500**		**1603349.81**	**16835173**	**16385470+0+449703**
58	⊟	**预备费**	**元**				**1515166**	
59		1. 价差预备费	元				0	0
60		2. 基本预备费	元				1515166	(16835173-0)*9%
61		**其他费用项目**	**元**				**0**	
62		**建设期贷款利息**	**元**				**0**	
63		**投资估算总金额**	**元**				**18350339**	**16835173+1515166+0+0**
64		**其中：回收金额**	**元**				**0**	
65		**公路基本造价**	**公路公里**	**10.500**		**1747651.33**	**18350339**	**18350339-0**
66								
67								
68								

图 4.33　操作界面 11

原 始 数 据 表

建设项目名称：广东公路造价估算编制案例

编 制 范 围：广东公路造价估算编制案例01标　　　　第 1 页　　　　共 2 页

编号	名　称	单 位	工程量	费率编号	备注
1	第一部分 建筑安装工程费	公路公里	10.500		
1-1	临时工程	公路公里	10.500		
1-1-1	临时道路	km	5.000		
8-1-1	平原微丘区简易便道(路基宽度7m)	km	5.000	7	
1-1-4	其他临时工程	公路公里			
1-2	路基工程	km			
1-2-1	场地清理	km			
1-2-1-1	挖除旧路面	m2			
1-2-1-1-1	挖除水泥混凝土路面	m2/m3	20000.000		
1-2-1	高速、一级路	1000m3压实方	10.000	2	
1-1-1	平原微丘区	1000m3天然密实方	10.000	2	
1-2-1-1-2	挖除沥青混凝土路面	m2/m3			
1-2-1-1-3	挖除碎（砾）石路面	m2/m3			
1-3	路面工程	km/m2	10.5/100000		
2-1-1	压实厚度15cm	1000m2	1.000	7	
2-4-4	细粒式沥青碎石	1000m3路面实体	1.000	6	
2-6-3	普通混凝土一般路段	1000m3路面实体	1.000	6	
1-4	桥梁涵洞工程	km			
1-5	交叉工程	处			

图 4.34　操作界面 12

4.3　估算编制标准化与信息化优势

4.3.1　估算编制标准化优势

标准化的投资估算文件编制方法与部颁编制方法在项目表和项目编码规则方面有较多不同。主要体现在以下方面：

(1)优化估算项目表、科学计价，建立造价文件对应关系。标准化后，结合工程实际，对部颁项目表进行新增、细化和调整。

①新增。主要是按照工程类型增加了部分项、目、节，如在部颁估算项目表第一部分建筑安装工程费第二项第 4 目“特殊路基处理”下增加“新旧路拼接处理”、“崩塌及岩堆路段路基防治”、“泥石流路段路基防治”、“滨海路基防护与加固”等特殊路基类型；第五项“交叉工程”，增加“服务设施匝道及场区工程”和“连接线工程”等工程类型。

②细化。按施工位置和工程内容对部分项目节进行细化。如在部颁估算项目表第一部分建筑安装工程费第七项第 1 目“安全设施”下增设“主线安全设施”、“连接线安全设施”节；在第八项“绿化及环境保护工程”下增设“绿化工程”和“环境保护设施”目。

③调整。对部分单项工程，主要是路基、桥梁、隧道工程的计价方式进行调整。如将部颁估算项目表第一部分建设安装工程费第二项第 5 目“排水工程”由按照施工材料“砌石圬工”、“混凝土圬工”、“其他排水工程”划分节，调整为按照排水设施

类型“边沟”、“排水沟”、“截水沟”、“急流槽”、“暗沟、渗(盲)沟”、“排水管”划分节；第四项第4目“大桥工程”，第5目“××特大桥”由按照桥名、施工部位划分项目节，调整为按照桥名、跨段(引桥、主桥)、施工部位、施工方式或结构物类型划分项目节，并将大桥与特大桥合并一目。调整前后项、目、节如图4.35所示；第五项第6目“××互通式立交”由按照主线长度、主线桥、匝道、匝道桥、被交道划分节，调整为按照道路功能(主线工程、匝道工程)、公路组成(路基、路面、桥梁涵洞)划分节、细目。调整前后项、目、节，如图4.36所示；将第六项“隧道工程”由按照隧道名称划分目，调整为先按隧道形式“分离式隧道”、“连拱隧道”划分目，再按隧道名称划分节；将第三部分工程建设其他费用中第一项“土地征用及拆迁补偿费用”按照“土地征用费”、“青苗等补偿和安置费用”划分目，调整为按照“土地征用费”、“拆迁征用补偿费”、“临时用地”划分目。

另外，标准化后对部分分部分项工程的计量方式进行了调整，如将原部颁估算项目表第一部分建设安装工程费第二项第1目第1节“挖除旧路面”按照挖除面积平方米计量，调整为等厚度旧路面挖除按平方米计量，不等厚度旧路面挖除按立方米计量。

通过优化项目表，计价内容更符合工程实际和施工工艺现状；计价项目内涵更加清晰，避免了工程内容交叉和重复计价；项目表层级设计深度与单项工程复杂程度和对造价的影响匹配性更好；项目节划分方式紧扣造价影响因素，关注不同阶段项目表呼应性；计量方式更加准确刻画工程量。这些变化都有利于方案比选和造价数据挖掘，有利于更好地控制造价。

(2)规范项目编码规则，方便方案比选和数据挖掘。标准化前，按项目表序列及内容编制投资估算文件，如果公路工程项目实际发生的“工程或费用名称”与项目表不完全相符，“项”的序号保持不变，“目”、“节”、“细目”以实际出现排序，不保留缺少的“目”、“节”、“细目”的序号；标准化后，工程内容缺项时，“项”、“目”、“节”、“细目”的序号保持不变。这种编码方式能够准确定位造价数据，便于利用信息技术挖掘造价数据，进行方案比选，能够提高造价控制水平。

4.3.2 估算编制信息化优势

(1)造价模板克隆。通过设计模板功能，特别是将历史项目或已编制估算造价项目设计成计价模板，在同类型项目造价编制中可直接调用修改，提高编制效率。

(2)造价实时更新。传统软件编制估算文件，工程量调整与估算金额不能同步进行，即输入某工程量信息后，点击计算才能看到调整的计算结果，增加了操作次数。开发软件可以实现实时计算，通过修改工程量，相关联的造价数据实时自动更新，简化操作。

(3)智能套用定额。利用开发软件选择定额指标时，直接输入定额号，可逐步提示下一步内容。传统编制软件没有这一功能，也没有关键字查找功能，不便于定额查找。

对辅助定额进行调整时，传统编制软件首先需要查找辅助定额，判断查找结果正确性，如果正确，手动输入实际值。定额调整后，需手工改写定额名称，并手动进行价格计算，切换到报表，查看定额单价。开发软件只需要在辅助定额中输入实际值，系统自动查找相应的辅助定额，自动改写定额名称，计算调整后的定额单价，所有结果一步完成。

4			特、大桥工程（100≤L，40≤LK）	m/座	指桥长和座数，按桥名划分目
	1		×××（特）大桥（××结构类型）	m^2/m	指桥面面积和桥长。按不同跨径引桥、主桥分细目，应注明上部结构类型。如若未分主、引桥的桥梁，将全桥列入引桥项，主桥项缺省
		1	引桥（×××结构类型、跨径）	m^2/m	指桥梁面积与长度。如引桥有多种结构形式、跨径时，应按不同结构类型、跨径分列不同引桥。当引桥为跨径小于40m时，参照中桥的细目划分规则。当引桥为连续刚构、斜拉桥、悬索桥、标准跨径60m以上的连续梁、标准跨径100m以上的拱桥（以下简称大跨径桥梁）时，应按主桥的细目划分规则
		1-1	基础	m^3	指基础圬工体积，可参照主桥基础划分细目
		1-2	下部构造	m^3	指下部构造圬工体积，可参照主桥下部构造划分细目
		1-3	上部构造（××结构类型、跨径）	m^3/m^2	指上部构造圬工体积和桥面面积，需注明上部构造跨径组合及结构形式，可参照主桥上部构造划分细目
			……		
		2	引桥（×××结构类型、跨径）	m^2/m	同引桥1
		2-1	基础	m^3	同引桥1
		2-2	下部构造	m^3	同引桥1
		2-3	上部构造（××结构类型、跨径）	m^3/m^2	同引桥1
			……		
		3	主桥（×××结构类型、跨径）	m^2/m	指桥梁面积与长度，按不同工程部位划分细目。如主桥有多种结构形式时，应按不同结构类型分列不同主桥。主要包括连续刚构、斜拉桥、悬索桥、标准跨径60m以上的连续梁、标准跨径100m以上的拱桥等。当主桥为非大跨径桥梁时，可参照引桥的细目划分规则
		3-1	基础	m^3	指基础圬工体积，按不同类型划分细目
		3-1-1	桥梁防撞设施	m/处	指设施的长度和处数
		3-1-2	桩基础	m^3	可按桩径、水中/干处划分细目
		3-1-3	沉井基础	m^3	可按基础截面划分细目
		3-1-4	钢管桩	根	可按桩径划分细目
		3-1-5	承台	m^3	
		3-1-6	地下连续墙	m^3	
		3-1-7	锚碇	m^3	指锚碇体体积
			……		
		3-2	下部构造	m^3	指下部构造圬工体积，按不同类型和部位划分细目
		3-2-1	桥墩	m^3	按桥墩类型划分细目
		3-2-2	钢盆式支座	个	按不同支座反力划分细目
		3-2-3	×××号索塔（高××m）	m^3/座	按索塔的结构或者材料不同划分细目
			……		
		3-3	上部构造（××结构类型、跨径）	m^2	指桥面面积。按不同类型和部位划分细目，并注明上部结构类型和跨径组成
		3-3-1	预应力混凝土梁	m^3/m^2	指实体体积和桥面面积，可按结构类型划分细目
		3-3-2	钢管拱	m^3/m^2	指实体体积和桥面面积
		3-3-3	钢箱梁	t/m^2	指钢梁重量和桥面面积
		3-3-4	斜拉索	t/m^2	指拉索重量和桥面面积
		3-3-5	主缆	t/m^2	
		3-3-6	吊索（杆）	t/m^2	
		3-3-7	其他钢结构	t/m^2	
		3-3-8	桥面铺装	m^3/m^2	
		3-3-9	防撞护栏	m	指防撞护栏长度
			……		
		4	其他工程	m^2/m	指桥面面积和桥长
		4-1	看桥房及岗亭	座	
		4-2	调治构造物	m^3/处	指圬工体积和处数
			……		
5			现有桥梁维修加固	m/座	指桥梁长度和座数，可按桥名分节
			……		

4			大桥工程	m/座	按桥名或不同的工程部位分节
	1		×××大桥	m^2/m	按不同的工程部位划分细目
		1	基础	m^3	指基础圬工体积
		2	下部构造	m^3	指下部构造圬工体积
		3	上部构造	m^3/m^2	指上部构造圬工体积和桥面面积，注明上部构造跨径组成及结构形式
		4	调治构造物	m^3	
		5	……		
	2		……		
5			×××特大桥	m^2/m	按桥名分目，按不同的工程部位分节
	1		基础	m^3	指基础圬工体积，按不同的类型划分细目
		1	桩基础	m^3	指基础圬工体积
		2	沉井基础	m^3	指基础圬工体积
		3	钢管桩	根	指钢管桩数量
		4	承台	m^3	指圬工体积
		5	地下连续墙	m^3	指圬工体积
		6	锚碇	m^3	指锚碇体积
			……		
	2		下部构造	m^3	按不同的行使划分细目
		1	桥台	m^3	
		2	桥墩	m^3	
		3	……		
	3		上部构造	m^2	按不同的形式划分细目，并注明其跨径组成
		1	预应力混凝土梁	m^2	
		2	斜拉索	t	
		3	主缆	t	
		4	钢箱梁	t	
	4		调治构造物	m^3	
	5		……		
6			……		

图 4.35　标准化前后大桥特大桥估算项目表对比

6			互通式立体交叉	处	按互通名称分节，注明立交类型，按主线、匝道、被交道等划分细目
	1		××互通工程（××类型）	km	指互通立交主线范围的路线长度
		1	互通主线工程	km	指互通立交主线范围的路线长度
		1-1	路基	km	指互通立交主线范围的路线长度扣除桥梁长度后的路基长度，参照主线路基工程划分细目
		1-2	路面	km	指互通立交主线范围的路线长度扣除桥梁长度后的路基长度，参照主线路面工程划分细目
		1-3	桥梁涵洞	km	指互通立交主线内桥梁长度，按涵洞、桥梁划分细目
		1-3-1	涵洞	m/道	参照主线涵洞工程划分细目
			……		
		1-3-2	桥梁	m/座	参照主线桥梁工程划分细目
			……		
		2	互通匝道工程	km	指匝道路线长度之和
		2-1	匝道	km	指匝道路基长度之和，可参照主线路基工程划分细目
		2-2	匝道桥	m^2/m	指桥梁长度和桥面面积，参照主线桥梁工程划分细目
		3	被交道	km	指被交道长度
			……		
	2		××互通式立体交叉（××类型）	km	指互通立交主线范围路线长度
			……		

6			×××互通式立体交叉	处	按互通名称分目（注明其类型），按不同的分部工程分节
	1		主线长度	km	指互通内主线长度
	2		主线桥	km	指互通内主线桥梁长度
	3		匝道	km	指匝道路基长度之和
	4		匝道桥	m/座	按不同结构类型划分细目
	5		被交道	km	指被交道长度之和
	6		……		
7			……		

图 4.36　标准化前后互通式立体交叉工程估算项目表对比

对于附注条件，开发软件已将每条定额的附注条件全部列出，只需根据实际情况勾选，即可自动完成调整。传统编制软件没有这一功能。

(4)材料单价批量计算。开发的软件，当材料的运价、运费相同时可进行批量输入。修改材料计算数据后，材料单价自动重算；而传统编制软件，材料计算数据保存后，需逐个输入。修改材料计算数据后，需要进行材料单价计算，预算价格才会变化。

(5)“辅助功能”人性化。开发的软件，可在单元格中直接输入计算公式，方便记录数据的中间运算过程；传统编制软件一般无此功能。

开发的软件，完善的右键菜单可增加操作方便性和灵活性，所有界面均有右键菜单；传统编制软件一般只有个别界面有部分菜单。

开发软件可与 EXCEL 相互复制数据，便于对数据进行加工和不同角度的分析；传统编制软件一般无此功能。

本章小结

本章从项目表、造价文件组成和编制方法三个方面介绍了估算文件编制标准化成果。介绍了开发的标准化估算文件编制软件功能并对使用方法进行了示例。分析了估算文件编制方法和编制工具创新后的优势。

5 设计阶段造价文件编制标准化与信息化

公路工程初步设计阶段和施工图设计阶段需要分别编制初步设计概算、施工图预算文件。概算是初步设计文件的重要组成部分。概算经批准后,是基本建设项目投资最高限额,是编制建设项目计划、确定和控制建设项目投资的依据,是控制施工图设计和施工图预算的依据,是衡量设计方案经济合理性和选择最佳设计方案的依据。预算是施工图设计文件的重要组成部分,是设计阶段控制工程造价的主要指标。预算经审定后,是确定工程造价、编制或调整固定资产投资计划和考核工程成本的依据。从合理确定和有效控制工程造价出发,应规范公路建设项目概、预算文件编制,提高编制质量。

5.1 概、预算编制标准化

概、预算文件应在交通运输部发布的《公路工程基本建设项目概算预算编制办法》(JTG B06—2007)的基础上,按照全过程一体化造价管理的需要,从项目表组成、造价文件组成、编制方法等方面进行标准化设计。

5.1.1 概、预算项目表标准化

考虑预算、概算项目表应适应和体现施工图设计与初步设计的深度差别,而现行部颁编制办法在这方面有欠缺。因此,标准化设计应清晰辨别该类深度差异,并在设计阶段的计价中准确体现,特别是桥梁与涵洞工程、绿化及环保工程、管理养护及服务房建工程等分部分项工程。经过标准化设计后,概算项目表与预算项目表详略程度有所不同。表5.1是概、预算项目表部分章节示例,项目表中设"工程阶段"一列,区分某项工程或费用项目适用的管理阶段。

公路工程概、预算标准项目表(部分) 表5.1

项	目	节	细目	工程阶段	工程或费用名称	单 位	备 注
					第一部分 建筑安装工程费	公路公里	指建设项目路线总长度(主线长度)
四				概、预算	桥梁涵洞工程	km	指桥梁长度(不含互通内主线桥涵,含非互通范围主线上跨桥)
	4			概、预算	中桥工程($30<L<100$m,$20\leq L_k<40$m)	m/座	指桥长和座数。按不同的结构类型分节

续上表

项	目	节	细目	工程阶段	工程或费用名称	单　位	备　　注
		1		概、预算	钢筋混凝土空心板桥	m/座	按不同跨径或工程部位划分细目
			1	预算	×××中桥(××跨径)	m^2/m	
					……		
		2		概、预算	钢筋混凝土T形梁桥	m/座	按不同跨径或工程部位划分细目
			1	预算	×××中桥(××跨径)	m^2/m	
					……		
八				概、预算	绿化及环境保护工程	公路公里	指路线长度
	1			概、预算	路基两侧绿化工程	km	指路基长度
		1		概、预算	护坡道、碎落台绿化	km/m^2	指路基长度和绿化面积
			1	预算	植草	m^2	植草面积
			2	预算	种植乔木	棵	
			3	预算	种植灌木	棵/m^2	灌木棵数及面积
			4	预算	种植花卉及攀缘植物	棵/m^2	
					……		
九				概、预算	管理、养护及服务房屋	公路公里/m^2	指路线长度和房建总建筑面积
	1			概、预算	管理房建工程	m^2/m^2	建筑面积/占地面积
		1		概、预算	收费站	m^2/处	建筑面积。收费站较少时应按每处单列,多时可合并
			1	预算	房建工程	m^2	建筑面积
			2	预算	户外工程	m^2	占地面积
			3	预算	其他零星工程	m^2	占地面积
					……		

5.1.2 概、预算文件组成标准化

概、预算造价文件采用相同的组成表格,具体编制时采用不同的项目体系,这里以概算文件组成为例进行介绍,预算文件不再赘述。

概、预算文件按不同的需要分为两组,甲组文件为各项费用计算表,乙组文件为基础数据计算表。广东省在开展造价标准化设计研究中,根据建设管理和造价控制需要,在部颁编制办法规定的系列表基础上,进行了增补。具体表格组成,如图5.1所示。

(1)总概算汇总表(概01-1表)。总概算汇总表按概算项目节展开,反映一个建

设项目各项费用组成、概算值和技术经济指标。一个建设项目分若干单项工程编制概算时,通过本表汇总全部建设项目概算金额,如图 5.2 所示。

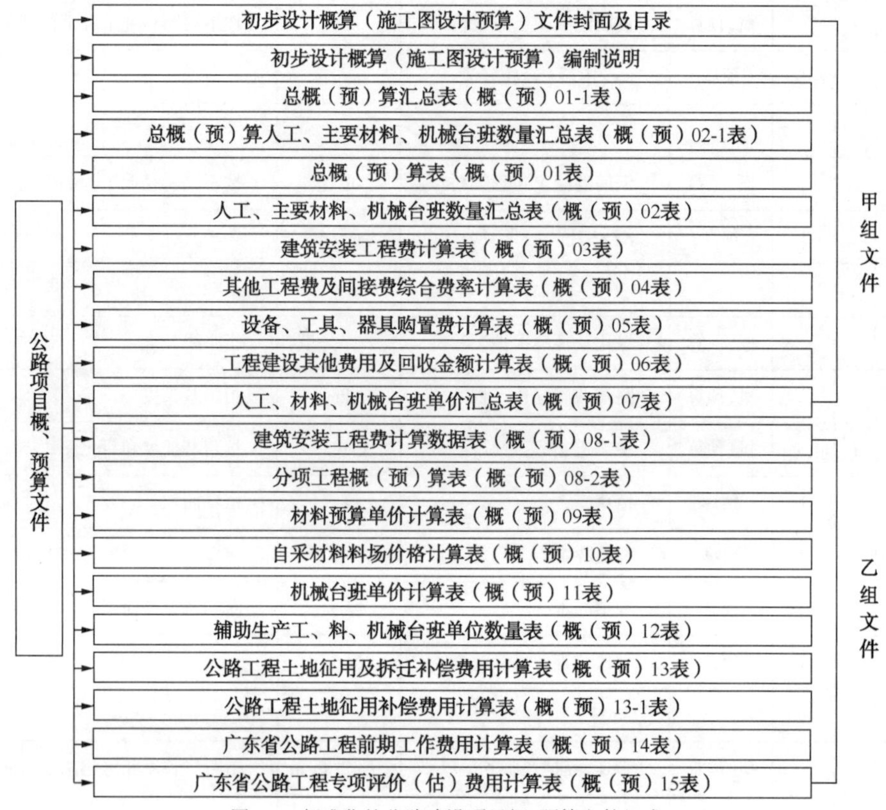

图 5.1　标准化的公路建设项目概、预算文件组成

总概算汇总表

建设项目名称:				编制时间:	第　页	共　页	概01-1表
项次	工程或费用名称	单位	总数量	概算金额(元) 合计	技术经济指标	各项费用比例(%)	备注

图 5.2　总概算汇总表格式

(2)总概算人工、主要材料、机械台班数量汇总表(概 02-1 表)。总概算人工、主要材料、机械台班数量汇总表汇总全部建设工程项目的人工、主要材料、机械台班数量,如图 5.3 所示。

总概算人工、主要材料、机械台班数量汇总表

建设项目名称:						第　页	共　页	概02-1表
序号	规格名称	单位	总数量	编制范围				

图 5.3　总概算人工、主要材料、机械台班数量汇总表格式

(3)总概算表(概 01 表)。总概算表反映一个建设项目的各项费用组成、概算总值和技术经济指标等。一个建设项目分若干单项工程编制概算时,本表反映的是一个单项工程的各项费用组成、概算总值和技术经济指标等。其中,“项”、“目”、“节”、

“细目”、“工程或费用名称”、“单位”等应按概算项目表展开，如图 5.4 所示。

总概算表

建设项目名称：
编 制 范 围： 第 页 共 页 概01表

项	目	节	细目	工程或费用名称	单位	数量	概算金额(元)	技术经济指标	各项费用比例(%)	备注
二				路基工程	km					
	1			场地清理	km/m^2					
		1		清理与掘除	m^2					
			1	清除表土	m^3					
			2	伐树、挖根、除草	m^2					
				……						

图 5.4　总概算表格式

(4)人工、主要材料、机械台班数量汇总表(概 02 表)。人工、主要材料、机械台班数量汇总表用于汇总单项工程人工、主要材料、机械台班数量，如图 5.5 所示。

人工、主要材料、机械台班数量汇总表

建设项目名称：
编 制 范 围： 第 页 共 页 概02表

序号	规格名称	单位	总数量	分项统计						场外运输损耗	
										%	数量

图 5.5　人工、主要材料、机械台班数量汇总表格式

(5)建筑安装工程费计算表(概 03 表)。建筑安装工程费计算表用于反映单项工程的建筑安装工程各项费用组成、单价及合计费用，如图 5.6 所示。

建筑安装工程费计算表

建设项目名称：
编 制 范 围： 第 页 共 页 概03表

序号	工程名称	单位	工程量	直接费(元)						间接费(元)	利润(元)费率%	税金(元)综合税率%	建筑安装工程费	
				直接工程费				其他工程费	合计				合计(元)	单价(元)
				人工费	材料费	机械使用费	合计							
1	2	3	4	5	6	7	8	9	10	11	12	13	14	15

图 5.6　建筑安装工程费计算表格式

(6)其他工程费及间接费综合费率计算表(概 04 表)。其他工程费及间接费综合费率计算表用于反映建设项目的各单项工程取定的其他工程费和间接费综合费率，如图 5.7 所示。

其他工程费及间接费综合费率计算表

建设项目名称：
编 制 范 围： 第 页 共 页 概04表

序号	工程类别	其他工程费费率(%)													间接费费率(%)								
													综合费率		规费			企业管理费					
		冬季施工增加费	雨季施工增加费	夜间施工增加费	高原地区施工增加费	风沙地区施工增加费	沿海地区工程施工增加费	行车干扰工程施工增加费	安全文明施工措施费	临时设施费	施工辅助费	工地转移费			养老失业医疗工伤生育	住房公积金	综合费率	基本费用	主副食运费补贴	职工探亲路费	职工取暖补贴	财务费用	综合费率
1	2	3	4	5	6	7	8	9	10	11	12	13	14	15	16	17	18	19	20	21	22	23	24

图 5.7　其他工程费及间接费综合费率计算表格式

(7)设备、工具、器具购置费计算表(概 05 表)。设备、工具、器具购置费计算表用于分析计算建设项目各单项工程使用的各项设备、工具、器具的数量、单价、总额及需要说明的问题,如图 5.8 所示。

设备、工具、器具购置费计算表

建设项目名称:

编 制 范 围:　　　　第　页　　共　页　　概05表

序号	设备、工具、器具规格名称	单位	数量	单价(元)	金额(元)	说明

图 5.8　设备、工具、器具购置费计算表格式

(8)工程建设其他费用及回收金额计算表(概 06 表)。工程建设其他费用及回收金额计算表用于分析计算建设项目各单项工程具体发生的工程建设其他费用,如图 5.9 所示。

工程建设其他费用及回收金额计算表

建设项目名称:

编 制 范 围:　　　　第　页　　共　页　　概06表

项	目	节	细目	费用名称及回收金额项目	说明及计算式	金额(元)	备注
一				土地征用及拆迁补偿费			
	1			土地征用补偿费			
		1		主线、互通工程			
			1	主线			
			2	互通			
		2		管理、养护设施			
		3		连接线工程			
				……			

图 5.9　工程建设其他费用及回收金额计算表格式

(9)人工、材料、机械台班单价汇总表(概 07 表)。人工、材料、机械台班单价汇总表用于反映建设项目各单项工程具体发生的人工、主要材料、机械台班的预算单价,如图 5.10 所示。

人工、材料、机械台班单价汇总表

建设项目名称:

编 制 范 围:　　　　第　页　　共　页　　概07表

序号	名称	单位	代号	预算单价(元)	备注	序号	名称	单位	代号	预算单价(元)	备注

图 5.10　工人、材料、机械台班单价汇总表格式

(10)建筑安装工程费计算数据表(概 08-1 表)。建筑安装工程费计算数据表用于提供利用计算机软件编制概、预算的基础数据,如图 5.11 所示。

建筑安装工程费计算数据表

建设项目名称:　　　　编制范围:　　　　数据文件编号:　　　　公路等级:

编 制 范 围:　　　　路基或桥梁宽度(m):　　　　第　页　　共　页　　概08-1表

项的代号	本项目数	目的代号	本目节数	节的代号	本节细目数	细目的代号	费率编号	定额个数	定额代号	项或目或节或细目或定额的名称	单位	数量	定额调整情况
二										路基工程			
		1								场地清理			
				1						临时便道的修建与维护			
						1				清除表土			
						2				伐树、挖根、除草			
						……							

图 5.11　建筑安装工程费计算数据表格式

(11)分项工程概算表(概 08-2 表)。分项工程概算表用于分析计算单项工程中具体各分项工程的概算金额,如图 5.12 所示。

分项工程概算表

建设项目名称:

编 制 范 围:　　　　第　页　共　页　　　　概08-2表

编号	工程项目												合计	
	工程细目													
	定额单位													
	工程数量													
	定额表号													
	工、料、机名称	单位	单价(元)	定额	数量	金额(元)	定额	数量	金额(元)	定额	数量	金额(元)	数量	金额(元)
1	人工	工日												
2	……													
	定额基价	元												
	直接工程	元												
	其他工程费 Ⅰ	元												
	其他工程费 Ⅱ	元												
	间接费 规费	元												
	间接费 企业管理费	元												
	利润及税金	元												
	建筑安装工程费	元												

图 5.12　分项工程概算表格式

(12)材料预算单价计算表(概 09 表)。材料预算单价计算表用于分析计算各种材料自供应地点或料场至工地的全部运杂费与材料原价及其他费用组成的预算单价,如图 5.13 所示。

材料预算单价计算表

建设项目名称:

编 制 范 围:　　　　第　页　共　页　概09表

序号	规格名称	单位	原价(元)	运杂费					原价运费合计(元)	场外运输损耗		采购及保管费		预算单价(元)
				供应地点	运输方式、比重及运距(KM)	毛重系数或单位毛重	运杂费构成说明或计算式	单位运费(元)		费率(%)	金额(元)	费率(%)	金额(元)	

图 5.13　材料预算单价计算表格式

(13)自采材料料场价格计算表(概 10 表)。自采材料料场价格计算表用于分析计算自采材料料场价格,应将选用的定额人工、材料、进行台班数量全部列出,包括相应的工、料、机单价,如图 5.14 所示。

自采材料料场价格计算表

建设项目名称:

编 制 范 围:　　　　第　页　共　页　概10表

序号	定额号	材料规格名称	单位	料场价格(元)	人工(工日)单价　元		间接费(元)(占人工费%)	(　)单价　元		(　)单价　元		(　)单价　元		(　)单价　元	
					定额	金额		定额	金额	定额	金额	定额	金额	定额	金额

图 5.14　自采材料料场价格计算表格式

(14)机械台班单价计算表(概 11 表)。机械台班单价计算表用于按照机械台班费用定额分析计算机械台班预算单价,如图 5.15 所示。

(15)辅助生产工、料、机械台班单位数量表(概 12 表)。辅助生产工、料、机械台班单位数量表用于反映自采材料生产过程发生的工、料、机械台班数量,如图 5.16 所示。

机械台班单价计算表

建设项目名称：

编 制 范 围： 第 页 共 页 概11表

序号	定额号	机械规格名称	台班单价(元)	不变费用(元)		可变费用(元)									
				调整系数：		人工： 元/工日		汽油： 元/kg		柴油： 元/kg		……		车船税	合计
				定额	调整值	定额	费用	定额	费用	定额	费用	定额	费用		

图 5.15 机械台班单价计算表格式

辅助生产工、料、机械台班单位数量表

建设项目名称：

编 制 范 围： 第 页 共 页 概12表

序号	规格名称	单位	人工(工日)							

图 5.16 辅助生产工、料、机械台班单位数量表格式

(16)公路工程土地征用及拆迁补偿费用计算表(概 13 表)。公路工程土地征用及拆迁补偿费用计算表用于反应土地征用及拆迁补偿费用的数量、单价、合价及需要说明的事项，如图 5.17 所示。

公路工程土地征用及拆迁补偿费用计算表

建设项目名称： 建设项目名称：

编 制 范 围： 概13表

项	目	节	细目	编号	项目名称	单位	数量	单价(元)	合价(元)	备注
1					土地征用及拆迁补偿费	公路公里				
	1				土地征用补偿费	亩				
		1			主线、互通工程	亩				
			1		主线	亩				
				31-1	农用地					
				31-1-1	耕地					
				31-1-1-1	灌溉水田	亩				
					……					

图 5.17 公路工程土地征用及拆迁补偿费用计算表格式

(17)公路工程土地征用补偿费用计算表(概 13-1 表)。公路工程土地征用补偿费用计算表用于分析计算建设项目各单项工程路线经过的行政区划的各类型土地征用补偿费组成内容、计算标准、合计金额和综合指标等，如图 5.18 所示。

公路工程地地征用补偿费用计算表

建设项目名称： 行政区名称： 编制日期：

编 制 范 围： 第 页 共 页 概13-1表

项次	项目名称及地类	面积(亩)	地区类别	土地补偿和安置补助费		青苗补偿费		养老保险费				征地税费							其他			合计(万元)	综合指标(万元/亩)
				补偿标准(万元/亩)	小计(万元/亩)	青苗补偿单价(元/亩)	小计(万元/亩)	人均耕地占有量(亩/人)	参保人数(人)	地区标准(元/人)	小计(万元/亩)	农业税(元/亩)	耕地占用税(元/亩)	耕地开垦费(元/亩)	林地植被恢复费(元/亩)	土地有偿使用费(元/亩)	征地管理费(元/亩)	小计(万元/亩)	留用地(万元)	土地权属查、地籍测绘(万元)	小计(万元)		
1	2	3	4	5	6	7	8	9	10=8/9	11	12=10×11/3	13	14	15	16	17	18	19=13+14+15+16+17+18	20	21	22	23=(6+8+12+19)×3+22	24=23/3
31-1-1-1	灌溉水																						
31-1-1-2	望天田																						
31-1-1-3	水浇地																						
31-1-1-4	旱地																						
31-1-1-5	菜地																						
	……																						

图 5.18 公路工程土地征用补偿费用计算表格式

(18)广东省公路工程前期工作费用计算表(概 14 表)。广东省公路工程前期工作费用计算表用于反映建设项目的各单项工程具体发生的工程前期工作费用项目、

金额和指标，如图5.19所示。

(19)广东省公路工程专项评价(估)费用计算表(概15表)。广东省公路工程专项评价(估)费用计算表用于反映建设项目具体发生的专项评估费用项目、金额和指标，如图5.20所示。

广东省公路工程前期工作费用计算表

建设项目名称：　　公路等级：
编 制 范 围：　　概14表

项次	工作内容	里程 (公里)	费用 (万元)	指标 (万元/公里)
3-4	建设项目前期工作费			
3-4-1	"预可"、"工可"编制费			
1	"预可"编制费(如果有)			
2	"工可"编制费			
3	投资估算编制及其他费用			
3-4-2	勘察设计费			
1	勘察费			
2	设计费			
3	概预算编制费用			
3-4-3	招标文件及标底编制费用			

图5.19　广东省公路工程前期工作费用计算表格式

广东省公路工程专项评价(估)费用计算表

建设项目名称：
编 制 范 围：　　公路等级：　　概15表

项次	工作内容	里程 (公里)	费用 (万元)	指标 (万元/公里)
3-5	专项评价(估)费用			
3-5-1	环境影响评价费			
3-5-2	水土保持评估费			
3-5-3	地震安全性评价费			
3-5-4	地质灾害性评价费			
3-5-5	压覆重要矿床评估费			
3-5-6	文物勘察费			
3-5-7	通航论证费			
3-5-8	行洪论证(评估)费			
3-5-9	林业评估及使用林地可研报告编制费			
3-5-10	用地预审报告编制费			
3-5-11	造价技术服务费			
3-5-12	第三方检测费			
	……			

图5.20　广东省公路工程专项评价(估)费用计算表格式

5.1.3　概、预算编制方法标准化

概、预算应按一个建设项目(如一条路线或一座独立大桥、隧道)进行编制。当一个编制项目需要分段或分部编制时，应根据需要分别编制，但必须汇总编制"总概(预)算汇总表"。

概、预算项目表中各行"项、目、节、细目编号"、"工程或费用名称"、"单位"、"备注"应一一对应。如实际出现的"工程或费用项目"与"项目表"的内容不完全相符时，"项"的序号应保留不变，"目"、"节"、"细目"的工程或费用项目可随需要增减，但项目标准表中已有的序号不得改变，标准表中缺项的新增工程或费用可以按"备

注”栏中规定的原则增补新增项的“目”、“节”、“细目”;标准表中“工程或费用”如实际未出现,则应省略。

广东省近年来开展了公路工程设计标准化研究并取得大量标准化设计成果,在概、预算编制时,应充分利用这类成果。

5.2 概、预算编制信息化

5.2.1 概、预算编制流程

公路工程概、预算编制信息化是指按照标准化的概、预算文件组成体系和编制规则,充分利用计算机技术,开发配套编制软件,简化概、预算文件编制和报表生成的工作量,提高文件编制效率,减少编制差错,并提高数据的可追溯性。

根据公路工程建设项目概、预算编制方法,结合标准化设计后造价文件表格组成,各项表格数据逻辑关系如图5.21所示,概、预算造价文件编制步骤如图5.22所示。

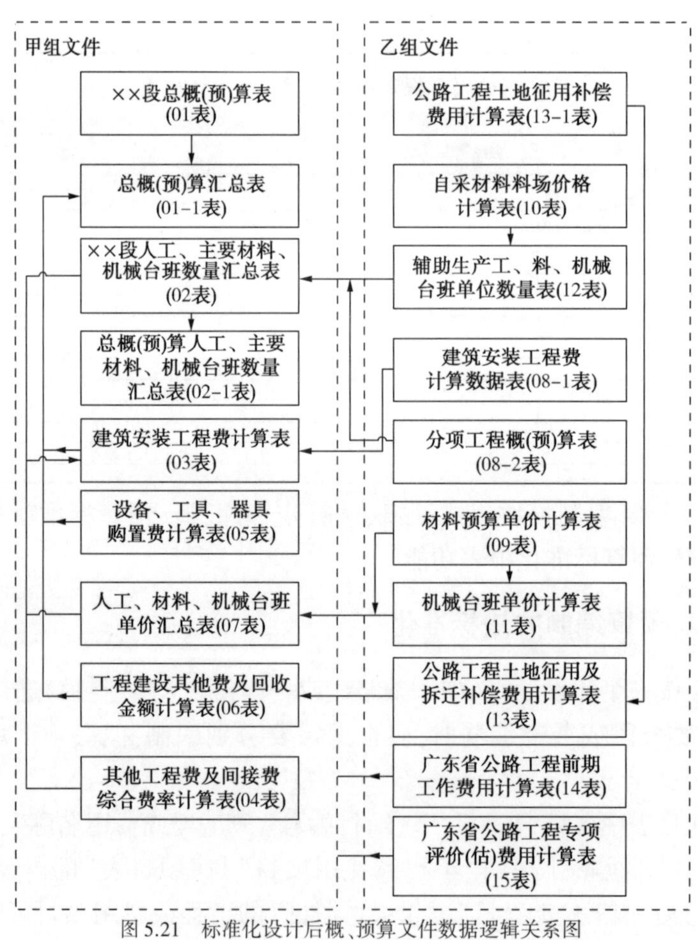

图5.21 标准化设计后概、预算文件数据逻辑关系图

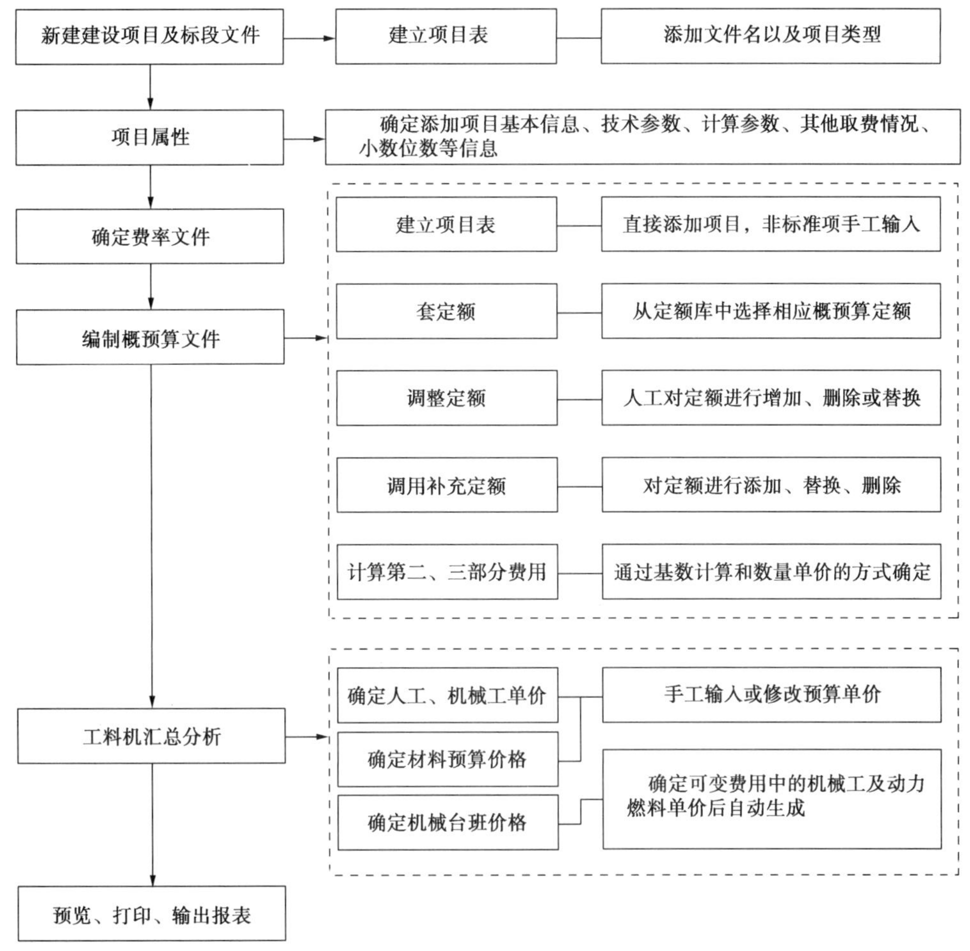

图 5.22 概、预算文件编制步骤流程图

5.2.2 概、预算编制信息化实现

按照概、预算文件编制标准化要求,广东省开发了公路工程造价文件编制软件(广东公路造价编审系统)。软件界面前已介绍,这里不再赘述。

该软件的概、预算编制模块集成了概、预算定额库,概、预算标准项目表和模板库,提供了汇总概、预算标准化报表功能。

(1)概、预算定额库。概、预算编制模块存储了编制概、预算造价文件可能采用的各种部颁定额、各省地方补充定额、费率文件,以及其他行业相关定额,编制人员可以根据需要灵活添加。图 5.23 显示的是编制人员选择添加部颁公路工程预算定额(2007)和两项地方补充定额的操作界面。

(2)概、预算项目表及模板库。概、预算编制模块存储了概、预算文件标准项目表,公路工程土地征用及拆迁补偿费用清单、工程监理服务费清单、勘察设计费清单等项目表格式,编制人员可以根据编制需要添加使用,也可以根据需要下载标准的项目表进行使用。模块还建立了基于历史项目的文件模板库,编制人员可以选择类似项目的文件模板,在此基础上新建项目造价文件,提高编制效率。图 5.24 显示的是编制人员选择添加标准项目表的操作界面。

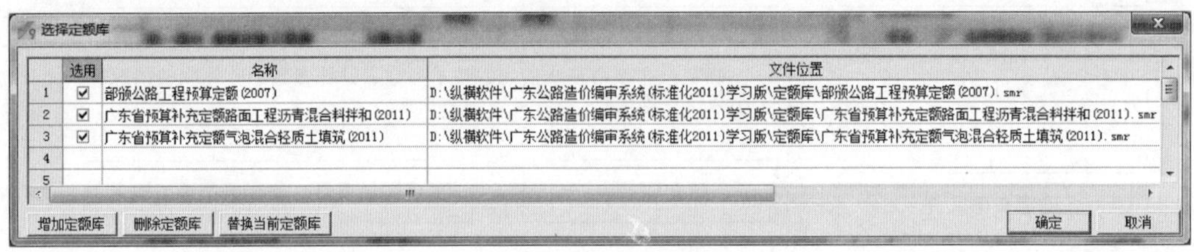

图 5.23 添加定额操作界面

项目表 | 土地勘察监理

广东预算2011版

添加 □ 挂接模板库 我的块模板库

查找下条 查找按编号 按名称

选用	编号	清单编号	名称	单位
□	⊟1		**第一部分 建筑安装工程费**	**公路公里**
□	⊟1-1		临时工程	公路公里
□	⊟1-1-1		临时道路	km
□	1-1-1-1		临时便道的修建与维护	km
□	1-1-1-2		原有道路的维护与恢复	km
□	1-1-2		临时便桥	m/座
□	1-1-3		临时轨道铺设	km
□	1-1-4		临时电力线路	km
□	1-1-5		临时电讯线路	km
□	1-1-6		临时码头	座
□	⊞1-1-7		拌和设施安拆及其他临时工程	处/m2
□	⊞1-2		路基工程	km
□	⊞1-3		路面工程	km/m2
□	⊞1-4		桥梁涵洞工程	km
□	⊞1-5		交叉工程	处
□	⊞1-6		隧道工程	km/座
□	⊞1-7		公路设施及预埋管线工程	公路公里
□	⊞1-8		绿化及环境保护工程	公路公里
□	⊞1-9		管理、养护及服务房屋	公路公里/m2
□	⊞2		**第二部分 设备及工具、器具购置费**	**公路公里**
□	⊞3		**第三部分 工程建设其他费用**	**公路公里**
□			**第一、二、三部分 费用合计**	**公路公里**
□	⊞		**预留费用**	**元**
□	⊞		**其他费用项目**	**元**
□			**建设期贷款利息**	**元**
□			**其中：回收金额**	**元**
□			**公路功能以外的工程费用（如有）**	**元**
□			**公路基本造价**	**公路公里**

图 5.24 添加标准项目表操作界面

(3)汇总概、预算标准化报表。概、预算编制模块可以自动生成标准化的概、预算文件报表,方便编制单位上报。图 5.25 显示的是软件支持生成的预算文件报表体系。

通过信息技术,可以使造价管理需要的标准化设计内容得以快速、准确体现。如图 5.25 中“【预附表 10】造价文件编制质量评分报告”是通过预先录入标准项目表和预算编制质量评分标准,计算机自动将编制的预算文件与该标准进行比较,给出质量评分,以评价编制者工作绩效。

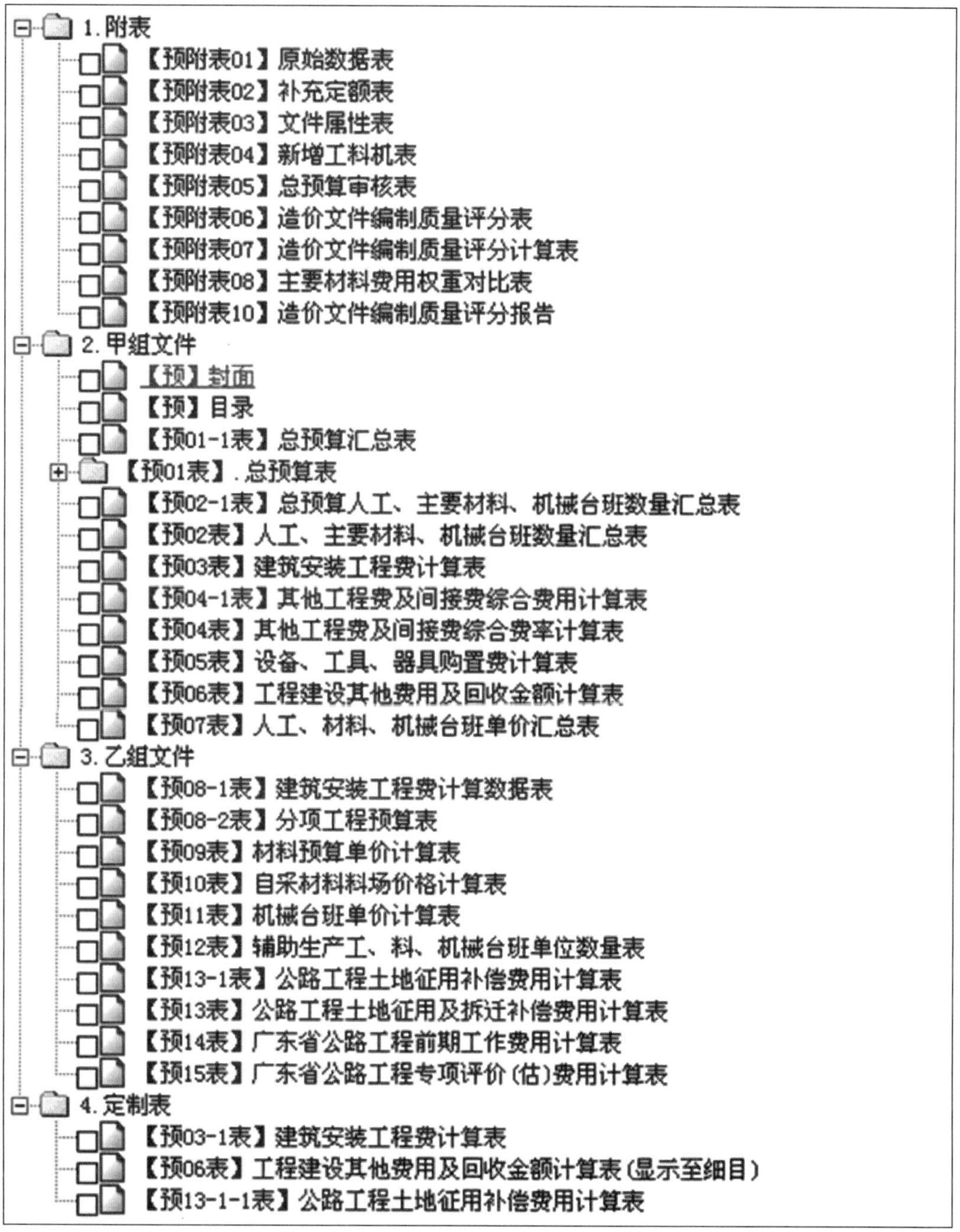

- 1.附表
  - 【预附表01】原始数据表
  - 【预附表02】补充定额表
  - 【预附表03】文件属性表
  - 【预附表04】新增工料机表
  - 【预附表05】总预算审核表
  - 【预附表06】造价文件编制质量评分表
  - 【预附表07】造价文件编制质量评分计算表
  - 【预附表08】主要材料费用权重对比表
  - 【预附表10】造价文件编制质量评分报告
- 2.甲組文件
  - 【预】封面
  - 【预】目录
  - 【预01-1表】总预算汇总表
  - 【预01表】.总预算表
  - 【预02-1表】总预算人工、主要材料、机械台班数量汇总表
  - 【预02表】人工、主要材料、机械台班数量汇总表
  - 【预03表】建筑安装工程费计算表
  - 【预04-1表】其他工程费及间接费综合费用计算表
  - 【预04表】其他工程费及间接费综合费率计算表
  - 【预05表】设备、工具、器具购置费计算表
  - 【预06表】工程建设其他费用及回收金额计算表
  - 【预07表】人工、材料、机械台班单价汇总表
- 3.乙組文件
  - 【预08-1表】建筑安装工程费计算数据表
  - 【预08-2表】分项工程预算表
  - 【预09表】材料预算单价计算表
  - 【预10表】自采材料料场价格计算表
  - 【预11表】机械台班单价计算表
  - 【预12表】辅助生产工、料、机械台班单位数量表
  - 【预13-1表】公路工程土地征用补偿费用计算表
  - 【预13表】公路工程土地征用及拆迁补偿费用计算表
  - 【预14表】广东省公路工程前期工作费用计算表
  - 【预15表】广东省公路工程专项评价(估)费用计算表
- 4.定制表
  - 【预03-1表】建筑安装工程费计算表
  - 【预06表】工程建设其他费用及回收金额计算表(显示至细目)
  - 【预13-1-1表】公路工程土地征用补偿费用计算表

图 5.25　预算文件报表体系

5.2.3　示例

下面以公路工程施工图设计预算编制为例,演示利用配套标准化工具软件编制预算文件的过程。

第一步:新建建设项目及标段文件。

打开软件后选择"文件>>新建项目文件",选择预算选项,录入基本信息,如图 5.26所示。

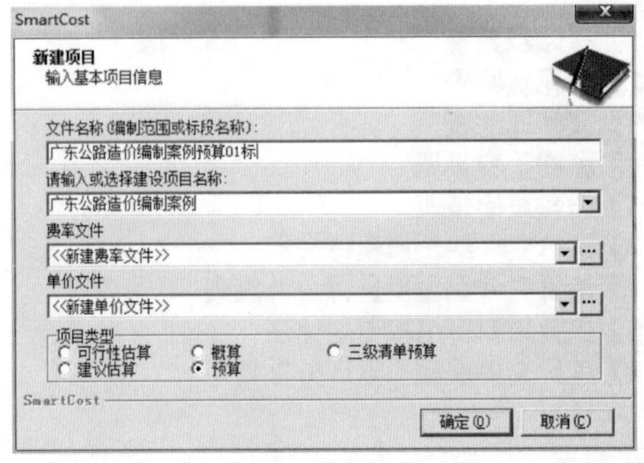

图 5.26 操作界面 1

第二步:编辑项目属性及项目信息。

选择"文件>>项目属性"选项,对项目属性进行设置,如图 5.27 所示。

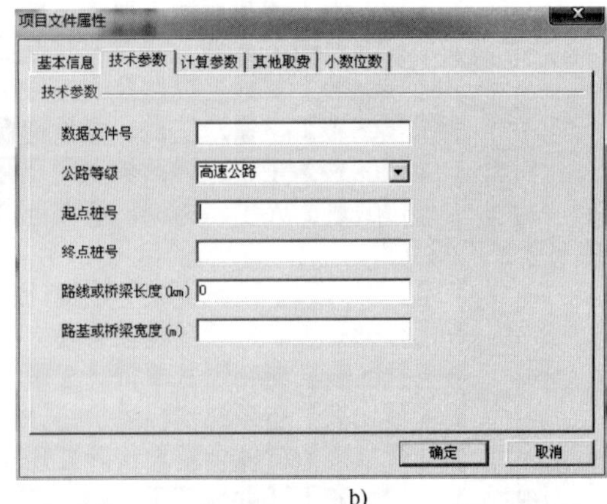

a)

b)

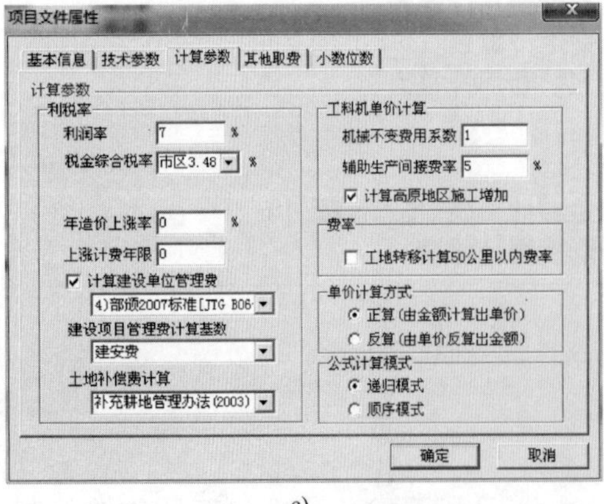

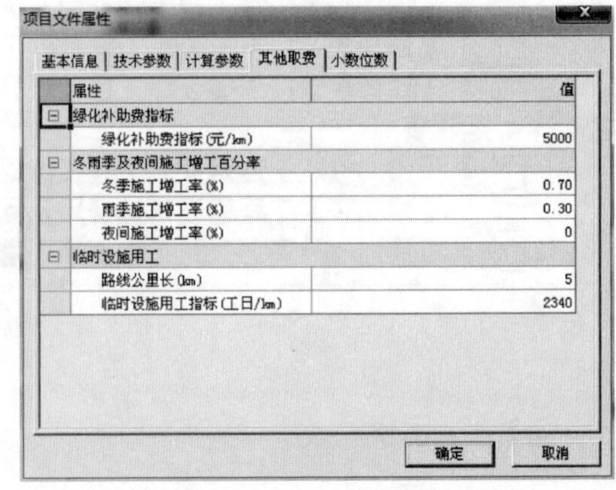

c)

d)

图 5.27

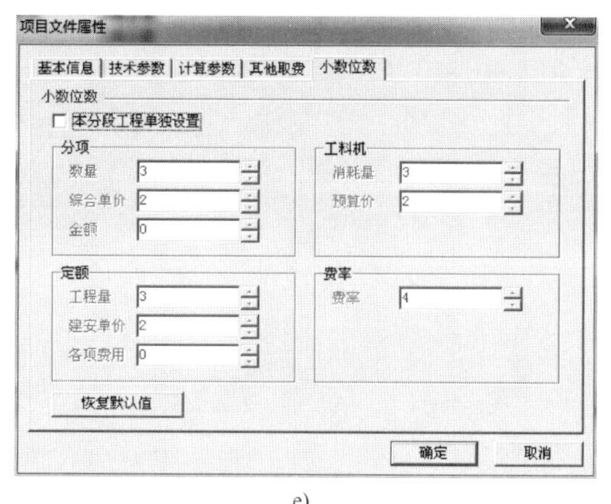

e)

图 5.27　操作界面 2

第三步:设置费率。

点选左侧功能区“费率”选项,进入费率设置界面。选择“费率标准”,项目涉及费率条件(如冬季施工、雨季施工、夜间施工等),系统将自动列出各施工项目类别的费率。用户也可以直接对各类别费率进行手动调整,如图 5.28 所示。

编号	取费类别	其他工程费(%)		规费(%)	企业管理费(%)
		I	II		
1	人工土方	3.7900	1.6400	10.0000	3.9700
2	机械土方	3.7200	1.3900	10.0000	3.9400
3	汽车运输	1.8500	1.3600	10.0000	2.0500
4	人工石方	3.5500	1.6600	10.0000	3.0000
5	机械石方	3.8000	1.1600	10.0000	3.9300
6	高级路面	5.1000	1.2400	10.0000	2.4800
7	其他路面	4.7000	1.1700	10.0000	3.9000
8	构造物 I	6.0000	0.9400	10.0000	5.3400
9	构造物 II	7.5400	0.9500	10.0000	6.5300
10	构造物 III	14.3200	0.9500	10.0000	11.6300
11	技术复杂大桥	7.6600	0.0000	10.0000	5.5900
12	隧道	5.5400	0.0000	10.0000	5.0800
13	钢材及钢结构	5.1600	0.0000	10.0000	3.2600
14	设备安装工程	12.6350	0.9500	10.0000	11.6300
15	金属标志牌安装	4.8100	0.0000	10.0000	3.2600
16	费率为0	0.0000	0.0000	0.0000	0.0000

费率计算参数	
名称	参数值
工程所在地	广东
费率标准	部颁费率标准(2011)
冬季施工	冬一区 I -1以上
雨季施工	I 区1个月
夜间施工	计
高原施工	不计
风沙施工	不计
沿海地区	计
行车干扰	次数51～100
施工安全	计
临时设施	计
施工辅助	计
工地转移(km)	50
养老等五险(%)	5
住房公积金(%)	5
基本费用	计
⊞ 综合里程(km)	3
职工探亲	计
职工取暖	准二区
财务费用	计
计划利润率(%)	7
税金综合税率(%)	市区3.48

图 5.28　操作界面 3

第四步:编制预算项、目、节。

点选左侧功能区“造价书”选项,进入预算编制界面。通过从预设的标准预算项目表中选择本项目需要的相应工程项目,即可实时对本项目预算项目节项增减,如图 5.29所示。

第五步:套用预算定额。

项、目、节确定后,从预算定额库选择套用相应预算定额。软件还具有标准定额套用模板功能,可选调用,如图5.30所示。

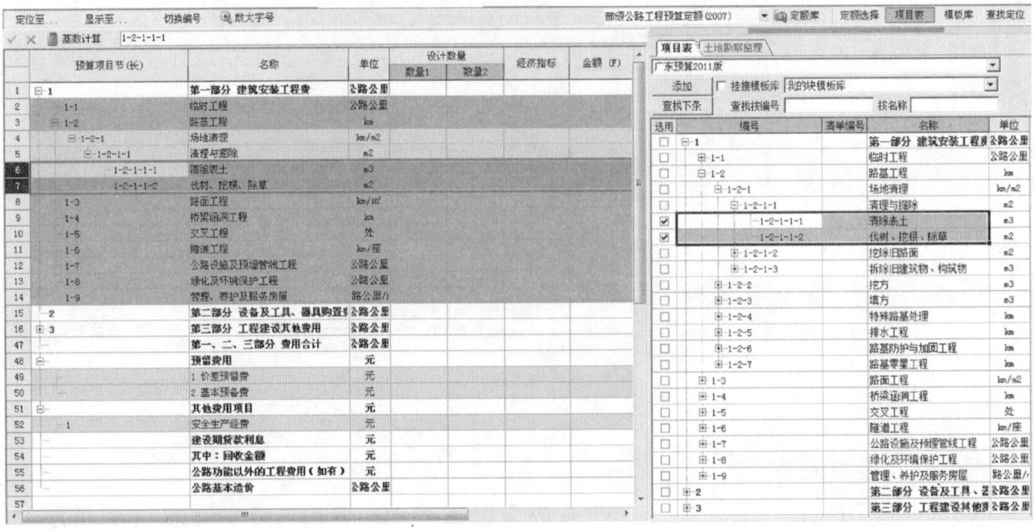

图5.29　操作界面4

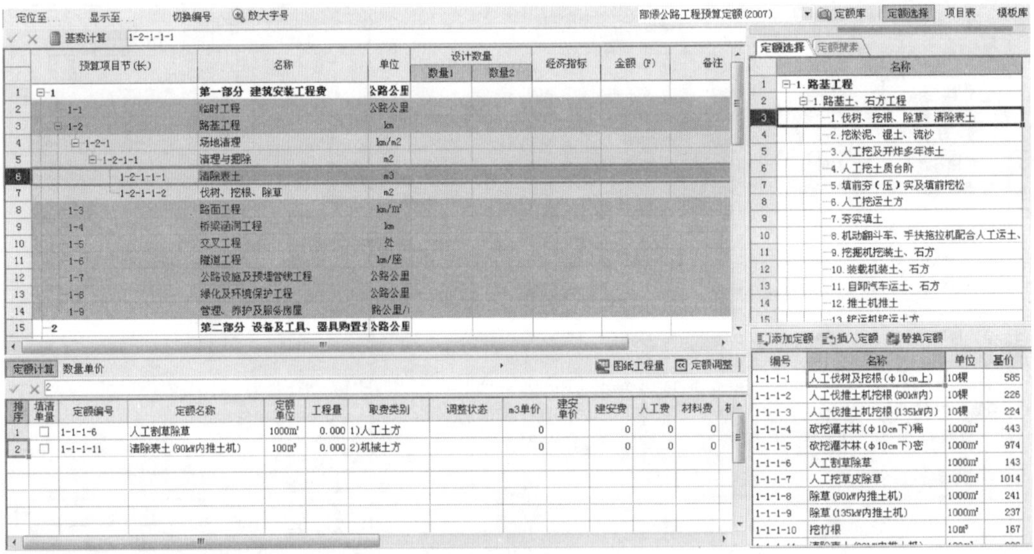

图5.30　操作界面5

根据设计文件,逐项录入设计工程量,以确定定额工程量;调整费率类型、录入材料单价等定价信息,如图5.31所示。

第六步:计算预算价格。

在各项、目、节的定额组成、工程量、工料机单价、费率确定后,点击"计算"按钮,计算各项预算金额及相关技术经济指标,如图5.32所示。

第七步:汇总生成预算文件报表。

点击左侧功能区"报表"选项,汇总生成预算报表文件,如图5.33所示。

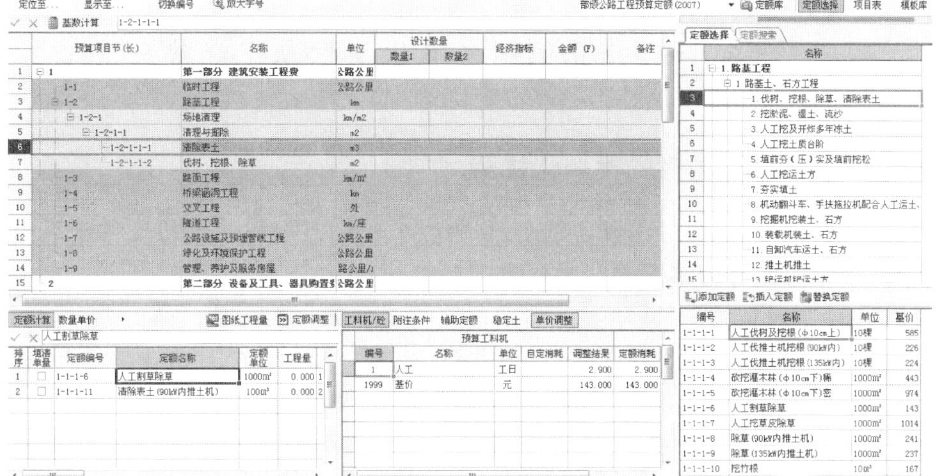

图 5.31　操作界面 6

	预算项目节 (长)	名称	单位	设计数量		经济指标	金额 (F)	备注
				数量1	数量2			
1	⊟ 1	第一部分 建筑安装工程费	公路公里	10.500		333650.95	3503335	
2	⊞ 1-1	临时工程	公路公里	10.500		61462.76	645359	
6	⊞ 1-2	路基工程	km				942760	
22	⊞ 1-3	路面工程	km/m²				30714	
26	⊞ 1-4	桥梁涵洞工程	km				1497363	
30	⊞ 1-5	交叉工程	处				758	
35	⊞ 1-6	隧道工程	km/座				386381	
101	⊞ 1-7	公路设施及预埋管线工程	公路公里	10.500				
140	1-8	绿化及环境保护工程	公路公里	10.500				
141	1-9	管理、养护及服务房屋	路公里/1					
142	2	第二部分 设备及工具、器具购置费	公路公里	10.500				
143	⊞ 3	第三部分 工程建设其他费用	公路公里	10.500		12111.52	127171	
174		第一、二、三部分 费用合计	公路公里	10.500		345762.48	3630506	3503335+0+1271
175	⊞	预留费用	元					
178	⊞	其他费用项目	元					
180		建设期贷款利息	元					
181		其中：回收金额	元					
182		公路功能以外的工程费用（如有）	元					
183		公路基本造价	公路公里	10.500			3630506	3630506+0+0+0-
184								
185								
186								
187								
188								
189								

图 5.32　操作界面 7

导入模板 导出模板 删除模板

- 1. 附表
  - 【预附表01】原始数据表
  - 【预附表02】补充定额表
  - 【预附表03】文件属性表
  - 【预附表04】新增工料机表
  - 【预附表05】总预算审核表
  - 【预附表06】造价文件编制质量评分表
  - 【预附表07】造价文件编制质量评分计算表
  - 【预附表08】主要材料费用权重对比表
  - 【预附表10】造价文件编制质量评分报告
- 2. 甲组文件
  - 【预】封面
  - 【预】目录
  - 【预01-1表】总预算汇总表
  - 【预01表】.总预算表
  - 【预02-1表】总预算人工、主要材料、机械台班数量汇总表
  - 【预02表】人工、主要材料、机械台班数量汇总表
  - 【预03表】建筑安装工程费计算表
  - 【预04-1表】其他工程费及间接费综合费用计算表
  - 【预04表】其他工程费及间接费综合费率计算表
  - 【预05表】设备、工具、器具购置费计算表
  - 【预06表】工程建设其他费用及回收金额计算表
  - 【预07表】人工、材料、机械台班单价汇总表
- 3. 乙组文件
  - 【预08-1表】建筑安装工程费计算数据表
  - 【预08-2表】分项工程预算表
  - 【预09表】材料预算单价计算表
  - 【预10表】自采材料料场价格计算表
  - 【预11表】机械台班单价计算表
  - 【预12表】辅助生产工、料、机械台班单位数量表
  - 【预13-1表】公路工程土地征用补偿费用计算表
  - 【预13表】公路工程土地征用及拆迁补偿费用计算表
  - 【预14表】广东省公路工程前期工作费用计算表
  - 【预15表】广东省公路工程专项评价(估)费用计算表
- 4. 定制表
  - 【预03-1表】建筑安装工程费计算表

原　始　数　据　表

建设项目名称：广东公路造价编制案例

编 制 范 围：广东公路造价编制案例预算01标　　第 1 页　　共 5 页

预算项目节	定额编号	名　　称	单　位	工程量	费率	备注
1		第一部分 建筑安装工程费	公路公里	10.500		
1-1		临时工程	公路公里	10.500		
1-1-1		临时道路	km			
1-1-1-1		临时便道的修建与维护	km	21.000		
	7-1-1-1	汽车便道平微区路基宽7m	1km	10.000	7	
	7-1-1-6	汽车便道砂砾路面宽3.5m	1km	11.000	7	
1-1-1-2		原有道路的维护与恢复	km			
1-2		路基工程	km			
1-2-1		场地清理	km/m2			
1-2-1-1		清理与掘除	m2			
1-2-1-1-1		清除表土	m3	20000.000		
	1-1-1-6	人工割草除草	1000m2	10.000	1	
	1-1-1-11	清除表土(90kW内推土机)	100m3	100.000	2	
1-2-1-1-2		伐树、挖根、除草	m2	100.000		
	1-1-1-2	人工伐推土机挖根(90kW内)	10棵	10.000	2	
1-2-2		挖方	m3			
1-2-2-1		挖土方	m3			
1-2-2-1-1		挖路基土方	m3			
1-2-2-1-1-1		利用土方开挖运	m3	200000.000		
	1-1-6-1	人工挖运松土20m	1000m3	100.000	1	
	1-1-6-4	人工挑抬每增运10m	1000m3	100.000	1	
1-2-2-1-1-2		弃土方开挖运	m3			

图 5.33　操作界面 8

5.3 概、预算编制标准化与信息化优势

5.3.1 概、预算编制的标准化优势

标准化的概、预算文件编制方法与部颁编制方法在项目表、造价文件报表组成和项目编码规则方面有较多不同。主要表现在以下方面：

(1)优化了项目表组成，更关注对造价影响大的因素。标准化项目表在部颁项目表的基础上进行了新增、细化和调整(见2.1.2章节)。一方面，标准化后的项目表，层级深度与设计文件深度要求、单项工程的复杂程度和造价影响因素的匹配性更好。项、目、节划分也更科学，工程内容无交叉，避免重复计价；另一方面，计价项目更适应现代公路建设技术发展需要，并进一步明确了工程细目递增的规则，可让计量方式更准确。这些都有利于实现科学计价和合理定价。

(2)完善了造价文件组成，理清了数据线索，提高了编制质量。标准化后的编制办法在概、预算乙组文件中增加了《公路工程土地征用及拆迁补偿费用计算表》、《公路工程前期工作费用计算表》和《公路工程专项评价(估)费用计算表》等报表，为甲组文件相关汇总数据提供了基础数据支撑，使土地征用及拆迁补偿费、前期工作费、专项评价费用实现了甲乙组文件数据的闭合，有助于理清相关数据线索，有效控制了在造价中比重日益增加的这类费用项目。

(3)规范了项目编码规则，方便数据利用和方案比选，达到强化造价控制目的。标准化前，按项目表序列及内容编制概、预算文件，如果公路工程项目实际发生的“工程或费用名称”与项目表不完全相符，“项”的序号保持不变，“目”、“节”、“细目”以实际出现排序，不保留缺少的“目”、“节”、“细目”的序号；而进行标准化设计后，工程内容缺项时，“项”、“目”、“节”、“细目”的序号保持不变。这种固化编码方式有利于对概、预算数据的挖掘，有利于造价数据、指标的准确提取，有利于借鉴历史数据进行设计方案技术经济比选和造价控制。通过统一数据编码规则，建立造价信息数据库，一方面提高了造价审查效率，另一方面也为日后同类项目编制概、预算文件提供了参考性基础资料。

5.3.2 概、预算编制的信息化优势

概、预算编制与估算编制采用同一工具软件的不同编制模块，由于编制步骤基本相同，操作过程类似，软件编制优势也基本相同，这里不再赘述。

本章小结

本章从项目表、造价文件组成和编制方法三个方面介绍了概、预算文件编制标准化成果。介绍了开发的标准化概、预算文件编制软件功能并对使用方法进行了示例。分析了概、预算文件编制方法和编制工具创新后的优势。

6 招标阶段造价文件编制标准化与信息化

公路工程建设项目招标阶段一般采用工程量清单计价方式确定招标控制价或中标价。在项目招标阶段,应当编制招标工程量清单文件;当招标人设定招标控制价时,应编制招标控制价文件或招标清单预算文件;投标人应当编制投标报价文件;中标后,在合同签订阶段,合同双方应签署工程量清单文件形式的合同价。

对于招标阶段造价文件的编制,交通运输部于2009年颁布的《公路工程标准施工招标文件》(2009年版),对工程量清单的编制方法、格式、主要内容进行了规定。广东省根据公路工程全过程一体化造价管理的需要,基于技术上实现设计阶段概、预算定额计价与实施(含招标、施工、交竣工)阶段工程量清单计价的有效对接的需要,建立了由设计图纸工程量清单、概、预算项目清单、计量工程量清单组成的三套清单,并根据建设管理需要,由三套清单体系组合实现由工程量清单、工程项目清单、分项工程量清单组成的"三级清单"体系,以实现设计计价与市场计价的统一。

全过程一体化造价管理的重要手段是推行三级清单,而三级清单的推行,对设计文件中工程数量的格式、内容的规范性提出了更高的要求,即要求其反映的设计工程量更为准确、分类更为清晰。为提高设计工程量信息采集效率和准确率,广东省交通运输厅组织部分造价管理、建设、设计等单位以设计标准化研究成果为基础,着手制定《广东省公路工程设计文件工程数量编制标准》,并通过研发配套软件,完成设计工程数量表的编制和设计工程量数据的采集,最终实现设计数量向三级清单工程量的转化。该项研究的完成,极大地提高了设计工程数量表和工程量清单文件编制的质量和效率。在广东推行的公路工程设计文件工程数量编制标准和"三级清单"体系,解决了公路工程全过程一体化造价管理中两种计价方式衔接的关键技术瓶颈,为实现公路工程造价管理精细化、现代化奠定了基础。

6.1 公路工程设计文件工程数量编制标准介绍

设计工程数量是编制和审查各种公路工程造价文件,建设单位、监理单位开展合同或变更管理的基础。由相关人员从公路工程设计文件的工程数量表中采集、摘取。原交通部于2007年发布了《公路工程基本建设项目设计文件编制办法》和《公路工程基本建设项目设计文件图表示例》,对设计文件进行规范,但由于其对工程数量数据信息的展示方式未作明确规定,各设计单位在公路项目工程数量数据展示方式上,表现出多样性、差异性,不同设计单位编制的设计工程数量表格式、内容各异,项目管理过程所需的信息很多未能清晰直观体现,给数据快速、准确采集和建设方案技术经济比选带来困难。在工程量清单文件编制方面,更是较难准确采集对应。从促进全过程造价管理手段信息化,公路造价日常管理精细化的要求出发,制定一套公路工程设计文件工程数量编制标准,提供相对统一的表格格式和数据平台,具有现实的意义。

6.1.1 原理和配套技术

结合原交通部《公路工程基本建设项目设计文件编制办法》(交公路发[2007]358 号)和《广东省高速公路建设标准化管理指南》(粤交基〔2011〕158 号)等文件要求,以实现公路工程设计信息化管理为导向,利用标准化设计原理,收集常规公路工程设计方案,结合建设管理标准化、造价管理标准化的需求,对公路工程设计文件中设计工程量的内容、分类、计量单位、主要参数、展现方式进行标准排列设计,形成一套公路工程设计工程量标准表和设计工程量数据库,并在此基础上研发配套软件,以实现设计工程量报表的编制、出版,设计工程量数据的可追溯、入库,并衔接造价文件编审软件,实现设计工程量数据向造价文件编制所需数据的自动采集转换,快速、准确地实现三级清单体系的编制和管理。

6.1.2 设计文件工程数量标准表组成

标准表分为工程量统计总表和分表两大类。现阶段,以收集的近年广东公路工程路基、路面、桥涵、隧道等常规工程设计方案为基础,结合工程建设管理和工程造价全过程监管对设计工程量采集的需求,以施工图设计为依托,突出对工程造价影响较大的,如路基、桥涵、隧道等分项工程设计工程量统计,建立格式和内容相对固定的公路工程设计文件工程数量标准总表,具体组成如表 6.1 所示。标准分表的设计在标准总表推广使用后分项分部推进。

广东省公路工程施工图设计文件工程数量表 表 6.1

篇目	序号	图表名称	篇表序号	标准	参考	备注
第一篇 总体设计	1	主要技术经济指标表	1	√		
	2	公路总体设置一览表	2	√		局部列为参考,待软件完善
	3	桥梁设置一览表	3	√		
	4	隧道设置一览表	4	√		
	5	涵洞通道设置一览表	5		*	未做表样,设计单位自行决定
第二篇 路线	6	公路用地表	1	√		
	7	赔偿树木、青苗数量表	2	√		
	8	砍树挖根数量表	3	√		
	9	拆迁建筑物表	4	√		
	10	拆迁电力、电讯及其他设施表	5	√		
	11	交通安全设施工程数量汇总表	6	√		
	12	标志设置一览表	7			未做表样,按原要求和习惯
	13	标志标牌工程数量表	8		*	

续上表

篇目	序号	图 表 名 称	篇表序号	标准	参考	备　注
第二篇 路线	14	标线、突起路标布设及工程数量表	9	√		尚未应用，推荐标准
	15	中央分隔带护栏布设表	10	√		
	16	中央分隔带护栏工程数量表	11	√		
	17	路侧护栏布设表	12	√		
	18	路侧护栏工程数量表	13	√		
	19	隔离栅护栏布设表	14	√		
	20	隔离栅护栏工程数量表	15	√		
	21	路侧轮廓标布设表	16	√		
	22	路侧轮廓标工程数量表	17	√		
	23	中央分隔带轮廓标布设表	18	√		
	24	中央分隔带轮廓标工程数量表	19	√		
	25	防眩板布设及工程数量表	20	√		
	26	上跨桥梁防护网布设及工程数量表	21	√		
第三篇 路基、路面	27	消表及填前夯(压)实数量表	1	√		
	28	挖淤泥排水数量表	2	√		
	29	低填浅挖路基处理工程数量表	3	√		
	30	高填土路堤处治工程数量表	4	√		
	31	桥梁台背处理工程数量表	5	√		
	32	高陡坡路基处理工程数量表	6	√		
	33	纵横向填挖交界与一般陡坡路基处理工程数量表	7	√		
	34	软土路基分布及处治方案一览表	8	√		
	35	软土路基处理设计案	9	√		
	36	软土路基处理工程数量表	10	√		
	37	红粘土及高液限土路基分布一览表	11	√		
	38	红粘土及高液限土路基处治工程数量表	12	√		
	39	煤系土路基分布一览表	13	√		
	40	煤系土路基处治工程数量表	14	√		
	41	煤矸石路基处治工程数量表	15	√		
	42	填石路基分布及工程数量表	16	√		
	43	采空区路基处治设计工程数量表	17	√		
	44	路基每公里土石方数量汇总表	18	√		
	45	土石方数量表汇总表(附表)	19	√	*	等软件完成后填写
	46	填方路基监测设置及工程数量表	20	√		
	47	路基土石方数量计算表	21	√		软件不能完成的项可以不填
	48	路基土石方运量统计表	22	√		

续上表

篇目	序号	图表名称	篇表序号	标准	参考	备注
第三篇 路基、路面	49	取土场(坑)、弃土场(堆)一览表	23	√		
	50	路基边坡防护设计一览表(填方或挖方)	24	√		
	51	路基边坡防护设计数量表(填方或挖方)	25	√		高边坡已单独成表，本数量表中高边坡选做
	52	路堑高边坡工程数量表	26	√		
	53	路基挡土墙设置一览表	27	√		
	54	路基挡土墙工程数量表	28	√		
	55	轻质土路堤设置一览表及工程数量表	29	√		
	56	其他路基防护工程数量表	30	√		未做表样
	57	主线路面工程数量表(沥青混凝土路面)	31	√	*	欠缺应用成熟意见
	58	主线路面工程数量表(水泥混凝土路面)	32	√	*	
	59	路槽处理工程数量表(潮湿路段换填)	33	√	*	
	60	桥面铺装、搭板及桥头过渡板工程数量表	34	√	*	
	61	路基排水工程数量表(边沟、排水沟、截水沟)	35	√		
	62	路基排水工程数量表(暗沟、渗盲沟)	36	√		
	63	路基排水工程数量表(集水井、检查井、雨水口、跌水井)	37	√		
	64	路基排水工程数量表(急流槽)	38	√		
	65	路面排水工程数量表(沥青路面边部排水)	39	√		
	66	路面排水工程数量表(水泥路面边部排水)	40	√	*	缺应用成熟意见
	67	路面排水工程数量表(超高段)	41	√	*	
第四篇 桥梁、涵洞	68	桥梁工程数量总表	1	√		
	69	桥梁下部及基础结构明细表	2	√	*	
	70	桥梁上部结构明细表	3	√		
	71	桥梁桩基础钻孔地质表	4	√		
	72	特殊桥梁下部主体结构索塔工程数量明细表	5	√		欠缺应用，但推荐为标准
	73	特殊桥梁上部主体结构工程数量明细表(斜拉桥)	6	√		
	74	圆管涵工程数量表	7	√		
	75	盖板涵(通道)工程数量表	8	√		
	76	箱式涵(通道)工程数量表	9	√		
	77	拱型涵(通道)工程数量表	10	√		
第五篇 隧道	78	隧道设计布置表	1	√		
	79	隧道工程数量表	2	√		

续上表

篇目	序号	图表名称	篇表序号	标准	参考	备注
第六篇 路线交叉	80	互通式立体交叉一览表	1	√		
	81	匝道路面工程数量表	2	√		
	82	服务设施一览表	3	√		
	83	收费站及场区路面工程数量表	4	√		
	84	分离式立体交叉一览表	5	√		
	85	通道、天桥工程数量表	6	√		参照第四篇
	86	平面交叉设置及工程数量表	7	√		
	87	管线交叉工程数量表	8		*	
第八篇 环境保护及景观设计	88	备选植物一览表	1		*	与一些设计差异大
	89	路基两侧绿化工程数量表	2	√		
	90	路基边坡绿化工程数量表	3	√		
	91	路基中间带绿化工程数量表	4	√		
	92	互通立交绿化工程数量表	5	√		
	93	管理养护设施绿化工程数量表	6	√		
	94	收集池设置及工程数量一览表	7	√		
	95	隔油池工程数量表	8	√		
	96	声屏障工程数量表	9	√		
第九篇 其他工程	97	改路、改河(沟)工程数量表	1	√		
第十篇 筑路材料	98	沿线筑路材料料场表	1	√		
第十一篇 施工组织计划	99	施工便道、便桥工程数量表	1	√		
	100	其他临时工程数量表	2	√		
	101	公路临时用地数量表	3	√		
	102	施工标志数量表	4	√		

对工程数量标准总表进行规则编号以便管理。作为初步设计或施工图设计文件的组成部分,表名编号应服从设计文件总体安排,即“篇号—表顺序号—子表顺序号”,属于某篇的所有数量表的表号中“篇号”是一致的,本篇中其他表按顺序编号,一般为“篇号—表顺序号”两个数字组成;若某表有子表,其子表再按顺序编号,子表编号变为“篇号—表顺序号—子表顺序号”三个数字序列组成。规则的表列编号便于信息化功能的实现。

6.1.3 设计文件工程数量标准表的编制示例

确定各类设计文件工程数量标准表的编制规则,如规范行表头、列表头及行列交汇元素,可以实现利用计算机输入、输出及读取信息,以便准确采集数据,方便使用。结构物工程数量标准表见图6.1。

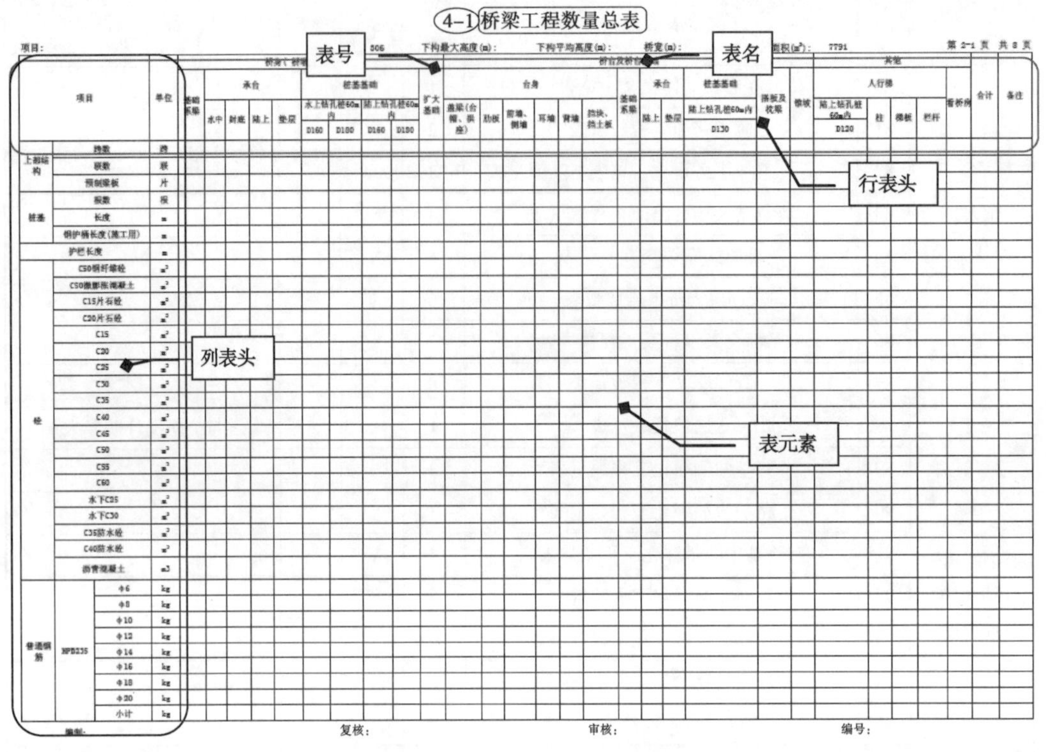

图 6.1　结构物工程数量标准表

表头“行”(最上端)项列出分项、分部、构件等名称,与概、预算编制的项目及费用名称一致;表头“列”(最左端)项列出材料、构件等名称,与工程量清单编制的子目及费用名称一致;行列交汇点元素为数字值,表示为某分项工程中所需计量计价的材料数量。

工程数量标准表中工程数量信息的填写应遵循计量单位统一、数据精度一致的原则;表中工程名目的填写应体现前后一致、与规范一致、与习惯一致的原则;内容应体现不缺项、不漏项的原则;必要的小计、合计、总计项不遗漏。

工程数量标准表中“行表头”、“列表头”内容和名称应尽量与概、预算项目分类一致,“表元素”的确定应尽量体现与工程量清单子目项在计价计量规则、计量单位、工程内容上一致的原则。

6.1.4　配套工具介绍

制订一套设计文件工程数量标准表的最终目的是利用先进的信息化技术,处理庞大的设计工程量数据。该软件专门为公路工程设计文件工程数量标准表的编制,提取设计工程量数据、编码、生成三级清单而研发,见图 6.2。可实现公路工程概、预算与招标清单编制工作中“工程量”统计自动化。在标准格式数量表基础上,实现清单、定额等系列造价数据的自动提取,解决手工编制造价文件数据摘录设计工程量工作量大的问题。

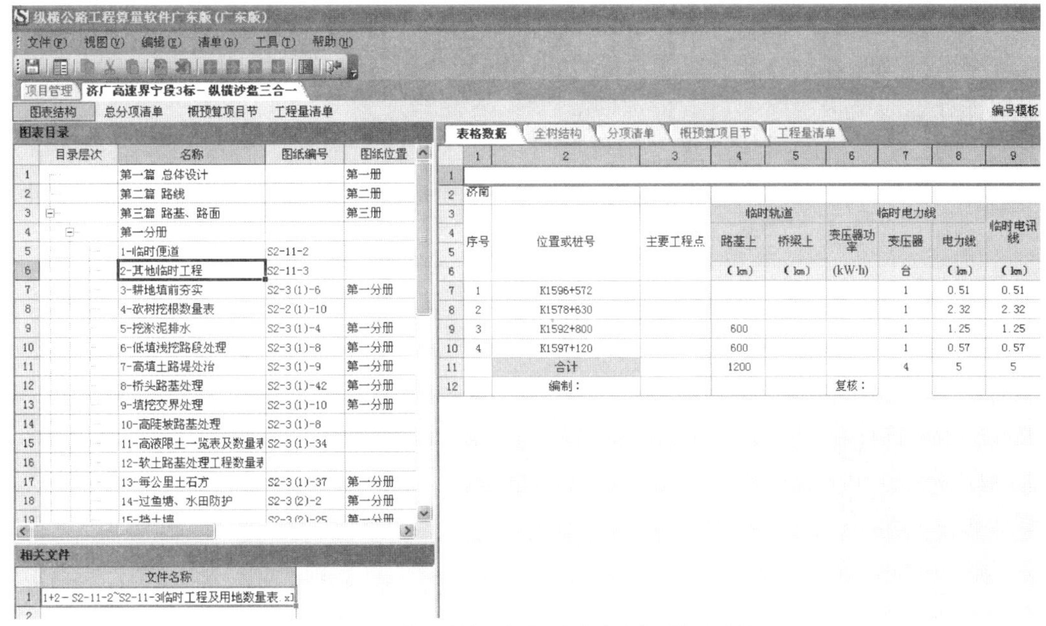

图 6.2　纵横公路算量软件（广东专业版）界面示例

6.2　公路工程工程量清单编制标准介绍

为了建立公路工程概、预算与工程量清单计价的对应关系，规范工程计量与支付、设计变更和工程结算等实施过程中的造价管理工作，建立由工程量清单、工程项目清单、分项工程量清单组成的公路工程工程量清单文件体系，简称“三级清单”体系。并制定工程量清单、工程项目清单、分项工程量清单编制标准。

6.2.1　工程量清单

工程量清单标准是在交通运输部发布的《公路工程标准施工招标文件范本》（2009 年版）规定的清单子目和对应计量支付规则基础上，结合地方公路工程常用设计方案实际和建设管理需求，进行新增、细化、调整，并进行归类、子目编号和名称固化、建立拓展规则后形成的标准。全部内容由 100 章扩展到 900 章，同时，考虑通过计算机技术实现固化清单的要求，工程量清单各章节增加“备注”栏，以说明清单子目号的编码规则，确定新增子目的编码。工程量清单标准格式示例如图 6.3 所示，完整工程量清单以广东省执行交通运输部《公路工程标准施工招标文件范本》（2009 年版）的补充规定发布。

6.2.2　工程项目清单

工程项目清单是为反映公路工程设计部位或分部分项工程的计量支付工作内容，而建立的设计分部分项工程内嵌工程量清单计量子目的一种表格。工程项目清单以预算项目节为主骨架、下挂对应的工程量清单子目。按照标准化预算项目表项、目、节、细目的设置规定，结合标准化工程量清单子目的设置规则编制。工程项目清单综合概、预算管理和工程量清单管理的需要,建立了概、预算项、目、节、细目与工程量清单子目之间的对应关系。一方面,可以预算"项、目、节、细目"的工程综合技术经济指标直观地反映建设项目造价管理的总体情况,另一方面,可以清晰展现建设过程中工程的计量计价的具体进度。工程项目清单标准格式示例如图 6.4 所示,完整工程项目清单以广东省执行交通运输部《公路工程标准施工招标文件范本(2009 年版)》的补充规定发布。

工程量清单　第200章　路基						
子目号	子目名称	单位	数量	单价	合价	备注
202	**场地清理**					
202-1	清理与掘除					按设计清理与掘除类别分子目,可添加
202-1-1	清理现场	m^2				
202-1-2	砍伐树木	棵				
202-1-3	挖除树根	棵				
202-1-4	清理旧路边坡	m^2				
	……					
202-2	挖除旧路面					按设计挖除旧路面类别分子目,可添加
202-2-1	挖除水泥混凝土路面					一般按厚度不同以面积分别计量,每1cm厚递增设置子目号,可添加;挖除不等厚路面可按体积计量
202-2-1-1	挖除不等厚的水泥混凝土路面	m^3				
202-2-1-2	挖除50mm内厚水泥混凝土路面	m^2				
202-2-1-3	挖除60mm厚水泥混凝土路面	m^2				
	……					
202-2-2	挖除沥青混凝土路面					一般按厚度不同以面积分别计量,每1cm厚递增设置子目号,可添加;挖除不等厚路面可按体积计量
202-2-2-1	挖除不等厚的沥青混凝土路面	m^3				
202-2-2-2	挖除20mm内厚沥青混凝土路面	m^2				
202-2-2-3	挖除30mm厚沥青混凝土路面	m^2				
	……					

图 6.3　工程量清单标准格式示例

工程项目清单									
预算项目节	清单子目号	项目或费用名称	单位	清单数量	设计数量		单价	合价	备注
					数量1	数量2			
1-2		**路基工程**	km						**指扣除主线桥梁、隧道的主线长度;独立桥梁或隧道工程为引道或接线长度**
1-2-1		主线路基工程	km						指不含互通主线的路段
1-2-1-1		场地清理	km						
1-2-1-1-1		清理与掘除	m^2						
	202-1	清理与掘除							
	202-1-1	清理现场	m^2						
	202-1-2	砍伐树木	棵						
	202-1-3	挖除树根	棵						
	202-1-4	清理旧路边坡	m^2						
	……	……							
1-2-1-1-2		挖除旧路面	m^2						
	202-2	挖除旧路面							
	202-2-1	挖除水泥混凝土路面							
	202-2-1-	挖除不等厚的水泥混凝土路面	m^3						
	202-2-1-	挖除50mm内厚水泥路面	m^2						
	……	……							
	202-2-2	挖除沥青混凝土路面							
	202-2-2-	挖除不等厚的沥青混凝土路面	m^3						
	202-2-2-	挖除20mm内厚沥青混凝土路面	m^2						
	……	……							

图 6.4　工程项目清单标准格式示例

6.2.3 分项工程量清单

分项工程量清单是将设计文件工程数量明细(设计工程量、工程部位、设计图号等)以预算项目节格式为主骨架,并建立与工程量清单子目对应关系的表格,是生成工程量清单和工程项目清单的基础性数据文件,是搭接设计工程量信息与概、预算、清单计量计价信息的桥梁。分项工程量清单按照标准化预算项目表建立"项、目、节"内容,直接采用设计工程数量表的各分(部)项工程量,在"节"下设置分(部)项工程(桥涵、隧道、立交名称或起终点桩号、工点桩号、结构类型等),按分项工程列出相应清单子目及数量及其所包含的设计细目及数量,分项工程量清单结构如图 6.5 所示。分项工程量清单标准格式示例如图 6.6 所示,完整分项工程量清单以广东省执行交通运输部《公路工程标准施工招标文件范本》(2009 年版)的补充规定发布。

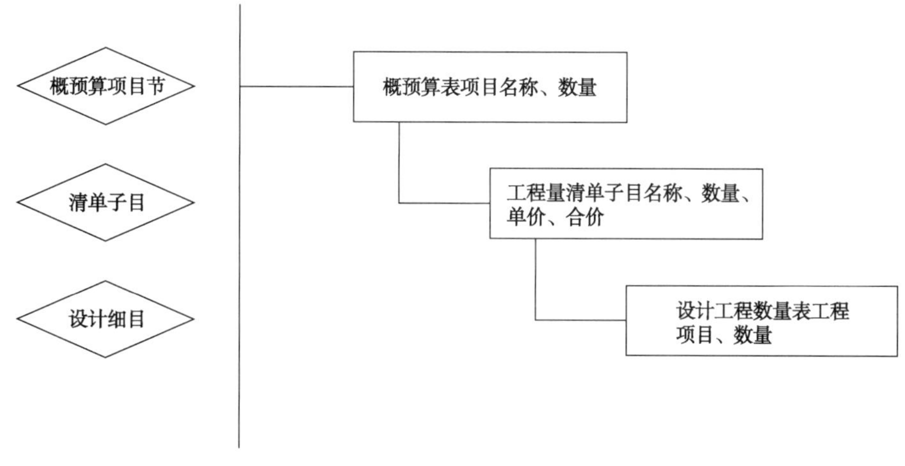

图 6.5 分项工程量清单结构图

分项工程量清单

预算项目节	清单子目号	项目或费用名称	单位	清单数量	设计数量		单价	合价	备注
					数量1	数量2			
1-2		**路基工程**	**km**						**指扣除主线桥梁、隧道的主线长度;独立桥梁或隧道工程为引道或接线长度**
1-2-1		主线路基工程	km						指不含互通主线的路段
1-2-1-1		场地清理	km						
1-2-1-1-1		清理与掘除	m^2						
		设置位置							从设计图纸摘录
		设计图号							从设计图纸摘录
	202-1	清理与掘除							
	202-1-1	清理现场	m^2						
		清除表土	m^3						图纸工程量
		清除草皮	m^2						图纸工程量
		砍伐灌木林	km^2						图纸工程量
		直径10cm以下树木	棵						图纸工程量
		……							
	202-1-2	砍伐树木	棵						
		直径10cm以上	棵						图纸工程量
	202-1-3	挖除树根	棵						
		挖树根	棵						图纸工程量
		挖竹根	m^3						图纸工程量
		……							
	202-1-4	清理旧路边坡	m^2						

图 6.6 分项工程量清单标准格式示例

6.2.4 三级清单相互关系

设计工程量是分项工程量清单编制的数据来源，通过分项工程量清单建立工程量清单（计量）子目与设计细目的关联，以实现设计工程内容完整计量。分项工程量清单是三级清单体系的基础数据文件，是以预算项目节格式为主骨架，建立了与工程量清单子目和对应的设计图纸位置及设计数量明细之间的关系，将设计、预算体系与清单计价体系相融合而形成的清单文件。工程项目清单是分项工程量清单经过同类项合并及过滤设计数量明细后按照规定的层级生成的以预算项目节格式为主骨架、下挂对应工程量清单子目的格式清单。其过滤预算项目节主骨架后，可生成工程量清单；过滤工程量清单子目后，生成可与概算、估算等造价文件类比的预算文件。工程量清单层级最简单，是对同类计量工程的汇总。通过三级清单的层级管理，实现设计预算管理与合同清单管理的无缝对接，满足精细化的建设管理（进度、投资）需要和工程计价计量需要。三级清单数据转换关系如图 6.7 所示。

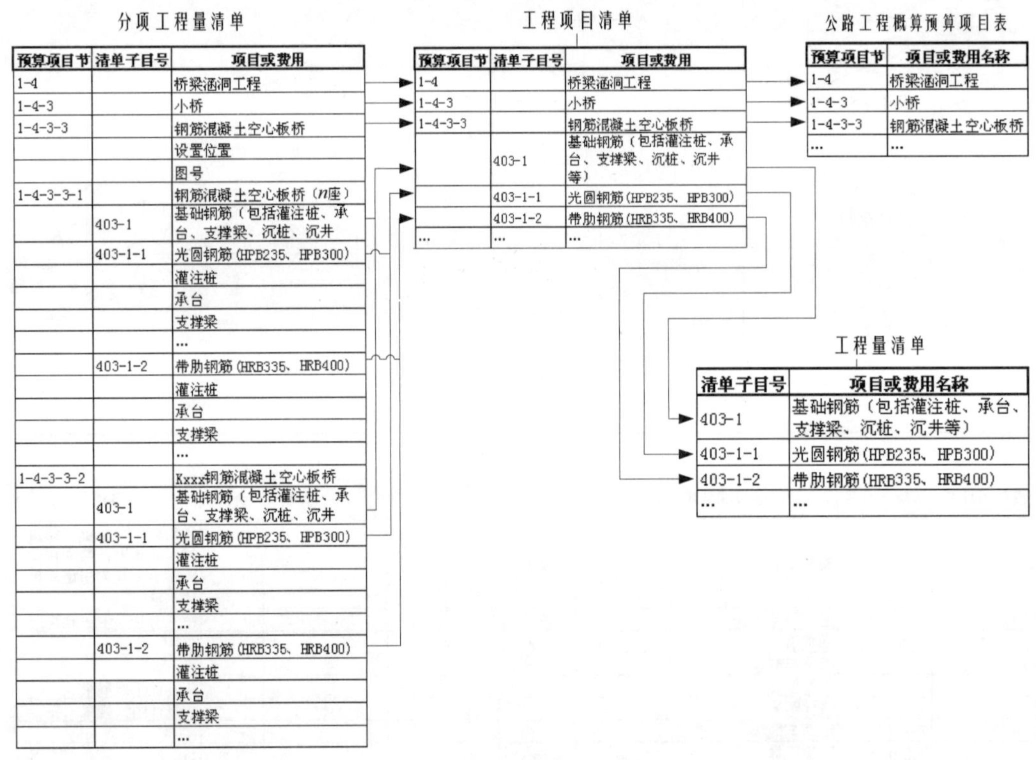

图 6.7 三级清单数据转换关系图

6.3 招标阶段造价文件编制标准化

公路工程招标阶段的造价文件有工程量清单文件（分招标清单、投标报价清单和合同清单）、招标控制价（一般以招标清单预算文件形式体现）等。按照全过程一体化造价管理的需要，从清单分类、文件组成、编制方法等方面进行标准化设计。

6.3.1 工程量清单文件

(1)清单文件组成

根据公路工程项目现阶段招标内容分类及费用计价方式不同,可将公路工程招标清单文件按公路主体工程(含机电工程设备购置)施工、附属区房建工程施工、勘察设计、工程监理等分类,分类制定招标阶段清单文件格式和内容。具体分类及组成如图6.8所示。

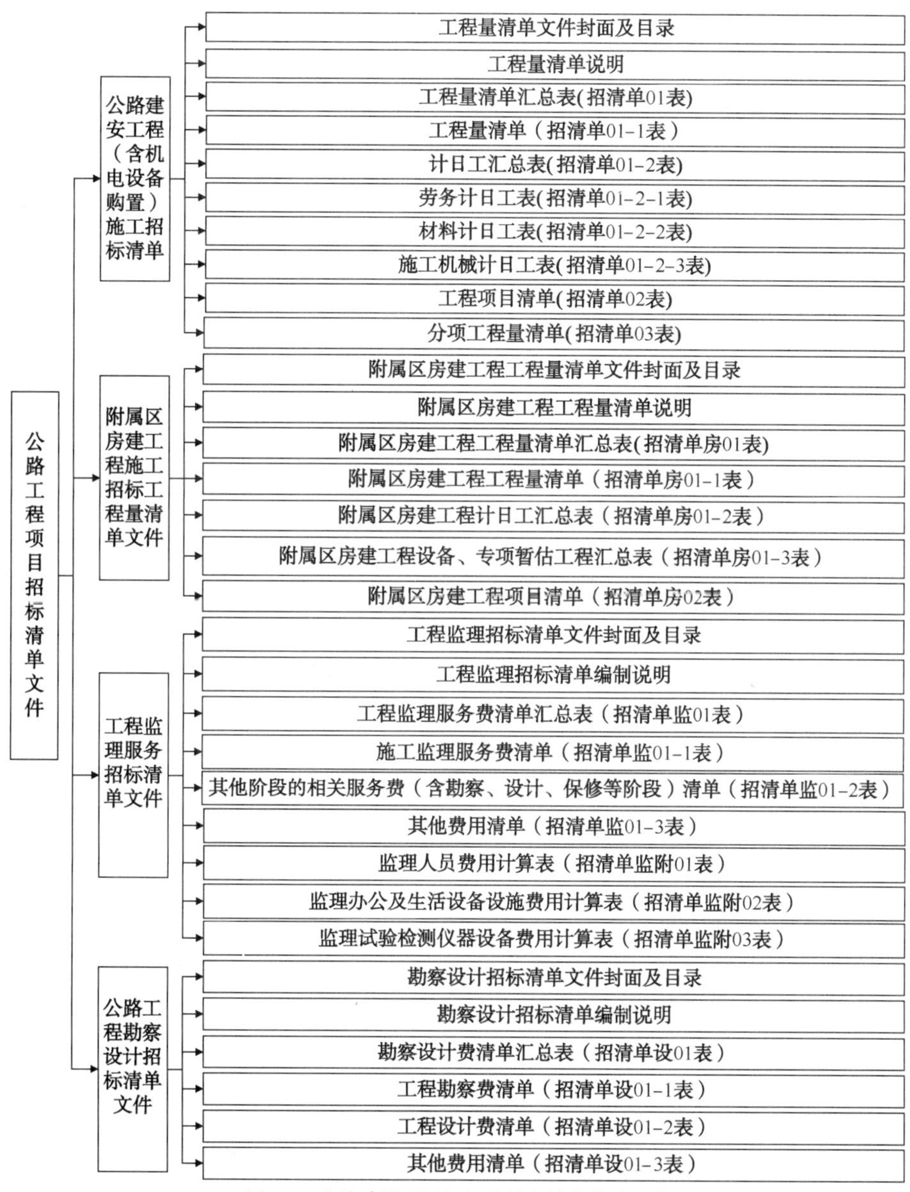

图6.8　公路建设项目招标清单文件分类及组成

标准化造价管理的设计思路是根据不同的招标工程类型,结合各自的计价规定和计量方式的需要,分别设计最能体现其计价特点和管理需要的清单文件。故此,公路主体工程清单文件是以交通运输部《公路工程标准施工招标文件范本》(2009年版)为基础的三级清单体系;由于附属区房建工程计价计量具体应执行住房及城乡建设行业管理规定,其清单文件的设计是兼顾计价计量需要和其作为公路附属工程管理需要,而设计的一套文件;对于工程监理服务和勘察设计服务招标的清单文件,体现的是以其费用计算满足国家规定的收费办法为基础的,兼顾建设管理需要的另一种形式。将招标清单文件作以上分类,体现了造价管理的精细化、针对性设计,更为适合市场。

下面以公路主体工程(含机电工程设备购置)施工清单文件为例,介绍其文件组成表格。其他类别的工程清单文件组成,广东省交通运输厅以规范性文件《广东省高速公路建设标准化管理指南(工程造价标准化管理)》发布。

①工程量清单汇总表(招清单 01 表)

工程量清单汇总表用于汇总某招标合同段完成施工所需发生的全部费用,是各章工程量清单费用的汇总,见图 6.9。

工程量清单汇总表

招清单01表

______(建设项目名称) ______ 合同段

K××+×××~K××+×××(编制范围)

序号	章次	科目名称	金额(元)
1	100章	总则	
2	200章	路基	
3	300章	路面	
4	400章	桥梁、涵洞	
5	500章	隧道	
6	600章	交通安全设施工程	
7	700章	绿化及环境保护设施	
8	800章	机电工程	
9	900章	附属区房建工程	
10	第100章至900章清单合计		
11	已包含在清单合计中的材料、工程设备、专业工程暂估价合计		
12	清单合计减去材料、工程设备、专业工程暂估价(即10-11=12)		
13	计日工合计		
14	暂列金额(不含计日工总额)		
15	投标报价(10+13+14)=15		

图 6.9 工程量清单汇总表格式

②工程量清单(招清单 01-1 表)

工程量清单是招标人按总则、路基工程、路面工程等分类分章,反映工程计量计价子目名称、编号、计量单位、数量、单价、合价等信息的表格,各章总金额汇总至工程量清单汇总表(招清单 01 表)中。图 6.10 为第 100 章填写格式,其他章节格式相同。

工程量清单

建设项目名称: 合同段:

编 制 范 围: 第 页: 共 页 招清单01-1表

工程量清单 第100章 总则

子目号	子目名称	单位	数量	单价(元)	合价(元)	备注
101	总则					
101-1	保险费	总额				
……	……					

图 6.10 工程量清单格式

③计日工汇总表(招清单01-2表)

计日工汇总表是招标人发布需通过计日工计价方式体现的劳务、材料、施工机械消耗需要的费用,计日工总计金额汇总至工程量清单汇总表(招清单01表)中。表格格式图6.11。

计日工汇总表		
建设项目名称:	合同段:	
编 制 范 围:		招清单01-2表
名 称	金 额 (元)	备注
劳务		
材料		
施工机械		
		计日工总计:

图6.11 计日工汇总表格式

④劳务计日工表(招清单01-2-1表)

劳务计日工表是招标人发布的劳务计日工暂定数量及所需费用的表格,反映劳务计日工子目名称、编号、计量单位、暂定数量、单价、合价等信息,其小计金额汇总至计日工汇总表(招清单01-2表)中。图6.12为填写格式。

劳务计日工表					
建设项目名称:		合同段:			
编 制 范 围:					招清单01-2-1表
编号	子目名称	单位	暂定数量	单价(元)	合价(元)
101	班长	h			
102	普通工	h			
103	焊工	h			
	……				

图6.12 劳务计日工表格式

⑤材料计日工表(招清单01-2-2表)

材料计日工表是招标人发布的材料计日工暂定数量及所需费用的表格,反映材料计日工子目名称、编号、计量单位、暂定数量、单价、合价等信息,其小计金额汇总至计日工汇总表(招清单01–2表)中。图6.13为填写格式。

⑥施工机械计日工表(招清单01-2-3表)

施工机械计日工表是招标人发布的施工机械计日工暂定数量及所需费用的表格,反映施工机械计日工子目名称、编号、计量单位、暂定数量、单价、合价等信息,其小计金额汇总至计日工汇总表(招清单01-2表)中。图6.14为填写格式。

⑦工程项目清单(招清单02表)

工程项目清单是招标人按预算项目节及清单子目分类,反映分部分项工程的计量计价子目名称、编号、计量单位、设计数量、计量数量、单价、合价等信息的表格,表格汇总的公路基本造价应与工程量清单汇总表(招清单01表)一致。图6.15部分内容的填写格式。

材料计日工表					
建设项目名称:		合同段:			
编 制 范 围:					招清单01-2-2表
编号	子目名称	单位	暂定数量	单价(元)	合价(元)
201	水泥	t			
202	钢筋	t			
203	钢绞线	t			
	……				

图 6.13 材料计日工表格式

施工机械计日工表					
建设项目名称:		合同段:			
编 制 范 围:					招清单01-2-3表
编号	子目名称	单位	暂定数量	单价(元)	合价(元)
301	装载机				
301-1	1.5m³以下	h			
301-2	1.5~2.5m³	h			
301-3	2.5m³以上	h			
302	推土机				
	……				

图 6.14 施工机械计日工表格式

工程项目清单									
建设项目名称:		合同段:							
编 制 范 围:					第 页	共 页			招清单02表
项目节细目号	清单子目号	工程或费用名称	单位	清单数量	设计数量		单价(元)	合价(元)	备注
					数量1	数量2			
1		第一部分 建筑安装工程费	**公路公里**		5				
1-1		**临时工程**	**公路公里**		5				
1-1-1		临时道路	km		2				
	103-1	临时道路、便桥工程							
	103-1-1	临时道路修建、养护与拆除(包括原道路的养护费)	总额	1					
	…	……							

图 6.15 工程项目清单格式

⑧分项工程量清单(招清单 03 表)

分项工程量清单是招标人将设计文件工程数量及工程部位信息,按预算项目节及清单子目分类,反映到分部分项工程的计量计价子目名称、编号、计量单位、设计数量、计量数量、单价、合价等信息的表格,表格汇总的公路基本造价应与工程量清单汇总表(招清单 01 表)一致。图 6.16 为部分内容的填写格式。

(2)清单文件的编制

①分项工程量清单编制

分项工程量清单可按施工合同段类型,按路基、桥隧、预制构件、路面、绿化、安全设施、机电工程等分类编制,见图 6.17。编制时按照标准化预算项目表建立"项、目、节、细目"名称及编号库,选择适合本合同段的对应内容。预算项目节的划分一般是以设计方案类型为节点进行划分,对于大型结构物,是以单座结构物的工程分部分项工程为节点划分。在"节"下设置"细目"(桥涵、隧道、立交名称或起终点桩号、工点桩号、结构类型等),按分项工程列出相应清单子目与数量及其所包含的设计细目与数量，如分项工程量清单子目由单项设计细目工程量组成时，可直接在该子目行填写设计细目工程量；如分项工程量清单子目由多项设计细目工程量组成，应在该子目行下完整填制设计细目工程量。根据建设管理实际，新增项目节或清单子目根据从属关系按项目节或清单支付子目编号规则顺序加入，对于新增支付子目的，应在计量与支付规则中补充说明。合同段工程中不出现的项目节或清单子目，编制清单时可省略。项目节一般按照如下原则划分：

分项工程量清单									
建设项目名称:			合同段:						
编 制 范 围:			第 页			共 页			招清单03表
项目节细目号	清单子目号	工程或费用名称	单位	清单数量	设计数量		单价（元）	合价（元）	备注
					数量1	数量2			
1		第一部分 建筑安装工程费	公路公里		5				
1-1		**临时工程**	**公路公里**		5				
1-1-1		临时道路	km		4				
	103-1	临时道路、便桥工程							
	103-1-1	临时道路修建、养护与拆除(包括原道路的养护费)	总额	1					
		新建便道	km		2				
		利用地方道路便道维护	km		2				
…		……							

图 6.16 分项工程量清单格式

a.路基土石方分项工程按主线路基、互通主线路基、互通匝道路基、连接线路基土石方等分别划分。

b.路基排水分项工程按排水设施位置、类型划分。

c.路基防护分项工程按防护工程位置、类型划分。高边坡防护分项工程按“一坡一图”原则划分。

d.特殊路基处理分项工程按特殊路基位置、特殊路基类型及对应的主要处理方案划分。

e.涵洞、通道涵分项工程按单座划分。

f.一般桥梁分项工程按单座桥梁划分。

g.特大桥及复杂大桥分项工程按主、引桥的桥台、基础、下部构造、上部构造、其他工程划分。

h.交叉分项工程按平面交叉道、通道、人行天桥、分离式立交、单处互通式立体交叉、服务设施匝道及场区工程、连接线工程等分项，按单处划分；其中，互通式立体交叉分主线、匝道工程，参照以上路基土石方、路基排水、路基防护、特殊路基处理、桥涵工程的分级原则。

i.隧道分项工程按分离式、小净距、连拱式隧道分别以单座隧道分项。其中，分离式隧道按左、右线土建工程、其他土建工程、机电工程等分目。主线土建工程按洞门、洞身、其他工程分节，其他土建工程按人行横洞、车行横洞、辅助坑道分节，机电工程按通风、消防、供配电照明、监控等系统分节。

j.公路设施及预埋管线分项工程按安全设施、管理养护设施、其他工程分项。其中，管理养护设施按收费、通信、管道工程、监控、供配电及照明系统等分目，安全设施按路基、桥梁、隧道、立交等路段分目。

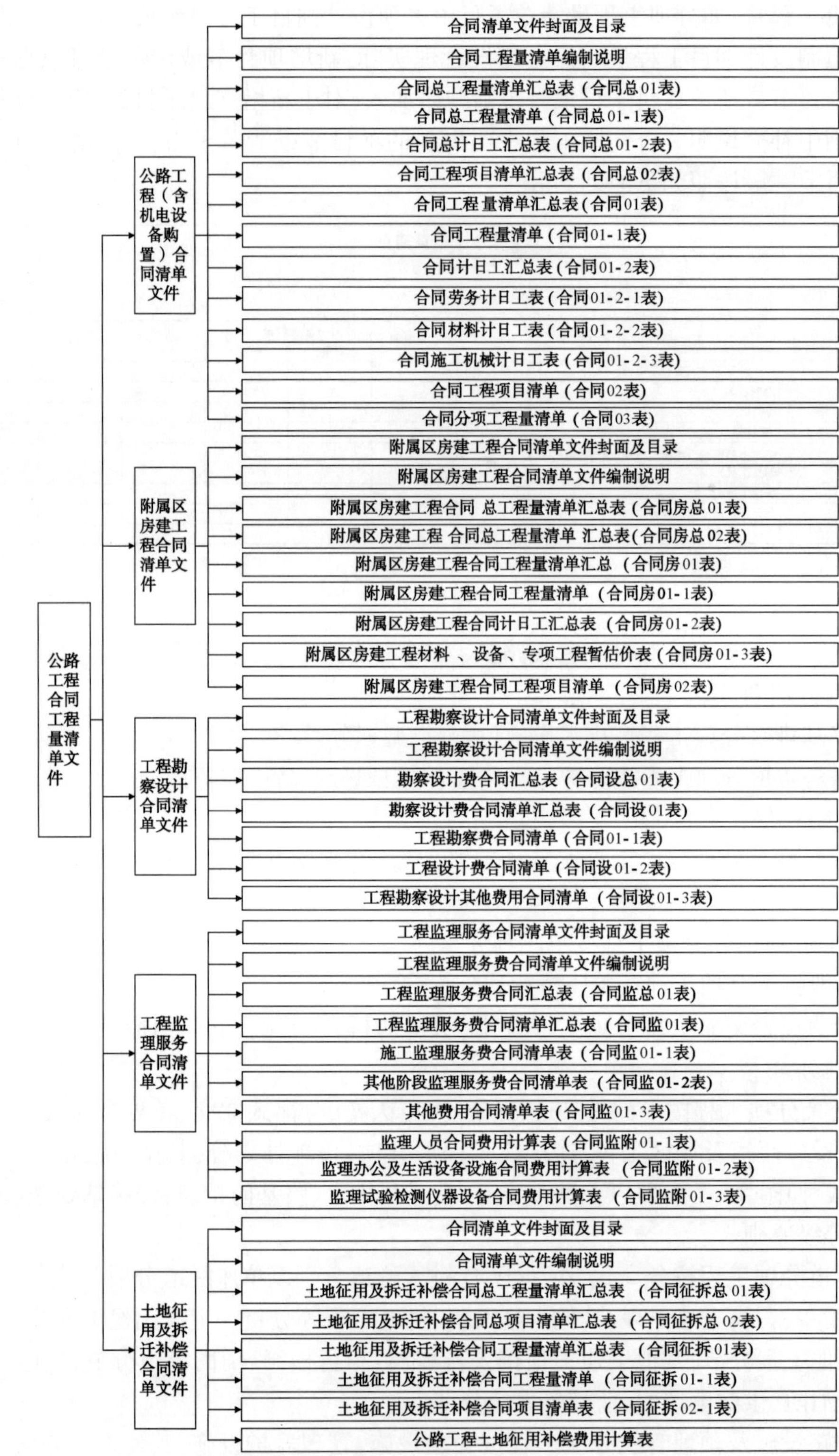

图6.17　公路工程合同工程量清单文件分类及组成

k.绿化及环境保护分项工程按路肩绿化、上下边坡绿化、中间带绿化、交叉工程绿化、管养设施绿化、声屏障工程等分项。

l.管理、养护及服务房建分项工程按管理房建工程、养护工区、服务区、停车区、隧道管养房屋等分项。

m.建安工程其他费用分项,逐项单列相关子项。

②工程项目清单编制

工程项目清单按照标准化预算项目表建立工程项目清单节点表,在项目节下挂对应的工程量清单子目。如实际出现的工程和费用项目与项目表内容不完全相符时,可根据工程实际,按以下规则调整预算项目名称:

a."项"的序号和名称保留不变,缺项时其后续项的编号和名称不作调整。

b."目"、"节"可随需要增减,某"目"或"节"缺省时,可省略;但其后续"目"或"节"的编号和名称不作调整。"细目"的编号和名称可任意增减、调整。

③工程量清单编制

编制工程量清单时,标准清单库中已列的子目和编号不得改动;如有新增清单子目,清单编制规则中有约定的,按"备注"栏规定的方式递增;未有约定规则的新增子目,就近归类后,在现有子目排序后增加编号和名称。例如设计采用石屑垫层,按清单编制规则分类方式,就近为"302-2"项中,标准中已有"302-2-4 石灰稳定土垫层",则新增编号和子目为"302-2-5 石屑垫层"。

④工具软件

通过广东省自行研发的三级清单编制工具软件,可以实现分项工程量清单自动汇总生成工程项目清单和工程量清单。

(3)清单文件的用途

以上介绍的三级清单文件,根据其用途可分为招标工程量清单文件、投标报价工程量清单文件和合同工程量清单文件。

①招标工程量清单文件

招标工程量清单文件是招标文件的组成部分,由招标人发布,一般仅列出清单子目对应的计价计量工程数量,供投标人报价参照。

②投标报价工程量清单文件

投标报价工程量清单文件是招标阶段,投标人以招标工程量清单文件为基础,填入各清单子项的单价和合价后,向招标人提交的有价有量的清单文件,是投标文件的资产部分。其格式与招标工程量清单文件相同。

③合同工程量清单文件

合同工程量清单文件是合同签订阶段,发包方和承包方经过合同谈判后,双方签订的合同文件中构成合同价格的清单文件,是在招标工程量清单文件的基础上,以中标人投标报价单价和合价为基础,进行平衡价格调整谈判后,确定的有价有量的清单文件。其格式与招标工程量清单文件相同。

随着土地征用及拆迁补偿费占公路工程总造价的比重近年增幅较大,有必要对该项合同费用的确定行为进行规范。在造价管理标准化设计中对此也有所考虑,通过建立标准化合同清单格式、规范此类费用分类,达到提升建设管理能力的作用。

6.3.2 招标清单预算文件

招标清单预算是招标控制价的一种展现形式。招标控制价是招标人在招标阶段为保证各投标人投标报价的合理性而设置的价格,一般以最高投标限价的形式公布。而公路工程施工招标一般以招标清单预算作为招标控制价;公路工程勘察设计或工程监理服务招标一般以招标清单控制价形式体现。本书重点介绍招标清单预算文件的组成和编制。

(1)招标清单预算文件组成

公路工程招标清单预算文件按照工程量清单文件的分类,也可分为公路主体工程（含机电设备购置)施工招标清单预算文件、附属区房建工程招标清单预算文件、公路工程勘察设计招标清单控制价计算书和工程监理招标清单控制价计算书等类别,按不同招标类别编制对应的招标清单预算文件。各类招标工程清单预算文件组成如图 6.18~图 6.21 所示。

招标清单预算文件一般分单个合同段,按工程项目清单格式编制。下面以公路主体工程（含机电设备购置)施工招标清单预算为例,简要介绍其组成表格。其他类

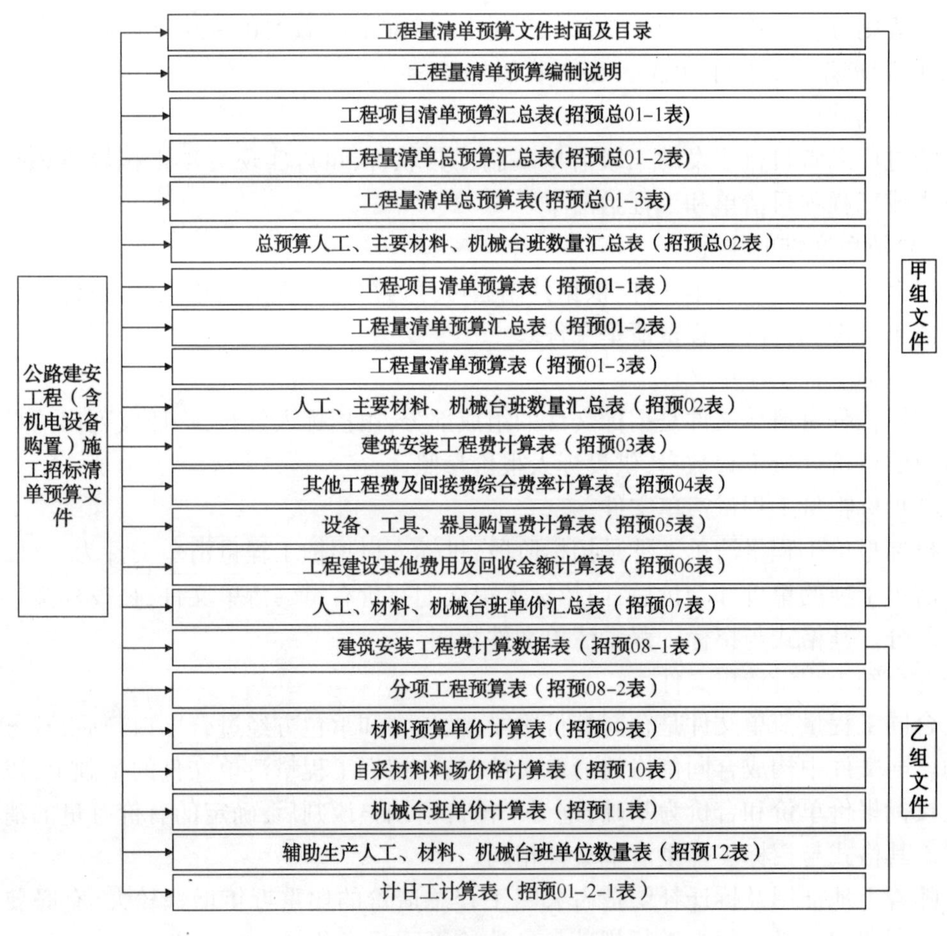

图 6.18 公路主体工程施工招标清单预算文件组成

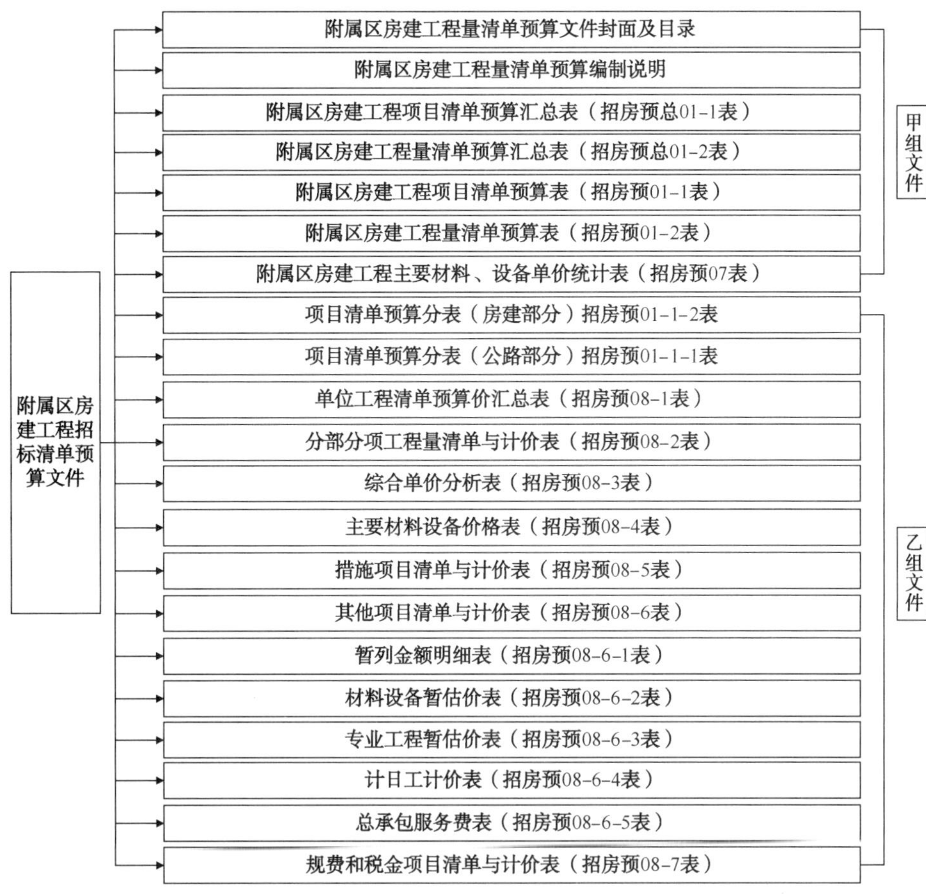

图 6.19　附属区房建工程招标清单预算文件组成

图 6.20　工程监理服务招标清单控制计算书文件组成

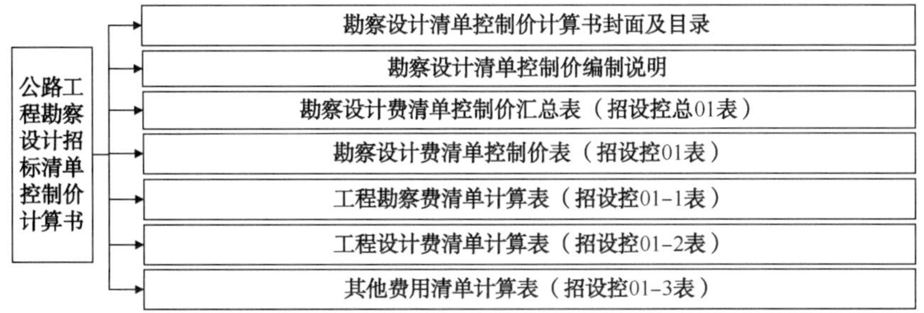

图 6.21　公路工程勘察设计招标清单控制计算书文件组成

别的清单预算文件或控制价计算书的具体组成,广东省交通运输厅以规范性文件《广东省高速公路建设标准化管理指南(工程造价标准化管理)》发布。

①工程项目清单预算汇总表(招预总01-1表)

工程项目清单预算汇总表反映一个建设项目某批次招标工程的各项费用组成、预算总值、技术经济指标和各项费用比例。若干合同段工程编制预算时,通过本表汇总本批次全部工程项目预算金额,格式见图6.22。

工程项目清单预算汇总表

建设项目名称: 第 页 共 页

编制范围: 招预总01-1表

项目节细目号	清单子目编号	工程或费用名称	单位	总数量	合计金额(元)	预算金额(元)			技术经济指标	各项费用比例(%)	备注
						××合同段(元)	××合同段(元)	××合同段(元)			
1	2	3	4	5	6=7+8+9	7	8	9	10=6/5	11	
1		第一部分 建筑安装工程费	公路公里								
1-1		临时工程	公路公里								
1-1-1		临时道路	km								
	103-1	临时道路、便桥工程									
	103-1-1	临时道路修建、养护与拆除(包括原道路的养护费)	总额								
…		……									

图6.22 工程项目清单预算汇总表格式

②工程量清单预算汇总表(招预总01-2表)

工程量清单预算汇总表反映一个建设项目某批次招标工程的工程量清单分章次费用预算金额。若干合同段工程编制预算时,通过本表汇总本批次全部工程项目预算金额。该表总价应与工程项目清单预算汇总表(招预总01-1表)形成数据闭合关系,格式见图6.23。

工程量清单总预算汇总表

建设项目名称:

编制范围: 招预总01-2表

序号	章次	科目名称	合计金额(元)	预算金额(元)		
				××合同段	××合同段	××合同段
1	2	3	4=5+6+7	5	6	7
1	100章	总则				
2	200章	路基				
3	300章	路面				
4	400章	桥梁、涵洞工程				
5	500章	隧道				
6	600章	交通安全设施				
7	700章	绿化及环境保护设施				
8	800章	机电工程				
9	900章	附属区房建工程				
10	第100章至900章清单合计					
11	已包含在清单合计中的材料、工程设备、专业工程暂估价合计					
12	清单合计减去材料、工程设备、专业工程暂估价合计(即10-11=12)					
13	计日工合计					
14	暂列金额(不含计日工总额)					
15	总价(10+13+14)=15					

图6.23 工程量清单总预算汇总表格式

③工程量清单总预算表(招预总01-3表)

工程量清单总预算表反映一个建设项目某批次招标工程按照工程量清单子目展现的总费用和各合同段单价金额。若干合同段工程编制预算时,通过本表汇总本批次全部工程项目总预算、综合单价和分合同段单价金额。图 6.24 第 100 章填写格式，其他章节格式相同。

工程量清单总预算表									
建设项目名称：									
编制范围：					第 页	共 页			招预总01-3表
工程量清单 第100章 总则									
子目号	子 目 名 称	单位	总数量	单价（元）	合计金额（元）	单价（元）			
						××合同段	××合同段	××合同段	……
1	2	3	4	5=6/4	6	7	8	9	……
101	**总则**								
101-1	保险费	总额							
102	**工程管理**								
102-1	竣工文件	总额							
102-2	施工环保费	总额							
102-3	安全生产费	总额							
	……								

图 6.24 工程量清单总预算表格式

④总预算人工、主要材料、机械台班数量汇总表(招预总 02 表)

一个建设项目分某批次招标时，编制若干合同段清单预算时，通过“总预算人工、主要材料、机械台班数量汇总表”汇总全部合同段工程项目的人工、主要材料、机械台班数量，格式见图 6.25。

总预算人工、主要材料、机械台班数量汇总表								
建设项目名称：								
编制范围：				第 页	共 页			招预总02表
序号	规格名称	单 位	总数量	编 制 范 围				
				××合同段数量	××合同段数量	××合同段数量	……	

图 6.25 总预算人工、主要材料、机械台班数量汇总表格式

⑤工程项目清单预算表(招预 01-1 表)

工程项目清单预算表反映一个招标合同段的各项预算费用组成、数量、金额、技术经济指标、各项费用比例等，格式见图 6.26。

工程项目清单预算表											
建设项目名称：					合同段：						
编 制 范 围：							第 页	共 页			招预01-1表
项	目	节	细目	清单子目号	工程或费用名称	单 位	数 量	预算金额(元)	技术经济指标	各项费用比例(%)	备 注
					第一部分 建筑安装工程费	公路公里					
一					临时工程	公路公里					
	1				临时道路	km					
				103-1	临时道路、便桥工程						
				103-1-1	临时道路修建、养护与拆除(包括原道路的养护费)	总额					
					……						

图 6.26 工程项目清单预算表格式

⑥工程量清单预算汇总表(招预 01-2 表)

工程量清单预算汇总表反映一个招标合同段的分章次费用预算金额。该表总价应与工程项目清单预算表(招预 01-1 表)形成数据闭合关系，格式见图 6.27。

⑦工程量清单预算表(招预 01-3 表)

工程量清单预算表反映一个招标合同段工程按照工程量清单子目展现的数量、单价、合价金额。图 6.28 第 100 章填写格式，其他章节格式相同。

工程量清单预算汇总表

建设项目名称：　　　　合同段：

编 制 范 围：　　　　招预01-2表

序号	章次	科目名称	金额(元)
1	第100章	总则	
2	第200章	路基	
3	第300章	路面	
4	第400章	桥梁、涵洞工程	
5	第500章	隧道	
6	第600章	交通安全设施	
7	第700章	绿化及环境保护设施	
8	第800章	机电工程	
9	第900章	附属区房建工程	
10	第100章至900章清单合计		
11	已包含在清单合计中的材料、工程设备、专业工程暂估价合计		
12	清单合计减去材料、工程设备、专业工程暂估价合计(即10-11=12)		
13	计日工合计		
14	暂列金额(不含计日工总额)		
15	总价(10+13+14)=15		

图 6.27　工程量清单预算汇总表格式

工程量清单预算表

建设项目名称：　　　　合同段：

编 制 范 围：　　　　第　页　　共　页　　招预01-3表

工程量清单　第100章　总则

子目号	子 目 名 称	单位	数量	单价（元）	合价（元）

图 6.28　工程量清单预算表格式

⑧人工、主要材料、机械台班数量汇总表(招预 02 表)

人工、主要材料、机械台班数量汇总表用于汇总单个合同段分项工程的人工、主要材料、机械台班数量，格式见图 6.29。

人工、主要材料、机械台班数量汇总表

建设项目名称：　　　　合同段：

编 制 范 围：　　　　第　页　　共　页　　招预02表

序号	规格名称	单位	总数量	分项统计						场外运输损耗	
										%	数量

图 6.29　人工、主要材料、机械台班数量汇总表格式

⑨建筑安装工程费计算表(招预 03 表)

建筑安装工程费计算表用于分析计算单个合同段工程各项费用的建筑安装工程各项费用组成、单价及合计费用，格式见图 6.30。

建筑安装工程费计算表

建设项目名称：　　　　合同段：

编 制 范 围：　　　　第　页　　共　页　　招预03表

项目节细目号	清单子目号	工 程 名 称	单位	工程量	直接费（元）						间接费(元)	利润(元)费率	税金(元)综合税率	建筑安装工程费	
					直接工程费				其他工程费	合计				合计(元)	单价(元)
					人工费	材料费	机械使用费	合计				%	%		
1	2	3	4	5	6	7	8	9	10	11	12	13	14	15	16

图 6.30　建筑安装工程费计算表格式

⑩其他工程费及间接费综合费率计算表(招预 04 表)

其他工程费及间接费综合费率计算表用于反映单个合同段各工程类别的其他工程费费率及间接费费率取值情况,格式见图 6.31。

其他工程费及间接费综合费率计算表

建设项目名称: 合同段:

编 制 范 围: 第 页 共 页 招预04表

序号	工程类别	其他工程费费率(%)													间接费费率(%)								
		冬季施工增加费	雨季施工增加费	夜间施工增加费	高原地区施工增加费	风沙地区施工增加费	沿海地区工程施工增加费	行车干扰工程施工增加费	安全文明施工措施费	临时设施费	施工辅助费	工地转移费	综合费率		规费			企业管理费					
													I	II	养老失业医疗工伤生育	住房公积金	综合费率	基本费用	主副食运费补贴	职工探亲路费	职工取暖补贴	财务费用	综合费率
1	2	3	4	5	6	7	8	9	10	11	12	13	14	15	16	17	18	19	20	21	22	23	24

图 6.31 其他工程费及间接费综合费率计算表格式

⑪设备、工具、器具购置费计算表(招预 05 表)

设备、工具、器具购置费计算表用于反映一个招标合同段购置的设备、工具、器具规格、单位、数量、单价以及需要说明的有关问题等,格式见图 6.32。

设备、工具、器具购置费计算表

建设项目名称: 合同段:

编 制 范 围: 第 页 共 页 招预05表

序号	设备、工具、器具规格名称	单位	数量	单价(元)	金额(元)	说明

图 6.32 设备、工具、器具购置费计算表格式

⑫工程建设其他费用及回收金额计算表(招预 06 表)

工程建设其他费用及回收金额计算表用于反映一个招标合同段具体发生的土地征用及拆迁补偿费、建设项目管理费、研究试验费、建设项目前期工程费等工程建设其他费用项目及费用,格式见图 6.33。

工程建设其他费用及回收金额计算表

建设项目名称: 合同段:

编 制 范 围 第 页 共 页 招预06表

序号	费用名称及回收金额项目	说明及计算式	金额(元)	备注

图 6.33 工程建设其他费用及回收金额计算表格式

⑬人工、材料、机械台班单价汇总表(招预 07 表)

人工、材料、机械台班单价汇总表用于汇总一个招标合同段使用的各种人工、材料、机械台班预算单价,格式见图 6.34。

人工、材料、机械台班单价汇总表

建设项目名称: 合同段:

编 制 范 围: 第 页 共 页 招预07表

序号	名 称	单位	代号	预算单价(元)	备注	序号	名 称	单位	代号	预算单价(元)	备注

图 6.34 人工、材料、机械台班单价汇总表格式

⑭建筑安装工程费计算数据表(招预 08-1 表)

建筑安装工程费计算数据表用于提供利用计算机软件编制概、预算的基础数据,格式见图 6.35。

建筑安装工程费计算数据表														
建设项目名称:							合同段:			编制范围:			数据文件编号:	公路等级:
路线或桥梁长度(km):										路基或桥梁宽度(m):			第 页 共 页	招预08-1表
项的代号	本项目数	目的代号	本目节数	节的代号	本节细目数	细目的代号	清单子目编号	费率编号	定额个数	定额代号	项或目或节或细目或定额的名称	单位	数量	定额调整情况

图 6.35 建筑安装工程费计算数据表格式

⑮分项工程预算表(招预 08-2 表)

分项工程预算表用于按照预算编制办法计算分项工程的建筑安装费用,格式见图 6.36。

分项工程预算表														
编 制 范 围:				合同段:										
分项工程名称:				清单子目名称:							第 页 共 页			招预08-2表
编号	工程项目												合计	
	工程细目													
	定额单位													
	工程数量													
	定额表号													
	人工、材料、机械台班名称	单位	单价(元)	定额	数量	金额(元)	定额	数量	金额(元)	定额	数量	金额(元)	数量	金额(元)
1	人工	工日												
2	……													
	定额基价	元												
	直接工程费	元												
	其他工程费 Ⅰ	元												
	其他工程费 Ⅱ	元												
	间接费 规费	元												
	间接费 企业管理费	元												
	利润及税金	元												
	建筑安装工程费	元												

图 6.36 分项工程预算表格式

⑯材料预算单价计算表(招预 09 表)

材料预算单价计算表用于计算各种材料自供应地点或料场至工地的全部运杂费与材料原价及其他费用组成预算单价,格式见图 6.37。

材料预算单价计算表														
建设项目名称:						合同段:								
编 制 范 围:									第 页		共 页			招预09表
序号	规格名称	单位	原价(元)	运杂费					原价运费合计(元)	场外运输损耗		采购及保管费		预算单价(元)
				供应地点	运输方式、比重及运距(km)	毛重系数或单位毛重	运杂费构成说明或计算式	单位运费(元)		费率(%)	金额(元)	费率(%)	金额(元)	

图 6.37 材料预算单价计算表格式

⑰自采材料料场价格计算表(招预 10 表)

自采材料料场价格计算表用于分析计算自采材料料场价格,应将选用的定额人工、材料、机械台班数量全部列出,包括相应的人工、材料、机械台班单价,格式见图 6.38。

自采材料料场价格计算表															
建设项目名称:					合同段:										
编 制 范 围:											第 页 共 页				招预10表
序号	定额号	材料规格名称	单位	料场价格(元)	人工(工日) 单价 元		间接费(元)(占人工费%)	( ) 单价 元		( ) 单价 元		( ) 单价 元		( ) 单价 元	
					定额	金额		定额	金额	定额	金额	定额	金额	定额	金额

图 6.38 自采材料料场价格计算表格式

⑱机械台班单价计算表(招预 11 表)

机械台班单价计算表用于利用公路工程机械台班费用定额分析计算机械台班预算单价,格式见图 6.39。

机械台班单价计算表

建设项目名称：　　　　合同段：

编 制 范 围：　　　　第 页 共 页　　　　招预11表

序号	定额号	机械规格名称	台班单价(元)	不变费用(元)		可变费用(元)									
				调整系数:		人工: 元/工日		汽油: 元/kg		柴油: 元/kg		……		车船税	合计
				定额	调整值	定额	费用	定额	费用	定额	费用	定额	费用		

图 6.39　机械台班单价计算表格式

⑲辅助生产人工、材料、机械台班单位数量表(招预12表)

辅助生产人工、材料、机械台班单位数量表用于汇总自采材料消耗的人工、材料、机械台班数量,格式见图6.40。

辅助生产人工、材料、机械台班单位数量表

建设项目名称：　　　　合同段：

编 制 范 围：　　　　第 页　　共 页　　招预12表

序号	规格名称	单位	人工(工日)							

图 6.40　辅助生产人工、材料、机械台班单位数量表格式

⑳计日工计算表(招预01-2-1表)

计日工计算表用于根据招标文件约定的计日工数量分析计算计日工单价和合价,格式见图6.41。

计日工计算表

建设项目名称：　　　　合同段：

编 制 范 围：　　　　招预01-2-1表

编号	名称	单位	数量	单价(元)	合价(元)	备注
一	劳务					
101	班长	h				
102	普通工	h				
103	焊工	h				
104	电工	h				
	……					

图 6.41　计日工计算表格式

(2)招标清单预算文件的编制

①公路主体工程(含机电设备购置)招标清单预算

公路主体工程(含机电设备购置)招标清单预算按照交通运输部公路工程概、预算编制办法和各省补充规定中预算费用组成计算各项费用,以公路工程预算定额和工程量清单计量与支付规则为依据。根据预算定额规定的各工程项目的人工、材料、机械台班消耗量和工程所在地当期的人工费工日单价、材料预算单价和机械台班单价,计算各工程项目的人工、材料、机械台班费用。招标文件中约定了甲供材、专项费用、暂定金额等对总预算费用有影响的,应按照招标文件中约定的费用计算原则计列;如招标文件约定的专项费用与概、预算编制办法中取费费率类别有重复时,清单预算应结合概、预算编制办法及招标文件的约定取合理方式之一计列,不得重复计算。

②附属区房建工程招标清单预算

附属区房建工程招标清单预算文件根据公路或建筑工程分部分项计价的特点,分别采用各专业定额,按相应预算编制办法编制,并结合招标文件的约定进行费用汇总。其中,建筑主体工程应以建设行业管理部门相关造价编制办法、定额标准等计价文件为依据,部分户外工程如大面积的混凝土路面、场地处理等应遵照公路工程预算编制办法及配套定额等计价文件依据编制预算。

③工程勘察设计招标清单控制价计算书

公路工程勘察设计招标清单控制价计算书应以工程勘察设计收费标准为依据，结合招标工程特点及地区市场价格实际合理确定。勘察设计费按照公路、桥梁、隧道、互通立交等类别分级取费计列，公路工程勘察设计规程常规范围内的勘察设计费按工程勘察设计收费标准中“公路工程勘察”和“交通运输工程设计”收费标准取费，超出常规范围的工程勘察（如地质灾害集中的山区公路、长大隧道、独立大桥梁、超宽测量、特殊地质勘探等）可按“通用工程勘察”收费标准取费。招标文件中另行约定的实际需要或另行提供相关服务收取的费用项目，如专题研究费、总体设计费、主体设计协调费等，招标人可根据招标项目实际情况合理确定。

④工程监理服务招标清单控制价计算书

工程监理服务招标清单控制价计算书以建设工程监理与相关服务收费管理规定为依据，结合招标工程特点、监理服务范围及地方市场价格情况合理确定。工程监理实际需要或另行提供相关服务的费用，招标人可以根据招标项目实际需要合理确定。

6.4 工程量清单文件编制信息化

6.4.1 清单文件编制流程

公路工程清单文件编制信息化是指按照标准化的清单文件体系和编制规则，利用计算机技术，开发清单文件编制软件，以达到简化清单文件编制和报表生成，提高文件编制效率，减少编制差错的目的。

根据公路建设项目清单文件表格组成，招标清单文件、清单预算文件、合同清单文件各表格之间逻辑关系如图 6.42～图 6.44 所示，相应的公路建设项目清单文件编制步骤如图 6.45 所示。

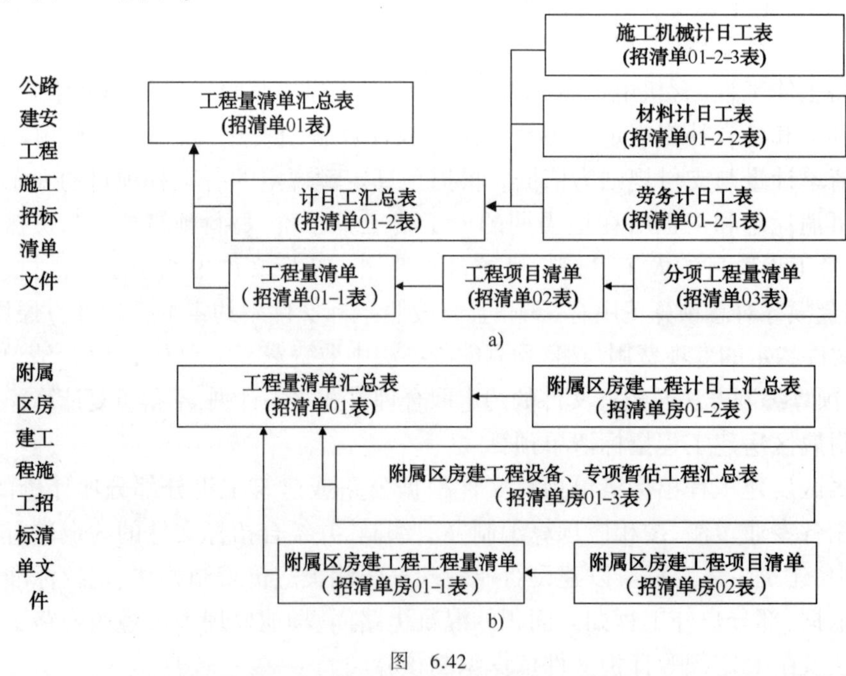

图 6.42

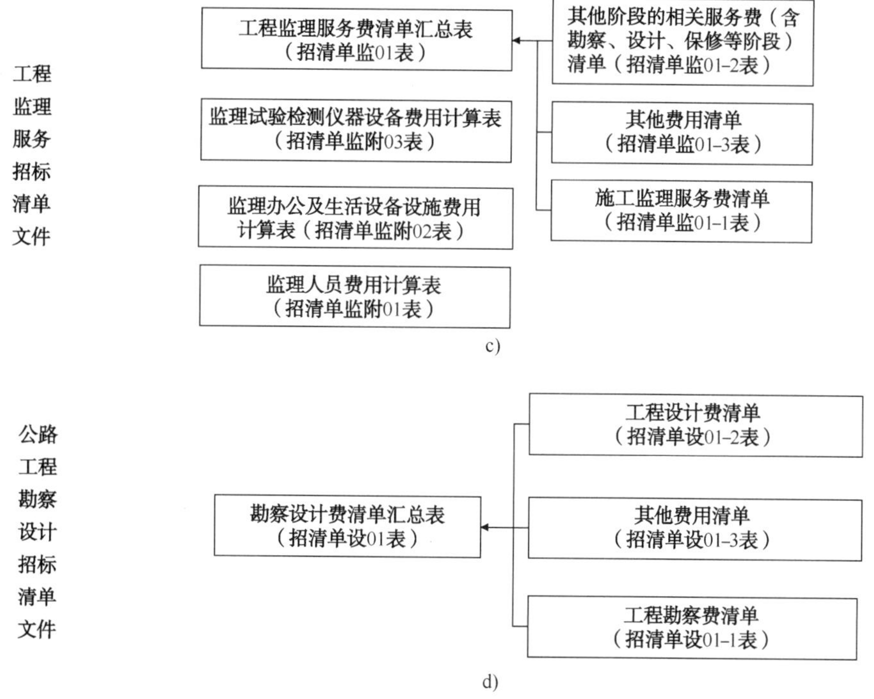

c)

d)

图 6.42　公路建设项目招标清单文件数据逻辑关系图

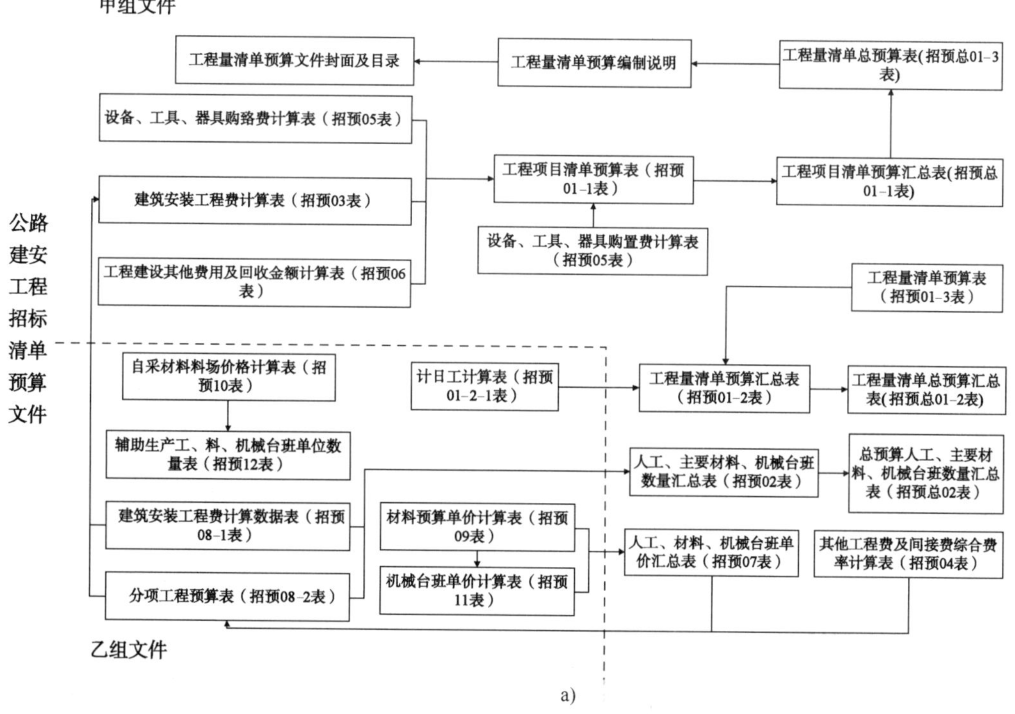

a)

图　6.43

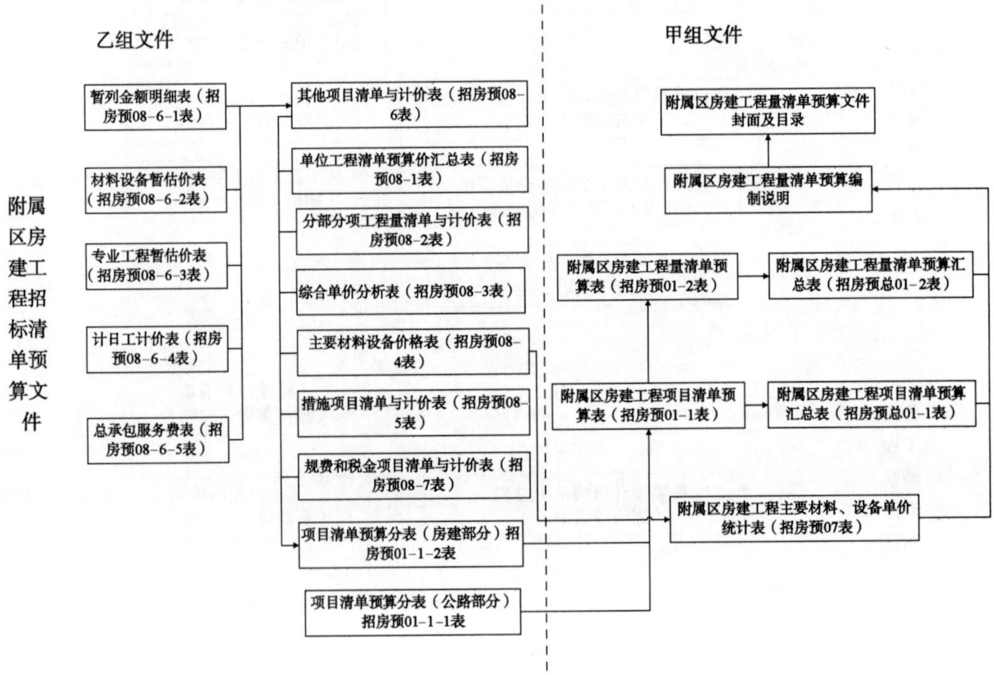

乙组文件
甲组文件
附属区房建工程招标清单预算文件
暂列金额明细表（招房预08-6-1表）
材料设备暂估价表（招房预08-6-2表）
专业工程暂估价表（招房预08-6-3表）
计日工计价表（招房预08-6-4表）
总承包服务费表（招房预08-6-5表）
其他项目清单与计价表（招房预08-6表）
单位工程清单预算价汇总表（招房预08-1表）
分部分项工程量清单与计价表（招房预08-2表）
综合单价分析表（招房预08-3表）
主要材料设备价格表（招房预08-4表）
措施项目清单与计价表（招房预08-5表）
规费和税金项目清单与计价表（招房预08-7表）
项目清单预算分表（房建部分）招房预01-1-2表
项目清单预算分表（公路部分）招房预01-1-1表
附属区房建工程量清单预算文件封面及目录
附属区房建工程量清单预算编制说明
附属区房建工程量清单预算表（招房预01-2表）
附属区房建工程量清单预算汇总表（招房预总01-2表）
附属区房建工程项目清单预算表（招房预01-1表）
附属区房建工程项目清单预算汇总表（招房预总01-1表）
附属区房建工程主要材料、设备单价统计表（招房预07表）

b)

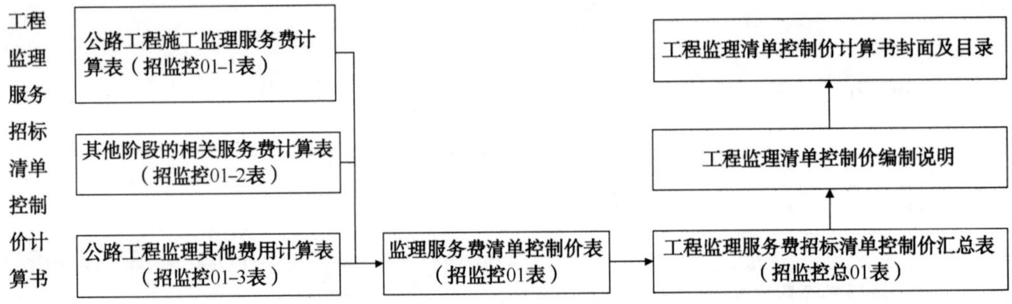

工程监理服务招标清单控制价计算书
公路工程施工监理服务费计算表（招监控01-1表）
其他阶段的相关服务费计算表（招监控01-2表）
公路工程监理其他费用计算表（招监控01-3表）
监理服务费清单控制价表（招监控01表）
工程监理服务费招标清单控制价汇总表（招监控总01表）
工程监理清单控制价编制说明
工程监理清单控制价计算书封面及目录

c)

公路工程勘察设计招标清单控制价计算书
工程勘察费清单计算表（招设控01-1表）
工程设计费清单计算表（招设控01-2表）
其他费用清单计算表（招设控01-3表）
勘察设计费清单控制价表（招设控01表）
勘察设计费清单控制价汇总表（招设控总01表）
勘察设计清单控制价编制说明
勘察设计清单控制价计算书封面及目录

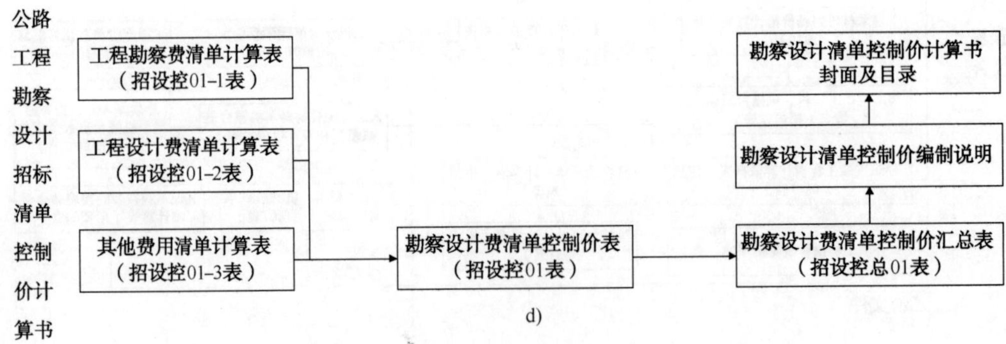

d)

图 6.43　公路建设项目招标清单预算文件数据逻辑关系图

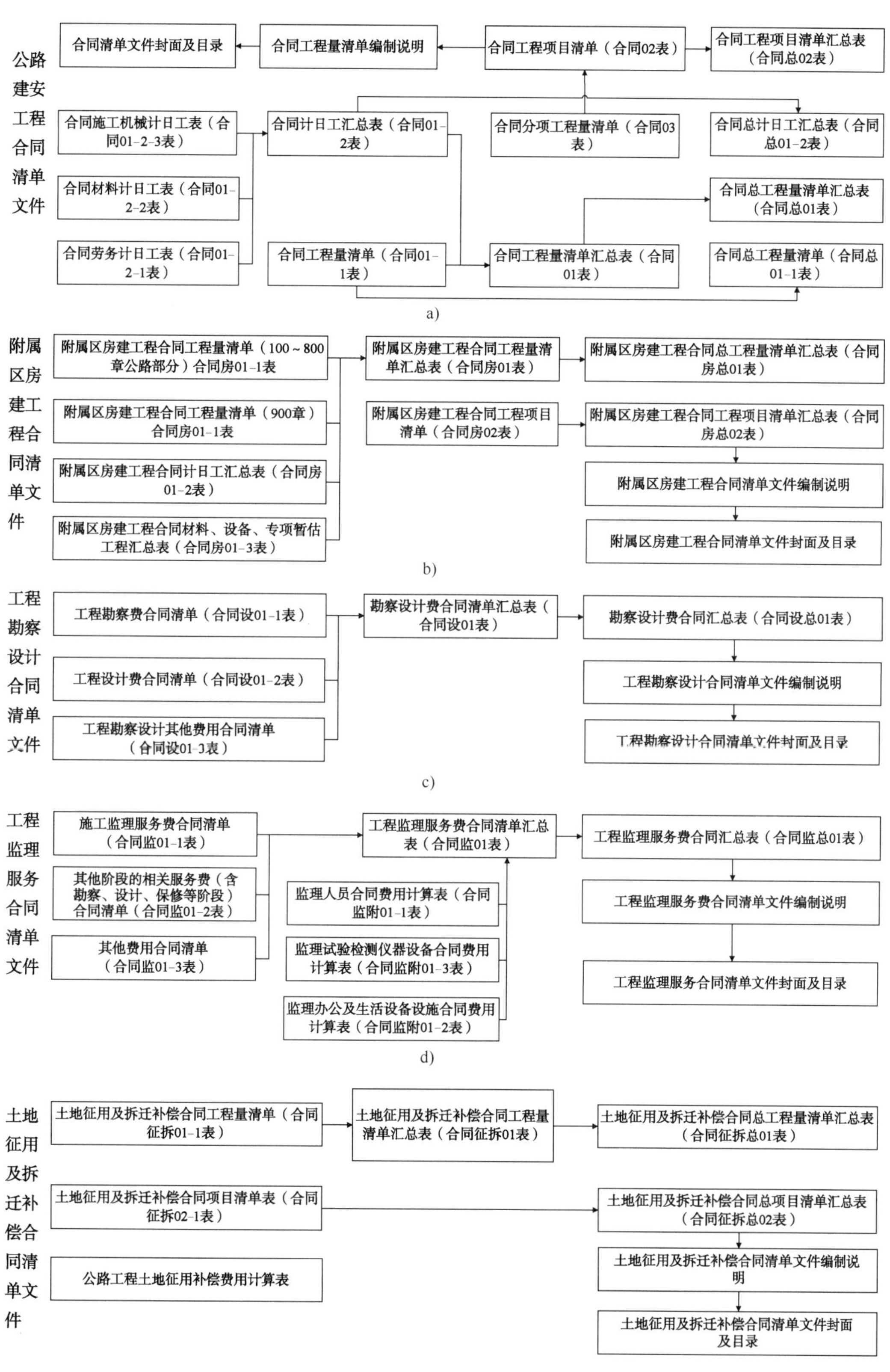

图 6.44　公路建设项目合同清单文件数据逻辑关系图

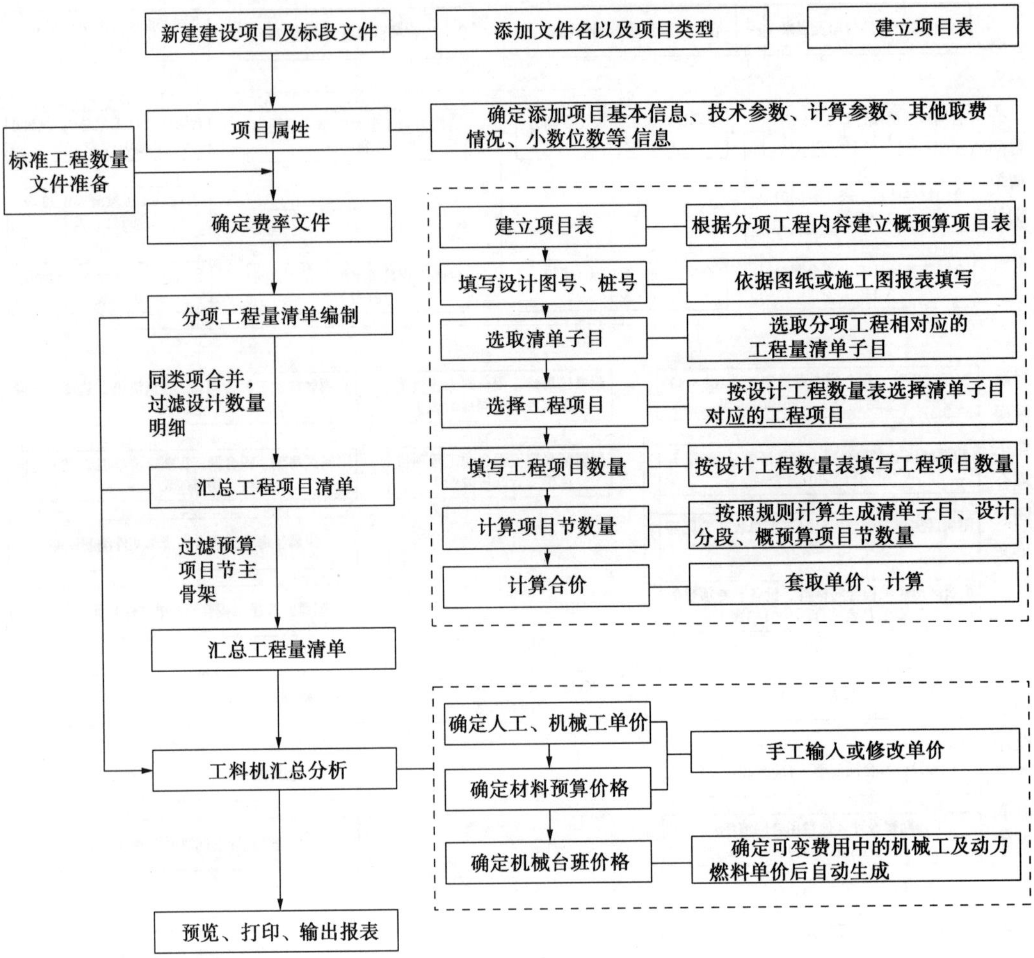

新建建设项目及标段文件 — 添加文件名以及项目类型 — 建立项目表

项目属性 — 确定添加项目基本信息、技术参数、计算参数、其他取费情况、小数位数等 信息

标准工程数量文件准备

确定费率文件

- 建立项目表 — 根据分项工程内容建立概预算项目表
- 填写设计图号、桩号 — 依据图纸或施工图报表填写
- 选取清单子目 — 选取分项工程相对应的工程量清单子目
- 选择工程项目 — 按设计工程数量表选择清单子目对应的工程项目
- 填写工程项目数量 — 按设计工程数量表填写工程项目数量
- 计算项目节数量 — 按照规则计算生成清单子目、设计分段、概预算项目节数量
- 计算合价 — 套取单价、计算

分项工程量清单编制

同类项合并，过滤设计数量明细

汇总工程项目清单

过滤预算项目节主骨架

汇总工程量清单

工料机汇总分析

- 确定人工、机械工单价；确定材料预算价格 — 手工输入或修改单价
- 确定机械台班价格 — 确定可变费用中的机械工及动力燃料单价后自动生成

预览、打印、输出报表

图 6.45　公路建设项目清单文件编制步骤

6.4.2　清单文件编制信息化实现

按照清单文件编制标准化要求，广东省开发了清单文件编制软件（广东公路造价编审系统）。软件界面前已介绍，这里不再赘述。

该软件的招标清单预算编制模块集成了工程量清单子目库、预算定额库、清单文件项目表和模板库，提供了汇总清单标准化报表功能。

（1）清单子目和预算定额库

清单编制模块存储了编制清单预算文件可能采用的各种工程量清单子目、部颁预算定额、各省地方补充定额、费率文件和其他行业相关定额，编制人员可以根据需要灵活添加。图 6.46 为编制人员选择添加部颁公路工程预算定额（2007）的操作界面。

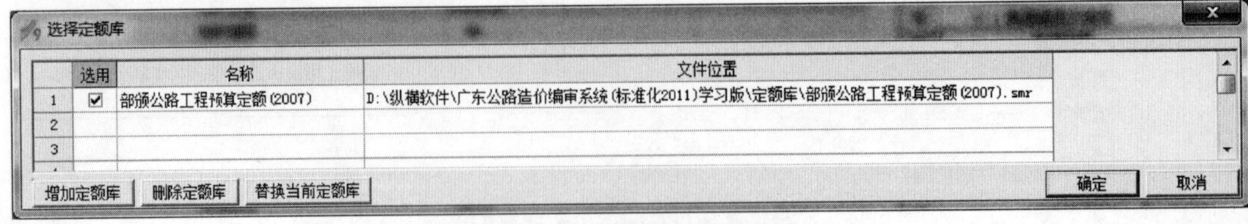

图 6.46　清单子目和预算定额库

(2)清单项目表及模板库

清单编制模块存储了工程量清单标准模板,工程项目清单标准模板,分项工程量清单标准模板,预算文件标准项目表,拆迁补偿费用清单、工程监理服务费清单、勘察设计费清单等项目表格式,编制人员可以根据编制需要添加使用。模块还建立了基于历史项目的文件模板库,编制人员可以选择类似项目的文件模板,在此基础上新建项目造价文件,提高编制效率。图 6.47 为是编制人员选择添加分项工程量清单标准模板的操作界面。

项目表 土地勘察监理

广东分项清单2011版

添加 挂接模板库 我的块模板库

查找下条 查找按编号 按名称

选用	编号	清单编号	名称	单位
□	⊟ 1		**第一部分 建筑安装工程费**	**公路公里**
□	⊟ 1-1		临时工程	公路公里
□	⊟ 1-1-1		临时道路	km
□	⊟	103-1	临时道路、便桥工程	
□		103-1-1	临时道路修建、养护与拆除(包括原道路的养扌	总额
□	⊞ 1-1-2		临时便桥	m/座
□	1-1-3		临时轨道铺设	km
□	⊞ 1-1-4		临时电力线路	km
□	⊞ 1-1-5		临时电讯线路	km
□	1-1-6		临时码头	座
□	⊞ 1-1-7		拌和设施安拆及其他临时工程	处/m²
□	⊞ 1-2		路基工程	km
□	⊞ 1-3		路面工程	km/m²
□	⊞ 1-4		桥梁涵洞工程	km
□	⊞ 1-5		交叉工程	处
□	⊞ 1-6		隧道工程	km/座
□	⊞ 1-7		公路设施及预埋管线工程	公路公里
□	⊞ 1-8		绿化及环境保护工程	公路公里
□	⊞ 1-9		管理、养护及服务房屋	公路公里/m²
□	⊞ 1-10		建安工程其他费用	公路公里
□	⊞ 2		**第二部分 设备及工具、器具购置费**	**公路公里**
□	⊞ 3		**第三部分 工程建设其他费用**	**公路公里**
□			**第一、二、三部分 费用合计**	**公路公里**
□	⊞		**预留费用**	**元**
□	⊞		**其他费用项目**	**项**
□			**建设期贷款利息**	**元**
□			**其中:回收金额**	**元**
□			**公路功能以外的工程费用(如有)**	**元**
□			**公路基本造价**	**公路公里**

图 6.47 清单项目表及模板库

(3)汇总清单标准化报表

清单编制模块可以通过编制招标清单预算文件,自动生成招标清单文件等标准化文件报表,方便编制单位上报。图 6.48 软件支持生成的招标清单文件报表体系。

同时,在开展公路工程设计文件工程数量编制标准研究和软件设计的基础上,利用纵横公路算量软件(广东专业版)与清单文件编制软件(广东公路造价编审系统)的对接,可以更方便、准确地由设计工程量生成清单文件。图 6.49 为公路工程算量软件界面。

1. 附表
- 【招预附表01】原始数据表
- 【招预附表02】补充定额表
- 【招预附表03】文件属性表
- 【招预附表04】新增工料机表
- 【招预附表05】总预算审核表
- 【招预附表06】造价文件编制质量评分表
- 【招预附表07】造价文件编制质量评分计算表
- 【招预附表08】主要材料费用权重对比表
- 【招预附表09】工程量清单审核比较表
- 【招预附表10】造价文件编制质量评分报告

2. 公路招标清单文件
- 【招清单】封面
- 【招清单】目录
- 【招清单01-1表】工程量清单
- 【招清单01-2-1表】劳务计日工表
- 【招清单01-2-2表】材料计日工表
- 【招清单01-2-3表】施工机械计日工表
- 【招清单01-2表】计日工汇总表
- 【招清单01表】工程量清单汇总表
- 【招清单02表】工程项目清单
- 【招清单03表】分项工程量清单

3. 定制表
- 【招清单02】工程项目清单(含单价和合价值)
- 【招清单03】分项工程量清单(含单价和合价值)

图 6.48　软件支持生成的招标清单文件报表体系

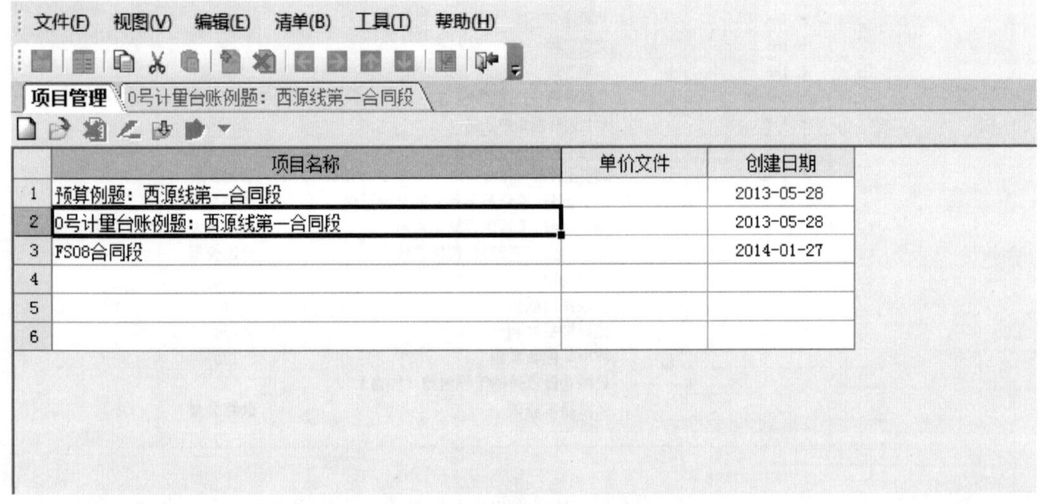

图 6.49　纵横公路算量软件操作界面示意图

6.4.3　示例

下面以公路主体工程招标清单预算编制为例，演示如何利用公路工程算量软件和造价编制软件编制招标清单预算文件的过程。

(1)第一步：启动纵横公路算量软件，新建项目合同段

进入公路工程算量软件主界面，点击 ，新建项目，见图 6.50。

项目管理

	项目名称	单价文件	创建日期
1	预算例题：西源线第一合同段		2013-05-28
2	0号计量台账例题：西源线第一合同段		2013-05-28
3	FS08合同段		2014-01-27
4			
5			
6			

图 6.50　项目管理界面

新建项目合同段，见图 6.51。

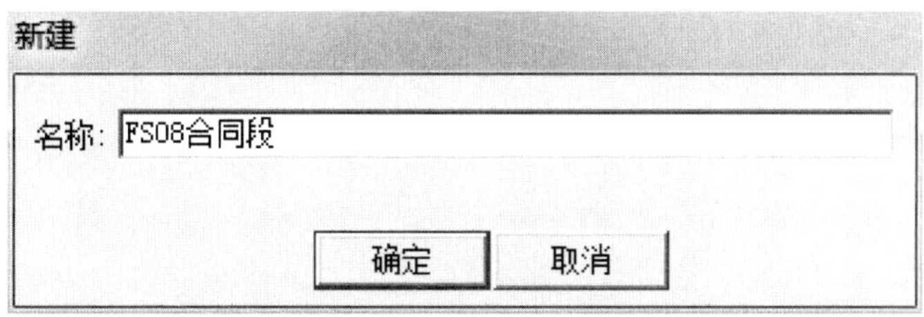

图 6.51　新建项目合同段界面

点击 确定 进入图纸设计量算界面，见图 6.52。

图 6.52　图纸设计量算界面

(2)第二步：导入某分项工程的标准工程数量表

在“图表目录”选择要导入的标准工程数量表，见图 6.53。

(3)第三步：定义表格模板并生成全树结构

利用软件中标准表格结构定义功能，对标准工程数量表格进行定义并生成树形表。同时，对表格属性栏和边界进行设置。定义的表格模板见图 6.54。

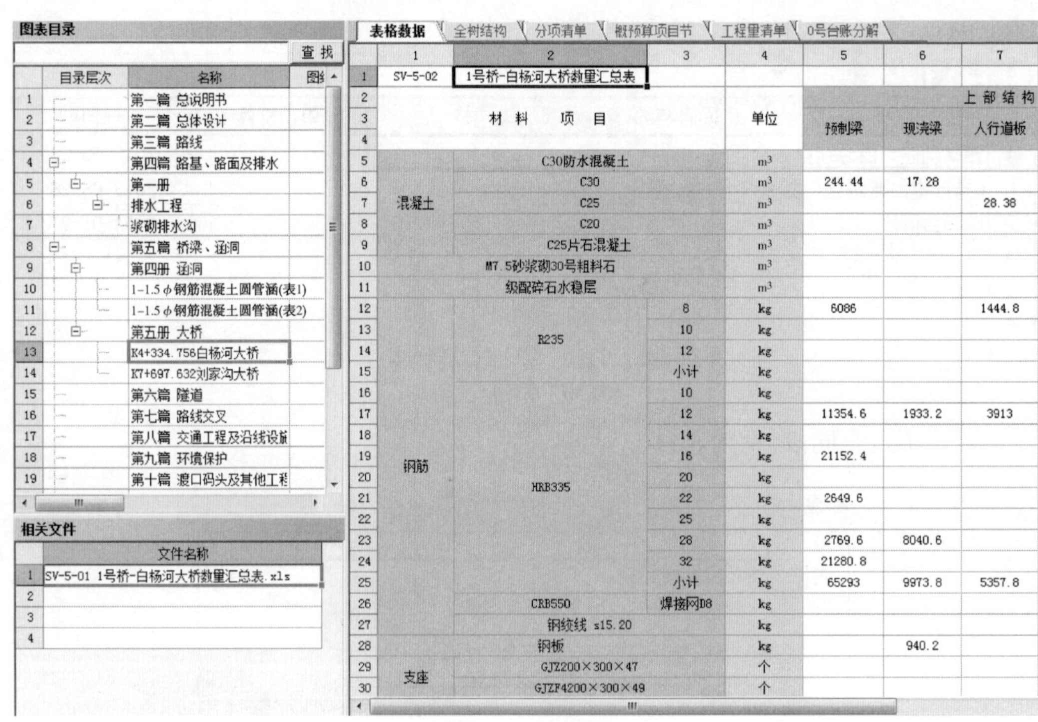

图 6.53 图表目录界面

SV-5- 1号桥-

项目	材料		单位	上部结构						附属结构			下部结构							合计
				预制梁	现浇梁	人行道板	路缘石	桥面铺装	护栏	支座挡块垫石	泄水管	搭板	桥墩 盖梁	桥墩 墩柱	桥墩 桩基	桥墩 系梁	台帽	U形桥台 台身	U形桥台 基础	
混凝土	C30防水混凝土		m³					51.24												51.24
	C30		m³	244.44	17.28					4.96		21.2	48.27	95.23			9.36			440.74
	C25		m³			28.38	8.48		10.84						133.83	18.15		43		224.53
	C20		m³									10.6								10.6
	C25片石混凝		m³															608.1	185.26	793.36
M7.5砂浆砌30号粗料			m³																	
级配碎石水稳层			m³									10.6								10.6
钢筋	R235	8	kg	6086		1444.8	966.7	636.6	1169.6	77.2						227				10607.
		10	kg																	
		12	kg							2116.7										2116.7
		小计	kg																	
	HRB335	10	kg																	
		12	kg	11354.	1933.2	3913	1611.2	341	1350.2			67.2	4283	2136.1	3065.5		512			30567
		14	kg																	
		16	kg	21152.								1201.6		263.6	33.5					22651.
		20	kg									1780.8				2037.8	894.1			4712.7
		22	kg	2649.6																2649.6
		25	kg							367.2			4604.5	12129.	9260.9					26361.
		28	kg	2769.6	8040.6															10810.
		32	kg	21280.																21280.
		小计	kg	65293	9973.8	5357.8	2577.9	977.6	2519.8	2561.1		3049.6	8887.5	14529	12359.	2264.8	1406.2			131758
	CRB550	焊接网	kg																	
钢绞线			kg																	
钢板			kg		940.2					916.2										1856.4
支座	GJZ200×300		个							80										8
	GJZF4200×		个							8										8
锚具	BMI5-5		个																	
	15-9		个																	
	15-10		个																	
波纹管			m																	
40型伸缩缝			m																	
60型伸缩缝			m							17										17
PVC管			m								72									72
人行道地砖			块																	
填料			m³															264.3		264.3
挖方		土方	m³																198	233
		石方	m³																282	351

图 6.54 定义的表格模板

软件按预先设置自动生成对应分项工程的全树结构,如图 6.55 所示。

(4)第四步:编制分项工程量项目表

在右侧标准化清单项目表中查找勾选与左侧全树结构各项工程内容对应的条

目，见图 6.56。对于标准化模板中缺项的工程内容，可在编制界面手动添加预算项目节或清单子目。

表格数据 | 全树结构 | 分项清单 | 概预算项目节 | 工程量清单 | 0号台账分解

显示至… 表达式：

	层次	图纸名称	单位	图纸数量(D)	标准编号	名称	单位	清单数量(A)	数量1(B)	数量2(C)	指标名称	设计指标
1	⊟	混凝土										
2	⊟	C30防水混凝土										
3	⊟	m^3										
4	⊟	上部结构										
5		桥面铺装		51.24								
6	⊟	C30										
7	⊟	m^3										
8	⊟	上部结构										
9		预制梁		244.44								
10		现浇梁		17.28								
11	⊟	附属结构										
12		支座挡块垫石		4.96								
13		搭板		21.2								
14	⊟	下部结构										
15	⊟	桥墩										
16		盖梁		48.27								
17		墩柱		95.23								
18	⊟	U形桥台										
19		台帽		9.36								
20	⊟	C25										

图 6.55 全树结构界面

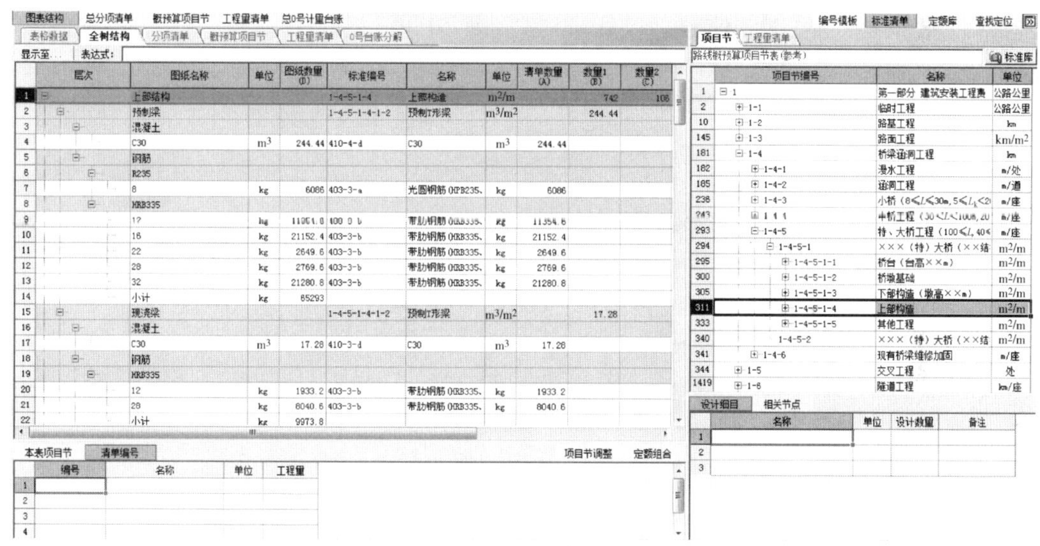

图 6.56 编制分项工程量项目表

(5)第五步：汇总生成清单文件

根据编制需要，点击“分项清单”、“概预算项目节”、“工程量清单”等选项，系统自动汇总生成分项工程量清单、工程项目清单或工程量清单。图 6.57 是生成分项工程量清单示例。

(6)第六步：导出分项工程量清单

点击“文件”→“导出 Excel 原始数据”选项，将在纵横公路算量软件下编制完成的分项工程量清单存储在指定位置，见图 6.58。

(7)第七步：启动招标清单预算编制软件，新建项目及标段文件

在软件主界面选择“文件”→“新建项目文件”，点选“三级清单预算”，编辑基本信息，见图 6.59。

表格数据 | 全树结构 | 分项清单 | 概预算项目节 | 工程量清单 | 0号台账分解

	项目节编号	清单编号	名称	单位	清单数量	设计数量1	设计数量2
1	1		第一部分 建筑安装工程费	公路公里			
2	1-4		桥梁涵洞工程	km		0.106	
3	1-4-5		大桥工程	m/座		106	1
4	1-4-5-1		K4+334.756白杨河大桥	m^2/m		742	106
5	1-4-5-1-1		桥台（台高××m）	m^2/m		110.5	13
6	1-4-5-1-1-1		桥台基础	m^3/处		185.26	2
7		404-1	干处挖土方	m^3	198		
8		404-3	干处挖石方	m^3	282		
9		410-1	混凝土基础(包括支撑梁、桩基承台,但不包括t	m^3			
10		410-1-m	C25片石混凝土	m^3	185.26		
11	1-4-5-1-1-2		桥台台身	m^3/处		651.1	2
12		204-1	路基填筑(包括填前压实)				
13		204-1-g	结构物台背回填	m^3	264.3		
14		410-2	混凝土下部结构	m^3			
15		410-2-c	C25	m^3	43		
16		410-2-m	C25片石混凝土	m^3	608.1		
17	1-4-5-1-1-3		桥台搭板	m^3/处		21.2	2
18		304-2	搭板、埋板下水泥稳定土底基层	m^3	10.6		
19		312-1	水泥混凝土面板				
20		312-1-a	厚150mm C混凝土弯拉强度...MPa)	m^2	70.667		
21		403-4	附属结构钢筋				

图 6.57　生成分项工程量清单

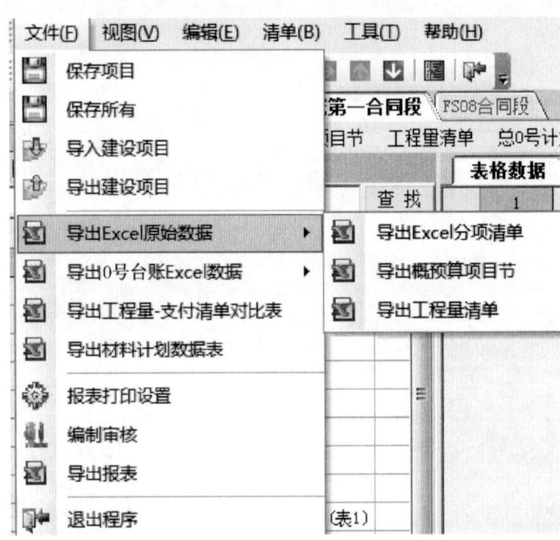

图 6.58　导出分项工程量清单

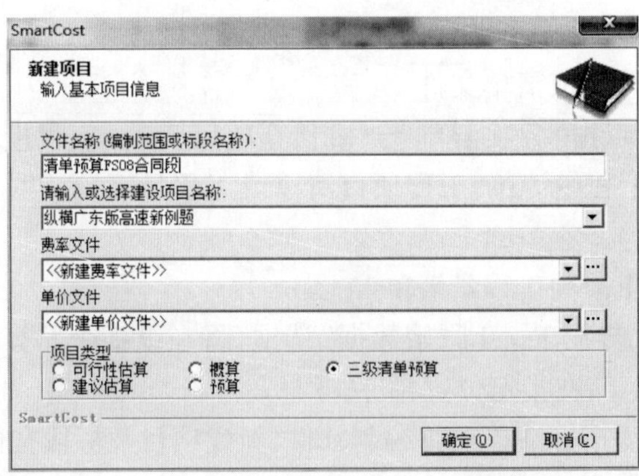

图 6.59　新建项目及标段文件界面

(8)第八步:编辑项目属性信息

点击"文件"→"项目属性"选项,进入项目文件属性界面,编辑项目信息,见图6.60。

图6.60 项目文件属性界面

(9)第九步:设置费率

点选左侧功能区"费率"选项,转入费率设置界面。选择"费率标准"及项目条件

(如冬季施工、雨季施工、夜间施工等),软件自动列出各施工项目费率,见图 6.61。用户也可以对费率进行手动调整。

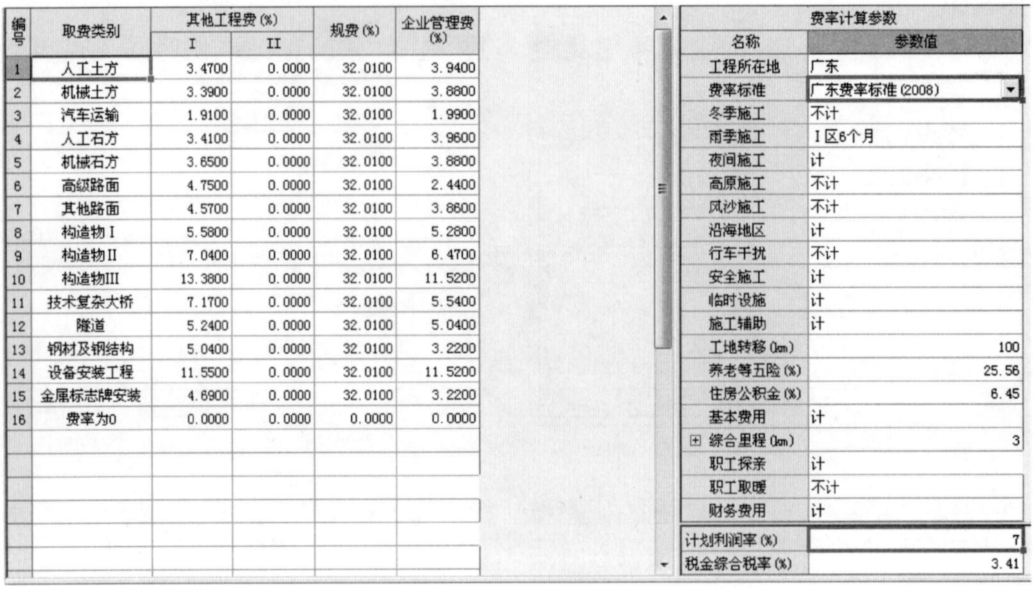

编号	取费类别	其他工程费(%)		规费(%)	企业管理费(%)
		I	II		
1	人工土方	3.4700	0.0000	32.0100	3.9400
2	机械土方	3.3900	0.0000	32.0100	3.8800
3	汽车运输	1.9100	0.0000	32.0100	1.9900
4	人工石方	3.4100	0.0000	32.0100	3.9600
5	机械石方	3.6500	0.0000	32.0100	3.8800
6	高级路面	4.7500	0.0000	32.0100	2.4400
7	其他路面	4.5700	0.0000	32.0100	3.8600
8	构造物I	5.5800	0.0000	32.0100	5.2800
9	构造物II	7.0400	0.0000	32.0100	6.4700
10	构造物III	13.3800	0.0000	32.0100	11.5200
11	技术复杂大桥	7.1700	0.0000	32.0100	5.5400
12	隧道	5.2400	0.0000	32.0100	5.0400
13	钢材及钢结构	5.0400	0.0000	32.0100	3.2200
14	设备安装工程	11.5500	0.0000	32.0100	11.5200
15	金属标志牌安装	4.6900	0.0000	32.0100	3.2200
16	费率为0	0.0000	0.0000	0.0000	0.0000

费率计算参数	
名称	参数值
工程所在地	广东
费率标准	广东费率标准(2008)
冬季施工	不计
雨季施工	I区6个月
夜间施工	计
高原施工	不计
风沙施工	不计
沿海地区	计
行车干扰	不计
安全施工	计
临时设施	计
施工辅助	计
工地转移(km)	100
养老等五险(%)	25.56
住房公积金(%)	6.45
基本费用	计
综合里程(km)	3
职工探亲	计
职工取暖	不计
财务费用	计
计划利润率(%)	7
税金综合税率(%)	3.41

图 6.61　设置费率界面

(10)第十步:导入分项工程量清单

选择左侧功能区"造价书"选项,进入招标清单预算编制界面,见图 6.62。

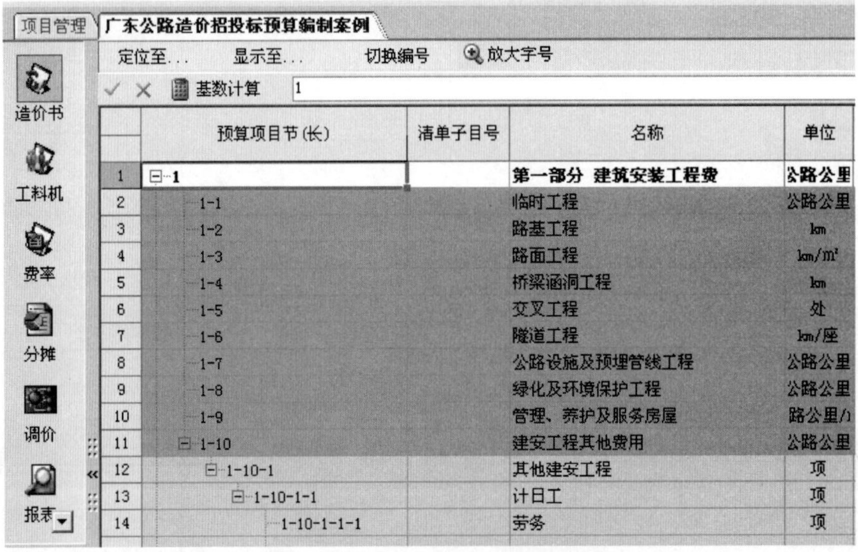

项目管理　广东公路造价招投标预算编制案例

造价书　工料机　费率　分摊　调价　报表

定位至...　显示至...　切换编号　放大字号

基数计算　1

	预算项目节(长)	清单子目号	名称	单位
1	1		第一部分 建筑安装工程费	公路公里
2	1-1		临时工程	公路公里
3	1-2		路基工程	km
4	1-3		路面工程	km/m²
5	1-4		桥梁涵洞工程	km
6	1-5		交叉工程	处
7	1-6		隧道工程	km/座
8	1-7		公路设施及预埋管线工程	公路公里
9	1-8		绿化及环境保护工程	公路公里
10	1-9		管理、养护及服务房屋	路公里/
11	1-10		建安工程其他费用	公路公里
12	1-10-1		其他建安工程	项
13	1-10-1-1		计日工	项
14	1-10-1-1-1		劳务	项

图 6.62　招投标清单预算编制界面

导入在纵横公路算量软件中已编制完成并已导出的分项工程量清单,见图 6.63。

(11)第十一步:套用预算定额

招标清单运算项目节确定后,从预算定额库选择套用每项工程量对应计价所需相应定额,见图 6.64。

逐项设置定额工程量,调整费率类型,见图 6.65。

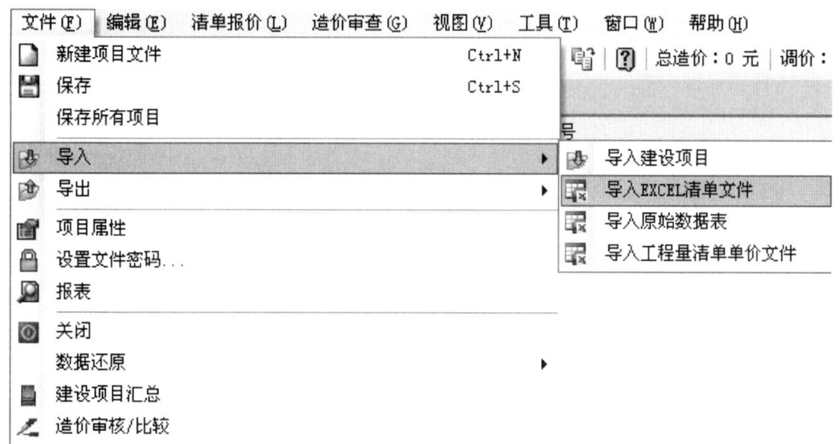

图 6.63　导入界面

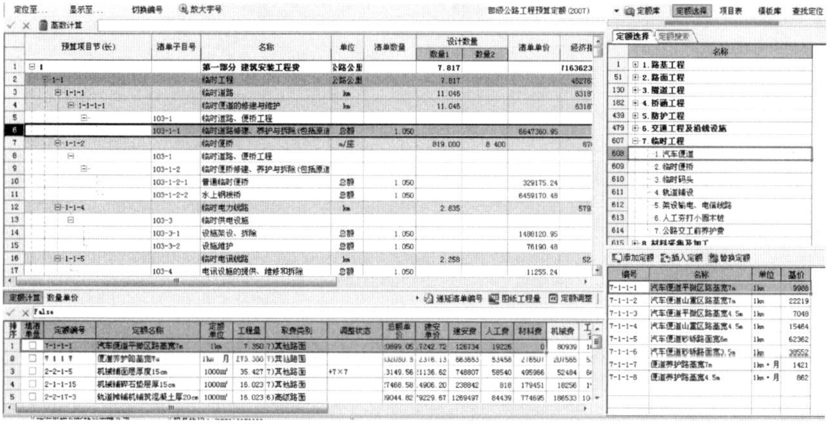

图 6.64　套用预算定额界面

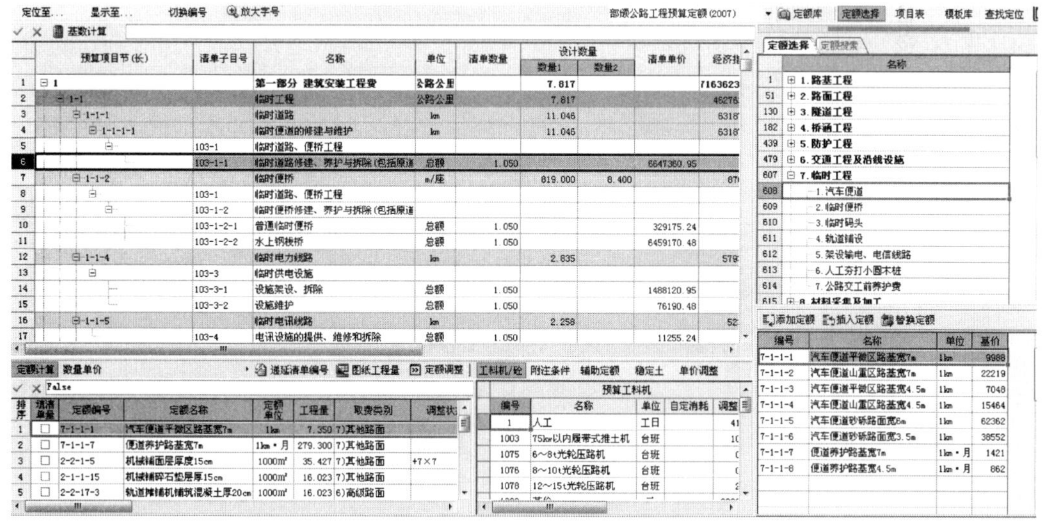

图 6.65　调整费率界面

(12)第十二步:设置工料机单价

选择左侧功能区“工料机”选项,进入工料机单价设置界面。在预先获取人工工日价格、各项材料价格信息后,对人工、材料、机械台班等“预算单价”进行录入,见图 6.66。

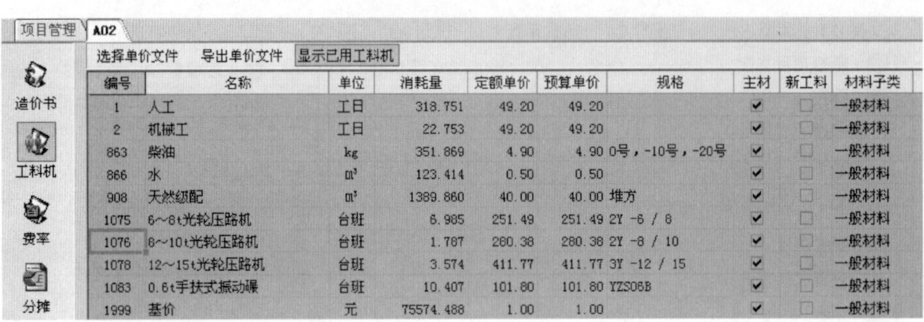

图 6.66　设置工料机单价

(13)第十三步:特定项目费用分摊

选择左侧功能区“分摊”选项,对拌和站、预制场等临时工程或其他需要分摊的项目进行智能分摊,见图 6.67。

图 6.67　特定项目费用分摊界面

设置分摊项目及分摊条件,见图 6.68。

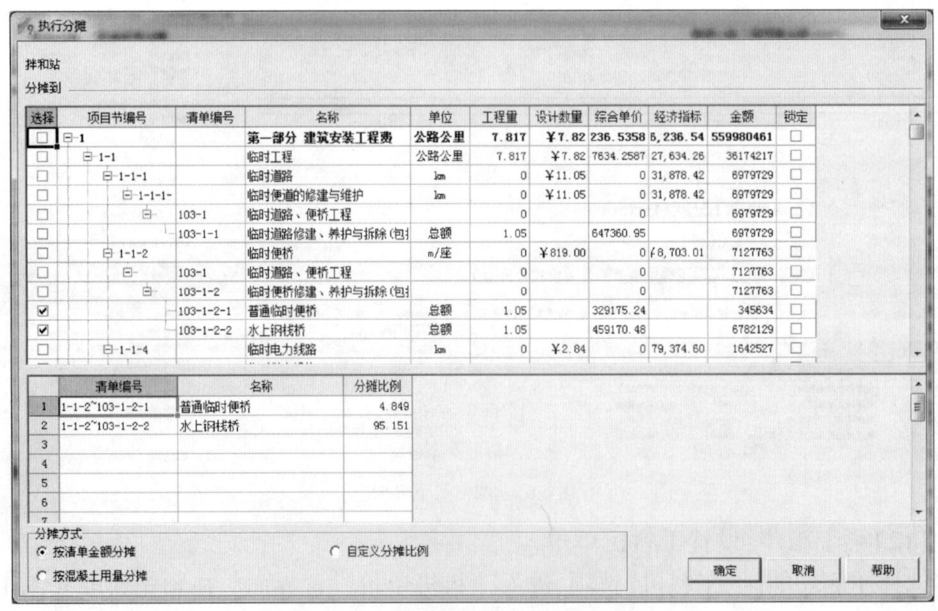

图 6.68　设置分摊项目及分摊条件界面

生成分摊结果,见图 6.69。

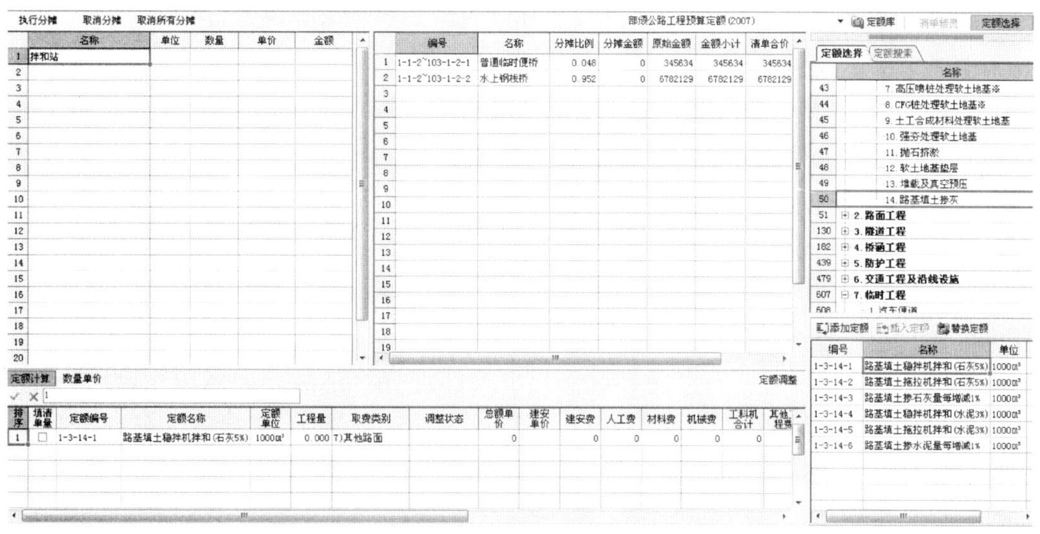

图 6.69　生成分摊结果界面

(14)第十四步:汇总生成招标清单预算报表

点击左侧功能区"报表"选项,汇总生成招标清单预算文件报表。此外,也可根据需要,软件自动汇总生成招标清单文件报表等,见图 6.70。

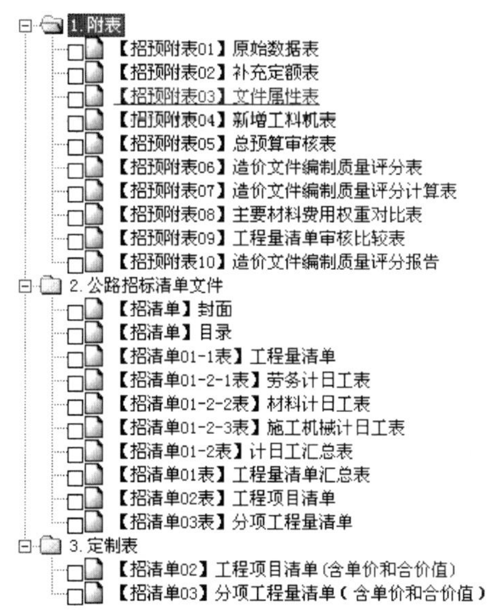

图 6.70　汇总生成招标清单预算报表

6.5　清单文件编制标准化与信息化优势

成功地将信息化技术引入到招标阶段造价文件编制,使三级清单体系得以在招标阶段阶段的造价管理中有效应用,解决了工程概预算体系和市场清单计价体系的信息顺接,从而为施工阶段、交竣工阶段的合同管理、设计变更审批、工程结算乃至竣工决算的确定,提供了纽带,全过程一体化造价管理才能得以实现。

6.5.1 制定设计文件工程数量标准，提高设计信息采集效率，利于造价控制

交通运输部《公路工程基本建设项目设计文件编制办法》对设计工程数量数据信息的展示方式未作明确规定，不同设计单位编制的设计文件中工程数量表现方式不一、差异较大，人工采集设计工程量信息工作量大，效率低，出错率较高；设计阶段对建设管理的信息需求也可能考虑不足；同类设计方案可比较的信息提取口径不一，比较效率低。兼顾建设管理和造价控制的需求，在设计阶段，设计形成标准、规范的设计工程数量表，有利于各设计单位之间的同类工程方案的比较，有利于行业主管部门在审批、决策时，有效通过经济、技术指标，较直观地做出对比和判断，合理确定工程规模和技术标准。设计工程数量标准化与市场计价（清单模式）有效对接，有利于利用信息化、计算机技术实现数据的形成，大幅度提高设计效率，解决目前存在三级清单编制复杂的问题，也便于项目管理者清晰地了解工程分部分项工程组成，有效处理工程设计变更和控制工程造价。

6.5.2 建立三级清单体系，实现定额计价与清单计价的统一

通过建立由工程量清单、工程项目清单、分项工程量清单组成的三级清单体系，将部颁工程量清单一级模式转换为三级模式，建立了公路工程预算体系、合同清单体系和设计图纸工程量体系的有机、统一关系，实现了公路工程定额计价与市场计价的有效结合。工程量清单以便于统一计量支付工作内容来划分子目，工程项目清单按照常规公路工程设计部位或分部分项工程来划分项目节，分项工程量清单在工程项目清单项目节划分基础上加入设计图纸相关信息，通过定义不同展现形式的清单及其编制原则，建立层级管理，实现从设计图纸工程量到工程计量支付清单量之间的无缝对接，实现概、预算管理与合同清单管理的无缝对接，清晰地展现公路工程从设计到实施的工程量和费用变化关系，达到有效开展公路建设项目全过程造价管理的目的。三级清单体系的建立为公路工程全过程造价管理的实现提供了技术手段，也可满足行业管理部门造价监管和建设管理者对造价管控的需求。

6.5.3 规范清单子目体系，实现科学划分造价组成

基于科学计价目标，结合公路项目招标经验，标准设计增加了机电、房建等工程的工程量清单子目类别及配套计量支付规则，对部颁范本中总则、路基、路面、桥隧、交通安全、绿化等章节的工程量清单子目进行了细化和补充，使之更符合公路建设项目特点。

（1）对部颁工程量清单“600 章　安全设施及预埋管线”章节按科学分类原则，进行了调整，并增加了“800 章　机电工程”和“900 章　附属区房建工程”章节

将部颁清单体系“600 章　安全设施及预埋管线”中“人（手）孔”、“紧急电话平台”、“管道工程”、“收费亭”、“地下通道”、“预埋管线”、“架设管线”等子目调整到新增的“800 章　机电工程”中。

新增 800 章　机电工程，按收费系统、通信系统、监控系统、软件、通风消防系统、

供配电照明系统、防雷接地系统、管道工程、备品备件及专用工具、测试设备等分类设置工程量清单子目，清单子目划分遵循设备功能独立性、类似项目统一性、主要项目固定性的原则。

新增900章　附属区房建工程，划分为房屋建筑安装工程、收费天棚、收费岛等部分。根据房建工程归属于公路项目的附属工程这个特点，明确规定为管理、养护、服务房建场区建设所进行的大规模场地平整土石方、排水、防护、场地清理、路面等工程，应参照公路工程工程量清单的子目划分计量计价。而房屋建筑工程、园林、设备安装、零星的清理场地等工程应参照建设行业主管部门发布的清单编制规定划分子目计量计价。

(2)在部颁工程量清单表基础上增加了"备注栏"，以建立清单子目编码规则

部颁清单体系没有对工程量清单子目的编号、子目名称提出设置规则，只是以示例形式展现，编制人员可以根据各自理解和编制方便自由增加，随意性大，不利于对比。标准化设计后，三级清单表均增加了"备注栏"，用于说明清单子目增减原则。招标人可以结合建设项目管理的实际需要，按规定的清单子目编号和名称设置规则，细化、补充需要的清单子目，列入工程量清单、工程项目清单和分项工程量清单中。制订编码规程更有利于造价对比和合理控制。

(3)对部颁清单部分内容进行了修订

结合公路建设管理特点，从推进公路工程造价管理标准化和规范化的角度，结合工程量清单固化和可通过计算机技术实现清单子目自动编码等功能需要，重新设计工程量清单子目，实现统一编码与穷举。标准化设计是在保留部颁清单体系已有清单子目编号和名称的基础上，系统地对部分子目进行了增补、细化、调整和合并。使标准化设计后的清单子目体系更规范、更清晰地反映了与分项分部工程造价技术经济指标的对应，也便于利用计算机技术开展清单编审、预算编审工作，极大提高了造价管理效率。

①新增

a.按用途增加子目

例如，考虑大中修及改扩建项目需要，在部颁范本工程量清单100章下增加"102-5 交通管制经费"子目；考虑机电工程特点，在部颁范本工程量清单100章下增加"105 专项费用"子目，并按照用途细分为"105-1 联合设计经费"、"105-2 培训经费"、"105-3 联网收费专项费用"、"105-4 外接电专项费用"、"105-5 工厂测试与监造"等子目。

b.按结构物新增

例如，在部颁范本工程量清单"202-3 拆除结构物"下，增加"202-3-4 拆除标志牌"、"202-3-5 拆除隔离栅"、"202-3-6 拆除波形护栏"、"202-3-7 拆除金属结构"等子目。

c.按施工方法新增

例如，在部颁范本工程量清单"205-1 软土地基处理"下，增加"预应力混凝土管桩"、"高压旋喷桩"、"素混凝土桩"、"高液限土处理"、"气泡轻质土"等较常使用的

设计方案对应的清单子目。

d.按使用材料新增

例如,在部颁范本工程量清单“309-1 细粒式沥青混凝土”、“309-2 中粒式沥青混凝土”、“309-3 粗粒式沥青混凝土”子目的基础上,按照工程使用材料增加“砂砾式沥青混凝土”、“细粒式沥青碎石混合料”、“中粒式沥青碎石混合料”、“粗粒式沥青碎石混合料”、“特粗粒式沥青碎石混合料”等子目类型。

②细化

取消子目编号中的字母分类,均以数字递进识别,更有利于信息化利用和建立编码规则。

a.按结构物类型细化

例如,对部颁范本工程量清单“103-1 临时道路修建、养护与拆除(包括原道路的养护费)”子目按道路、便桥细分子目,增加“103-1-1 临时道路修建、养护与拆除(包括原道路的养护费)”子目和“103-1-2 临时便桥修建、养护与拆除”等子目。

b.按结构物规格细化

例如,在部颁范本工程量清单“202-2-a 水泥混凝土路面”子目下,按照路面厚度,细分为“202-2-1-1 挖除不等厚的水泥混凝土路面”、“202-2-1-2 挖除 50mm 内厚水泥混凝土路面”、“202-2-1-3 挖除 60mm 厚水泥混凝土路面”;“在 205-1-f 袋装砂井”子目下,按照直径,细分为“205-1-5-1∮50mm 以内”、“205-1-5-2∮50-60mm”等子目。

c.按使用材料细化

例如,在部颁范本工程量清单“204-1-g 结构物台背回填”子目下,按照回填材料类型,细分为“204-1-7-1 回填石屑”、“204-1-7-2 回填碎石”、“204-1-7-3 回填砂、砂砾”、“204-1-7-4 回填粗粒土”等子目。

d.按施工组织方法细化

例如,在部颁范本工程量清单“410-7 预制混凝土附属结构”子目下,为满足不同施工组织需求,按照施工工序,细分“410-7-1 安装混凝土附属结构”、“410-7-2 运输混凝土附属结构”、“410-7-3 预制混凝土附属结构”、“混凝土附属结构(含预制、安装、运输)”等子目。

e.按施工工艺细化

例如,在部颁范本工程量清单“502-3-c 种植草皮”子目下,按照施工工艺,细分“铺草皮”、“三维网植草”、“喷播草灌”等子目。

③调整

a.按使用材料调整

将部颁范本工程量清单“207-2 M…浆砌片石排水沟”调整为按混凝土、浆砌等砌体材料划分子目,分为“浆砌片石排水沟”、“浆砌块石排水沟”、“混凝土预制块排水沟”、“现浇混凝土排水沟”;将部颁范本工程量清单“302-2 石灰稳定土垫层”按厚度划分子目,调整为按石灰含量分子目,划分为“石灰含量 3%内稳定土垫层”、“石灰含量 3%~4%稳定土垫层”,再在此基础上按厚度进一步划分子目。

b.按结构物规格调整

例如，将部颁范本工程量清单“垫层”按照材料划分子目，如碎石垫层、砂砾垫层、水泥稳定土垫层、石灰稳定土垫层，调整为按照垫层厚度划分等厚垫层和不等厚垫层子目，再在此基础上按照材料划分为碎石垫层、砂砾垫层、水泥稳定土垫层、石灰稳定土垫层。又如，将部颁范本工程量清单“704-2 人工种植灌木”按照灌木类型划分子目，调整为按照冠幅划分子目，重新划分为“冠幅 80cm 以内”、“冠幅 80～120cm 以内”等子目。

c.按施工部位调整

将部颁范本工程量清单“405-1 钻孔灌注桩（ϕ…mm）”按照桩径划分子目，调整为按照施工位置划分子目，划分为“陆上钻孔灌注桩”、“水中钻孔灌注桩（一般江河）”、“水中钻孔灌注桩（海洋）”子目。在此基础上，再按照结构物规格孔深 60m 以内、孔深 60m 以上和桩径进一步划分子目。

d.按工程类别调整

将部颁范本工程量清单按涵洞直径或横截面长×宽划分子目，调整为按涵洞分项工程类别划分子目，具体划分为“涵基开挖”、“涵洞基础垫层”、“涵管涵身混凝土基础”、“涵管涵身浆砌片（块）石基础”、“涵洞洞口基础”、“涵洞洞口墙身”、“涵洞洞口、洞内铺砌及截水墙”、“预制安装运输混凝土圆管”等子目。

④合并

考虑工程管理习惯，对部颁范本工程量清单“101-1 保险费”子目进行了合并，不再细分“按合同条款规定，提供建筑工程一切险”和“按合同条款规定，提供第三者责任险”子目。

6.5.4 规范造价文件组成，理清计价线索

根据公路工程建设项目招标内容分类及其特点，在招标阶段分为公路主体工程（含机电设备购置）、附属区房建工程、勘察设计、工程监理四类清单文件和清单预算文件。在合同签订阶段，根据招标分类，结合公路工程造价组成特点，公路主体工程（含机电设备购置）、公路附属区房建工程、工程勘察设计、工程监理服务、征地拆迁补偿等均是构成公路工程基本造价的主要内容，对上述五类合同内容分类制定合同清单文件。这样分类制定造价文件，突出了不同工程内容造价组成的特征，更加符合对应工程的价值规律。

对于清单预算文件，目前国家层面并没有专门规定明确其形式和内容，从理清造价组成，还原数据来源的角度，针对不同招标内容，分类制定招标清单预算文件格式，有利于行业管理人员快速判断清单预算合理性，有效控制招投标及合同行为，合理核定工程造价。

6.5.5 创新编制工具，提高造价文件编审质量和效率

开发了公路工程算量软件和清单文件编制软件，降低了清单文件编制难度，大幅度减少人工采集数据工作量，提高了清单文件编制质量和编制效率。

公路工程算量软件通过自动读取EXCEL格式的设计工程数量表,实现定额工程量、清单工程量的自动统计。将招标工程清单预算、招标工程量清单编制过程从大量手工采集统计设计工程量的工作中解放出来,避免了人为错漏,极大简化了工程量的统计过程和清单文件编制。

清单编制软件能够通过网络自动更新标准清单、概、预算项目表和计量支付规则;建立了清单子目模板库,可以直接套用模板库中类似项目的清单子目体系,或在此基础上进行修改;清单编号具有递延功能,新增清单子目时,输入项目费用名称,自动生成清单子目号,避免手工修改的随意性;具有与EXCEL格式良好的兼容性,可以将EXCEL格式的横向数据,复制转置为分项工程量清单设计细目所需的竖向数据,数据填录操作方便;单价计算实时更新,智能套用定额;具有"反向调价"功能,能够已知总价反算调价系数。清单调价可深入原始数据,批量调整定额工料机消耗量、单价、费率。这些特点都极大地提高了清单文件的编制效率和质量。

本章小结

本章重点介绍了公路工程设计文件工程数量编制标准、工程量清单编制标准,以及招标阶段使用的工程量清单文件编制标准和招标清单预算文件编制标准。讨论了设计文件工程数量标准表和"三级清单"之间的相互关系。介绍了开发的标准化招标阶段造价文件编制软件功能并对使用方法进行了示例。分析了招标阶段造价文件编制方法和编制工具创新后的优势。

7 施工阶段造价文件编制标准化与信息化

在公路建设过程中,自然和社会经济条件的变化、建设工程规模的调整、勘察设计深度不够等原因,都可能会造成对已批准的初步设计文件、技术设计文件或施工图设计文件进行修改、完善的设计变更事项。对于工程设计变更,原交通部颁布了《公路工程设计变更管理办法》,明确了公路工程重大、较大设计变更实行审批制,一般设计变更实行项目法人审查制。建设单位在申报重大、较大设计变更时,应当组织编制设计变更预算文件;在建设管理过程中,应及时建立公路工程设计变更管理台账,定期对设计变更情况进行汇总,及时掌握建设项目投资总体变化情况。

施工过程中,一方面,建设单位需要及时掌握工程投资动态,合理调配建设资金的使用,确保工程进度合理、质量合格;另一方面,根据原交通部《公路建设监督管理办法》规定,使用财政性资金安排的公路建设项目,交通运输行政主管部门应当对公路建设资金的筹集、使用和管理实行全过程监督检查,重点检查是否严格执行概、预算管理规定,有无高估冒算、虚报冒领情况,有无非法扩大建设成本的问题。因此,建立公路工程造价管理台账,十分必要。

施工阶段,涉及施工、设计、监理、材料供应、咨询各方的合同计量计价、设计变更、工程结算,造价确定方式多样,造价管理工作烦琐而复杂,对该环节主要造价文件形式进行规范,充分利用信息化技术处理工程造价问题,对提高建设管理效率颇有意义。建设单位出于提升管理绩效的需要,也会主动开展造价文件标准化信息化建设工作。

7.1 工程设计变更造价文件编制标准化与信息化

公路工程设计变更如果涉及工程造价变化,需要编制相应的工程造价文件,合理确定设计变更引起的费用增减,这也是工程结算、竣工决算的重要依据。工程设计变更造价文件按照设计变更类型(重大、较大、一般设计变更)和变更审批管理方式不同,可分为工程变更费用清单文件、工程设计变更预算文件和工程设计变更概算文件。按照全过程一体化造价管理的需要,从文件组成、编制方法等方面进行标准化设计。

7.1.1 工程变更费用清单文件

(1)工程变更费用清单文件组成

工程变更费用清单文件主要是项目管理单位按发包人、承包人双方合同约定的变更工程计价原则编制的计量计价文件,其反映的是工程变更前后的合同费用变化情况。一般来说,在两种情况下采用清单文件形式,一种情况是一般设计变更的造价文件,另一种情况是虽不涉及设计变更,但根据双方合同中有关变更的条款约定,可以对合同价格进行变化的,一般也采用清单文件形式。

工程变更费用清单文件原则上按单个变更工程进行编制,如变更内容类似或者同桩号范围内的变更时,可以同时按多个变更工程合并成单次编制。当需要进行标段的变更工程汇总和整个项目的变更工程汇总时,应分标段编制。单个合同段工程变更费用清单文件组成如图 7.1 所示。

图 7.1 单个合同段工程变更费用清单文件组成

①工程变更统计表

工程变更统计表用于汇总合同段全部工程变更申报及批准情况。表格主要内容参见图 7.2。

工程变更统计表																
建设项目名称:				合同段:												
编制单位:				截止日期:								第 页	共 页			
序号	变更工程名称	变更原因及主要内容	工程变更意向				工程变更批复(重大、较大变更)				合同变更确认情况					备注
											承包人申报情况		项目管理单位确认情况			
			上报文号	批复单位	批复文号	是否立项	上报文号	批复单位	批复文号	增减费用(元)	申报单编号	增减费用(元)	变更令编号	批复文号	增减费用(元)	
1	2	3	4	5	6	7	8	9	10	11	12	13	14	15	16	17
一	重大变更															
1																
	……															

图 7.2 工程变更统计表格式

②工程变更台账表

工程变更台账表用于分类汇总合同段全部变更工程的原因、工程量、批复费用等信息。表格主要内容参见图 7.3。

③工程变更总工程量清单对比表(变更总比 01 表)

工程变更总工程量清单对比表用于反映工程量清单体系下,某合同段工程或整个建设项目工程变更前后及增减的工程数量、单价、合价。该表与合同清单有较好的契合性。表格主要内容参见图 7.4。

工程变更台账表											
建设项目名称:			合同段:								
编 制 范 围:			截止日期:							第 页	共 页
序号	变更日期	变更工程名称	变更原因及主要内容	主要工程量	变更令编号	变更性质	批复变更费用(元)			变更依据(附件)	备注
							原合同	变更后	净(增)减		
1	2	3	4	5	5	7	8	9	10	11	12
一		临时工程									
1											
二		路基工程									
1	2010-9-16	K12+580软土路基处理	K12+580处排污水沟处理:1、清淤换填 2、回填砂(砾)垫层		A08-BL001		9550368	9638442	88074	三方联测确认	
三		路面工程									
1											
四		桥涵工程									
1											
五		交叉工程									
		……									
九		管理、养护及服务房屋									
1											
十		其他建安工程									
1											
		合计									

图 7.3 工程变更台账表

工程变更总工程量清单对比表												
建设项目名称:			合同段(或建设项目):									
编 制 范 围:			截止时间:				第 页	共 页				变更总比01表
子目号	子目名称	单位	原施工图设计			工程变更后施工图设计			工程变更增(减)			备注
			数量	单价(元)	合价(元)	数量	单价(元)	合价(元)	数量	单价(元)	合价(元)	
101	总则											
101-1	保险费	总额										
102	工程管理											
102-1	竣工文件	总额										
	……											

图 7.4 工程变更总工程量清单对比表格式

④工程变更总工程项目清单对比表(变更总比 02 表)

工程变更总工程量清单对比表用于反映工程项目清单体系下,某合同段工程或整个建设项目工程变更前后及增减的工程数量、单价、合价。该表与合同工程项目清单有较好的契合性。表格主要内容参见图 7.5。

工程变更总工程项目清单对比表																		
建设项目名称:				合同段(或建设项目):														
编 制 范 围:				截止时间:							第 页	共 页						变更总比02表
项目节细目号	清单子目号	工程或费用名称	单位	原施工图设计					工程变更后施工图设计					工程变更增(减)				
				清单数量	设计数量		单价(元)	合价(元)	清单数量	设计数量		单价(元)	合价(元)	清单数量	设计数量		单价(元)	合价(元)
					数量1	数量2				数量1	数量2				数量1	数量2		
1		第一部分 建筑安装工程费	公路公里															
1-1		临时工程	km															
1-1-1		临时道路	km															
	103-1	临时道路、便桥工程																
	103-1-1	临时道路修建、养护与拆除	总额															
…		……																

图 7.5 工程变更总工程项目清单对比表格式

⑤工程变更新增清单子目单价汇总表(变更总 07 表)

工程变更新增清单子目单价汇总表用于汇总某合同段全部变更工程清单新增子目及其单价。表格主要内容参见图 7.6。

⑥工程变更工程量清单对比表(变更比 01 表)

工程变更工程量清单对比表用于反映工程量清单体系下,某项变更工程变更前后的工程数量、单价、合价及净增减额。该表中子目号、名称、单位与合同清单编制规则相同,与之有较好的契合性。表格主要内容参见图 7.7。

工程变更新增清单子目单价汇总表								
建设项目名称:		合同段（或建设项目）：						
编 制 范 围:		截止日期:			第 页	共 页		变更总07表
子目号	子 目 名 称	单位	总数量	单价（元）	总合价（元）	单价（元）		
						××变更	××变更	××变更
1	2	3	4	5	6	7	8	9
101	总则							
101-1	保险费	总额						
	……							

图 7.6 工程变更新增清单子目单价汇总表格式

工程变更工程量清单对比表												
建设项目名称:			合同段:									
编 制 范 围:			变更令号:					第 页	共 页			变更比01表
子目号	子目名称	单位	原施工图设计			工程变更后施工图设计			工程变更增（减）			备注
			数量	单价（元）	合价（元）	数量	单价（元）	合价（元）	数量	单价（元）	合价（元）	
101	总则											
101-1	保险费	总额										
102	工程管理											
102-1	竣工文件	总额										
102-2	施工环保费	总额										
	……											

图 7.7 工程变更工程量清单对比表格式

⑦工程变更工程项目清单对比表(变更比 02 表)

工程变更工程量清单对比表用于反映工程项目清单体系下,某项变更工程变更前后的工程数量、单价、合价及净增减额。该表中项目节、子目编号、名称、单价与合同项目清单编制规则相同,与之有较好的契合性。表格主要内容参见图 7.8。

工程变更工程项目清单对比表																			
建设项目名称:				合同段:															
编 制 范 围:				变更令号:			第 页	共 页											变更比02表
项目节细目号	清单子目号	工程或费用名称	单位	原施工图设计					工程变更后施工图设计					工程变更增（减）					备注
				清单数量	设计数量		单价（元）	合价（元）	清单数量	设计数量		单价（元）	合价（元）	清单数量	设计数量		单价（元）	合价（元）	
					数量1	数量2				数量1	数量2				数量1	数量2			
1		第一部分 建筑安装工程费	公路公里																
1-1		临时工程	公路公里																
1-1-1		临时道路	km																
	103-1	临时道路、便桥工程																	
…		……																	

图 7.8 工程变更工程项目清单对比表格式

⑧工程变更新增清单子目单价表(变更 07 表)

新增清单子目单价一直是工程变更审批时主要内容,工程变更新增清单子目单价表用于反映某项变更工程中新增清单子目单价、合价和单价确定方式,一般来说,新增清单子目单价的确定原则应遵循合同约定。表格主要内容参见图 7.9。

工程变更新增清单子目单价表							
建设项目名称:		合同段:					
编 制 范 围:		变更令号:		第 页	共 页		变更07表
子目号	子 目 名 称	单位	数量	单价	合价	计算方式	备注
101	总则						
101-1	保险费	总额					
	……						

图 7.9 工程变更新增清单子目单价表格式

⑨工程变更分项工程量清单造价对比表(变更比 03 表)

工程变更分项工程量清单造价对比表用于反映分项工程量清单体系下,某项变更工程变更前后工程数量、单价、合价及净增减额。该表是核定变更工程费用的基础数据表,变更比 01 表和变更比 02 表均由此表而来。表格主要内容参见图 7.10。

工程变更分项工程量清单造价对比表

建设项目名称: 合同段:

编 制 范 围: 变更令号: 第 页 共 页 变更比03表

项目节细目号	清单子目号	工程或费用名称	单位	原施工图设计					工程变更后施工图设计					工程变更增（减）					备注
				清单数量	设计数量		单价（元）	合价（元）	清单数量	设计数量		单价（元）	合价（元）	清单数量	设计数量		单价（元）	合价（元）	
					数量1	数量2				数量1	数量2				数量1	数量2			
1		第一部分 建筑安装工程费	公路公里																
1-1		**临时工程**	公路公里																
1-1-1		临时道路	km																
	103-1	临时道路、便桥工程																	
	103-1-1	临时道路修建、养护与拆除(包括原道路的养护费)	总额																
		新建便道	km																
		利用地方道路便道维护	km																
…		……																	

图 7.10 工程变更分项工程量清单造价对比表格式

(2)工程变更费用清单文件的编制

工程变更费用清单文件仍然是按照"三级清单"体系编制,其基础是发包人与承包人签订的合同工程量清单文件,计价依据是合同条款,其中变更工程新增单价应按合同条款中约定的计价方式确定。

一般而言,公路工程施工合同文本中,确定变更工程新增单价的方式主要有:原有合同单价、可参照类似合同单价、同一项目其他合同段类似单价、变更工程预算的上(下)浮价以及实际成本分析价等。而工程变更的工程量的确定应以变更设计文件或承、发包人共同认可,经监理核定为准。

7.1.2 工程设计变更预算文件

工程设计变更预算文件是按照工程重大、较大设计变更应实行审批制的要求而编制的造价文件,也是项目管理单位与承包人开展工程变更、工程结算的依据性资料。

(1)工程设计变更预算文件组成

公路工程设计变更预算文件由三部分组成:变更净增(减)预算、变更后设计预算、原设计预算。具体内容如图 7.11 所示。

工程设计变更预算文件中的变更后设计预算、原设计预算文件均应按照《公路工程基本建设项目概算预算编制办法》编制,表格样式与预算文件相应表格相同,详见第 5 章。本章重点介绍设计变更净增(减)预算文件表格样式。

①总预算对比表(变更预比 01 表)

总预算对比表用于反映预算体系下,某项变更工程变更前后的工程数量、单价、合价及净增减额。表格主要内容参见图 7.12。

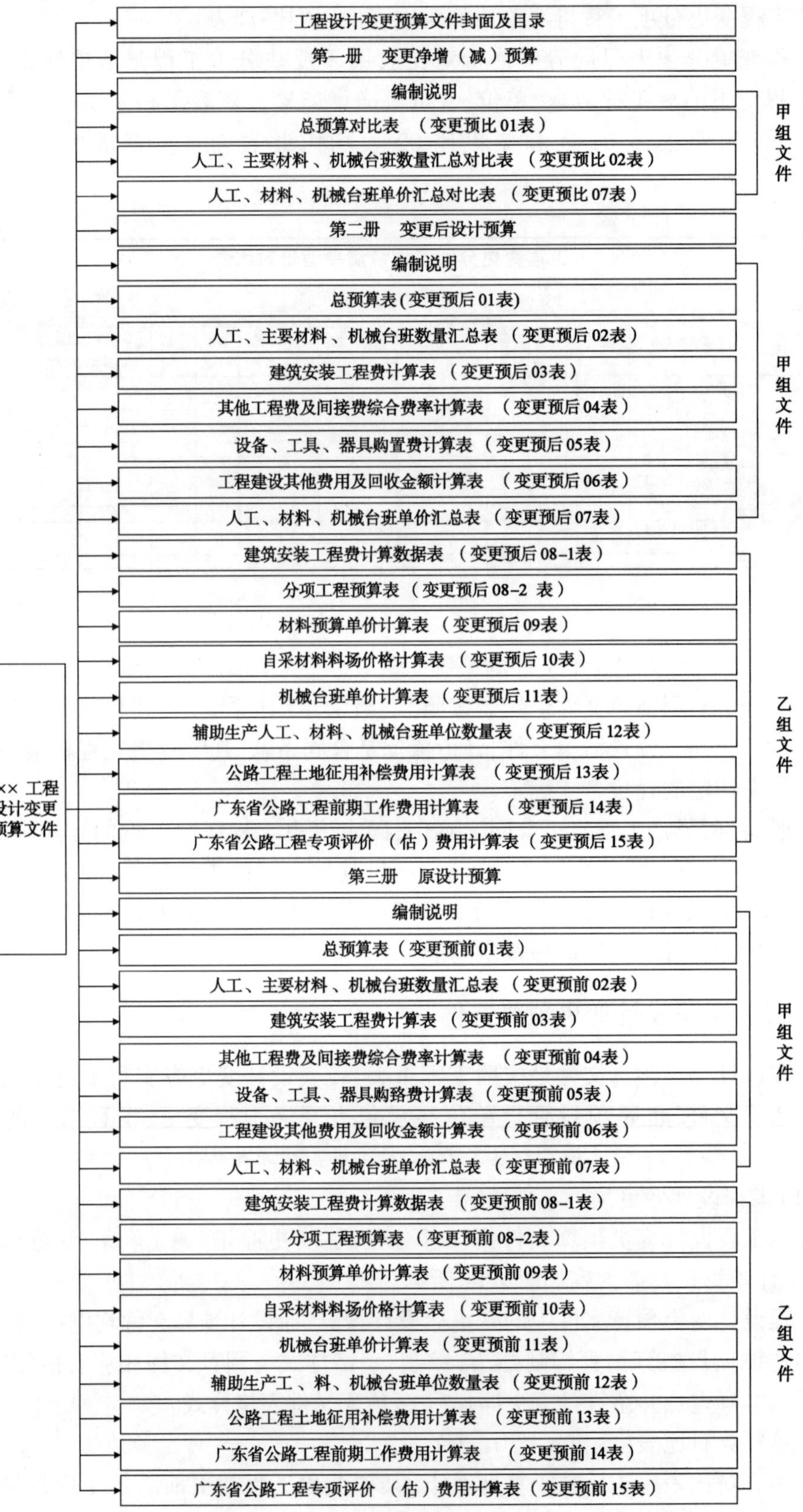

图 7.11　公路工程设计变更预算文件组成

总预算对比表																
建设项目名称:																
编 制 范 围:						变更编号:					第 页	共 页				变更预比01表
项	目	节	细目	工程或费用名称	单位	原施工图设计			设计变更后施工图设计			变更增(减)			备 注	
						数量	技术经济指标	合价(元)	数量	技术经济指标	合价(元)	数量	技术经济指标	合价(元)		
1				2	3	4	5	6	7	8	9	10=7-4	11=12/10	12=9-6	13	
				第一部分 建筑安装工程费	公路公里											
一				临时工程	km											
	1			临时道路	km											
				……												

图 7.12 总预算对比表格式

②人工、主要材料、机械台班数量汇总对比表(变更预比 02 表)

人工、主要材料、机械台班数量汇总对比表用于汇总分析某项变更工程人工、主要材料、机械台班变更前后数量及净增减额。表格主要内容参见图 7.13。

人工、主要材料、机械台班数量汇总对比表						
建设项目名称:						
编 制 范 围:		变更编号:	第 页		共 页	变更预比02表
序号	规格名称	单 位	原施工图设计	设计变更后施工图设计	变更增(减)	备注
			总数量	总数量	总数量	
1	2	3	4	5	6=5-4	7

图 7.13 人工、主要材料、机械白班数量汇总对比表格式

③人工、材料、机械台班单价汇总对比表(变更预比 07 表)

人工、材料、机械台班单价汇总对比表用于汇总分析某项变更工程人工、主要材料、机械台班预算价格变更前后值及差异值。表格主要内容参见图 7.14。

人工、材料、机械台班单价汇总表							
建设项目名称:							
编 制 范 围:		变更编号:			第 页	共 页	变更预比07表
序号	名 称	单位	代号	原设计预算单价(元)	设计变更后预算单价(元)	差异(元)	备注
1	2	3	4	5	6	7=6-5	8
1	人工	工日	1	48.80			
2	机械工	工日	2	48.80			
37	原木	m^3	101	750.00			
38	锯材	m^3	102	1050.00			
39	光圆钢筋	t	111	4200.00			
40	带肋钢筋	t	112	4200.00			
41	型钢	t	182	4250.00			
	…….						

图 7.14 人工、材料、机械台班单价汇总表格式

(2)工程设计变更预算文件编制

工程设计变更预算文件应按单项设计变更工程进行编制,在变更内容类似或者同桩号范围内的变更,也可以同时按多项设计变更工程合并编制。工程设计变更预算文件应按照标准化的预算文件编制办法、工程预算定额编制,采用的人工工日单价、材料预算单价和机械台班单价原则上应和已审批的施工图预算或者已核备的招标控制价采用的价格水平一致。

7.1.3 工程设计变更概算文件

工程设计变更概算文件主要是当工程设计变更超出初步设计工程规模,为便于

审批调整初步设计方案而编制的工程设计变更造价文件。其文件组成与工程设计变更预算文件相同,格式应按照标准化概算文件编制办法编制。

7.1.4 工程设计变更造价文件编制信息化

工程设计变更费用文件和概、预算文件编制信息化设计与前篇相关章节内容基本相同,不一一赘述。

值得注意的是,工程设计变更是公路工程实施期建设管理的重要内容,其信息化建设更多应依靠高速公路建设项目信息管理系统开展,一方面要与建设管理单位的管理流程相匹配,另一方面要兼顾交通运输行业主管部门(含造价管理机构)审批流程需求,要高效实现设计变更工程量和造价信息数据的良好交互。因此,建设管理单位往往需就其现有的信息管理系统做适度改进,以适应此项需求。

此外,工程设计造价文件的信息化建设的重点、难点是对各类工程设计变更造价的汇总。一个高速公路建设工程,其设计变更动辄上百上千项,数据汇总量大且对数据规范性要求高,信息化建设的成败即取决于能否快速、高效、准确实现数据的汇总。

7.2 造价管理台账编制标准化与信息化

为反映公路工程项目从初步设计至工程完工期间工程造价的动态变化,使工程实施阶段造价主要信息得到较全面地反映,需要建立从设计概算、施工图预算、合同价格、结算到预估决算之间的对比关系。此外,在项目实施阶段,交通运输行政主管部门及其造价管理机构出于造价监管职责,需要及时、动态掌握公路工程建设的基本概况,招标、工程变更、合同支付、从业人员执业、批复设计概算的执行等情况,这就要求项目管理单位需要制订简洁的图表,较全面反映上述信息。目前,各省还没有一套系统、全面反映上述信息的管理报表。

造价管理标准化设计根据管理需求,结合广东省开展多年公路工程造价监督检查工作的经验,制订了一套管理表格,称为公路工程造价管理台账,以满足管理需要。项目管理单位在开工后按规定格式、内容及时建立公路工程造价管理台账,并定期进行动态维护、数据更新。

公路工程造价管理台账按照全过程一体化造价管理的需要,从项目表组成、造价台账文件组成、编制方法等三个方面进行了标准化设计。

7.2.1 台账项目表

公路工程造价管理台账项目表标准化是以初步设计概算、施工图预算、合同项目清单、工程决算等各阶段造价项目对比能形成闭合数据链为主线,综合建设项目实施过程中的管理需求,将公路建设项目的设计概算、施工图预算、变更费用、竣工决算按统一的项、目、节、细目的层级拆分,以实现各阶段造价数据的可对比。图 7.15 是公路工程造价管理台账项目表部分内容示例。

广东省公路工程造价管理台账项目表						
项	目	节	细目	工程或费用名称	单位	备注
				第一部分　建筑安装工程费	公路公里	指建设项目路线总长度(主线长度)
一				临时工程	公路公里	指建设项目路线总长度(主线长度)
	1			临时道路	km	指新建便道与利用原有道路的总长
				……		
				第二部分　设备及工具、器具购置费	公路公里	
				……		
				第三部分　工程建设其他费用	公路公里	
				……		
				第一、二、三部分费用合计	公路公里	
				预留费用	元	
				其他费用项目	项	按费用项目分列
				建设期贷款利息	元	
				公路基本造价	公路公里	第一、二、三部分费用合计+预留费用+其他费用项目+建设期贷款利息
				公路功能以外的工程费用(如有)	元	
				项目总造价	元	公路基本造价+公路功能以外的工程费用(如有)

图 7.15　公路工程造价管理台账项目表示例

7.2.2　台账文件组成

公路工程造价管理台账由项目基本情况表、工程造价台账表、中标价与业主控制价对比表、工程变更统计表、工程变更台账表、设计概算台账表、造价从业人员工作业绩统计表等内容组成。编制各表格的数据来源于初步设计、施工图设计、合同、变更等各阶段的造价文件及其他文件。广东省公路工程造价管理台账组成结构如图 7.16 所示。

(1)公路工程项目基本情况表(台账 01 表)

公路工程项目基本情况表主要用于反映建设项目工可估算、初步设计概算、调整概算(如有)、施工图预算的审批情况,参建各方(建设管理、设计、监理、施工单位)主要信息以及项目资金来源和落实情况。通过此表,可以大致了解项目重要信息。表格主要内容参见图 7.17。

(2)公路工程造价台账表(台账 02 表)

公路工程造价台账表用于综合反映统计期概算、预算、合同清单、工程变更以及

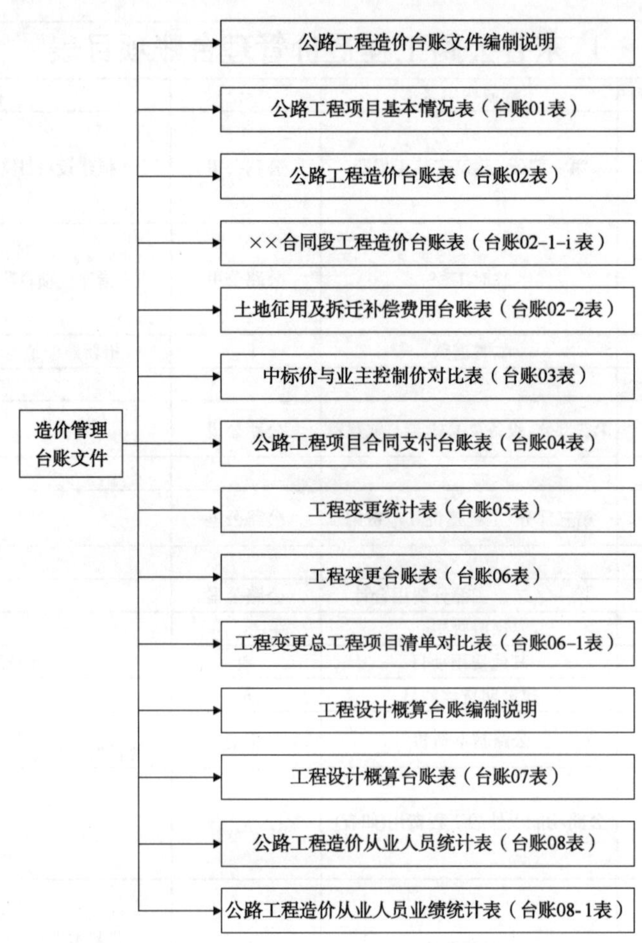

图 7.16 广东省公路工程造价管理台账组成结构图

公路工程项目基本情况表

编制时间： 台账01表

建设项目名称		
建设单位名称		
建设时间	年 月 日开工~年 月 日交工	
批准工期		
工可和估算 批准机关、日期、文号	批准机关	
	日期	
	文号	
	批准估算（万元）	
初步设计和概算 批准机关、日期、文号	批准机关	
	日期	
	文号	
	批复概算（万元）	
调整概算 批准机关、日期、文号	批准机关	
	日期	
	文号	
	调整概算（万元）	
施工图设计和预算 批准机关、日期、文号	批准机关	
	日期	
	文号	
	批准预算（万元）	
主要设计单位		
主要监理单位		
主要施工单位		
资金来源与落实情况		

编制： 复核：

图 7.17 公路工程项目基本情况表格式

当期完工的工程数量和费用信息,并根据因变更引起的工程数量和费用变化预估工程决算。通过此表,可以清晰了解项目全过程造价主要信息。该表应动态更新,表格主要内容参见图 7.18。

公路工程造价台账表

建设项目名称:　　　　数据截止日期:　　　　第　页　共　页　　单位:万元　　台账02表

项	目	节	细目	工程或费用名称	单位	初步设计		施工图设计		施工合同		工程变更		本期末完成		预估调整		预估决算		工程数量调整情况	工程费用调整情况	备注
						工程数量	批复概算	工程数量	审查预算	清单数量	合同费用	工程数量	工程费用	工程数量	工程投资	工程数量	工程投资	工程数量	工程费用			
1				2	3	4	5	6	7	8	9	10	11	12	13	14	15	16	17	18=16-8	19=17-9	18
				第一部分　建筑安装工程费	公路公里																	
一				临时工程	公路公里																	
	1			临时道路	km																	
	2			临时便桥	m/座																	
	3			临时轨道铺设	km																	
				......																		
				公路基本造价	公路公里																	

编制:　　　　复核:　　　　编制日期:

图 7.18　公路工程造价台账表格式

(3)合同段工程造价台账表(台账 02-1-i 表)

合同段工程造价台账表是按照工程项目清单体系反映统计期内某合同段合同、变更、预估调整、预估结算的工程数量、单价、合价信息。通过此表,可以清晰了解项目某个合同段的造价主要信息。该表应动态更新,表格主要内容参见图 7.19。

××合同段工程造价台账表(按项目清单格式编制)

建设项目名称:　　　　数据截止日期

编 制 范 围:　　　　合同段:　　　　第　页　共　页　　台账02-1-i表

预算项目节	清单子目号	工程或费用名称	单位	合同					变更					预估调整					预估结算					备注
				清单数量	设计数量		单价(元)	合价(元)	清单数量	设计数量		单价(元)	合价(元)	清单数量	设计数量		单价(元)	合价(元)	清单数量	设计数量		单价(元)	合价(元)	
					数量1	数量2				数量1	数量2				数量1	数量2				数量1	数量2			
1		第一部分　建筑安装工程费	公路公里																					
1-1		临时工程	公路公里																					
1-1-1		临时道路	km																					
	103-1	临时道路、便桥工程																						
	103-1-1	临时道路修建、养护与拆除(包括原道路的养护费)	总额																					
		......																						

编制:　　　　复核:　　　　编制日期:

图 7.19　合同段工程造价台账表格式

(4)土地征用及拆迁补偿费用台账表(台账 02-2 表)

土地征用及拆迁补偿费用台账表是按照工程项目清单体系反映统计期内土地征用拆迁补偿费用在初步设计、施工图设计、建设期(合同、变更)阶段的工程数量和单价、合价,并据此预估竣工决算的该类费用。随着土地征用拆迁补偿费用占公路工程项目投资比重日益增加,通过此表,可以及时了解项目征拆费用控制情况。该表应动态更新,表格主要内容参见图 7.20。

(5)中标价与业主控制价对比表(台账 03 表)

招投标是工程建设管理重要环节,中标价与业主控制价对比表是用来统计建设项目招标标段划分、业主控制价、中标价、招标浮动比例、中标单位、招标时间等信息,通过此表,可以全面了解项目招投标情况。表格主要内容参见图 7.21。

土地征用及拆迁补偿费用台账表

建设项目名称：
编制范围： 台账02-2

预算项目节	清单子目号	项目名称	单位	初步设计			施工图设计			合同			变更			预估决算			备注
				数量	单价（元）	合价（元）	数量	单价（元）	合价（元）	数量	单价（元）	合价（元）	数量	单价（元）	合价（元）	数量	单价（元）	合价（元）	
3-1		土地征用及拆迁补偿费	公路公里																
3-1-1		土地征用补偿费	亩																
3-1-1-1		主线工程	亩																
	31-1	农用地																	
	31-1-1	耕地																	
	31-1-1-1	灌溉水田	亩																
	31-1-1-2	望天田	亩																
	31-1-1-3	水浇地	亩																
	31-1-1-4	旱地	亩																
	31-1-1-5	菜地	亩																
		……																	
	公路工程征地补偿费用合计																		

图 7.20 土地征用及拆迁补偿费用台账表格式

中标价与业主控制价对比表

建设项目名称： 数据截止日期： 第 页 共 页 台账03表

序号	工程类别	标段名称	标段长度	主要工程内容	业主控制价	中标价（元）	中标下浮	中标单位	开标日期	备注
一	设计									
1										
二	监理									
1										
三	施工									
1	路基									
	桥涵									
2	桥梁									
3	预制									
4	隧道									
5	路面									
6	交安									
7	绿化									
8	机电									
9	房建									
四	其他									
	……									
	合计									

编制： 复核： 编制时间：

图 7.21 中标价与业主控制价对比表格式

(6)公路工程项目合同支付台账表(台账04表)

公路工程项目合同支付台账表是按照合同类别，就项目建设管理过程中签订的合同名称、编号、签约单位、合同额、结算额、累计支付额、待支付额、支付比例等信息进行统计，通过此表，可以及时了解项目合同履行和支付情况，并实现工程合约管理和财务管理的对接。该表应动态更新，表格主要内容参见图7.22。

(7)工程变更统计表(台账05表)

工程变更统计表按是按变更类型(重大变更、较大变更、一般变更)，汇总建设项目的变更工程名称、变更原因及主要内容、变更意向申报及批复情况、变更申报及批复情况的报表。通过此表，可以及时了解项目工程变更批复或确认的进度情况。表格主要内容参见图7.23。

公路工程项目合同支付台账表

建设项目名称： 截止日期： 台账04表

序号	合同类别	合同编号	结算书编号	合同名称	签约单位	合同金额（元）	结算金额（元）	累计应扣款（元）	累计应支付（元）	累计已支付（元）	待支付（元）	支付比例（%）	备注
1	2	3	4	5	6	7	8	9	10=8-9	11	12=10-11	13=11/10	14
1	路基桥涵												
2													
3													
4													
5	路面												
6													
7	绿化												
8													
9	交通安全设施												
10													
11	机电												
12	房建												
13													
14													
15													
16	监理												
17													
18													
19	设计、咨询												
20													
21													
22	征地拆迁												
23													
24													
25	其他												
26													
	合计												

编制： 复核： 编制日期：

图 7.22 公路工程项目合同支付台账表格式

工程变更统计表

建设项目名称： 合同段：
编制单位： 截止日期：
第 页 共 页 台账05表

序号	变更工程名称	变更原因及主要内容	工程变更意向				工程变更批复（重大、较大变更）				合同变更确认情况						备注
											承包人申报情况		项目管理单位确认情况				
			上报文号	批复单位	批复文号	是否立项	上报文号	批复单位	批复文号	增减费用（元）	申报单编号	增减费用（元）	变更令编号	批复文号	增减费用（元）		
1	2	3	4	5	6	7	8	9	10	11	12	13	14	15	16		17
一	重大变更																
1																	
	……																
	小计																
合计																	

编制： 复核：

图 7.23 工程变更统计表格式

（8）工程变更台账表（台账 06 表）

工程变更台账表是按变更发生时间顺序，统计建设项目的变更工程名称、变更原因及主要内容、主要工程量、变更令编号、变更费用、变更意见等信息的报表。通过此表，可以及时掌握项目工程变更费用增（减）总体情况。表格主要内容参见图 7.24。

（9）工程变更总工程项目清单对比表（台账 06-1 表）

工程变更总工程项目清单对比表是建设管理单位对整个建设项目的变更工程的详细费用变化统计，是按照工程项目清单体系汇总统计期内建设项目变更前、后工程数量、单价、合价的变化关系，其数据来源于单项变更批复的变更比 02 表。通过此表，及时掌握项目工程变更费用增（减）明细情况。表格主要内容参见图 7.25。

（10）工程设计概算台账表（台账 07 表）

设计概算是建设项目投资控制的最高限额，按照项、目、节对设计概算工程数量和费用进行分解，便于和招标、实施阶段进行对比，建设管理单位应编制工程设计概

工程变更台账表

建设项目名称：　　　　合同段：
编制范围：　　　　截止日期：　　　　第　页　　共　页　　台账06表

序号	变更日期	变更工程名称	变更原因及主要内容	主要工程量	变更令编号	变更性质	批复变更费用(元)			变更依据(附件)	备注
							原合同	变更后	净(增)减		
1	2	3	4	5	5	7	8	9	10	11	12
一		临时工程									
1											
二		路基工程									
1	2010-9-16	K12+580软土路基处理	K12+580处排污水沟处理：1、清淤换填 2、回填砂(砾)垫层		A08-BL001		9550368	9638442	88074	三方联测确认	
		合计									

编制：　　　　复核：

图 7.24　工程变更台账表格式

工程变更总工程项目清单对比表

建设项目名称：
编制范围：　　　　截止时间：　　　　第　页　　共　页　　台账06-1表

项目节细目号	清单子目号	工程或费用名称	单位	原施工图设计					工程变更后施工图设计					工程变更增(减)				
				清单数量	设计数量		单价(元)	合价(元)	清单数量	设计数量		单价(元)	合价(元)	清单数量	设计数量		单价(元)	合价(元)
					数量1	数量2				数量1	数量2				数量1	数量2		
1		第一部分 建筑安装工程费	公路公里															
1-1		临时工程	km															
…		……																
	……	……																
		变更工程合计	公路公里															

编制：　　　　复核：

图 7.25　工程变更总工程项目清单对比表格式

算台账表，以便准确掌握设计概算组成，合理控制工程投资。表格主要内容参见图 7.26。

工程设计概算台账表

建设项目名称：　　　　第　页共　页　　单位：万元　　台账07表

项	目	节	细目	工程或费用名称	单位	上报设计概算		审批调整增减		批复设计概算		项	目	节	细目	工程或费用名称	单位	项目节标准化		备注
						工程数量	设计概算	工程数量	概算	工程数量	概算							工程数量	批复概算	
1				2	3	4	5	6	7	8	9	10				11	12	13	14	15
				第一部分　建筑安装工程费	公路公里											第一部分　建筑安装工程费	公路公里			
一				临时工程	公路公里							一				临时工程	公路公里			
	1			临时道路	km								1			临时道路	km			
				……												……				

编制：　　　　复核：　　　　编制时间：

图 7.26　工程设计概算台账表格式

(11)公路工程造价从业人员统计表(台账 08 表)

公路工程造价人员从业统计表用于反映建设项目参建各方造价从业人员持证和继续教育总体情况。表格主要内容参见图 7.27。

(12)公路工程造价从业人员业绩统计表(台账 08-1 表)

公路工程造价从业人员业绩统计表用于反映建设项目参建某造价从业人员三年以内开展的造价业务、质量等业绩信息。表格主要内容参见图 7.28。

公路工程造价从业人员统计表

建设项目名称：　　数据截止日期：　　第　页　共　页　　台账08表

序号	姓名	所在部门	职务或负责业务	技术职称	持证情况			继续教育情况			备注
					诗证名称及编号	持证时间及地点	发证单位	培训时间及地点	培训证书	培训单位	
一	建设管理单位										
1											
2											
3											

编制：　　复核：　　编制日期：

图 7.27　公路工程造价从业人员统计表格式

公路工程造价人员工作业绩统计表

姓名：　　从业单位：　　资格名称：　　资格证号：　　台账08-1表

序号	起止日期	项目名称	业务类型及工作内容	业务来源	项目基本情况				造价文件编审情况							备注
									工程造价编审(万元)				测评结果		承担工作内容	
					建设地点	公路等级	路线长度或桥长(km)	主要构造物	编制/上报	审核/审批	调整金额	调整比例	格式分	计价分		
	合计															

编制：　　复核：　　编制时间：

图 7.28　公路工程造价人员工作业绩统计表格式

7.2.3　造价管理台账编制方法标准化

(1)工程造价台账文件编制说明。

公路工程造价管理台账编制说明应涵盖以下内容：

①建设项目造价管理基本情况，包括工程造价管理架构、责任人及造价管理目标；工程招投标情况；施工合同价与批复概算对比情况；对比合同价与业主控制价、批复概算，分析说明招标节余情况、概算相应部分节余情况；工程造价台账动态更新情况。

②工程建设合同管理情况，包括建设合同、协议的签订，累计合同金额、完成情况、未完成情况及费用等；简述勘察设计、工程监理、技术咨询、建设贷款、征地拆迁补偿等合同执行情况及执行的取费标准、费用计算原则和结算原则、支付情况。

③施工合同执行情况，说明工程变更原因，变更工程结算原则，变更数量、费用及审批情况。

④工程费用支付情况。

⑤工程造价执行情况，包括初步设计审查、批复意见执行情况，公路管理服务设施、机电工程、公路沿线绿化设施与初步设计批复规模的对比说明。

⑥重大、较大变更工程审查及报批情况。

⑦公路工程造价从业人员情况。

⑧工程造价管理过程中的主要问题。

(2)工程设计概算台账的编制说明。

工程设计概算台账的编制说明应涵盖以下内容：

①建设项目设计概算文件的编制单位、时间、费用及采用的计价依据、文号等。

②批复概算的文件、文号及主要概算审查费用增减情况。

③为与施工图、设计变更、结算、决算等各阶段造价编制采用的工程项目节细目号保持基本一致,需要按批复概算金额调整设计概算的项目节细目号,调整主要情况应说明。

④其他与概算有关但不能在表格中反映的事项。

(3)工程造价管理台账中工程项、目、节、细目应按照标准化的台账项目表确定。

7.2.4 工程造价管理台账文件编制信息化

工程造价管理台账是工程实施阶段造价主要信息的全面反映,造价台账编制信息化的核心是动态更新及定期维护信息数据。应依靠高速公路建设项目信息管理系统开展,实现造价管理台账所需数据与建设管理过程计量与支付、设计变更、合同管理、从业诚信评价等管理行为数据的连通。

7.3 施工阶段造价文件编制标准化与信息化优势

一直以来,对公路工程施工阶段造价文件的编制,无论是从文件格式还是编制内容,均缺乏规范。然而,施工阶段是公路建设项目全过程造价管理中时限最长、计价最复杂、计价形式最丰富的阶段,对造价文件编制开展标准化信息化设计,其意义不言而喻。

7.3.1 工程设计变更造价文件编制标准化与信息化优势

目前国家层面并没有对公路工程变更的造价文件进行规范,仅是在《公路工程设计变更管理办法》(交通部令 2005 年第 5 号)中规定,应当提交工程量、投资变化对照清单和分项概、预算文件,并建立公路工程设计变更管理台账,定期对设计变更情况进行汇总。各省根据公路建设工程实际,结合管理需要,制定了本区域设计变更管理办法实施细则。但无论是管理办法还是实施细则,均只是原则上做出规定,即便有较完整的编制格式,也各不相同,难以统一。表 7.1~表 7.5 是某省公路工程变更造价文件组成,内容较齐全,但未与预算或清单费用做较好对接。

工程量计算表　　表 7.1

细目编号	细目名称	单位	工程数量					备注
			原设计	变更立项	变更设计	较立项增减情况	较原设计增减情况	
合计								

注:该表未对工程量细目做出明确定义。

新增细目单价分析表 表 7.2

序号	工料机名称	单位	单价(元)	定额	数量	金额
	工程项目					
	工程细目					
	定额单位					
	工程数量					
	定额表号					
	工料机名称	单位	单价(元)	定额	数量	金额
	定额基价					
	工料机合计	元				
	其他直接费	元				
	现场经费	元				
	间接费	元				
	直接工程费与间接费合计	元				
	施工技术装备费	元				
	计划利润	元				
	税金	元				
	降价指标	元				
	单价指标	元				

注:该表仅列出新增单计按定额计价的方式。

工程变更造价记录表 表 7.3

工程细目编号	细目名称	单位	单价	数量			金额(元)					备注
				原设计	变更设计	增(+)减(-)	原设计	变更立项	变更设计	较变更立项增减金额	较原设计增减金额	

工程变更统计表 表 7.4

序号	变更工程名称	变更部位	变更内容	变更类别	提出单位	立项申请批复			变更审核情况	变更设计批准与实施		
						立项编号或通知单编号	估计金额	批复情况		变更令号	变更金额	计量支付金额

工程设计变更台账明细表 表 7.5

项目编号	工程细目	单位	单价	合同量	合同价	变更后总数量	变更后总投资	变更令号	已计量工程量	已计量工程投资	未计价工程量	未计价工程投资	第 号变更	
													工程量	投资金额

进行标准化设计后，根据一般变更、较大变更、重大变更的变更类型分类制定造价文件，在反映行业要求的基础上，突出了不同类型变更计价方式的侧重点，实现了行业关注与工程特征的统一。此外，甲、乙组文件的设计立足于建立细目特征、工程量、计价数据之间支撑关系，可还原数据来龙去脉，表格内容上突出设计变更前、后工程数量、单价的对比，新增单价的合理性分析，以及变更申请批复手续的齐备性等变更管理的关键性问题，便于梳理造价变化线索，易于施工阶段造价准确控制。

7.3.2 造价管理台账编制标准化与信息化优势

目前，我国还没有统一的公路工程造价管理台账文件编制办法。各省根据《公路建设监督管理办法》(交通部令 2006 年第 6 号)要求，结合工程建设实际和管理需要，编制造价管理台账文件。图 7.29 ~ 图 7.32 是某省工程造价管理台账文件表格，内容多以单一的造价数据为主。

× ×年度在建公路工程项目造价台账表

建设项目名称：　　　　统计截止时间：　　　　单位：万元

项	目	节	工程或费用名称	单位	初步设计		施工图设计		施工合同		工程变更		本期末完成		预估决算		工程数量调整情况	工程费用调整情况	备注
					工程数量	批复概算	工程数量	审查预算	清单数量	合同费用	工程数量	工程费用	工程数量	工程投资	工程数量	工程费用			
1			2	3	4	5	6	7	8	9	10	11	12	13	14	15	16=14-8	17=15-9	18
			第一部分　建筑安装工程	公路公里															
一			路基	公路公里															
	1		计价土方	m^3															
		1	人工土方	m^3															

图 7.29　工程项目造价台账表

× ×年度在建公路工程项目变更情况统计表

项目名称：　　　　统计时段：　　　　附表二

序号	变更项目名称	变更报告单编号	变更原因及主要内容	变更主要工程量	变更工程费用（万元）	变更批复情况
1	2	3	4	5	6	7
一	路基工程					
1						
二	路面工程					
三	桥涵工程					
四	交叉工程					
五	隧道工程					
六	其他工程及沿线设施					
七	管养房屋					
	建安费总计					

图 7.30　工程变更台账

重点公路建设项目初步设计概算审核台账表

单位：元　　　　截止时间：　　　　第 页 共 页

序号	项目名称	合计（=已批审核概算+待批概算）	已批概算																						待批概算（××工程）
			原报概算汇总	审核概算汇总	原报	审核	原报	审核	原报	审核	原报	审核	原报	审核	原报	审核	原报	审核	原报	审核	原报	审核	原报	审核	
		1=3+12	2	3	4	5	6	7	10	11	12	13	14	15	16	17	18	19	20	21	22	23	24

表 7.31　初步设计概算审核台账

年月中间计量完成及支付汇总表（ 期号:）

序号	项目名称及内容	合同价及变更金额			本期末累计完成及支付		上期末累计完成		本期完成及支付		备注
		原合同总金额	变更增减金额	变更后合同总金额	完成金额	完成百分比(%)	完成金额	完成百分比(%)	完成金额	完成百分比(%)	
1	土石方工程										
2	道路及附属工程										
3	A匝道1号桥										
4	A匝道2号桥										
5	C匝道桥										
6	D匝道桥										
合　计		0.00	0.00	0.00							
扣除税金											
扣除违约金											
实际支付											

图 7.32　工程计量支付台账

进行标准化设计后，通过台账文件新增“公路工程项目基本情况表”可以大体了解项目主要信息；“工程造价从业人员统计表”和“工程造价人员业绩统计表”可实现对建设项目参加各方造价从业人员的持证上岗情况、继续教育情况、业绩、信用情况的监督；“土地征用及拆迁补偿费用台账表”可实现对政策性影响波动大的土地征用及拆迁补偿费用合同执行情况的控制和监督；“中标价与业主控制价对比表”可及时了解各类单项工程招标费用对比概算情况。优化“概算台账表”，将批复概算扣减情况分解到具体工程的项、目、节，方便与施工图预算、变更费用、结算、决算准确对比，实现动态控制工程造价；“变更台账表”以单项变更工程为统计单位，逐项反映变更事项及费用信息，易于掌握工程变更总体情况；“合同支付台账”按照招标合同类型，分类统计各项合同支付情况，结构清晰、一目了然，并可实现与财务管理口径的统一。

本 章 小 结

本章从不同变更类型需要编制的变更费用清单文件、变更预算文件和变更概算文件等方面介绍了工程设计变更造价文件编制标准化建设成果。从项目表、文件组成和编制方法等方面介绍了台账编制标准化建设成果。讨论了施工阶段造价文件编制信息化实现的关键点，分析了施工阶段造价文件编制方法和编制工具创新后的优势。

8 交竣工阶段造价文件编制标准化与信息化

工程完工后,公路建设工程的发包方与承包方应编制工程结算文件,签订结算合同或协议,及时进行工程价款的结算。一般来说,工程结算文件格式和内容未作明确规定,由结算双方自行协商确定。提炼公路建设工程结算的共同特点,从主要内容和文件格式上进行适度的标准化设计,有利于规范管理,减少争议。

公路建设项目竣工后,应按照国家有关规定编制竣工决算报告,竣工决算报告是考核公路基本建设项目投资效益、反映建设成果的文件,是确定交付使用财产价值、办理固定资产交接手续的依据。竣工决算是建设项目实际完成的工程量、采用的单价和费用支出,能够全面反映项目初期计划和建成成果,是考核竣工项目设计概算执行情况的依据,是公路建设工程造价控制的最后关键环节。从加强公路建设项目投资管理,严格控制建设成本,提高投资效益出发,需要规范竣工决算编制行为,提高编制质量。

8.1 工程结算文件编制标准化

公路工程结算文件标准化设计应以展示合同执行情况为主线,因此,工程结算文件体系执行工程量清单计价体系,主要从造价文件分类、组成和编制方法等方面对工程结算文件的编制进行标准化。

8.1.1 结算文件组成标准化

一般来说,公路建设项目工程结算文件遵照合同工程量清单文件的分类,主要按公路工程(含机电设备购置)、附属区房建工程、工程勘察设计、工程监理服务、征地拆迁补偿等专项工程进行分类,确定其文件组成,如图 8.1 所示。

公路建设项目的结算文件主要是在发包方和承包方签订的合同工程量清单基础上,增加实际完成及工程变更造成的工程量、造价的增(减)列,而形成的表格式文件,须经合同双方确认及签署方可生效。现以公路工程结算文件为例,简要介绍其文件的表格组成。其他专项工程的结算文件设计思路基本相同,不一一赘述。

(1)结算工程量清单汇总表(结算 01 表)

结算工程量清单汇总表用于按工程量清单体系汇总某合同段结算金额。通过此表,可以了解某合同段工程结算总体情况。该表内容应包括合同工程量清单包含的项目(第 100~900 章)结算合计、计日工结算合计、暂列金额支付项合计、其他建安工程、其他设备购置费和其他费用项目的结算价合计。其中,暂列金额支付项包括根据

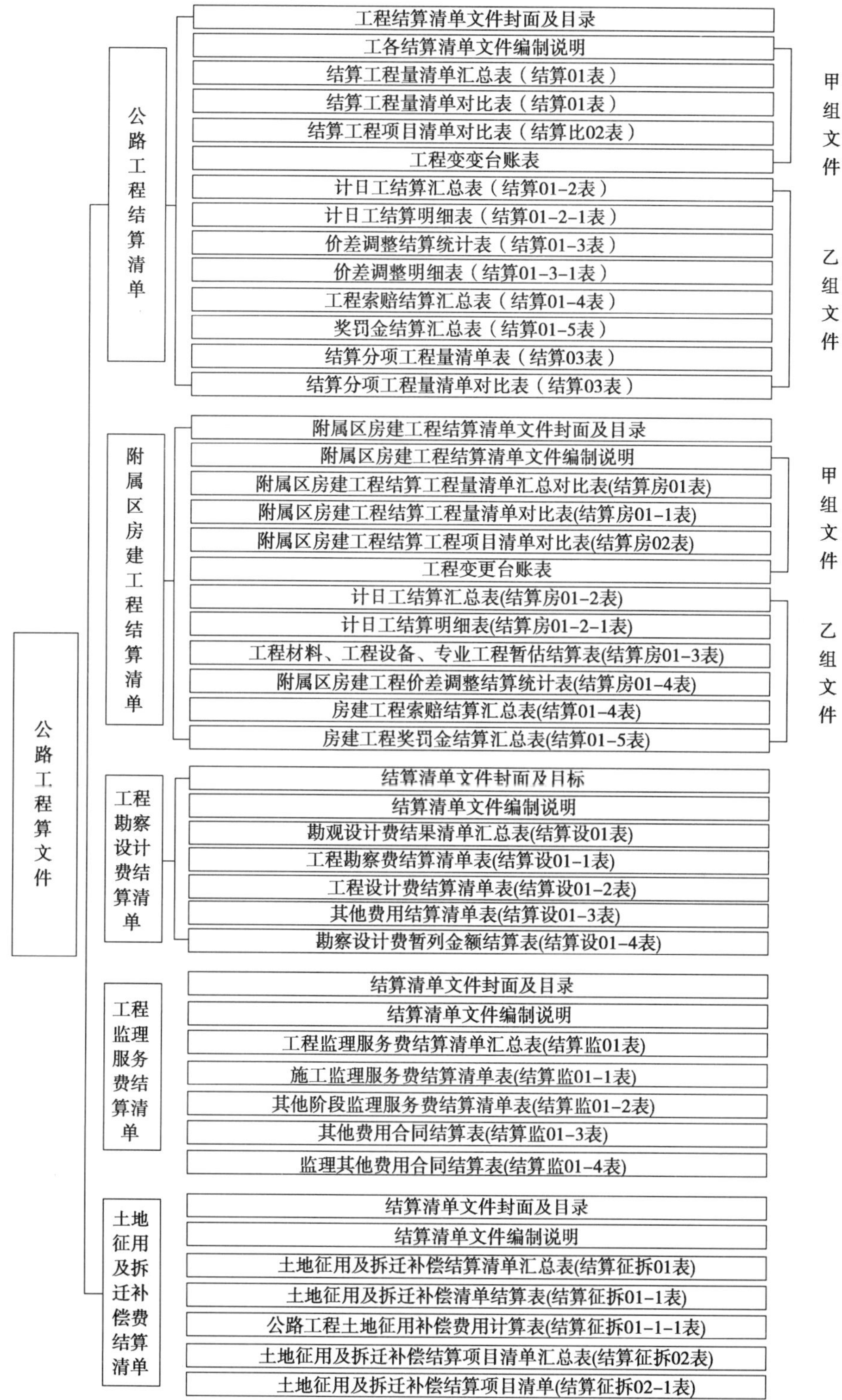

图 8.1　公路工程建设项目结算文件分类及组成

合同约定，可以在工程结算中计入的项目调价、工程项目索赔、奖罚金等项费用；其他建安工程费一般指结算时发生但未计入第 100～900 章的零星建安工程费用；其他设备购置费一般指结算时发生但未计入第100~900章的零星设备购置费用;其他费用项目一般指结算时发生但未计入建安工程及设备购置的其他费用。该表总价及各行价应与结算比01表形成数据闭合关系。表格表头格式参见图8.2。

结算工程量清单汇总表			
建设项目名称:		合同段:	结算01表
K××+×××~K××+×××(编制范围)		承包人:	
序号	章次	科目名称	金额(元)
1	100章	总则	

图8.2 结算工程量清单汇总表格式

(2)结算工程量清单对比表(结算比01表)

结算工程量清单对比表是按照工程量清单体系反映某单个合同段每项工程量清单子目的合同、变更、结算工程的数量、单价、合价信息的统计表。表格表头格式参见图8.3。

结算工程量清单对比表												
建设项目名称:			合同段:									
编 制 范 围:			承包人:					第 页	共 页			结算比01表
子目号	子目名称	单位	合同			变更			结算			备注
			数量	单价(元)	合价(元)	数量	单价(元)	合价(元)	数量	单价(元)	合价(元)	
101	总则											
101-1	保险费	总额										
	……											
	100章小计											

图8.3 结算工程量清单对比表格式

(3)结算工程项目清单对比表(结算比02表)

结算工程项目清单对比表是按照工程项目清单体系反映某单个合同段每一分部分项工程的合同、变更、结算工程的设计工程量、清单数量、单价、合价信息的统计表。表格表头格式参见图8.4。

结算工程项目清单对比表																			
建设项目名称:				合同段:															
编 制 范 围:				承包人:								第 页		共 页					结算比02表
项目节细目号	清单子目号	项目或费用名称	单位	合同					变更					结算					备注
				清单数量	设计数量		单价(元)	合价(元)	清单数量	设计数量		单价(元)	合价(元)	清单数量	设计数量		单价(元)	合价(元)	
					数量1	数量2				数量1	数量2				数量1	数量2			
1		第一部分 建筑安装工程费	公路公里																
1-1		临时工程	公路公里																
1-1-1		临时道路	km																
	103-1	临时道路、便桥工程																	

图8.4 结算工程项目清单对比表格式

(4)工程变更台账表

工程变更台账表形式与造价管理台账文件基本一致,不同的是,工程结算文件中的工程变更台账表是全面反映某一合同段全部工程变更工程量和费用的变更情况。其合计额应与结算比01表、结算比02表相应栏数据闭合。表格表头格式参见图8.5。

(5)计日工结算汇总表(结算01-2表)

计日工结算汇总表是指根据合同约定,用于反映某一合同段全部计日工计价方式体现的合同、结算的数量、单价、合价变化情况,用于计日工的结算。该表为各类计日工的汇总,数据应来源于结算 01-2-1 表,计日工合计数据应与结算 01 表对应栏闭合。表格表头格式参见图 8.6。

工程变更台账表											
建设项目名称:			合同段:								
编 制 范 围:			截止日期:							第 页	共 页
序号	变更日期	变更工程名称	变更原因及主要内容	主要工程量	变更令编号	变更性质	批复变更费用（元）			变更依据(附件)	备注
							原合同	变更后	净（增）减		
1	2	3	4	5	5	7	8	9	10	11	12
一		临时工程									
1											
二		路基工程									
1	2010-9-16	K12+580软土路基处理	K12+580处排污水沟处理:1. 清淤换填 2. 回填砂（砾）垫层		A08-BL001		9550368	9638442	88074	三方联测确认	

图 8.5　工程变更台账表格式

计日工结算汇总表										
建设项目名称:				合同段:						
编 制 范 围:				承包人:						结算01-2表
编号	子目名称	单位	合同			结算			费用调整（元）	备注
			数量	单价（元）	合价（元）	数量	单价（元）	合价（元）		
一	劳务									
101	班长	h								
102	普通工	h								

图 8.6　计日工结算汇总表格式

(6)计日工明细表(结算 01-2-1 表)

计日工明细表是用于按照计日工计价方式,对实际具体发生的计日工工程量,逐类逐项反映发生计量的时间、数量、单价、合价、批准等信息。该表是结算 01-2 表的数据来源,表格表头格式参见图 8.7。

计日工明细表									
建设项目名称:				合同段:					
编 制 范 围:				承包人:		第 页	共 页		结算01-2-1表
编号	子目名称	工程项目内容	计日时间	单位	单价（元）	数量	合价（元）	批准文号	备注
一	劳务								
101	班长	砌筑线外工程边沟	2010-6-13	h	10	8	80	GR-12	

图 8.7　计日工明细表格式

(7)价差调整结算统计表(结算 01-3 表)

价差调整结算统计表是用于合同约定可进行公路工程人工、材料、机械台班价格调整的情况,结算表格反映的是某一合同段在合同至结算期间发生的人工、主要材料、机械台班等各项价差调整的主要信息,应完整反映全部的价差调整。价差调整数据来源于结算 01-3-1 表,应根据合同约定的规则计算。表格表头格式参见图 8.8。

价差调整结算统计表				
建设项目名称:		合同段:		
编 制 范 围:		承包人:		结算01-3表
序号	签证号	调整时间	价差调整费用（元）	备注
1	××号	2009-5-1		

图 8.8　价差调整结算统计表格式

(8)价差调整明细表(结算 01-3-1 表)

价差调整明细表是结算 01-3 表的数据来源。用于记录某一合同段某次发生的工料机价差调整工程量及费用的具体计算表格。表格表头格式参见图 8.9。

价差调整明细表

建设项目名称:						合同段:								
编 制 范 围:						承包人:			第 页	共 页				结算01-3-1表
序号	代号	调价项目名称	调价依据	调整时间	单位	数量	基准单价 (C_0)		调整				价差调整费用（元）	备注
							基准时间	单价（元）	信息价 (C_i)	价差 (ΔC)	风险幅度 r(%)	调整单价差		
1	2	3	4	5	6	7	8	9	10	11=10-9	12	13=|11|-9×|12|	14	15
一	1	人工			工日									
(1)			第××号签证	2009-5-1		20	2008-5-1	48.8	53.2	4.4	0%	4.4	88	广东省交通工程第×季度信息价

图 8.9　价差调整明细表格式

(9)工程索赔结算汇总表

工程索赔结算汇总表是用于合同约定可进行工程索赔后实际信息的汇总。表格反映的是某一合同段索赔事项发生原因、日期、索赔金额、赔偿金额、批准情况等主要信息。索赔应严格按合同约定或有关规定执行,表中数据来源于工程建设管理过程中发生的索赔批复资料。表格表头格式参见图 8.10。

工程索赔结算汇总表

建设项目名称:				合同段:			
编制范围:				承包人:			结算01-4表
序号	索赔项目名称	索赔单编号	发生日期	索赔金额（元）	赔偿金额（元）	索赔原因	批准文号
1							

图 8.10　工程索赔结算汇总表格式

(10)奖罚金结算汇总表(结算 01-5 表)

奖罚金结算汇总表是用于合同约定的履约情况的奖罚金汇总信息,用于奖罚金的结算。奖罚金的支付应严格按合同约定或有关规定执行。表中数据来源于工程建设管理过程中实际发生的批复资料。表格表头格式参见图 8.11。

奖罚金结算汇总表

建设项目名称:			合同段:		
编制范围:			承包人:		结算01-5表
序号	奖罚金项目	发生日期	申报金额（元）	结算金额（元）	计算公式或奖励依据
1					

图 8.11　奖罚金结算汇总表格式

(11)结算分项工程量清单表(结算 03 表)

结算分项工程量清单表是按照分项工程量清单体系反映工程结算数量、单价、合价信息的报表。其编制原则和方法与招标阶段的分项工程量清单一致,不同的是两者反映的具体数量和费用不同。表格表头格式参见图 8.12。

结算分项工程量清单表

建设项目名称:			合同段:						
编 制 范 围:			承包人:		第 页	共 页			结算03表
项目节细目号	清单子目号	工程或费用名称	单位	清单数量	设计数量		单价（元）	合价（元）	备注
					数量1	数量2			

图 8.12　结算分项工程量清单表格式

(12)结算分项工程量清单对比表(结算比 03 表)

结算分项工程量清单对比表是按照分项工程量清单体系,完整反映某一合同段合同、变更、结算阶段全部工程数量、单价、合价变化的报表。表格表头格式参见图 8.13。

结算分项工程量清单对比表																			
建设项目名称:				合同段:															
编 制 范 围:				承包人:						第 页		共 页						结算比03表	
项目节细目号	清单子目号	项目或费用名称	单位	合同					变更					结算					备注
				清单数量	设计数量		单价（元）	合价（元）	清单数量	设计数量		单价（元）	合价（元）	清单数量	设计数量		单价（元）	合价（元）	
					数量1	数量2				数量1	数量2				数量1	数量2			
1		第一部分 建筑安装工程费	公路公里																

图 8.13 结算分项工程量清单对比表格式

8.1.2 结算文件编制方法标准化

对公路工程结算文件的内容和格式进行规范,是公路造价管理标准化建设的重要组成部分,目的是改变以往此阶段造价管理缺失问题,工程结算是公路工程竣工决算的基础,对其编制规则作出必要统一约定十分必要。为便于与合同文件和竣工决算文件的顺接,可确定以下几点原则。

(1)结算文件中工程量清单子目和概、预算项目节应尽量与合同工程量清单文件和变更工程量清单文件设置原则一致。

(2)结算阶段的工程量清单子目的单价,应按合同单价或变更批复的单价确定。

(3)结算阶段的造价文件除上述系列表格外,合同双方可以根据工程特点、合同文件约定或双方一致同意原则,按有关规定增加涉及工程造价的其他内容,亦构成本阶段造价文件的组成部分。

8.1.3 结算文件编制标准化优势

由于工程结算是公路建设项目承发包双方之间的市场行为,目前,国家层面没有制定公路工程结算文件编制办法,一般是允许结算双方根据需要协商确定。图 8.14～图 8.27罗列了目前国内公路建设项目常用的结算报表格式。

工程量清单结算表								
合同段:								结表-1
序号	章次	科目名称	合同金额（元）	复测确认金额(元)	设计变更增(减)金额(元)	结算金额(元)	结算比合同价增(减)	备注
1	2		3	4	5	6=4+5	7=6-3	8
1	100	总则	250000	250000	0	250000		
2	200	路基土石方	0	0	1722253	1722253		

图 8.14 工程量清单结算表格式

工程量清单明细表													
合同段:)								第1页 共2页					结表-2
序号	清单编号	项目名称	单位	单价(元)	合同		复测确认		变更增（减）			结算	
					数量	金额(元)	数量	金额(元)	数量	单价(元)	金额(元)	数量	金额(元)
1	2	3	4	5	6	7=6×5	8	9=8×5	10	11	12=10×11	13=8+10	14=9+12
	103-2-a	临时工程用地	总额	250000.00	1	250000	1	250000.00			0.00	1	250000.00

图 8.15 工程量清单明细表格式

工程变更内容明细表										
合同段:								第 1 页共 7 页		结表-3
序号	清单编号	项目名称	工程部位（K XXX+000~ K XXX+000）	单位	单价(元)	数量	金额(元)	变更令号	批复文号	备注
							0.00			

图 8.16　工程变更内容明细表格式

工程变更统计表												
合同段:												结表-4
序号	变更令号	批准单位及文号	项目名称	工程部位（KXXX+000~K XXX+000）	变更原因	涉及细目及编号	单位	数量	单价	增(减)金额(元)	变更等级
1	变更令01					26cm厚水泥稳定碎石基层	m²	2052.8	45.32	93032.9	
						透层	m²	2052.8	6.67	13692.2	
						下封层	m²	2052.8	9.55	19604.2	
						4cm厚AC-13改性沥青混凝土	m²	2052.8	41.85	85909.7	
						小　计					

图 8.17　工程变更统计表格式

计日工汇总表						
合同段:					第 1 页共 1 页	结表-6
编号	名称	单位	数量	单价	金额(元)	批复文号
101	普工	小时			0.00	
102	技工	小时			0.00	

图 8.18　计日工汇总表格式

价格调整费用					
合同段:				第　页共　页	结表-7
序号	施工年(月)度	当期完成工作量	综合调整系数	调整金额(元)	批复文号

图 8.19　价格调整费用格式

索赔费用							
合同段:						第　页共　页	结表-8
序号	索赔名称	单位	数量	单价	金额(元)	批复文号	备注

图 8.20　索赔费用格式

奖(惩)金额明细表				
合同段:			第　页共　页	结表-9
序号	名称	奖金（元）	罚金（元）	批准文号

图 8.21　奖(惩)金额明细表格式

专项暂定金额明细表							
合同段:						第　页共　页	结表-10
编号	项目名称	单位	数量	单价	金额（元）	批准文号	备注

图 8.22　专项暂定金额明细表格式

尾工工程明细表							
合同段:						第　页共　页	结表-11
序号	项目名称	涉及细目号	单位	数量	单价	金额（元）	批准单位及文号

图 8.23　尾工工程明细表格式

报废工程明细表							
合同段:						第　页共　页	结表-12
序号	项目名称	涉及细目号	单位	数量	单价	金额（元）	批准单位及文号

图 8.24　报废工程明细表格式

人工主要材料消耗数量表				
合同段:			第　页共　页	结表-13
工料名称	单位	施工组织计划	实际消耗	数量增减情况
				实耗比计划
1	2	3	4	5=4-3
人工	工日			

图 8.25　人工主要材料消耗数量表格式

标底合同结算费用转换表									
	路线工程								第 1 页　共　2　页
项	目	工程或费用名称	单位	标底及合同			结算		涉及清单细目号
				工程数量	标底金额(元)	合同金额(元)	工程数量	金额(元)	
		第一部分　建筑安装工程费	公路公里						
一		路基工程	公路公里						

图 8.26　标底合同结算费用转换表格式

建设项目造价控制台账表								
项目名称:					单位:元			
序号	项目名称	批复概(预)算金额	有效合同金额	复测确认金额	设计变更增(减)金额	结算金额(元)	累计支付工程费用	剩余工程费用
1	2	3	4	5	6	7=5+6	8	9=7−8
	第一部分　建筑安装工程费							

图 8.27　建设项目造价控制台账表格式

与常用结算文件相比，标准化设计后的公路工程结算文件具有以下特点和优势：

(1)调整编制方式，紧扣工程特点，反映造价规律

目前，国内通常做法是工程结算按照公路工程、独立桥梁工程、独立隧道工程单独编制，没有按照不同招标工程类型区别制定造价文件。虽然公路工程、独立桥梁、独立隧道工程内容不同，但项目计价体系相似，分别设置的必要性不强。造价标准化设计出来的工程结算文件按照公路项目招标类型分类，按公路工程(含机电设备购置)、附属区房建工程、工程勘察设计、工程监理服务和土地征用及拆迁补偿等专项分别制定结算报表，各类报表格式和内容围绕专项工程的合同特征和计价特点，数据线索清晰，针对性、适用性更强。

(2)增加部分表格，以适应全过程一体化造价管理需要，也可满足检查合同执行情况需求

增加“结算工程量清单对比表”、“分项工程量清单对比表”，反映项目实施过程合同、结算的工程量和费用变化关系，体现合同执行情况；增加“计日工明细表”追溯计日工费用计算过程；增加“结算分项工程量清单”，可实现与预算文件、合同清单文件的对比呼应，有利于强化造价控制，提高投资效益。

(3)优化结算表格,理清数据脉络,利于造价控制

工程造价标准化设计的结算文件中“价差调整明细表”规范了工料机价差调整计算方法;“工程变更台账表”以某合同段单一变更令为单位,逐项展现工程数量、费用等变更信息;“计日工结算汇总表”在列明结算费用的基础上,同时计列合同费用信息。这些优化,便于造价编审人员或合同管理人员抓住数据线索,理清数据脉络,以提高造价编制准确性。

8.2 竣工决算编制标准化

公路工程竣工决算由一套工程竣工决算报告组成,一般由项目法人(建设管理)单位组织编制,由封面、目录、建设项目地理位置图、报告编制说明书、甲组文件报表、乙组文件基础资料组成,准确、完整地反映公路建设工程项目实际工程量和费用支出。

目前,关于公路工程竣工决算的编制,原交通部发布的《交通基本建设项目竣工决算编制办法》(交财发〔2000〕207 号)和《公路建设项目工程决算编制办法》(公路发〔2004〕507 号)均有相关规定。但《交通基本建设项目竣工决算编制办法》偏重财务决算,《公路建设项目工程决算编制办法》偏重工程决算。财务决算和工程决算都是公路工程竣工决算的重要组成部分,如何设计一套报表,既能满足财务审计、新增路产路权价值的核定需要,又能准确、完整反映工程投资控制和造价管理效益,这是公路工程造价标准化设计重点关注的内容。按照全过程一体化造价管理的需要,从决算项目表构成、文件组成、编制方法三个方面对公路工程竣工决算编制进行标准化设计。

8.2.1 竣工决算项目表标准化

一方面,公路工程竣工决算应完整反映完成工程量、采用单价和费用支出详细情况;另一方面,应实现与批准概(预)算对应比对,反映投资控制效果。因此,竣工决算项目表的内容构成应结合以上两方面要求综合确定,紧扣本阶段造价管理深度要求,以建立不同阶段造价文件项目表对应性、造价文件呼应性为主线,对公路工程竣工决算项目表进行优化调整,制定符合标准化管理需要的项目表。表 8.1 是经过标准化设计后的项目表示例。

8.2.2 竣工决算文件组成标准化

将构成竣工决算报告主要内容的竣工决算报表分为甲、乙两组文件。甲组文件由反映建设项目工程概况、总体财务决算和工程决算、各分项工程的结算汇总以及竣工决算与批复概算对比等情况的一系列规定格式报表组成。乙组文件包括乙组文件报表和竣工决算基础资料两部分,其中,乙组文件报表主要包括合同、变更、结算清单文件,是构成工程竣工决算各项汇总费用的基础数据,是甲组文件报表各数据信息来源;基础资料主要是构成公路建设工程决算各项费用的依据性文件、合同、协议、变更

批复、结算书、支付凭证、竣工图纸等。组成竣工决算甲、乙组文件的报表目录，如表8.2和表8.3所示。

竣工决算项目表示例

表8.1

项	目	节	细目	工程或费用名称	单 位	备 注
				第一部分 建筑安装工程费	公路公里	指建设项目路线总长度(主线长度)
一				临时工程	公路公里	指建设项目路线总长度(主线长度)
	1			临时道路	km	指新建便道与利用原有道路的总长
				……		
二				路基工程	km	指路线工程为扣除桥梁、隧道和互通立交的主线长度;独立桥梁或隧道工程为引道或接线长度
	1			场地清理	km/m²	指清理长度和面积
		1		清理与掘除	m²	预算可按清除内容的不同划分细目
				……		
				第二部分 设备及工具、器具购置费	公路公里	
一				设备购置费	公路公里	
	1			需安装的设备	公路公里	
		1		隧道机电设备	km	指隧道长度
			1	××隧道机电设备	m	指隧道长度,按单座隧道计列
			1-1	通风系统设备	m	
				……		
				第三部分 工程建设其他费用	公路公里	
一				土地征用及拆迁补偿费	公路公里	
	1			土地征用补偿费	亩	按费用项目分节
		1		主线、互通工程	亩	
			1	主线	亩	含互通内主线征地
				……		
				第一、二、三部分费用合计	公路公里	
				保险费	元	
				……		
				其他费用项目	项	按费用项目分列
一				安全生产经费	元	
二				交通管制经费	元	定义
				……		
				建设期贷款利息	元	
				公路基本造价	公路公里	第一、二、三部分费用合计+预留费用+其他费用项目+建设期贷款利息
				公路功能以外的工程费用(如有)	元	
				项目总造价	元	公路基本造价+公路功能以外的工程费用(如有)

填表说明：

××公路工程竣工决算甲组文件组成 表 8.2

序号	甲组文件	文件(或表格)编号	备注
1	建设项目工程概况表	粤公建竣 1 表	
2	建设项目财务决算表	粤公建竣 2 表	
3	资金来源情况表	粤公建竣 3 表	
4	建设项目工程竣工决算汇总表	粤公建竣 4 表	
5	建设项目工程竣工决算汇总表(合同格式)	粤公建竣 5 表	
6	工程结算费用表	粤公建竣 5-1-i 表(i=1,2,…)	多个合同段
7	工程结算费用表(清单格式)	粤公建竣 5-2-i 表(i=1,2,…)	多个合同段
8	其他设备及工具、器具购置费用结算汇总表	粤公建竣 5-3 表	
9	零星设备购置费用汇总表	粤公建竣 5-4 表	
10	土地征用及拆迁补偿费结算汇总表	粤公建竣 5-5-1 表	
11	土地征用及拆迁补偿费结算汇总表(合同格式)	粤公建竣 5-5-2 表	
12	建设单位(业主)管理费用汇总表	粤公建竣 5-6 表	
13	工程监理费用结算汇总表	粤公建竣 5-7 表	
14	设计文件审查费结算汇总表	粤公建竣 5-8 表	
15	竣(交)工验收试验检测费结算汇总表	粤公建竣 5-9 表	
16	研究试验费结算汇总表	粤公建竣 5-10 表	
17	建设项目前期工作费用结算汇总表	粤公建竣 5-11 表	
18	专项评价(估)费用结算汇总表	粤公建竣 5-12 表	
19	其他项目费用结算汇总表	粤公建竣 5-13 表	
20	代扣代付项目增减建设成本汇总表	粤公建竣 5-14 表	
21	建设期贷款利息汇总表	粤公建竣 5-15 表	
22	尾工工程登记表	粤公建竣 5-16 表	
23	报废工程登记表	粤公建竣 5-17 表	
24	工程造价与批准概算执行情况对比表	粤公建竣 6 表	
25	土地征用及拆迁补偿费工程造价与批准概算执行情况对比表	粤公建竣 6-1 表	

××公路工程竣工决算乙组文件组成表 表 8.3

序号	文件名称	表号(或原编号)	备注
一	竣工决算乙组文件报表		
(一)	建筑安装工程		
1	公路工程(含机电设备购置)		
1.1	第 1 合同段		作为粤公建竣 5-1-1 表、5-2-1表的数据来源
1.1.1	第 1 合同段合同清单文件		
1.1.1.1	合同工程量清单汇总表	合同 01 表	
1.1.1.2	合同工程量清单	合同 01-1 表	

续上表

序号	文件名称	表号(或原编号)	备注
1.1.1.3	合同工程项目清单	合同02表	
1.1.1.4	合同分项工程量清单	合同03表	
1.1.2	第1合同段工程变更清单文件		
1.1.2.1	工程变更统计表		
1.1.2.2	工程变更台账表		
1.1.2.3	设计变更总工程量清单对比表	变更总比01-1表	
1.1.2.4	设计变更总工程项目清单对比表	变更总比02表	
1.1.2.5	设计变更新增清单子目单价汇总表	变更总07表	
1.1.3	第1合同段工程结算清单文件		
1.1.3.1	结算工程量清单汇总表	结算01表	
1.1.3.2	结算工程量清单对比表	结算比01表	
1.1.3.3	结算工程项目清单对比表	结算比02表	
1.1.3.4	结算分项工程量清单	结算03表	
1.1.3.5	结算分项工程量清单对比表	结算比03表	电子文档
1.1.3.6	计日工结算汇总表	结算01-2表	
1.1.3.7	计日工明细表	结算01-2-1表	
1.1.3.8	价差调整结算统计表	结算01-3表	
1.1.3.9	价差调整明细表	结算01-3-1表	
1.1.3.10	工程项目索赔结算汇总表	结算01-4表	
1.1.3.11	奖罚金结算汇总表	结算01-5表	
	……		
1.i	第i合同段		作为粤公建竣5-1-i表、5-2-i表(i=2、3…)的数据来源
	……		
2	附属区房建工程		
2.1	第1合同段		
2.1.1	第1合同段合同清单文件		作为粤公建竣5-1-1表、5-2-1表的数据来源
2.1.1.1	附属区房建工程合同工程量清单汇总表	合同房01表	
2.1.1.2	附属区房建工程合同工程量清单	合同房01-1表	
2.1.1.3	附属区房建工程合同计日工汇总表	合同房01-2表	
2.1.1.4	附属区房建工程材料、设备、专项工程暂估价表	合同房01-3表	
2.1.1.5	附属区房建工程合同工程项目清单	合同房02表	
2.1.2	第1合同段工程变更清单文件		
	参照1.1.2节表格		

续上表

序号	文件名称	表号(或原编号)	备注
2.1.3	第1合同段工程结算清单文件		
2.1.3.1	附属区房建工程结算工程量清单汇总对比表	结算房01表	
2.1.3.2	附属区房建工程结算工程量清单对比表	结算房01-1表	
2.1.3.3	附属区房建工程结算工程项目清单对比表	结算房02表	
2.1.3.4	附属区房建工程计日工结算汇总表	结算房01-2表	
2.1.3.5	附属区房建工程计日工明细表	结算房01-2-1表	
2.1.3.6	附属区房建工程材料、设备、专项工程暂估价结算表	结算房01-3表	
2.1.3.7	附属区房建工程价差调整结算统计表	结算房01-4表	
2.1.3.8	附属区房建工程索赔结算汇总表	结算房01-5表	
2.1.3.9	附属区房建工程奖罚金结算汇总表	结算房01-6表	
	……		
3	其他建筑安装工程		构成粤公建竣4表、5表的数据来源
3.1	汇总参见《其他项目费用结算汇总表》粤公建竣5-13表格式,单个合同参见粤公建竣7-*i*表格式。		
(二)	设备及工具、器具购置费用		构成粤公建竣5-3表、5-4表的数据来源
	参见粤公建竣5-3、5-4表格式		
(三)	工程建设其他费用		
1	土地征用及拆迁补偿费用结算清单文件		构成粤公建竣5-5-1表、5-5-2表的数据来源
1.1	第*i*合同段		*i*个合同段合计构成5-5-1表、5-5-2表的数据来源
1.1.1	土地征用及拆迁补偿结算清单汇总表	结算征拆01表	
1.1.2	土地征用及拆迁补偿清单结算表	结算征拆01-1表	
1.1.3	公路工程土地征用补偿费用计算表(结算新增项)	结算征拆01-1-1表	
1.1.4	土地征用及拆迁补偿结算项目清单汇总表	结算征拆02表	
1.1.5	土地征用及拆迁补偿结算项目清单表	结算征拆02-1表	
2	工程监理服务费结算清单文件		构成粤公建竣5-7表的数据来源
2.1	第*i*合同段		*i*个合同段合计构成5-7表的数据来源

续上表

序号	文件名称	表号(或原编号)	备注
2.1.1	工程监理服务费结算清单汇总表	结算监 01 表	
2.1.2	施工监理服务费结算清单表	结算监 01-1 表	
2.1.3	其他阶段监理服务费结算清单表	结算监 01-2 表	
2.1.4	其他费用合同结算表	结算监 01-3 表	
2.1.5	监理服务费暂列金额结算表	结算监 01-4 表	
3	工程勘察设计费结算清单文件		构成粤公建竣 5-11 表的数据来源
3.1	第 i 合同段		i 个合同段合计构成 5-11 表的数据来源
3.1.1	勘察设计费结算清单汇总表	结算设 01 表	
3.1.2	工程勘察费结算清单表	结算设 01-1 表	
3.1.3	工程设计费结算清单表	结算设 01-2 表	
3.1.4	其他费用结算清单表	结算设 01-3 表	
3.1.5	勘察设计费暂列金额结算表	结算设 01-4 表	
4	其他工程建设其他费用		构成粤公建竣 4 表、5 表的数据来源
4.1	汇总参见《其他项目费用结算汇总表》粤公建竣 5-13 表格式,单个合同参见粤公建竣 7-i 表格式		
(四)	其他项目费用结算表	粤公建竣 7-i 表(i=1、2、3…)	构成粤公建竣 5-13 表的数据来源
(五)	建设期贷款利息计算表	粤公建竣 8-i 表(i=1、2、3…)	构成粤公建竣 5-15 表的数据来源
(六)	建设项目合同结算及支付情况明细表	粤公建竣 9 表	
二	竣工决算基础资料		

(1)甲组文件

甲组文件由以下报表组成:

①建设项目工程概况表(粤公建竣 1 表)

建设项目工程概况表主要反映建设项目工可及初步设计批复情况、参建单位、工期、竣工工程建设规模、技术标准、主要工程数量,批准设计概算、工程决算金额及主要组成,主要材料消耗、尾工工程、质量评定、征地拆迁等情况。通过此表,反映项目最主要信息,表中各项栏目的填写均需制订填写规则。

②建设项目财务决算表(粤公建竣 2 表)

建设项目财务决算表反映建设项目自开始建设至竣工时为止全部资金来源和运用情况。通过此表,反映项目资金的收支信息,表中各项栏目的填写均需制订填写规则,数据应与建设项目财务账目各类汇总数据吻合,格式见图 8.28。

建设项目财务决算表					
建设项目名称:					粤公建竣2表
	资　金　来　源	金额（元）	资　金　占　用	金额（元）	补充资料
一、	基建拨款		一、基本建设支出		基建投资借款期末余额:
	1. 预算拨款		1. 交付使用资产		应收生产单位投资借款期末数:
	2. 基建基金拨款		2. 在建工程		基建结余资金:
	3. 进口设备转帐拨款		3. 待核销基建支出		
	4. 器材转帐拨款		4. 非经营项目转出投资		
	5. 煤代油专用基金拨款		二、应收生产单位投资借款		
	6. 自筹资金拨款		三、拨款所属投资借款		
	7. 其他拨款		四、器材		
二、	项目资本金		其中: 待处理器材损失		
	1. 国家资本金		五、货币资金		
	2. 法人资本金		六、预付及应收款		
	3. 个人资本金		七、有价证券		
三、	项目资本公积金		八、固定资产		
四、	基建借款		固定资产原价		
五、	上级拨入投资借款		减: 累计折旧		
六、	企业债券资金		固定资产净值		
七、	待冲基建支出		固定资产清理		
八、	应付款		待处理固定资产损失		
九、	未交款				
	1. 未交税金				
	2. 未交基建收入				
	3. 未交基建包干节余				
	4. 其他未交款				
十	上级拨入资金				
十一	留成收入				
	合　　计		合　　计		
编制:	复核:		建设单位负责人:		日期:

图 8.28　建设项目财务决算表格式

③资金来源情况表(粤公建竣 3 表)

资金来源情况表反映建设项目分年度的投资计划与资金拨付到位情况,见图 8.29。

资金来源情况表													
建设项目名称:										单位:元			粤公建竣3表
序号	资金来源	年度		年度		年度		年度		年度		合计	
		计划数	实际数	计划数	实际数	计划数	实际数	计划数	实际数	计划数	实际数	计划数	实际数
一	基建拨款												
	1、												

图 8.29　资金来源情况表格式

④建设项目工程竣工决算汇总表(粤公建竣 4 表)

建设项目工程竣工决算汇总表反映公路项目的建设成本和总造价,按决算项目表规定工程或费用分类分级,反映合同、变更、决算的工程量、综合单价及合价,并汇总公路基本造价,见图 8.30。

建设项目工程竣工决算汇总表																
建设项目名称:						第　页			共　页							粤公建竣4表
项	目	节	细目	工程或费用名称	单位	合同			变更			决算				备注
						工程量	单价（元）	合价（元）	工程量	单价（元）	合价（元）	工程量	单价（元）	合价（元）	各项费用比例（%）	
1				2	3	4	5	6	7	8	9	10	11	12	13	14
				第一部分　建筑安装工程费	公路公里											
一				临时工程	公路公里											
	1			临时道路	km											

图 8.30　建设项目工程竣工决算汇总表格式

⑤建设项目工程竣工决算汇总表(合同格式)(粤公建竣 5 表)

建设项目工程竣工决算汇总表反映建设项目各合同段根据承包合同办理工程结算情况,按各合同段的合同承包价格、工程变更增(减)金额、其他费用金额和决算金额情况直接填列总额,并汇总统计。该表反映的公路基本造价应与粤公建竣 4 表数据闭合,见图 8.31。

建设项目工程竣工决算汇总表(合同格式)									
建设项目名称:					第　页	共　页			粤公建竣5表
序号	标段或合同编号	工程（或合同）名称	里程（km）	施工（或合同签订）单位	合同承包价格（元）	变更（增）减金额（元）	其他费用金额（元）	决算金额（元）	备注
1	2	3	4	5	6	7	8	9=6+7+8	10
第一部分　建筑安装工程费用									
1									

图 8.31　建设项目工程竣工决算汇总表格式

⑥工程结算费用表(粤公建竣 5-1-i 表)

工程结算费用表反映建设项目各个合同段根据承包合同、变更办理、工程结算等费用的情况,按不同的合同段分别填写结算费用表。该表数据来源于乙组文件中合同、变更、结算等基础资料,见图 8.32。

工程结算费用表																
建设项目名称:					合同段:				编制范围:		第　页 共　页					粤公建竣5-1-i表
项	目	节	细目	工程或费用名称	单位	合同			变更			结算				备注
						工程量	单价（元）	合价（元）	工程量	单价（元）	合价（元）	工程量	单价（元）	合价（元）	各项费用比例（%）	
1				2	3	4	5	6	7	8	9	10	11	12	13	14
				第一部分　建筑安装工程费	公路公里											
一				临时工程	公路公里											
	1			临时道路	km											

图 8.32　工程结算费用表格式

⑦工程结算费用表(清单格式)(粤公建竣 5-2-i 表)

该表按工程量清单子目展开,反映建设项目各合同段根据承包合同、变更办理、工程结算等费用的情况,按不同的合同段分别填写结算费用表。该表数据应与粤公建竣 5-2-i 表数据闭合,见图 8.33。

工程结算费用表(清单格式)													
建设项目名称:			合同段:				编制范围:		第　页　共　页				粤公建竣5-2-i表
子目号	清单子目名称	单位	合同			变更			结算				备注
			工程量	单价（元）	合价（元）	工程量	单价（元）	合价（元）	工程量	单价（元）	合价（元）	各项费用比例（%）	
1	2	3	4	5	6	7	8	9	10	11	12	13	14
101	总则												
101-1	保险费	总额											

图 8.33　工程结算费用表格式

⑧其他设备及工具、器具购置费用结算汇总表(粤公建竣 5-3 表)

其他设备及工具、器具购置费用结算汇总表用于反映其他主要设备及工具、器具的购置费用。适用于签订采购合同的主要设备及工具、器具的购置费用填列,见图 8.34。

其他设备及工具、器具购置费用结算汇总表									
建设项目名称:									粤公建竣5-3表
序号	合同编号	项目或合同名称	合同签订单位	合同价格（元）	变更（增）减金额（元）	其他费用金额（元）	结算金额（元）	各项费用比例（%）	备注
1	2	3	4	5	6	7	8=5+6+7	9	10

图 8.34　其他设备及工具、器具购置费用结算汇总表格式

⑨零星设备购置费用汇总表(粤公建竣 5-4 表)

零星设备购置费用汇总表用于反映零星设备购置或养护设备、车辆等需在营运期摊销部分费用,见图 8.35。

零星设备购置费用汇总表										
建设项目名称:										粤公建竣5-4表
序号	设备名称	单位	数量	单价（元）	合价单价（元）	设备原值单价（元）	折旧额（元）	摊销值（元）	设备购置凭证编号	备注
1	2	3	4	5	6	7	8	9=7-8	10	11
一	房建工程设备									
1										

图 8.35 零星设备购置费用汇总表格式

⑩土地征用及拆迁补偿费结算汇总表(粤公建竣 5-5-1 表)

该表是将土地征用及拆迁补偿费根据地类及拆迁物分类,反映征地拆迁合同、变更、结算的工程量和费用。数据来源于乙组文件中合同、变更、结算等基础资料,见图 8.36。

土地征用及拆迁补偿费结算汇总表													
建设项目名称:													
编 制 范围:													粤公建竣5-5-1表
预算项目节	清单子目号	项目名称	单位	合同			变更			结算			备注
				数量	单价（元）	合价（元）	数量	单价（元）	合价（元）	数量	单价（元）	合价（元）	
3-1		土地征用及拆迁补偿费	公路公里										
3-1-1		土地征用补偿费	亩										
3-1-1-1		主线工程	亩										
	31-1	农用地											
	31-1-1	耕地											

图 8.36 土地征用及拆迁补偿费结算汇总表格式

⑪土地征用及拆迁补偿费结算汇总表(合同格式)(粤公建竣 5-5-2 表)

该表是按土地征用及拆迁补偿的合同分类汇总全部征地拆迁费用项目。数据应与粤公建竣 5-5-1 表数据闭合,见图 8.37。

土地征用及拆迁补偿费结算汇总表									
建设项目名称:			编制范围:						粤公建竣5-5-2表
序号	合同编号	项目或合同名称	合同签订单位	合同价格	变更（增）减金额	其他费用金额	结算金额	各项费用比例（%）	备注
1	2	3	4	5	6	7	8=5+6+7	9	10

图 8.37 土地征用及拆迁补偿费结算汇总表格式

⑫建设单位(业主)管理费用汇总表(粤公建竣 5-6 表)

建设单位(业主)管理费用汇总表反映项目建设期间建设(业主)单位发生的各项费用,按项目建设年度的发生额(含预留管理费)填列,见图 8.38。

建设单位(业主)管理费用汇总表										
建设项目名称:										粤公建竣5-6表
序号	费用名称	单位	建设单位（业主）管理费发生年份					合计	各项费用比例（%）	备注
			年度	年度	年度	年度	……			
1	2	3	4	5	6	7	8	9=4+5+5+6+7+8	10	11
1	工作人员工资性支出	元								
2	办公费	元								

图 8.38 建设单位(业主)管理费用汇总表格式

费用项目包含建设项目工作人员的工资及工资性支出、办公费、会议费、差旅交通费、固定资产使用费、零星固定资产购置费、招募生产工人费、技术图书资料费、职工教育经费、工程招标费、合同契约公证费、咨询费、法律顾问费、建设单位的临时设施费、业务招待费、完工清理费、竣(交)工验收费、各种税费、安全生产管理费和其他管理性开支。费用名称应按《公路工程基本建设项目概算预算编制办法》规定,结合财务账目划分填写,不得随意更改。其中工作人员工资性支出包含工资、工资性补贴、施工现场津贴、社会保障费用、住房公积金、职工福利费、工会经费、劳动保护费。各项费用支出应有相应结算书或财务凭证,各年度费用应与财务年度报表中相应费用一致。

⑬工程监理费用结算汇总表(粤公建竣 5-7 表)

工程监理费用结算汇总表用于反映工程监理费用的合同价和结算价情况。按签订的合同费用清单项目分别填写相应的结算费用。由多家单位共同承担监理任务时,不同的单位分别填写乙组文件中的工程监理费用结算表,费用按项目名称汇总后分土建工程、交安机电工程、房建工程、其他四类监理费形成本表,见图 8.39。

工程监理费用结算汇总表									
建设项目名称:									粤公建竣5-7表
序号	合同编号	项目或费用名称	合同签订单位	合同价格（元）	变更（增）减（元）	其他费用金额（元）	结算金额（元）	各项费用比例（%）	备注
1	2	3	4	5	6	7	8=5+6+7	9	10
一		土建工程							
1									

图 8.39　工程监理费用结算汇总表格式

⑭设计文件审查费结算汇总表(粤公建竣 5-8 表)

设计文件审查费结算汇总表用于反映同类费用的合同、变更和其他费用金额,并汇总结算情况,见图 8.40。

设计文件审查费结算汇总表								
建设项目名称:								粤公建竣5-8表
序号	合同编号	项目或费用名称	合同签订单位	合同价格（元）	变更（增）减（元）	其他费用金额（元）	结算金额（元）	备注
1	2	3	4	5	6	7	8=5+6+7	9
一		……						

图 8.40　设计文件审查费结算汇总表格式

⑮竣(交)工验收试验检测费结算汇总表(粤公建竣 5-9 表)

竣(交)工验收试验检测费结算汇总表按合同分类汇总全部竣(交)工验收试验检测费用项目的合同、变更、其他费用金额、结算情况,见图 8.41。

竣(交)工验收试验检测费结算汇总表								
建设项目名称:								粤公建竣5-9表
序号	合同编号	项目或费用名称	合同签订单位	合同价格（元）	变更（增）减（元）	其他费用金额（元）	结算金额（元）	备注
1	2	3	4	5	6	7	8=5+6+7	9
一		……						

图 8.41　竣(交)工验收试验检测费结算汇总表格式

⑯研究试验费结算汇总表(粤公建竣 5-10 表)

研究试验费结算汇总表按合同分类汇总全部研究试验费用项目的合同、变更、其他费用金额、结算情况，见图 8.42。

研究试验费结算汇总表								
建设项目名称:								粤公建竣5-10表
序号	合同编号	项目或费用名称	合同签订单位	合同价格（元）	变更（增）减（元）	其他费用金额（元）	结算金额(元)	依据及立项批复
1	2	3	4	5	6	7	8=5+6+7	9

图 8.42　研究试验费结算汇总表格式

⑰建设项目前期工作费用结算汇总表(粤公建竣 5-11 表)

建设项目前期工作费用结算汇总表用于反映勘察设计、咨询等单位对建设项目进行可行性研究、工程勘察设计、招标文件及标底编制等费用的总体情况。按“预可”、“工可”编制费、勘察设计费、招标文件及标底编制费及其他相关费用分列汇总。本表中各单个合同结算参照乙组文件工程勘察设计费结算表格式填制，见图 8.43。

建设项目前期工作费用结算汇总表									
建设项目名称:									粤公建竣5-11表
序号	合同编号	项目或费用名称	合同签订单位	合同价格（元）	变更（增）减（元）	其他费用金额（元）	结算金额（元）	各项费用比例（%）	备注
1	2	3	4	5	6	7	8=5+6+7	9	10
一		“预可”、“工可”编制费							
1									

图 8.43　建设项目前期工作费用结算汇总表格式

⑱专项评价(估)费用结算汇总表(粤公建竣 5-12 表)

专项评价(估)费用结算汇总表用于汇总国家法律或行业规定需要进行的评价、评估、咨询费用，应按环境影响评价、水土保持评估、地震安全性评价等专项分别列出，见图 8.44。

专项评价(估)费结算汇总表									
建设项目名称:									粤公建竣5-12表
序号	合同编号	项目或费用名称	合同签订单位	合同价格（元）	变更（增）减（元）	其他费用金额（元）	结算金额（元）	各项费用比例（%）	备注
1	2	3	4	5	6	7	8=5+6+7	9	10
一		环境影响评价费							
		……							
二		水土保持评估费							

图 8.44　专项评价(估)费结算汇总表格式

⑲其他项目费用结算汇总表(粤公建竣 5-13 表)

其他项目费用结算汇总表用于汇总施工机构迁移费、供电贴费、固定资产投资方向调节税等概、预算项目节未能涵盖到的特殊细目费用的合同、结算情况，按实际发生费用情况填写，涉及其他收入需抵充建设成本以负数填列，见图 8.45。

其他项目费用结算汇总表								
建设项目名称:								粤公建竣5-13表
序号	合同编号	工 程 或 费 用 名 称	合同签订单位	合同价（元）	结算价（元）	费用调整（元）	各项费用比例（%）	备注
1	2	3	4	5	6	7=5-6	8	9

图 8.45　其他项目费用结算汇总表格式

⑳代扣代付项目增减建设成本汇总表(粤公建竣 5-14 表)

代扣代付项目增减建设成本汇总表是针对工程结算过程中,存在部分由建设管理单位代为扣款(如税金、工程保险费等)的费用项目计入了工程结算费用,见图 8.46。编制工程决算时,应将这类代扣款和其实际支出相互抵充,差额列入工程决算中。

代扣代付项目增减建设成本汇总表									
建设项目名称:									粤公建竣5-14表
序号	代扣代付项目名称	代扣合同(或结算)编号	代扣单位名称	代扣金额(元)	代付合同(或结算)编号	代付单位名称	代付金额(元)	差额(元)	备注
1	2	3	4	5	6	7	8	9=8-5	10

图 8.46 代扣代付项目增减建设成本汇总表格式

㉑建设期贷款利息汇总表(粤公建竣 5-15 表)

建设期贷款利息汇总表反映建设期间发生的贷款及利息情况。按实际贷款额分列,填写放贷单位(同一单位可合并)、贷款细目名称、起止时间、贷款额、年利率、期限、利息额等;存款利息总收入以负数填列。数据来源于乙组文件中建设期贷款利息计算表,见图 8.47。

建设期贷款利息汇总表								
建设项目名称:								粤公建竣5-15表
序号	放贷单位	贷款总周期		贷款金额	偿还金额(元)	累计本金(元)	应付利息(元)	备注
		起	止					
1	2	3	4	5	6	7	8	9

图 8.47 建设期贷款利息汇总表格式

㉒尾工工程登记表(粤公建竣 5-16 表)

尾工工程登记表反映交工验收时尚未完成,竣工验收必须完成的工程数量、预计投资额、预计完成时间等信息,见图 8.48。一般规定,尾工工程投资额不得超过工程总投资的 5%。

尾工工程登记表							
建设项目名称:							粤公建竣5-16表
序号	合同编号	工程项目名称	实施单位	合同金额(元)	结算金额(元)	费用调整(元)	备注
1	2	3	4	5	6	7	9

图 8.48 尾工工程登记表格式

㉓报废工程登记表(粤公建竣 5-17 表)

报废工程登记表用于反映部分或全部实施,而实际又不再使用的工程项目的工程数量、支出费用信息,见图 8.49。

㉔工程造价与批准概算执行情况对比表(粤公建竣 6 表)

工程造价与批准概算执行情况对比表反映工程实际建设成本对比批准概算投资

增减情况，该表完整地反映建设工程初步设计、施工图设计、合同、工程变更、竣工决算的工程量和费用数据，见图 8.50

报废工程登记表					
建设项目名称:					粤公建竣5-17表
序 号	工程内容或名称	单位	工程数量	支出金额(元)	原　　因
1	2	3	4	5	6

图 8.49　报废工程登记表格式

工程造价与批准概算执行情况对比表																		
建设项目名称:								第　页 共　页									粤公建竣6表	
项	目	节	细目	工 程 或 费 用 名 称	单　位	初步设计		施工图设计		工程合同		变更		决算		工程数量调整情况	工程费用调整情况（元）	备注
						工程数量	批复概算（元）	工程数量	审查预算（元）	清单数量	合同费用（元）	工程数量	变更费用（元）	工程数量	决算费用（元）			
1				2	3	4	5	6	7	8	9	10	11	12	13	14=12-4	15=13-5	16
				第一部分　建筑安装工程费	公路公里													
一				临时工程	公路公里													
	1			临时道路	km													

图 8. 50　工程造价与批准概算执行情况对比表格式

㉕土地征用及拆迁补偿费造价与批准概算执行情况对比表（粤公建竣 6-1 表）

土地征用及拆迁补偿费工程造价与批准概算执行情况对比表反映土地征用及拆迁补偿费实际成本与批准概算对应工程量和费用增减情况，见图 8.51。

土地征用及拆迁补偿费工程造价与批准概算执行情况对比表																			
建设项目名称:																			
预算项目节	清单子目号	项目名称	单位	初步设计			施工图设计			合同			变更			决算			备注
				数量	单价（元）	合价（元）	数量	单价（元）	合价（元）	数量	单价（元）	合价（元）	数量	单价（元）	合价（元）	数量	单价（元）	合价（元）	
3-1		土地征用及拆迁补偿费	公路公里																
3-1-1		土地征用补偿费	亩																
3-1-1-1		主线工程	亩																
	31-1	农用地																	

图 8.51　土地征用及拆迁补偿费工程造价与批准概算执行情况对比表格式

（2）乙组文件

“其他项目费用结算表”、“建设期贷款利息计算表”和“建设项目合同结算及支付情况”是针对竣工决算甲组文件编制而新增的报表，其他乙组文件采用工程合同、变更、结算同类表格，不再赘述。下面仅对新增报表进行介绍。

①其他项目费用结算表（粤公建竣 7-i 表）

其他项目费用结算表用于反映除主体合同段工程之外零星工程的结算，见图 8.52。

其他费用项目结算表												
建设项目名称:												
合同名称:				合同编号:			承包人:					粤公建竣7-i表
序号	项目或费用细目	单位	合同			变更			结算			依据
			数量	单价（元）	合价（元）	数量	单价（元）	合价（元）	数量	单价（元）	合价（元）	

图 8.52　其他费用项目结算表格式

②建设期贷款利息计算表（粤公建竣 8-i 表）

建设期贷款利息计算表用于详细展现工程建设期贷款利息计算过程,见图 8.53。

建设期贷款利息计算表										
建设项目名称:										
合同名称:				合同编号:			放贷单位:			粤公建竣8-i表
序号	贷款时间		贷款金额(元)	偿还金额(元)	累计本金(元)	计息期间	日数	利率	应付利息(元)	凭证编号
	起	止								

图 8.53　建设期贷款利息计算表格式

③建设项目合同结算及支付明细表(粤公建竣 9 表)

建设项目合同结算及支付明细表用于按合同分类,反映建设项目所有发生的合同、协议的主要信息和支付情况,见图 8.54。

公路工程项目合同结算及支付明细表													
建设项目名称:					截止日期:								粤公建竣9表
序号	合同类别	合同编号	结算书编号	合同名称	签约单位	合同金额(元)	结算金额(元)	累计应扣款(元)	累计应支付(元)	累计已支付(元)	待支付(元)	支付比例(%)	备注
1	2	3	4	5	6	7	8	9	10=8-9	11	12=10-11	13=11/10	14
1	路基桥涵												
2													
3													
4													
5													

图 8.54　公路工程项目合同结算及支付明细表格式

8.2.3　竣工决算文件编制方法标准化

公路项目竣工阶段编制的竣工决算报告包括封面、目录、建设项目地理位置图、竣工决算报告说明书、竣工决算甲组文件、乙组文件。对构成竣工决算主要内容的甲组、乙组文件报表格式标准化的同时,也应对编制内容和编制规则标准化,才能保证决算编制规范、准确、不重不漏。

(1)封面、目录。

竣工决算报告封面应包括建设项目主管部门、建设项目名称、项目类别、建设性质、级别、建设单位及法定代表人、编报日期等主要信息。各类信息应按规定定义或分类填报,如"建设项目名称"统一以批准的初步设计文件中确定的项目名称,"建设性质"按新建、改建、扩建、续建等分类。

(2)建设项目地理位置图。

建设项目地理位置图表示本建设项目与沿线交通路网的关系,沿线主要城镇、工矿区、显著地标等的概略位置及县以上境界,一般采用 1∶50000～1∶200000 比例尺图。

(3)竣工决算报告说明书。

竣工决算报告说明书是对本建设项目建设管理成果的书面总结,一般包括:

①工程项目概况。从工程立项、初步设计、施工图设计、招标、工程建设、竣工等各阶段说明工程路线走向、建设规模、技术标准、主要工程方案、数量情况;基本建设程序执行情况,各阶段设计审批情况,较大、重大设计变更审批情况。

②项目建设管理情况。从项目管理机构设置及职能分工、招标方式、主要参建单位履约情况、工程建设管理措施、工程建设过程和管理工作中的重大事件、经验教训等方面说明。

③工程造价控制与管理情况。从造价控制与管理措施、合同执行情况、工程设计变更、概算执行情况、工程投资支出、工程决算编制情况等方面说明;对尾工工程、报废工程、项目调价及预留费用情况等进行说明。如果工程决算超过批准概算,应对超概原因进行分析。

④项目管理体会:总结项目管理特点、造价控制的经验与教训、工程遗留问题等。

(4)竣工决算甲组文件各报表数据均有闭合或汇总关系,编制时应注意区分哪些数据来源于乙组文件,哪些数据在甲组文件中直接确定,哪些数据为汇总计算而来。此外,各报表中反映的竣工工程量应与竣工图中反映的竣工数量基本一致,工程结算数量与竣工工程量不一致时,应说明原因及各自编制依据。

(5)竣工决算乙组文件中基础资料庞杂,应编制资料目录或清单以备查验,一般可按以下分类:

①报送主管部门的请示报告。

②主管部门批准的“工可报告”文件、“初步设计”文件、变更设计(费用)文件及相关文件、会议纪要等。

③招标文件、相应施工图及预算、竣工图及竣工工程数量表。

④政府有关土地、青苗等补偿及安置补偿标准或文件,国土部门批准的公路征地数量,土地、青苗等补偿及安置补偿费用合同或支付凭证。

⑤主要工程建设合同、协议包括工程施工承包(总承包)合同、工程量清单及工程费用变更批复、结算书(支付凭证);工程监理合同、费用结算书;勘察设计合同、费用结算书;专项评估费用合同、费用结算书;机电设备采购合同或凭证以及其他重要经济合同(或协议)等。

⑥建设单位管理费开支费用明细表,购置固定资产费用支出表。

⑦建设期贷款协议及利息支付凭证、利率、计息期。

⑧尾工工程方案及工程数量、预留费用、预计完成时间等(附费用清单)。

⑨工程质量检验评定报告,质量鉴定、检验等有关文件。

⑩其他有关文件、资料、凭证等。

8.3 竣工决算编制信息化

公路工程竣工决算编制信息量大,各报表之间数据闭合关系虽然复杂,但已有较强规律性,充分利用信息技术,可以大幅度提高编制效率和数据准确度。

8.3.1 竣工决算编制流程分析

公路项目竣工决算编制信息化是指按照标准化的竣工决算文件体系和编制规则,利用计算机技术,开发竣工决算编制软件,将大量汇总计算交由计算机完成,以减少手工编制竣工决算文件工作量,输出标准报表的过程。

清楚公路建设项目竣工决算报表表格组成及各项表格数据逻辑关系,是实现竣工决算编制信息化的关键。图 8.55 和图 8.56 分别展现了竣工决算各报表之间的数据逻辑关系和竣工决算编制步骤流程图。

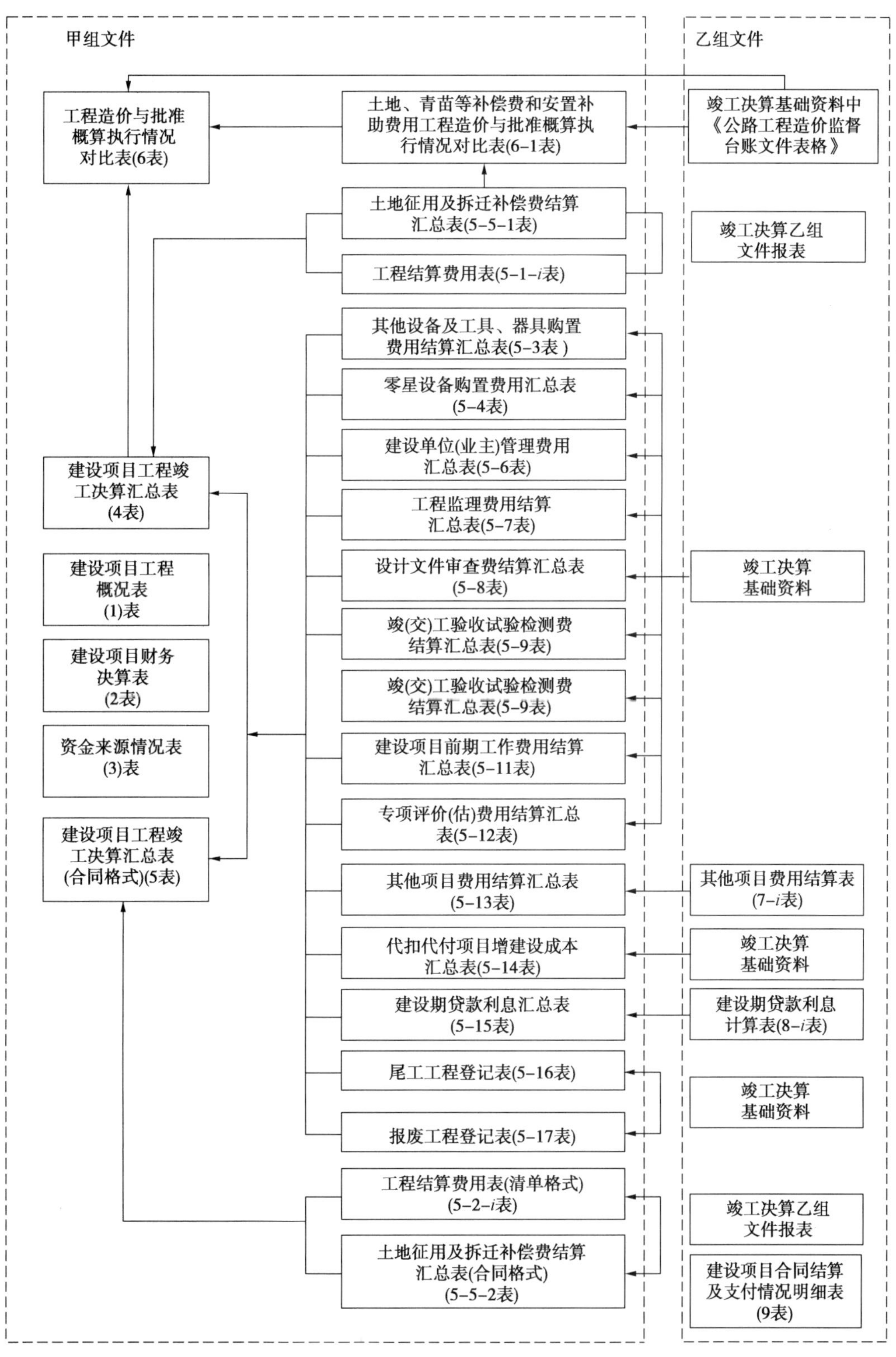

图 8.55　竣工决算各报表之间数据逻辑关系图

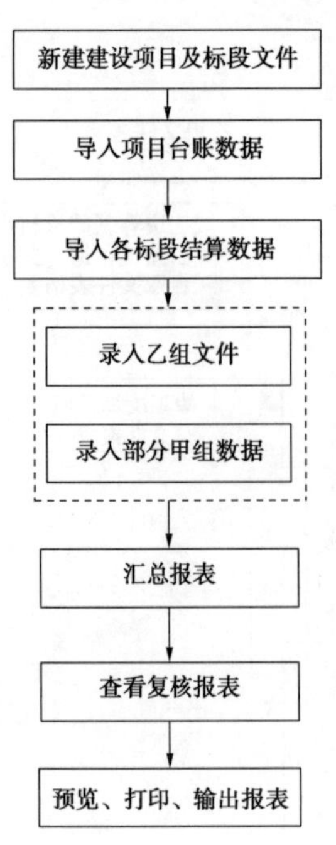

图 8.56　竣工决算编制步骤流程图

8.3.2　竣工决算编制信息化的实现

按照竣工决算文件标准化编制要求,开发的公路工程竣工决算编制软件(竣工决算编审系统)初始界面。该软件包含数据录入、报表汇总、查看及复核、查找、预览及打印等五大功能模块,可较智能化地实现公路工程竣工决算报表的编制、审查。

数据录入模块主要完成公路建设项目创建,标段信息录入,导入变更台账和结算数据,导入乙组文件和录入部分甲组文件报表;报表汇总模块主要完成计算汇总生成所需决算报表;查看及复核模块用于编制人员查看及对对已编制报表的初步审核;查找模块用于查询历史数据;预览及打印模块实现数据及报表的输出。

8.3.3　示例

以××高速公路竣工决算编制为例,利用已开发的软件,实现竣工决算编制的信息化过程。

(1)第一步:创建项目

新建项目,并录入项目基本信息,见图 8.57。

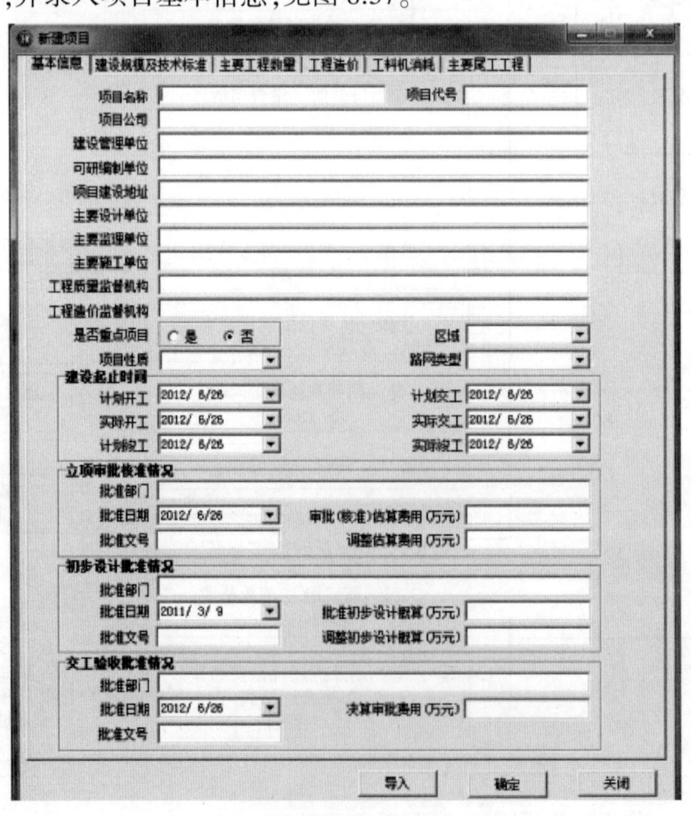

图 8.57　新建项目界面

(2)第二步:划分合同段

点击“项目管理”→“合同段划分”,或者在主界面流程图上点击 合同段划分 ,打开标段信息界面,分类录入标段信息。

(3)第三步:导入项目台账数据(如项目未建立造价管理台账,此步略)

下载“EXCEL 模板”,整理好造价管理台账数据,执行“导入”,见图 8.58。依次导入土地征用及拆迁补偿费用台账表(台账 02-2 表)、公路工程项目合同支付台账表(台账 04 表)。导入后可用“审查格式”和“查看记录”审查和查看导入的文件格式与标准格式的差异,以便及时修正。

EXCEL模板 | 导入 | 刷新 | 审查格式 | 查看记录 | 关闭

项	目	节	细目	工程或费用名称	单位	工程数量（初步）	批复概算（初步）

图 8.58　导入项目台账数据格式

(4)第四步:导入各标段结算数据

下载“EXCEL 模板”,按标准格式整理好各个标段的工程结算数据,执行“导入”。按照标段依次导入各专业工程的结算工程量清单对比表(结算比 01 表)和结算工程项目清单对比表(结算比 02 表)。

导入成功后,为了检查数据正确与否,可以采用“数据闭合审查”功能查看数据闭合有无问题,采用 “修改错误数据”修改检查出的问题,见图 8.59。

数据闭合审查 | 数据审查记录 | 修改错误数据 | 刷新

图 8.59　检查数据正确与否界面

(5)第五步:录入需要的部分甲组数据和乙组文件

对于甲组文件,在主界面打开“文件编制”视图。

点击“录入部分甲组数据”,依次录入甲组文件目录中所列的文件数据,见图 8.60。

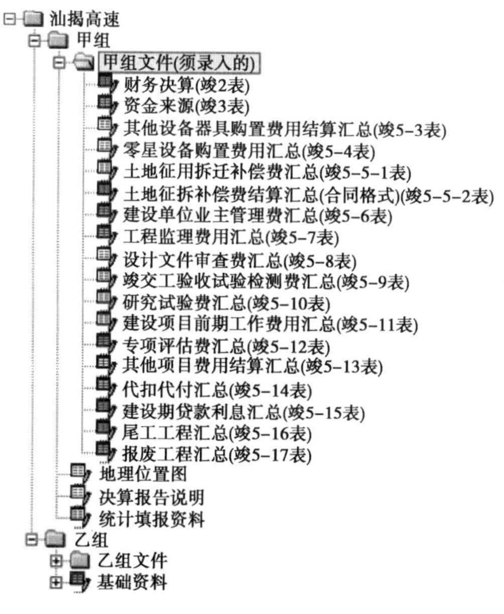

图 8.60　目录八部分甲组数据

对于乙组文件，在主界面打开“文件编制”视图，点击“录入乙组文件数据”，依次录入乙组文件目录中所列的文件数据，见图 8.61。

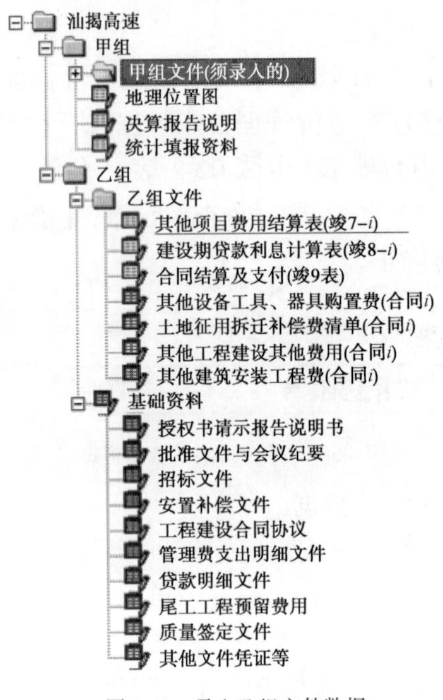

图 8.61　录入乙组文件数据

对于基础资料，选择基础资料类型，直接挂接到附件目录下，见图 8.62。

(6)第六步：汇总生成竣工决算报表

点击“报表”→“汇总报表”选项，或者在主界面点击 汇总报表 按钮，软件自动汇总生成竣工决算的甲、乙组文件报表，见图 8.63。

图 8.62　基础资料　　　　图 8.63　报表界面

8.4　竣工决算编制标准化与信息化优势

8.4.1　竣工决算编制标准化优势

(1)规范项目表

部颁工程决算编制办法中没有决算项目表的完整标准，决算工程项目及费用的确定随意性大，只是在对合同工程量清单中的工程细目适当归类汇总基础上，达到概(预)算项、目、节中相当于“目”的层次，但由于其工程项目及费用项目未设“交叉工程”项，与概(预)算口径不一致，难以对比投资控制情况。编制层级较粗，较综合，未能和其他阶段造价项目表一一对应。

对公路工程竣工决算项目表进行标准化处理，按照与概算项目表在“节”一级建立对应，在桥梁与涵洞工程、隧道工程、交叉工程和工具器具购置等对造价有较大影响的分部分项工程上建立细目级对应的原则制定，编制层级较细，与各阶段造价项目表能形成较好的对应关系。

将竣工决算项目表直观地建立起决算文件与概算文件，决算文件与造价管理台账文件深度层级的对应——“节”或“细目”层级的对应，有利于清晰对比分析建设项目资金计划和实际使用情况，分析资金使用合理性，有效控制工程造价。

(2)优化造价文件组成

对公路工程竣工决算系列报表进行标准化设计，兼顾工程决算和财务决算的特点和要求，对《交通基本建设项目竣工决算报告编制办法》和《公路建设项目工程决算编制办法》的两套报表进行优化，形成了格式统一、内容全面的一套公路工程竣工决算报表，有利于加强工程造价管理和财务审计监督对项目投资控制情况的全方位把握。

目前，我国对公路建设项目竣工决算阶段造价文件编制有财务决算报表和工程决算文件两种要求，其组成如图8.64和图8.65所示。

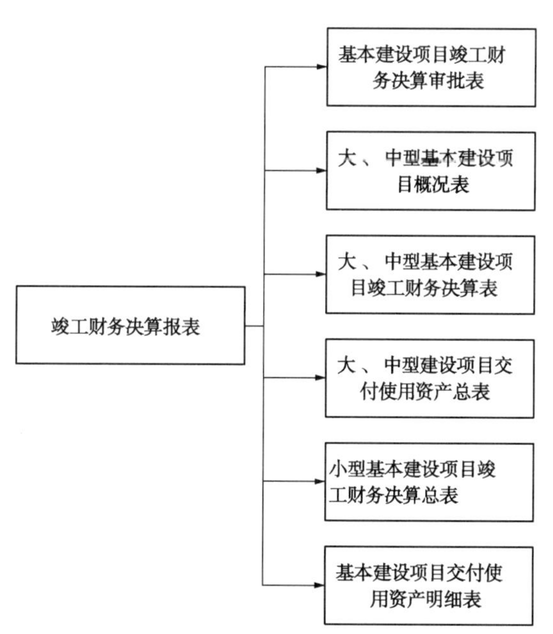

图8.64 公路项目财务决算报表组成

标准化的竣工决算报表在组成格式、表格内容上是对上述文件中报表的优化和重组。

①原交通部关于公路建设项目竣工决算的要求是分别编制工程决算和财务决算两套报表。但是，两套报表中部分内容重复。例如，工程决算报表中有《建设项目概况表》，竣工财务决算报表中有《公路建设项目工程概况表》，虽然是分别从工程和财务的角度对工程项目进行概况描述，但内容相近，表格栏目和内容重复。如，项目“建设起止时间”、“初步设计审批机关、日期、文号”、“调整概算审批机关、日期、文号”、

"公路等级"、"设计车速"、"路线长度"、"路基宽度"等公路技术指标,以及"路基土石方"、"路面工程"、"隧道工程"、"互通式立交"等工程量指标。对之进行标准化处理,对要求编制的两张决算报表进行了融合,调整成编制一套竣工决算文件,涵盖两方面的要求,简洁、明了。

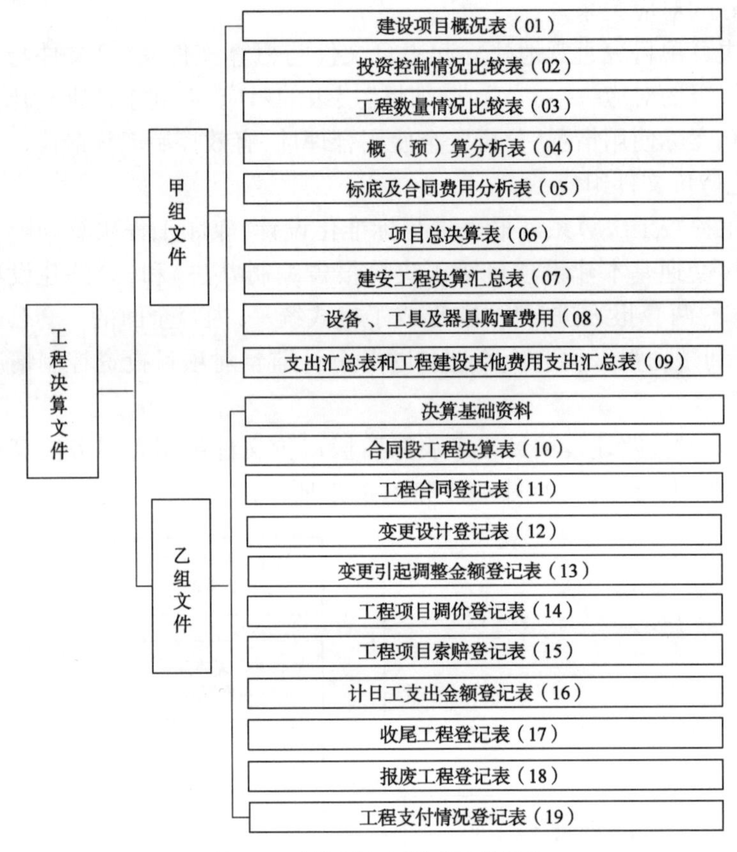

图 8.65　公路项目工程决算文件组成

②部颁工程决算文件中的《建设项目概况表》、《投资控制情况比较表》、《工程数量情况比较表》、《概(预)算分析表》、《标底及合同费用分析表》和《项目总决算分析表》等报表均细分为路线工程、独立桥梁工程、独立隧道工程用表。对于这些报表,即使项目类型(路线工程、独立桥梁工程、独立隧道工程)不同,由于施工内容类似,路线工程用表、独立桥梁工程用表、独立隧道工程用表的项目体系类似,按照项目类型(路线工程、独立桥梁工程、独立隧道工程)分别建表,甲组文件体系显得繁冗,实用性不强。对之进行标准化处理,不再按照路线、桥梁和隧道细分设计表格,在准确反映实际造价信息的前提下,使得造价文件更为简练清晰。类似情况,在部颁工程决算文件中,决算汇总表分建筑安装工程费、设备器具购置费、工程建设其他费用制定了三张表格,体系繁冗。标准化处理是将决算汇总表的建筑安装工程、设备器具购置、工程建设其他等费用合并计列在一张表内,报表简洁明快,与工程建设实际吻合。

③部颁工程决算文件中分别单设《投资控制情况比较表》和《工程数量情况比较表》将某阶段对应的工程数量和金额在不同的表格中分别单独计列,可视性不强,不能清晰体现工程数量和费用的对应关系。《投资控制情况比较表》也缺失工程变更环

节的工程量及造价信息。标准化处理的方式是将上述两表融合，增加工程变更环节的工程量及造价信息，形成“工程造价与批准概算执行情况对比表”。由于将同一阶段的工程数量信息与费用金额信息在一张表中同时展示，增加了表格使用的便利性，方便比较各阶段工程数量和费用金额数据变化，利于及时发现资金使用问题。同时，增加工程变更环节的造价信息，避免全过程造价比较时的环节缺失，造价数据断链问题，有利于全面掌握造价控制情况，判断造价合理性。

④部颁工程决算文件中《工程建设其他费用支出汇总表》仅提供土地、青苗补偿费用及安置补助费、建设单位管理费、工程质量监督费、工程监理费、定额编制管理费、设计文件审查费、研究试验费、勘察设计费、建设期贷款利息等其他费用的汇总值，报表未要求提供分项值。考虑上述各类费用与建筑安装工程费用在性质、组成上都存在差异性，虽为附属性费用，但对工程质量、安全、进度管理影响较大，标准化处理是在甲组文件中增加了“其他设备及工具、器具购置费用结算汇总表”、“零星设备购置费用汇总表”、“土地征用及拆迁补偿费结算汇总表”、“建设单位管理费汇总表”、“ 工程监理费结算汇总表”、“设计文件审查费结算汇总表”、“竣交工验收试验检测费结算汇总表”、“研究试验费结算汇总表”、“建设项目前期工作费用结算汇总表”、“专项评价(估)费结算汇总表”、“其他项目费用结算汇总表”、“代扣代付项目增减建设成本汇总表”、“建设期贷款利息汇总表”等表格，根据各类费用组成特点设计，可以更为准确反映各项工程建设其他费用的使用效果，使对总造价影响日益增大的上述项目的造价数据能够追根溯源、便于分析其合理性。

⑤部颁竣工财务决算文件中，建筑安装工程决算汇总表数据来源于乙组文件中的合同段工程决算表，合同段决算表数据来源于土建工程和安装工程，所以合同段工程决算费用中包含设备购置费。甲组文件的建筑安装工程决算汇总表中的项目含设备项目，表中的“金额合计”是含有设备费的金额合计，且表中还另设 “设备费”一栏。设备、工具及器具购置费用支出汇总表亦含安装工程设备费。在由建筑安装工程决算汇总表，设备、工具及器具购置费用支出汇总表，工程建设其他费用支出汇总表合成项目总决算(分析)表时，如果没有搞清楚各表间数据关系，极易造成费用重计等错误。将建筑安装工程决算汇总表，设备、工具及器具购置费用支出汇总表，工程建设其他费用支出汇总表进行累加形成项目总决算(分析)表。这样造成列入的部分如机电工程设备费将重复计算两次，造成错误。标准化处理的方式是在甲组文件中设置《其他设备及工具、器具购置费用结算汇总表》和《零星设备购置费用汇总表》，汇总除机电工程外的其他设备费，从表格设计上避免了部分设备费可能重复计算的问题。

⑥土地征用及拆迁补偿费占公路工程总投资的比例越来越大，造价标准化设计充分考虑了对该项费用的规范。甲组文件中增加《土地征用及拆迁补偿费工程造价与批准概算执行情况对比表》，便于掌握土地征用及拆迁补偿费计划和实际支出情况；乙组文件中增加《计日工明细》，为计日工汇总提供基础数据支撑，增加《奖罚金结算汇总表》，提供奖罚金信息。增加这些表格都是为了理清相关数据脉络，加强建设管理，严格造价控制。

⑦部颁工程决算文件中《建设项目概况表》的“费用情况”模块内的费用条目是

按照1996年版《公路基本建设工程概预算编制办法》规定的概预算项目组成计列的，与现行编制办法规定的概预算项目体系不匹配，造成2007年以后按照新办法编制概预算开工的建设项目编制工程决算时，此表格填写困难。同时《建设项目概况表》缺乏立项批准（核准）情况（部门、日期、文号）等信息，主要工程量单元缺乏"特殊路基处理"等项目，主要技术指标单元中未区分"主线长度"和"支线长度"，未单独列出"地震动峰值系数"，未列"批复用地"信息，这些信息量的缺失都不利于判断造价合理性。而部颁竣工财务决算文件中尾工工程未列"工程数量"信息，难于判断列支的尾工工程费用的合理性。造价标准化设计均对这些问题都进行了相应优化，使之更适合造价控制和工程管理需要。

8.4.2 竣工决算编制信息化优势

与传统公路工程竣工决算编制通常依靠EXCEL表格处理软件配合手工编制相比，研发的专用竣工决算编审软件具有以下优势：

（1）数据准备便捷

目前市场上尚未有应用成熟、通用性强的公路工程竣工决算编制专用软件，多依靠建设单位人员手工编制报表；即便有自发开发的类似软件，也多存在只实现局部汇总功能，或支持导入的文件格式难以统一（EXCEL、csv文件等）等问题。标准化设计研发的专用决算编审软件支持EXCEL文件导入导出，全部甲组、乙组文件报表均模板化；工程量、单价、费用信息均通过标准化的数据库存储，确保了数据的准确和可追溯；汇总计算功能强大，兼容性好，通用性强，使用方便。

（2）编制过程高效

标准化设计研发的专用决算编审软件从规范数据来源入手，大量采用标准格式下导入导出报表功能，便于多人同时处理繁杂的工程结算数据；如果预先建立数据关联，提供数据汇总计算的自动复核功能，将大幅度提高了编制效率和审查效率。

（3）复核功能强大

常规的市场应用的造价编制软件的自动查错功能仅限于对工程量清单分配不全或超额自动报警等功能，不能智能化判断数据出错原因。标准化设计研发的专用决算编审软件对于已经生成的汇总报表能够进行复核，并生成错误分析报告，方便编制、审查人员及时掌握、修改完善。

本章小结

本章分别从项目表、造价文件组成、编制方法等方面介绍了工程结算和竣工决算造价文件编制标准化建设成果。介绍了开发的标准化竣工决算编制软件功能，并对使用方法进行了示例。分析了工程结算、竣工决算造价文件编制方法和编制工具创新后的优势。

9 造价审查和监督标准化与信息化

公路工程建设项目造价审查是对造价文件的符合性、技术性、经济性、实物量等进行的监管活动,经审查的工程造价是交通运输主管部门批复工程投资的依据。造价监督是在工程实施阶段,依据有关法律、法规、规章、计价依据,运用行政、技术和经济等手段对公路工程基本建设项目造价管理过程进行监督管理的行为,是交通运输主管部门进行公路建设监督管理的组成部分。造价审查和监督是交通运输主管部门对公路工程造价控制和确定的重要手段,是公路项目基本建设程序的重要组成部分。

9.1 造价审查标准化与信息化

对公路工程建设项目各阶段造价的审查,建立规范、可控的审查流程,遵循科学严密的审查规则,建立重点突出的审查技术,是开展标准化和信息化设计的重点。

9.1.1 造价审查标准化

公路工程建设项目造价审查,一般包括估算审查、概算审查、预算审查、招标清单及清单预算(招标控制价)审查、设计变更费用审查、竣工决算审查等环节。根据管理体制和技术力量的不同,目前各省开展造价审查阶段、环节、主体均有所不同。从2000年以来,广东省交通运输工程造价管理站按照省交通运输主管部门授的权或公路建设管理单位的委托,对估算、概算、预算、招标清单及预算(招标控制价)、设计变更预算、竣工决算等文件组织审查,逐渐形成了一套科学、严密的审查工作体系。

(1)审查原则

坚持符合规定、实事求是、合理控制的审查原则。

①应贯彻执行国家有关经济政策,国家颁发的技术标准和规范、规程,地方发布的法规及行业标准。

②应执行批准的工程建设规模、技术标准、建设目标,根据设计文件、计价规则,正确采用计价标准。

③应结合市场行情与建设项目的实地情况,准确核定采用的人工、材料、机械价格。

④应认真核查工程内容和施工方法,选用合理的施工方案。重点审查特殊工程、重点工程、对造价影响较大的分项工程的费用组成。

⑤配合设计做好多方案比选的造价计算与分析,促进设计优化。通过造价审查能动影响工程设计。

⑥运用积累的工程造价资料和经验,分析计算结果,实事求是做好造价审查工作。

(2)审查依据

建立分类清晰、计价准确、种类齐备的审查依据。

①交通基本建设项目工程(预)可行性研究报告编制办法、公路基本建设项目工程设计文件编制办法等技术标准。

②各类公路工程造价文件编制办法及估算指标、概算定额、预算定额、公路工程机械台班费用定额等配套计价标准。建设部门关于建筑工程、装饰装修工程、安装工程、市政工程的计价办法及相关定额。

③与送审工程有关的设计、施工技术规范。

④公路建设项目用地标准及地方颁布的征地、拆迁赔偿标准、规定。

⑤工程勘察设计、监理服务、试验检测、技术咨询等工作收费标准及有关配套计算规则。

⑥公路建设项目沿线建筑材料供应量情况、价格信息情况及有关规定。

⑦按交通运输主管部门批复的立项、设计评审意见修订的可行性研究报告及投资估算,初步设计文件和概算(或调整概算),施工图设计文件和预算,特殊工程的施工组织设计,经核备批准的招标文件、施工承包合同、合同工程量清单,变更设计和变更费用批复意见,竣工图和工程结算文件等。

⑧征地拆迁协议及土地使用权确权证明等相关资料,建设期贷款协议及支付凭证,建设单位管理费开支情况等。

⑨同类建设项目的历史造价资料。

(3)审查流程

形成流程明晰、责任明确、监督到位的审查流程。

①估算、概算、预算、招标清单及预算(招标控制价)、设计变更预算审查。

对单位各业务科室职能进行专业化分工,在收到上级交通运输主管部门或建设管理单位的审查委托后,按照职能分工,指派项目审查负责人,由项目负责人根据工作量指派某人或成立审查小组承担审查工作并进行具体任务分工。

审查人员应首先对送审造价文件进行符合性检查,按照造价文件编制办法及相关规定,审查文件及资料的完整性和格式的符合性,对符合性检查发现的问题以查询单等书面形式向委托人反馈,由委托人或其授权机构联系补充资料,发审查单位。

材料补充完整或格式审查无误的,审查人员进行造价文件技术性审查和实物工程量审查。对于技术性审查和实物工程量审查中发现的问题,汇总后以查询单等书面形式向委托方反馈,要求进行解释、澄清、补充相关资料。双方对问题达成初步一致的,审查人员将相关意见、资料融合后形成审查意见报项目审查负责人,审查负责人进行复核审查后报送科室负责人三审,同意后报审查单位领导终审。单位领导批准后的审查意见方可形成正式公文发送委托方。

②竣工决算审查。

竣工决算审查工作是一项周期跨度大、综合性强的工作,其审查流程不同于设计阶段的一阶段造价审查,应分阶段进行。在决算报告编制阶段就应及早介入指导,及时开展驻点审查、内外业资料核查、形成审查意见。

审查单位收到上级交通运输主管部门或建设管理单位的审查委托后,按照职责和流程指派项目审查负责人，成立审查小组，项目负责人根据工作量编制审查方案和工作计划，重点对需要派驻建设项目现场的事项提出具体方案及注意事项，经分管领导批准后，向审查小组成员传达，并向项目法人或建设单位发出项目驻点审查通知，进驻现场查审资料，一般进驻公路运营单位或竣工决算资料所在地点。驻点审查采取核查内业资料和踏勘外业实体工程相结合的方式，过程应及时形成书面记录或影像资料。

审查人员应首先对送审造价文件进行符合性检查，按照造价文件编制办法及相关规定，检查送审文件和资料的完整性及格式的符合性，对于符合性检查发现的问题以查询单等书面形式向委托单位反馈，由其通知建设管理单位补充所需材料。

符合性检查通过或材料已补充齐全的，审查人员进行造价文件合法性合理性审查。合法性审查重点是检查工程结算与法律法规及合同文件的符合性，合理性审查重点是从结算工程量的真实性和费用的合理性方面开展。审查人员对审查中发现的问题应及时跟踪落实，较为简单的问题可以通过口头方式当面了解，对于重大问题，特别是涉及费用扣减的，应以查询单等方式（电子版和纸质版）正式送达建设管理单位，要求建设单位在规定时间内做出书面解释、澄清、补充相关资料。双方对质疑问题达成初步一致的，审查人员将相关意见、资料融合后形成初审意见；对问题回复仍存疑问的，继续深入沟通了解，直至对所有问题达成清晰处理意见，形成初审查意见报项目审查负责人汇总。审查负责人进行复核审查后报送科室负责人三审，同意后报审查单位领导终审。单位领导批准后的审查意见方可形成正式公文发送委托方。期间发生意见变化的，应及时与建设管理单位交流和沟通，以确保审查意见的合法、合理、准确。

查询单应按规定格式发出，并形成有规则的编号，以便查询和归档，如表9.1所示。

竣工决算驻地审查查询单

表9.1

编号：

询问单位：

询问项目名称：

查询标题：
1. 问题描述 2. 3. 4. …

查询人（签字）：

项目审查负责人（签字）：

发出日期：

签收人（签字）：

接收日期：

×××××工程竣工决算审查小组

(4)审查内容

审查与编制所关注的侧重点不同,设计阶段的概、预算造价审查与竣(交)工阶段的工程决算审查,共同点是均需对送审造价文件的合法性、完整性、一致性审查,不同点是从审查内容、审查依据、审查精度上都有较大差异。

①估算、概算、预算、招标清单及预算(招标控制价)、设计变更预算审查

a.符合性审查

(a)根据职业管理的要求,审查造价编制人员的职业签章和资格证书。

(b)对比本阶段设计与前阶段设计批复,审查该项目采用的技术标准、建设规模是否与主管部门审批意见一致。

(c)审查送审造价文件对前阶段工程造价批复执行情况,初步设计概算是否在批(核)准投资估算110%以内,施工图设计预算是否在批准设计概算以内;清单预算是否在批准施工图设计预算以内。

(d)送审造价文件编制是否执行国家及地方现行计价标准。费用项目是否齐全、清晰、准确,编制说明是否详细、符合实际。

b.技术性审查

(a)审查造价文件编制依据,核查工程造价指标、定额标准及其他计价依据的采用是否合理、准确。

(b)审查工程造价是否与设计、施工方案匹配、合理;分段设计时,各分段项目采用的设计和计价标准是否统一。

(c)审查造价文件是否准确、全面地反映了建设项目的设计内容。

c.工程实物量审查

(a)根据项目设计文件等基础资料,审查计价工程数量是否准确。

(b)采用的工料机预算单价、建设期贷款利率是否准确。

(c)征地拆迁等专项费用的计算是否依据相关计费标准,结合工程实际合理确定。

(d)勘察设计费、监理服务费、建设单位管理费、研究试验费、专项评价(估)费等的计算是否依据相关计费标准合理确定。

②决算审查

a.符合性审查

(a)送审竣工决算编制是否执行国家及地方现行编制办法。费用项目是否齐全、清晰、准确,编制说明是否详细、符合实际,是否全面反映建设项目所有工程投资,决算报告是否按该项目竣工资料进行编制。

(b)竣工决算各报表之间数据是否形成完整闭合,各项合同结算是否手续完备,竣工决算报表是否准确反映出合同结算。

(c)对比初步设计批复,审查该项目竣工决算反映的技术标准、建设规模是否与初步设计批复一致,如有重(较)大设计变更发生,是否已完成批准程序。

(d)送审工程竣工决算是否控制在批准的初步设计概算范围。

(e)建设期贷款利息、尾工工程等费用的计算周期及费用分摊是否准确、符合政

策规定。

b.合法性审查

(a)审查项目立项、初步设计、施工图设计、招标、开工、重较大设计变更、交工验收等建设程序是否符合规定;工程实施的技术标准和建设规模是否与批准一致;上述情况的描述是否在竣工决算报告中得到体现。

(b)审查竣工图及工程量,竣工决算与实际结算工程量是否一致。

(c)审查项目建设主要合同执行情况,审查工程费用结算原则是否与合同约定一致。

(5)审查重点

①估算、概算、预算、招标清单及预算(招标控制价)、设计变更预算审查

a.审查造价文件的费用项目、工程数量、实施方案是否与设计文件、设计评审意见等一致,经济调查等基础资料(包括人工工资、筑路材料供应量和价格、征地拆迁补偿费用标准等)是否齐全、合理;招标清单及预算(招标控制价)的审查还应结合招标文件及行业主管部门的备案意见。

b.审查本阶段工程造价组成,分析费用组成是否合理、匹配。应重点审查对工程质量、安全影响较大的工程,工程造价占总造价较大的费用项目。

(a)计价土石方总量、土石比例、综合单价是否合理,填挖平衡、运量调配设计是否合理;计价土石方计算关系是否正确;天然密实方和填方压实方的换算关系计算是否正确,路堤、路堑、路槽土石方计算是否合理;沿线取、弃土场布设方案、运距是否合理,借土资源费是否合理计算。

(b) 不良地形、地质处理设计方案是否合理,处理费用与设计方案是否一致;特殊地基、高边坡的处理设计方案是否满足本工程地质勘查资料展现的情况,是否体现安全、经济、适用的原则。设计工程量与设计方案、工程规模是否匹配。

(c) 路面结构形式是否与该项目交通量及重要程度相匹配,路面用碎石料场调查是否充分,选择料场是否贯彻因地制宜、就地取材原则,材料运距是否合理,材料价格计算是否合理;水泥混凝土、沥青混合料和稳定土拌和站布设方案、运距确定是否合理。

(d) 常规桥梁设计是否充分体现标准化设计理念,设计跨径的选择是否体现技术经济原则;基础干处和水中划分界面是否结合实际,钻孔地质分类与地质勘查是否一致,桩基、墩柱、梁板等结构配筋率是否合理,上、下部结构的设计是否均衡、匹配,上部结构跨径设计是否符合项目实际需求等。应重点关注对异型桥梁或大跨径特殊桥梁的造价审查。

(e) 隧道工程围堰类别的划分与对应的工程量、定额套用是否准确,计入造价的临时支撑等工程量是否与隧道开挖方案、施工组织相匹配;隧道弃渣是否得到有效利用。

(f)交叉工程与公路主线、连接线等工程界面的划分是否清晰。

(g) 收费、通信、监控、供配电及隧道消防、通风等系统造价费用中,重点应对设备选型和设备价格进行审查。

c.审查造价文件采用的人工、钢材、水泥、油料、砂石等地方材料等价格是否合理,是否符合当前市场价格水平。

d.审查各设计阶段各项费率取用是否符合规定,是否合理。

e.审查分项工程费用(含临时工程),主要工程项目套用概(预)定额(估算指标)及工程量计算的合理性,有无漏算、重算及不符合规定的工程量计算。重点审查:

(a)特大跨径桥梁或跨海大桥施工,专用机械设备台班费用是否合理。

(b)技术复杂大型桥梁基础施工费用是否合理。

(c)特大桥梁临时工程费用是否合理,包括预制厂建设、轨道铺设、便道、便桥、码头、水下电缆、输电线路、电讯线路、通信线路等工程费,应按施工组织设计的需要合理考虑。

(d)高速公路、一级公路,地形复杂山区项目临时便道费用是否合理。

f.审查交通工程设备购置费和办公室设备购置费,管理、服务设施房建工程费用等。审查设计标准是否合理,是否满足项目需要,是否有超标准建设情况。

g.审查工程建设其他费用。包括土地、青苗等补偿费和安置补助费、建设单位管理费、研究试验费、勘察设计费等是否符合规定,计费是否合理;用地数量是否符合标准要求,是否本着节约用地、少占耕地的原则。

h.审查港航安全监督费、航标设置维护费、租用交通船费、施工维持交通费用、跨铁路协调费、工程保险费、文物普查费、环境评价费、水土保持评价费、地震安全性评价费、地质灾害性评价费等与建设项目相关的其他费用的计算依据和合理性。

i.审查预留费用合理性。

g.审查建设项目资金筹措方案、建设期贷款利息计算是否合理,是否符合当期利率。

k.核定工程造价总金额,并分析主要材料(人工、钢材、水泥、木材、沥青、柴油、汽油、砂、碎石)数量合理性。

l.招标清单预算还要审查清单预算工程数量、工程量清单与设计工程量、招标文件的一致性。

②决算审查

a.竣工决算报告是否完整,报告说明与具体表格数据、实际是否吻合。决算表格是否符合编制办法规定,费用组合是否清晰、前后报表数据是否对应。

b.对照设计审查、批复意见,核查初步设计、施工图、重较大变更等设计执行情况。

c.主要工程是否公开招标、签订正式合同和结算协议;零星工程在符合招投标法的前提下,其合同和结算手续是否完;征地拆迁、监理服务费、勘察设计费是否办理合同和结算,研究试验费是否具有课题立项或批准报告。

d.审查竣工图,抽查结算数量与竣工图数量的符合性;竣工图是否反映设施实际情况,是否与施工图和变更图一致。

e.抽查项目建设资金使用和各期工程款计量支付情况。

f.建筑安装工程费用是决算审查工作的重点,应重点从以下方面开展:

(a)抽查合同工程量清单与施工图是否对应。横向比较标段间清单价格,判断是否有明显偏离,分析原因。

(b)审查变更工程费用。对合同段总变更量超过原合同价10%以上的应分析原因;审查变更方案的合理性,变更费用计算是否按合同约定,新增单价是否合理。

(c)抽查结算数量与计量支付数量、竣工图数量的符合性。

(d)审查管养房屋是否按照合同结算,审查建设规模、技术标准是否在批复初步设计范围或控制指标内。

(e)审查绿化工程是否按照合同结算,对照其他项目绿化标准,审查项目绿化实施标准。

(f)审查机电系统是否在批复初步设计范围内,设备标准是否符合施工图评审意见,机电系统是否按照合同结算。

g.审查设备购置费,设备采购是否按批复概算标准执行。对养护、运营管理及建设期间购买的设备,应结合实际情况,建设期设备尤其是车辆的购置是否折旧摊销,运营设备的合理性。

h.审查征地拆迁费是否按照合同结算,核查征地拆迁标准合理性,用地手续完备性,结算用地及拆迁工程量吻合性。

i.审查建设项目管理费。审查建设单位管理费预算及执行情况;审查工程监理费是否按合同约定结算,工期延长的增加费用是否合理;审查设计文件审查费、交竣工验收费依据是否充分,费用是否合理;审查竣工决算审查费、审计费是否按标准计列或预留。

j.审查勘察设计费是否按合同结算,总费用是否在批复概算范围内。

k.审查研究试验立项手续是否完备,结算是否按合同执行。

l.审查预留费使用是否符合规定、手续是否完备、费用确定是否合理。

m.审查尾工工程立项依据、设计图纸及费用估算是否齐全、合理。

n.审查建设期贷款利息的时间界限划分是否符合规定,资本金到位情况,贷款计算与进资表是否对应,利息收入是否冲减建设成本。

o.审查港航监督费、航标维护费、施工维持交通费、工程保险费、文物普查费、环评费、水保评价费、地震安全性评价费、地质灾害评价费等是否符合规定,立项、支付手续是否完善。

p.审查材料价差补偿、工程索赔、计日工等费用是否按合同约定和相关规定执行。

(6)审查方法

基于历史项目数据库和对造价数据的挖掘分析,使用重点审查法或综合审查法审查造价文件。重点审查法是审查人员根据审查经验,找出容易出错的部位或对造价有重要影响的分部分项工程进行重点审查的方法。综合审查法是在对审查项目各阶段造价文件进行纵向对比和与历史类似项目造价进行横向对比的基础上,找出差异较大的造价单元,进行重点分析、逐项审查的方法。这两种方法综合利用了历史项目积累数据和全过程造价数据,重点性地、有的放矢地开展造价审查工作,在人员力量和时间受限的前提下,兼顾了审查质量和效率的统一。

(7)审查报告的编制

审查报告应按规定格式进行编制,报告内容应准确、完整、详细反映审查情况,核增(减)工程量和费用应说明理由或原因。通过多年的实践,可建立各类造价文件审查意见模板,宜包括:前阶段造价批准情况简述、路线走向及主要路线方案简述、工程技术标准和建设规模描述、主要分项工程方案及工程数量描述、造价审查意见、造价分析。其中,造价审查意见应就工料机价格、取费费率、工程量及费用的合理性,分建筑安装工程、设备及工器具购置、工程建设其他费用等分别提出审查意见。对工程竣工决算的审查意见,还应就项目全过程造价管理的效果进行评价。

9.1.2 造价审查信息化

(1)造价审查流程

流程的设计是实现造价审查信息化的关键步骤。由于造价审查既涉及利用造价编审专业软件开展技术核查,又需要通过办公OA系统完成审查意见的流转,故而造价审查信息化实际是多软件、多管理系统的交互过程。

审查单位收到造价文件审查委托后,文件处理员按规定流程分配工作计划,确定项目审查负责人,项目相关造价数据通过办公OA系统自动流转至项目负责人,同时,OA系统自动将数据传送至造价综合管理系统,以便开展技术核查工作。项目负责人接到任务指派后,选择参与审查人员,组建审查小组,分配审查任务。造价文件审查分两个阶段,首先进行格式审查,对造价文件进行校核,如果存在问题或者缺少文件,要求建设单位重报或者向其发送查询单,造价文件校核无误后,审查人员填写整体校核结果;其次进行技术审查、实物量审查或合法性审查,启动造价编审软件(广东造价编审系统),把送审数据文件整体下载到软件里,进行审查,形成审查汇总表,并将最终审查数据上传至造价综合管理系统,审查结束,过程及资料均自动存档。

图9.1以对招标阶段造价文件(工程量清单及预算)的审查为例,显示了上述审查流程。

(2)造价审查信息化的实现

图9.2是按照造价审查标准化要求,在造价综合管理系统中开发的造价审查模块("造价文件编审")界面。

造价审查模块提供了"估算文件"、"概算文件"、"预算文件"、"招标造价文件"、"工程变更造价文件"、"决算文件"、"其他编审"等文件编审功能菜单和"编审负责人一览"、"通知公告"等信息查询功能菜单。使用者还可以通过点击窗口左侧的"在审项目"、"待审项目"、"已审项目"选项,查看项目审查过程信息。

9.1.3 示例

下面以广东省云罗(双凤至罾滨)高速公路造价审查为例,说明利用开发的造价管理综合系统完成造价审查的操作过程。

(1)第一步:查看待审项目

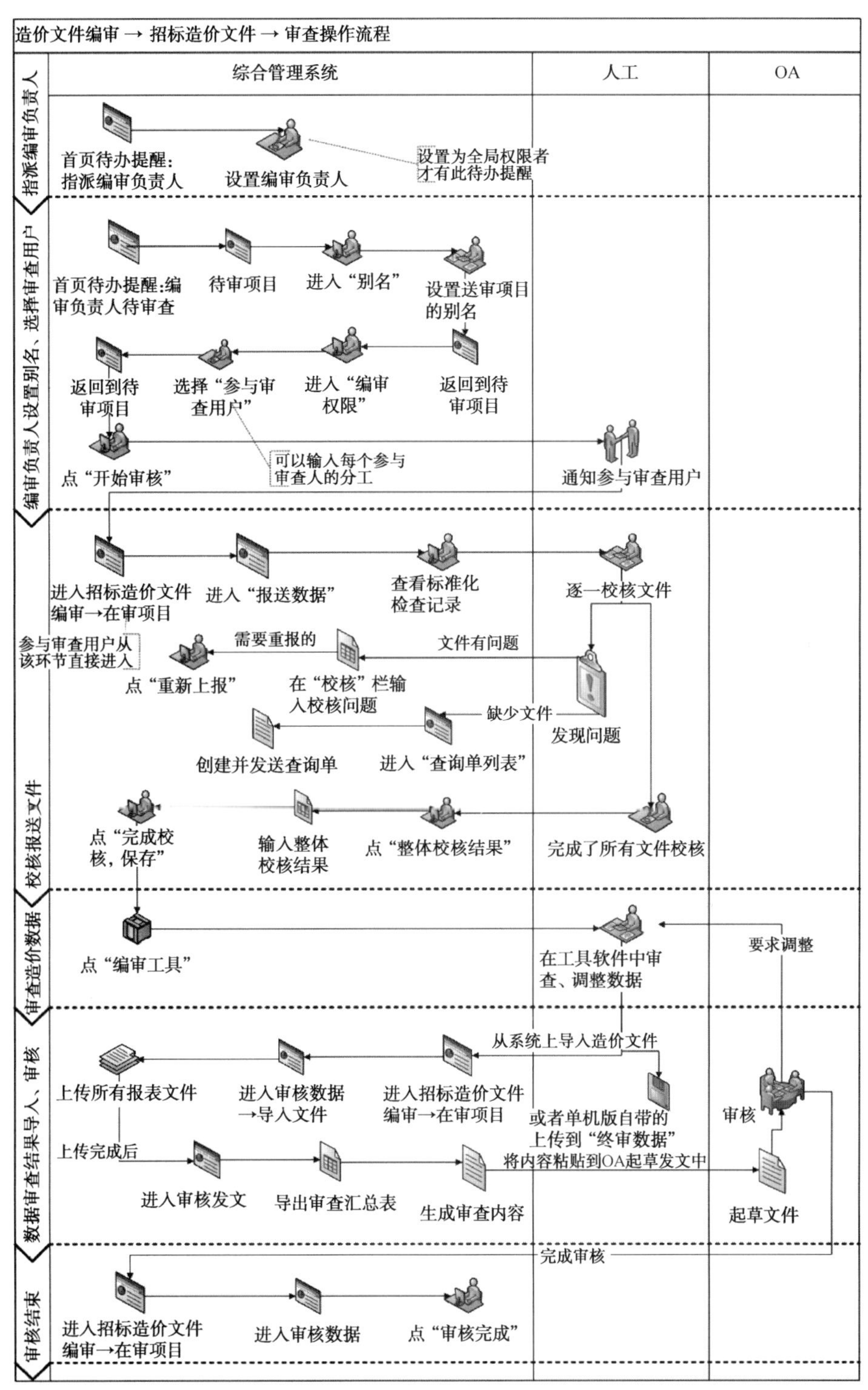

图 9.1　造价审查流程案例——招标清单及预算审查

建设管理单位经过互联网报送送审项目信息后,造价综合管理系统为审查单位领导设置待审项目提示,使用者也可以通过点击“造价文件编审”→“招标造价文件”,查看送审项目信息。

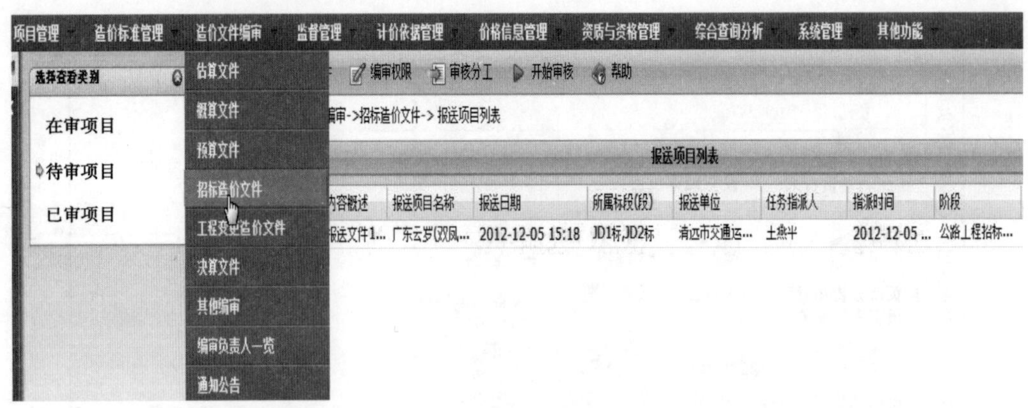

图 9.2 造价审查模块操作界面

(2)第二步:设置权限

审查单位领导通过点击“审核分工”设置待审项目的审查权限,包括项目审查负责人、参与审查用户、审核分工,见图 9.3。

图 9.3 设置权限界面

(3)第三步:处理送审文件

审查权限确定后,项目审查负责人点击“开始审核”,待审项目自动转至在审项目列表中。参与审查用户选择“在审项目”,并通过点击“报送数据”查看造价文件报送列表。根据报送文件情况,填写“校核”意见,并根据需要,实现发出要求重报、查询单等工作流程。处理送审文件界面见图 9.4。

序号	文件名	文件编号	报送时间	报送单位	校核状态	报送状态	校核
1	数据包		2012-12-05 ...	清远市交通运...	未校核	已报送	符合要求
2	工程项目清单预算表	招标01-1表	2012-12-05 ...	清远市交通运...	未校核	已报送	
3	工程量清单预算汇总表	招标01-2表	2012-12-05 ...	清远市交通运...	未校核	已报送	
4	工程量清单预算表	招标01-3表	2012-12-05 ...	清远市交通运...	未校核	已报送	
5	人工、主要材料、机械台班数量汇总表	招标02表	2012-12-05 ...	清远市交通运...	未校核	已报送	
6	建筑安装工程费计算表	招标03表	2012-12-05 ...	清远市交通运...	未校核	已报送	
7	其他工程费及间接费综合费率计算表	招标04表	2012-12-05 ...	清远市交通运...	未校核	已报送	
8	设备、工具、器具购置费计算表	招标05表	2012-12-05 ...	清远市交通运...	未校核	需重报	格式不符合
9	工程建设其他费用及回收金额计算表	招标06表	2012-12-05 ...	清远市交通运...	未校核	已报送	缺少内容
10	建筑安装工程费计算数据表	招标08-1表	2012-12-05 ...	清远市交通运...	未校核	已报送	
11	分项工程预算表	招标08-2表	2012-12-05 ...	清远市交通运...	未校核	已报送	
12	材料预算单价计算表	招标09表	2012-12-05 ...	清远市交通运...	未校核	已报送	
13	自采材料料场价格计算表	招标10表	2012-12-05 ...	清远市交通运...	未校核	已报送	
14	机械台班单价计算表	招标11表	2012-12-05 ...	清远市交通运...	未校核	已报送	
15	计日工计算表	招标01-2-1表	2012-12-05 ...	清远市交通运...	未校核	已报送	

图 9.4 处理送审文件界面

建设管理单位收到“要求重报”、“查询单”等指令后,补传资料。待报送文件符合要求后，项目审查负责人或参与审查用户均可填写整体校核结果，见图9.5。

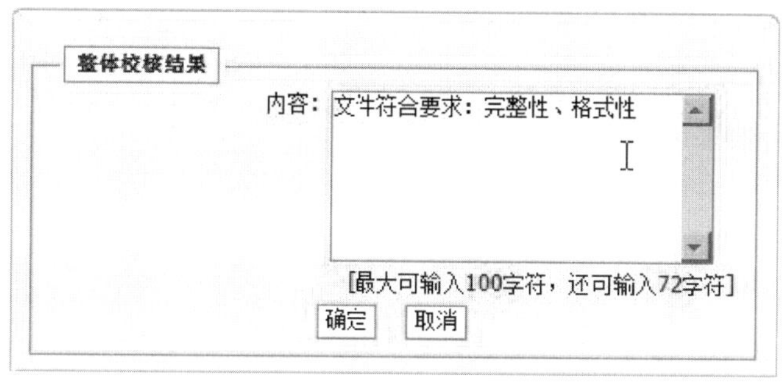

图9.5　整体校核结果界面

(4)第四步：审查数据

审查小组可以点击“编审工具”，启动公路造价文件编审专业工具软件，并把报送的数据文件下载至此工具软件中，然后直接打开此工具软件，就可以直接修改项目造价数据，进行工程量和费用的审查。项目管理界面见图9.6。

项目管理

建设项目

	名称	编制	日期	审核	负责
1	XXX项目预算编制（送审）		2012-09-03		
2	广东云罗(双凤至替滨)高速		2012-09-28		
3	XXXXX项目概算文件（送审）		2012 10 09		
4	国家高速公路珠江三角洲环线广东省中山市沙溪至月		2012-10-09		
5	珠海机场高速公路(珠海机场至黄杨大道)6.15		2012-10-09		
6	珠海市高栏港高速公路一期工程（审查）		2012-10-09		
7	测试项目-概算		2012-10-10		
8	广东省连平（赣粤界）至从化高速公路		2012-10-10		
9	广东云罗(双凤至替滨)高速1205		2012-12-05		

图9.6　项目管理界面

审查过程中，可利用造价综合管理系统中历史数据，进行造价数据的横向对比(图9.7)和纵向对比。横向对比用于参照系统中类似项目，纵向对比用于与本项目其他造价管理阶段的对比。

公路工程一级综合指标清单对比分析

指标编号	项目或费用名称	单位	博罗至深圳高速公路	清远市伦州大桥	广州（庆丰）至清远（北江）高速公路改扩建工程
z-1	建安工程路线总长度造价指标	元/公路公里	9475.36	7486.28	7855.91
z-3	建安工程造价占比	%			
z1-1	临时工程路线总长度造价指标	元/公路公里	50.10	149.53	75.03
z2-1	路基工程路线总长度造价指标	元/公路公里	787.93	859.57	720.30
z2-2	路基工程路基长度造价指标	元/km	1610.03	1425.53	720.30
z3-1	路面工程路线总长度造价指标	元/公路公里	459.24	386.56	
z3-2	路面工程路基长度造价指标	元/km	938.26	641.08	
z4-1	桥涵工程路线总长度造价指标	元/公路公里	3018.46	5855.25	3336.89
z4-2	桥涵工程桥梁长度造价指标	元/km	8595.41	5855.25	3336.89
z5-1	交叉工程路线总长度造价指标	元/公路公里	2083.68	48.27	1998.11
z6-1	隧道工程路线总长度造价指标	元/公路公里	2617.34		
z6-2	隧道工程长度造价指标	元/km	16433.32		
z7-1	公路设施及预埋管线工程路线总长度造价指标	元/公路公里	278.47	117.03	680.81
z8-1	绿化及环境保护工程路线总长度造价指标	元/公路公里	70.09	69.84	128.96

图9.7　横向指标分析界面

(5)第五步:上传审查数据

使用者登陆系统,点击"审核数据"→"上传文件",依次导入审核数据,见图9.8。

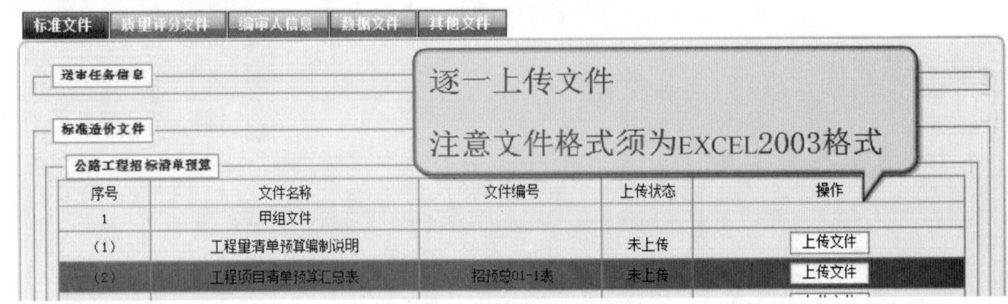

图9.8 上传审查数据界面

(6)第六部:审核结束

使用者点击"审核完成",审核文件自动进入"项目档案"模块,永久存储。

9.2 造价监督标准化与信息化

明确造价监督内容和范畴,建立一套完整规范的造价监督程序,设计一套科学系统的造价监督报表,研发一套先进高效的造价监督管理系统,是开展标准化和信息化设计的重点。

9.2.1 造价监督标准化

公路工程建设项目造价监督是交通运输主管部门或其委托造价管理部门督促公路建设管理单位应就项目建立工程造价跟踪管理制度,并建立常态化的检查机制,检查项目工程合同、概预算执行情况的一项管理活动。

造价监督一般采取自查与现场检查相结合的方式。自查是建设管理单位根据要求,自行定期对其造价管理情况进行检查,并将自查结果向交通运输主管部门或其委托造价管理部门报告。现场检查是由交通运输主管部门或造价管理部门定期(每半年)对辖区内公路工程建设项目进行造价监督检查。造价监督检查内容涵盖项目造价管理基本情况、招投标阶段造价管理、合同管理、变更工程管理、造价从业人员持证上岗管理、造价台账文件编制、造价管理存在问题等内容。检查的公路工程建设项目涵盖已完工通车未办理竣工决算的项目和在建项目。对于自查和现场检查发现的问题,造价管理部门应汇总各项目情况,形成监督检查报告向上级交通运输主管部门汇报。

(1)自查

造价监督首先由项目管理单位组织自查,梳理工程建设项目造价执行情况,并撰写自查报告,填报相关信息、表格。

对于已完工通车未办理竣工决算的项目,自查应侧重对设计变更上报情况和审查审批程序,建筑安装工程的合同结算清单编制情况,材料价差补偿、工程索赔等合同其他补偿,土地补偿及相关税费缴交,科研课题费,监理服务费,勘察设计费,咨询服务费等其他合同的结算和支付情况,竣工决算报告编制情况和存在造价方面的遗留问题等。

对于在建公路工程建设项目的自查,应侧重于对工程概况如路线走向、技术标准、建设规模、建设方案、项目的工可和初步设计批复情况的复查;对招投标完成情况,资金来源,项目管理机构组建情况,造价管理制度建立和责任人落实情况,概预算执行情况阶段性检查;对工程量清单符合性、工程中标价与业主控制价对比情况、同比概算对比情况,中标价与合同价差异情况、合同签订情况、执行情况,造价台账和合同台账建立情况进行对比分析;对工程设计变更上报、审查、审批情况,新增单价确定情况,补偿类费用(索赔和价差调整)依据和合理性及上报、审查、审批情况,造价从业人员持证、培训和再教育情况,工程材料价格信息管理情况,包括材料价格信息员建立、材料价格采集渠道和统计分析定价情况、材料价格信息上报、地方材料料场填报等情况进行阶段性摸查。

可根据以上内容,按标准化设计理念,设计自查报告和表格的内容、格式,建设管理单位应当按照规定形式编制。

(2)现场检查

在各项目建设管理单位自查基础上,造价管理部门根据对自查报告的审阅情况,对部分重点公路工程建设项目组织现场检查。其中,已完工通车未办理竣工决算项目,采取交流座谈方式,通过听取汇报,查阅资料,了解和掌握项目有关法规、规章、政策文件的落实和执行,检查竣工决算出现问题的处理措施,做好防范工作;在建项目,现场检查重点包括变更工程、计量支付、补偿费用、造价台账等,对合同和概算的执行情况、重大设计变更等相关资料进行内业抽检。对预制场、备料场、地材料场、临时工程、标准化施工场地、沿线管理、服务设施等建设规模进行实地察看。

除常规造价监督管理的现场检查外,部分省份的公路造价管理部门还按照省交通运输主管部门安排参与公路建设项目督查和纪检监察部门组织的公路建设领域专项检查活动,配合完成涉及公路工程建设项目造价管理的监督检查任务。

9.2.2 造价监督信息化

(1)造价监督流程

公路造价管理部门从在建项目、已完工项目中选择检查项目,制定检查计划,发布检查通知,告知建设管理单位。利用造价管理综合系统交互平台,创建通过互联网报送资料的账号,向建设关联单位发送短信和电子邮件,通知其登录账号申报造价检查自检报告,项目材料价格信息、造价管理台账文件系列报表以及其他资料,工作流程如图 9.9 所示。造价管理部门按照检查计划进行监督检查,并登记检查和抽查情况,工作流程如图 9.10 所示。

(2)造价监督信息化实现

按照造价监督标准化要求,再造价管理综合系统中开发造价监督模块(“监督管理”),其系统界面见图 9.11。

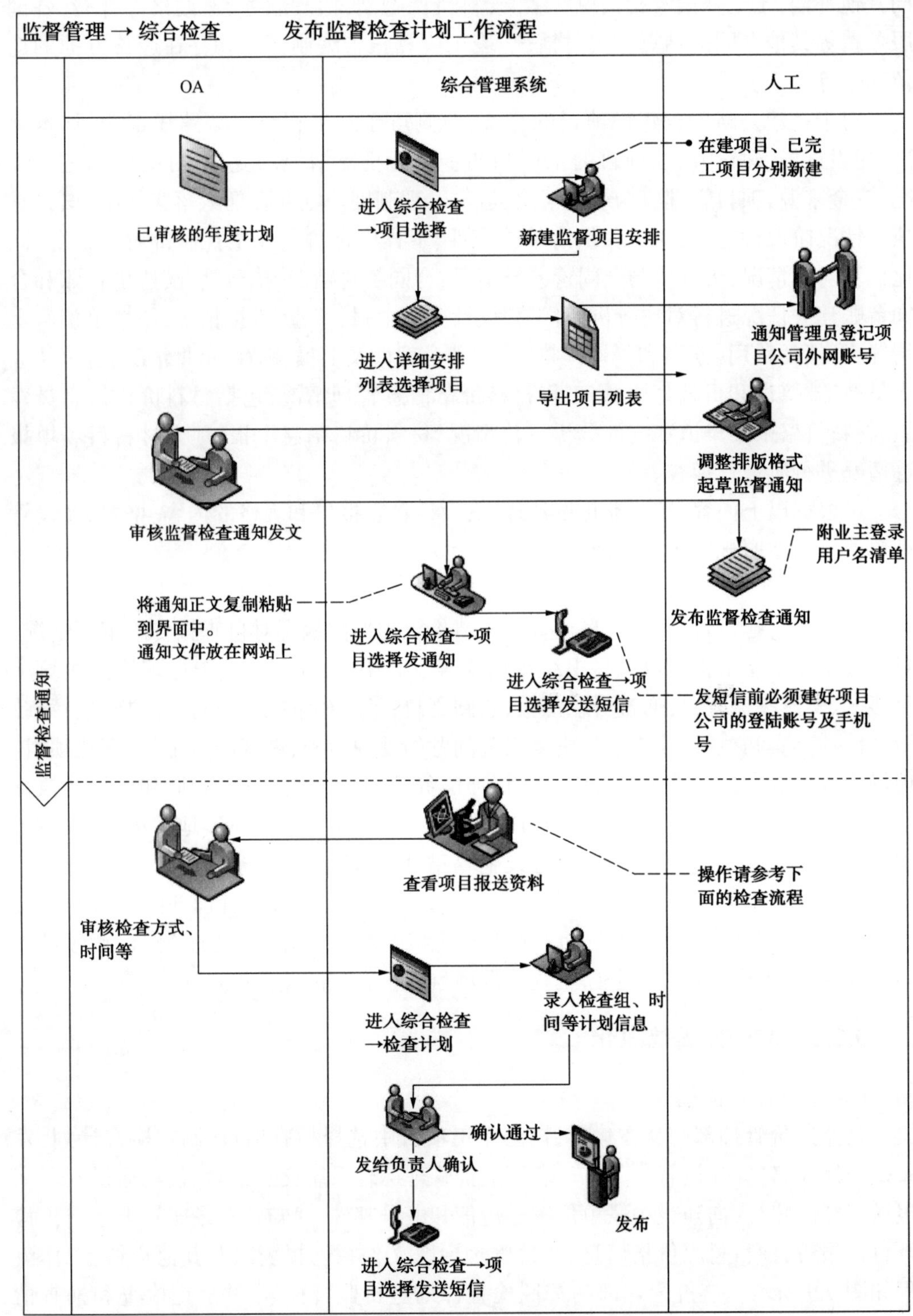

图9.9 造价管理部门制订发布监督检查计划工作流程

造价监督模块提供了“综合检查”、“监督检查统计”、“合同清单”、“造价台账审核”、“交工验收”、“结算文件”等造价监督管理所需功能菜单和“通知公告”信息查询

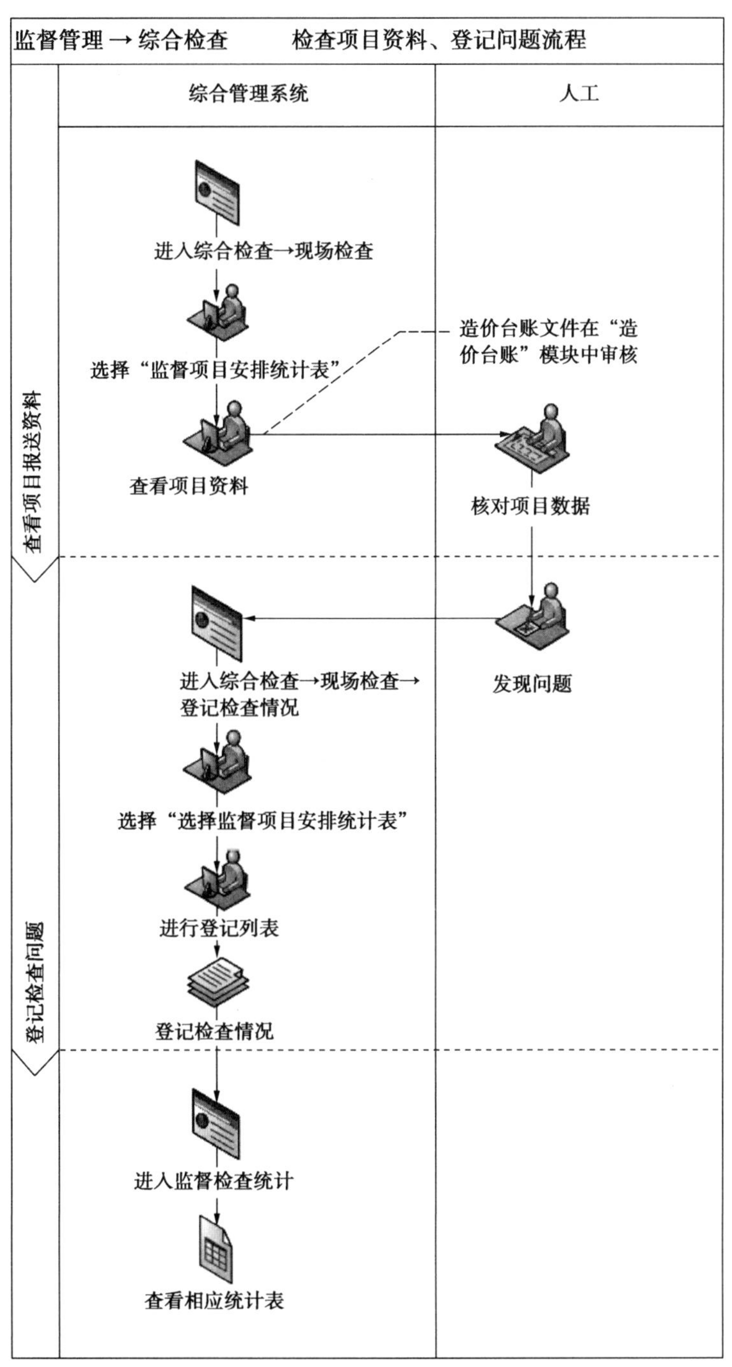

图 9.10　造价管理部门进行造价监督检查工作流程

功能菜单。

9.2.3　示例

下面以××在建高速公路项目造价监督为例，说明利用开发的造价管理综合系统完成造价监督资料报送和接受的过程。

(1)第一步：报送检查资料

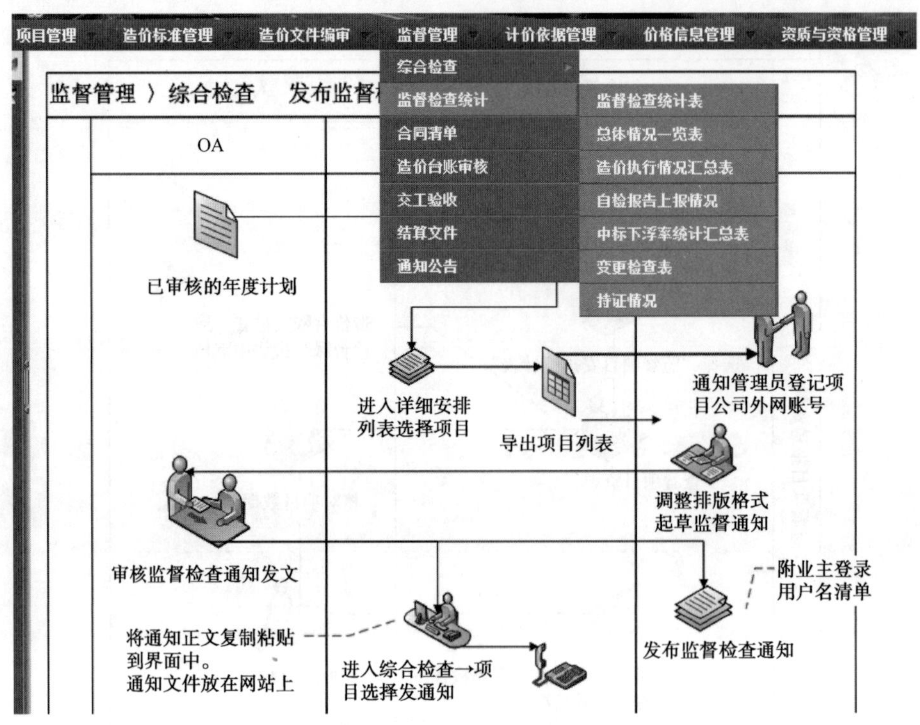

图 9.11 造价监督模块操作界面

建设管理单位通过造价管理部门提供的互联网账号，登录造价管理综合系统，申报自查报告、台账文件、其他资料及查询单等材料，见图 9.12。

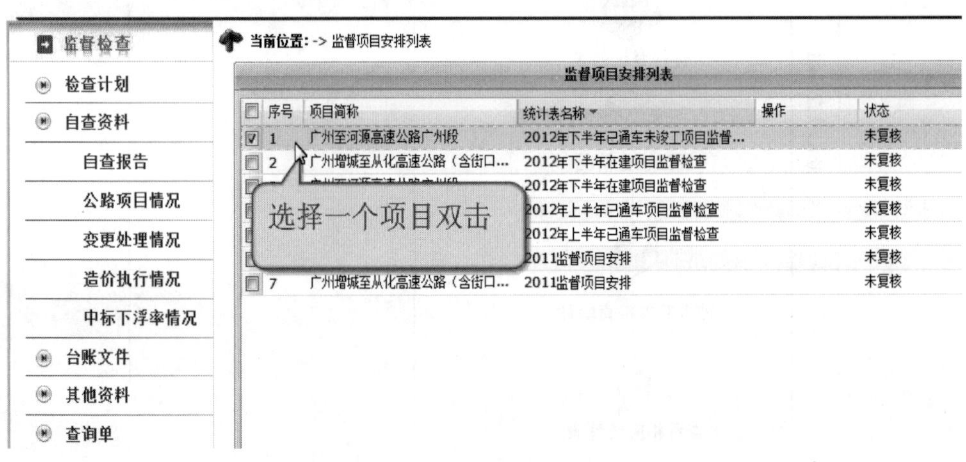

图 9.12 报送检查资料界面

(2)第二步:查看建设管理单位申报资料

造价管理部门通过点击“监督管理”施工阶段监督→“现场检查”，进入造价监督资料项目列表，选择检查项目。

(3)第三步:登记检查发现的问题

检查人员通过点击“登记检查情况”，新建检查项目的检查情况统计，点击“登记抽查情况”，新建检查项目的抽审评价结果，见图 9.13 和图 9.14。

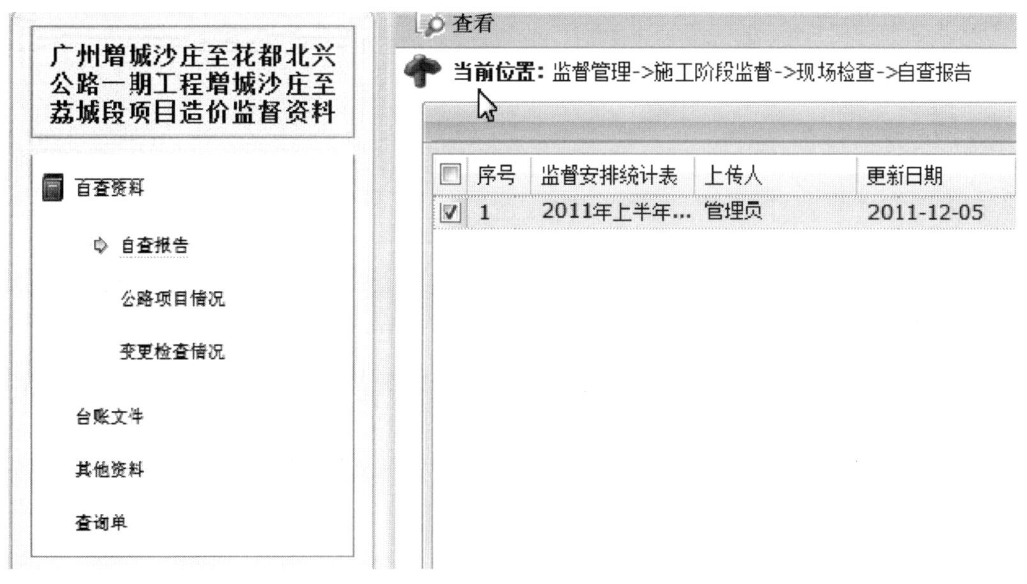

图 9.13　查看建设管理单位申报资料界面

图 9.14　登记检查发现的问题界面

(4)第四步:查看统计报表汇总数据

检查人员通过点击“监督管理”→“监督检查统计”,查看“监督检查统计表”、“总体情况一览表”、“造价执行情况汇总表”、“自检报告上报情况”、“中标下浮率统计汇总表”、“变更检查表”、“持证情况数据”,核查造价管理整体情况,各项目具体信息。持证情况数据见图 9.15。

广东省公路工程建设项目在建项目造价从业人员持证情况统计表																				
序号	项目名称	建设部造价师证					交通运输部甲级造价师证					交通运输部乙级造价师证					接受造价培训人员情况	从业单位数量		
		业主	设计	监理	施工	小计	业主	设计	监理	施工	小计	业主	设计	监理	施工	小计		业主	设计	监理
1	2	3	4	5	6	7=3+4+5+6	8	9	10	11	12=8+9+10+11	13	14	15	16	17=13+14+15+16	18	19	20	21
1	合计																			

图 9.15　持证情况数据图

9.3　造价审查和监督标准化与信息化优势

9.3.1　造价管控环节到位

公路工程建设项目基本建设各阶段涉及的造价文件包括投资估算、初步设计概算、施工图预算、招标清单及预算(招标控制价)、变更费用、造价台账、结算、竣工决算等。全过程一体化造价管理目标是实现对各个造价管理阶段的连续化管理和各造价相关业务的系统化管理。因此,行业管理部门对投资估算、初步设计概算、施工图预算、招标清单及预算(招标控制价)、变更费用、竣工决算等文件的审查以及对施工阶段的造价管理台账的监督检查,均需实现此目标,而进行有效的标准化设计和信息化实现是必行之路,否则,只能停留在阶段性、单件性审查或监督。目前,全国范围内只有广东、云南、福建等少数省份对投资估算、设计概算、施工图预算、招标清单及预算、重较大设计变更预算、竣工决算等文件进行行业审查,对建设实施过程进行造价监督检查,形成了制度化、标准化、常态化的造价审查和监督机制。全国公路造价管理工作调研显示,执行标准化信息化模式的造价审查和监督管理的广东省,其公路工程建设项目造价控制状态良好,“三超”率远远较于全国平均水平。实践表明,造价审查和监督检查标准化信息化程度高,较大程度上可以为监管到位提供技术支持,管理效果还是比较明显。

9.3.2　造价管控绩效提高

传统的造价审查,经验丰富的审查人员往往借助自身积累的丰富经验,一是针对自己以往审查中经常遇到的问题,在此次审查项目中再次排查,进行重点核查;二是基于以往审查积累的一些经验数据,如果发现此次审查数据与经验数据有较大出入的,进行重点核查,以此提高审查效率和准确性。这种方式,主观性较大,尤其对于刚刚入行或从未受理过类似业务或项目的审查人员,由于缺乏个人经验支撑,只能采用逐项审查工程量和计价依据的方式完成工作,效率低,特别是公路建设项目的工程规模日益庞大,往往迫于审查时限的压力,难以保证审查的准确性和合理性。此外,传统审查方式中,审查人员与建设管理单位或造价文件编制单位之间沟通交流较少,对项目的个性和特性了解不多,审查时往往未能合理考虑项目的特殊性,审查结论往往不能为建设管理单位或造价文件编制单位认可或接受。沟通过程中的技术资料也很少以书面形式保留,造成审查结论易引起不必要的质疑和争议。

经过标准化设计后的造价审查流程细致严密、运转高效。审查单位收到审查委托后,按规定流程分配任务、落实分工。任务结束后,审查负责人汇总小组成员意见,形成初步结论,报科室负责人、分管领导进行二审、终审。其次,审查方法重点突出、科学高效。采取先进行格式的符合性审查,再进行内容的正确性审查的两阶段审查步骤,借助造价综合管理系统积累的历史项目经验数据,通过设置条件进行查询,搜索类似项目进行横、纵向造价信息对比,查找造价差异较大单元,再对异常单元进行逐项费用分析。对于估算、概算、预算文件,重点分析指标、定额、单价套用是否准确;对于清单及预算文件,重点查核采用的工程量与预算工程量是否一致,并通过定额选用判断单价选用是否合理;对于决算文件,重点分析结算费用是否严格执行合同规定。对审查中遇到的问题,采用查询单的形式与建设管理单位或委托方书面沟通,最终形成相互认可的审查结论。造价审查标准化后,历史项目数据的有效参照缩小了逐项审查范围,实现了模糊审查与精确审查的有效结合,审查精度与效率的合理统一。

对于建设实施阶段的造价监督,传统造价管理方法对这一业务关注较少。根据全国公路造价管理工作调研的统计,全国有 14 个省份逐步开展了这项工作。但即使涉及这项业务的省份,造价监督开展还是较为随意,较少形成标准的监督行为,较多流于常规性检查,也难以形成较有震慑力的监督效果。建设管理单位对造价监督检查的重视程度不同于质量监督检查,多是想谈点什么就介绍点什么,准备不充分,造成一次检查能够获得的有用信息、关键信息不多,监督检查的目的往往不能达到。整个造价监督活动缺乏计划性、目的性、针对性,效果也不理想,造成监督检查往往流于形式。

标准化设计监督检查的程序、内容、方式后,采取综合检查(普遍性自查)、专项检查(重点项目、重点事项现场检查)和专项行动(配合政府专项治理活动的专门检查)三位一体、相互补充的全方位综合型监督检查方式,做到造价监督检查事先计划(年初制定监督计划,文件下发建设管理单位)、覆盖全面(覆盖所有在建项目)、内容明确(统一监督检查报告和报表格式)、方式可行(自检、现场检查相结合,全省通报),保证了造价监督检查的效果。

本章小结

本章从审查原则、审查依据、审查流程、审查内容、审查重点、审查方法、审查报告编制等环节介绍了造价审查标准化建设成果。从监督流程和监督内容等方面介绍了造价监督标准化建设成果。介绍了开发的造价综合管理系统中的造价审查和造价监督模块功能并对使用方法进行了示例。分析了造价审查、造价监督标准化、信息化后的优势。

10 从业人员管理标准化与信息化

公路工程造价从业人员主要从事造价文件编制、审查和造价技术咨询等工作，其工作能力、职业精神和从业质量对造价管理有重要影响。因此，应该对公路工程造价从业人员加强管理、提高素质、规范行为、保证其从业水平。

10.1 从业人员管理标准化

公路工程造价从业人员管理的标准化设计，包括从业资格准入、从业资格年检、从业人员继续教育、从业人员信用管理四个方面。

10.1.1 从业资格准入

原交通部于1995年、1996年分别颁布了《公路工程造价人员资格认证管理办法》和《公路工程造价人员资格认证管理实施细则》，明确规定公路工程造价从业人员实行持证上岗制度，但由于种种原因，两项制度没有得到有效执行。

为了加强和落实公路工程造价人员的资格管理，应坚持持证上岗制度，要求凡是从事公路（养护）工程造价管理、造价咨询、经济评价等业务的专业人员，必须持有规定部门颁发的资格证书，实行持证上岗。造价文件必须由持证的造价人员编制（审核、审查）、签名（盖章）。公路造价管理部门在施工阶段开展造价监督时，应对相关造价文件编制或从事造价管理工作的人员持证上岗情况进行逐一核查。

10.1.2 从业资格年检

为了保证持证人员确实在岗，执业素质和从业能力可持续提高，公路造价管理部门应定期组织公路工程造价人员资格证书验证，对持证人员参加继续教育、工作业绩等情况进行检查。从2006年以来，广东省公路造价管理部门已形成每两年组织一次资格证书验证制度，定期年检、通告，督促从业人员提升职业能力。

10.1.3 从业人员继续教育

公路工程造价从业人员继续教育实行滚动管理，每两年为1个继续教育周期，每一周期内，公路工程造价从业人员应完成不少于40学时必修课和20学时选修课的继续教育。

必修课继续教育主要内容为：与公路工程造价管理有关的法律法规和标准规范，公路工程造价人员职业道德教育，公路工程造价新理论、新技术、新方法，公路工程造价案例分析，其他有关知识。必修课采取网络教学形式，由学员登录交通职业资格网（www.jtzyzg.org.cn），“公路工程造价人员网络教育系统”完成规定时间的学习。选修课继续教育内容由省级交通运输主管部门或者其授权机构根据当地公路工程造价管理工作特点确定，可以采取集中面授或者网络教学等多种组织形式。广东省公路造价管理部门从 2006 年以来，对广东省公路工程造价从业人员，坚持每年组织一次面授形式的从业继续教育培训。

10.1.4 从业人员信用管理

公路工程造价从业人员的信用管理应纳入公路建设市场信用管理体系。而信用评价是信用管理的基础，鉴于公路工程造价管理涉及技术、经济、社会多方面因素，对公路工程造价从业人员的信用评价并非是一项纯技术性工作。然而，造价管理标准化设计可以从技术层面进行一些有效探索。如将其信用评价与其从事的造价业务工作质量评价挂钩。

公路工程造价从业人员主要从事造价文件编制工作，因此，对造价文件编制质量进行科学评价，是造价从业人员信用管理的基础。公路工程造价文件编制质量评价应包括造价文件编制的实效性、格式的准确性和采用计价依据的合理性等方面内容，其中，造价文件的编制格式是否规范是确保编制质量的基础。广东省交通运输主管部门通过制定《造价文件编制格式质量评分标准》，在质量评价方面进行了一些尝试，为日后制定更加完善的造价文件编制质量评价方法进行了有益探索。

按照《造价文件编制格式质量评分标准》，对公路工程建设项目的投资估算、设计概算、施工图预算、招标清单及预算、合同清单、变更费用、管理台账、工程结算、竣工决算等造价文件的编制质量，对费用组成内容与标准项目表、工程量清单范本的吻合程度进行评分。其中估算、概算、预算编制阶段，评价估、概、预算汇总表（01 表）的行数及每行反映的项目节细目编号、工程或费用名称、单位、数量、金额、技术经济指标是否符合编制标准要求；在招标清单及预算、合同、变更、结算等清单文件编制采用三级清单体系的造价管理阶段，主要评价清单文件的编制是否符合三级清单标准要求。如评分按工程量清单、项目清单、分项工程量清单分别评分后，可按分值分权重 20%、20%、60%计其最终分值。

设计的造价文件格式质量评公式如下：

造价文件格式质量分＝各行实际得分/各行标准分值合计×100+超标准附加得分

其中：

（1）质量分最高为 100 分，当实际计算超过 100 时按 100 分计。

（2）超标准附加得分是指编制人在标准格式基础上更进一步细化编制文件，可予以一定额度加分。

（3）各行标准分值＝各行按标准要求编制时可以取得的分数。一般每行分值取 1，软基、边坡、桥梁、隧道等分部分项工程中预算项目节行每行分值取 1.5。

（4）各行实际得分＝各行按标准评定后计算的得分。

（5）对漏行、编制深度不足造成的减行，每行减 1 分，对重列行按每行减 0.5 分。

各行标准分值、扣分方法具体见表10.1。

造价文件编制格式质量评分标准　　表10.1

序号	评分内容	各行标准分值(分)	扣减分值说明	计算说明或示例
1	漏列行	1	漏列1行减1分	如漏列1座小桥,可根据类似项目,估测漏列行数
2	重列行	0.5	重列1行减0.5分	如有10行重复编列一次,则原10行按正常行评分,重复编列的10行各行标准分值按0.5分计
3	编制深度不够减行	1.0	漏列1行减1.0分	如高边坡没有分级编制,漏列的行数可根据高边坡的级数和高边坡已列出的行数估测,或者按补充规定约定重新编制,并按实计取行数
4	工程量清单数量行	2	数量错误扣2分;子目编号、名称、单位与标准不一致扣减1分计;清单数量位置不对减0.5分	适用于有清单的造价文件编制阶段
5	软基、边坡、桥梁、隧道等分部分项工程中预算项目节行	1.5	数量错误减1分;预算项目节编号、名称、单位与标准不一致减0.5分;设计数量位置不对减0.5分	
6	其他分部分项工程中预算项目节的工程量有误	1	数量错误减1分;预算项目节编号、名称、单位与标准不一致减0.5分,设计数量位置不对减0.5分	
7	设计位置、设计图号行	1	错误扣1分	适用于三级清单中分项清单的编制阶段
8	设计细目行	1	设计数量有误扣1分;设计数量位置不对减0.5分	适用于三级清单中分项清单的编制阶段

造价文件编制格式质量评分,以单份造价文件为统计单位,按建筑安装工程、设备及工具、器具购置费等分项,分项工程中按临时工程、路基工程、路面工程等分目分别评分,按照表10.2填写造价文件编制质量评分计算表,并汇总得到总分。造价文件编制格式质量评分可以采取自评与他评相结合的方式,将自评分与他评分计权累加后,作为某位造价从业人员的造价文件编制格式质量总评分。评分表格式见表10.3。

建立造价文件编制格式质量评分标准只是对从业人员信用管理标准化的尝试性一方面,对造价文件编制质量除了格式标准是基本要求外,其造价编制的准确性、造价指标的合理性、计价依据的详实性,是重要的评判指标。应随着造价管理标准化程度的提高,逐步开展研究,制订合适的评分标准。

造价文件编制质量评分计算表

表 10.2

造价文件名称：　　　　　　　　　　　　　　造价文件编制单位：

造价文件编制人员：

预算项目节	清单子目号	项目或费用名称	单位	清单数量	设计数量		单价	合价	标准分值	扣分	实际得分	是否超标准	分值百分比	最终得分	扣分原因
					数量1	数量2									
1	2	3	4	5	6	7	8	9	10	11	12=10−11	13	14	15=12×14/100	16
		第一部分 建筑安装工程费合计													
1		第一部分 建筑安装工程费	km												
		临时工程小计													
1-1		临时工程	km												
1-1-1		临时道路	km												
	103-1	临时道路、便桥工程													
	103-1-1	临时道路修建、养护与拆除(包括原道路的养护费)	总额												
		……													
		建安工程其他费用小计													
1-10		建安工程其他费用	公路公里												
1-10-1		其他建安工程	项												
		……													
		第二部分 设备及工具、器具购置费合计													
2		第二部分 设备及工具、器具购置费	公路公里												
		……													
		第一、二、三部分 费用合计	公路公里												
		……													
		公路基本造价	公路公里												
		合计：													
		超标准附加得分：													
		总得分：													

计算：　　　　　　　　　　　　　　复核：

注：对应“是否超标准”列的“合计”行应填写超标准总行数。

××造价文件编制质量评分表　　表 10.3

建设项目名称：							
造价文件名称：							
造价文件编制单位：							
造价文件编制人员：							
序号	项目或费用名称	自　评			他　评		
		实际得分	占总标准分值百分比	最终得分	实际得分	占总标准分值百分比	最终得分
1	2	3	4	5＝3×4/100	6	7	8＝6×7/100
1	第一部分 建筑安装工程						
1.1	临时工程小计						
1.2	路基工程小计						
1.3	路面工程小计						
	……						
2	第二部分 设备及工具、器具购置费						
3	第三部分 工程建设其他费用						
	超标准附加得分						
造价文件格式质量总得分							

计算：　　　　复核：

注：实际得分为各项目对应的各行实际得分合计/各行标准得分合计×100+超标准附加得分，最高不超过 100 分。

10.2　从业人员管理信息化

按照公路工程造价从业人员管理标准化要求，在造价管理综合系统中开发配套管理模块（“资质与资格管理”），基本可实现全省造价从业人员从考试、注册、培训、年检、信用评价等工作网上办理。

从业人员管理模块提供了“人员基本信息”、“人员考试管理”、“人员资格管理”、“年检、培训计划”、“人员培训管理”等管理功能菜单。预留“人员诚信管理”、“从业单位管理”功能接口。

使用者可以点击“资质与资格管理”→“人员基本信息”，查阅、编辑从业人员基本信息（图 10.1），包括本省公路工程造价从业人员总数量，甲、乙级从业人员数量，年检合格人员数量，每位从业人员的姓名、性别、工作单位、联系方式等基本信息及执业信息。

使用者可以点击“资质与资格管理”→“人员考试管理”，查阅、编辑考生基本信息、考场信息、考试成绩、合格名单、合格标准等信息（图 10.2）。

图 10.1　人员基本信息界面

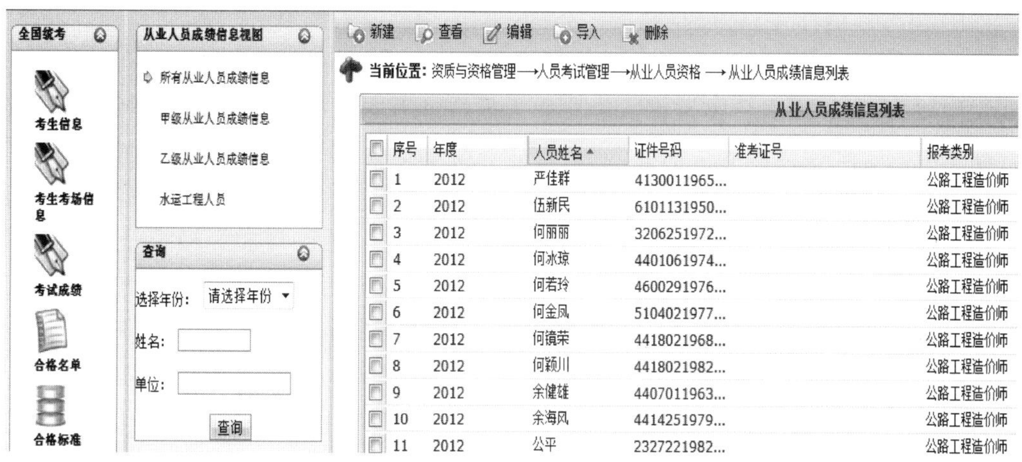

图 10.2　人员考试管理界面

使用者可以点击“资质与资格管理”→“人员资格管理”,查阅、编辑从业人员资格证登记、注册办理、年检认证、变更及业绩等信息(图 10.3)。

图 10.3　人员资格管理界面

使用者可以点击“资质与资格管理”→“年检、培训计划”,查阅、编辑、发送从业人员年检、培训计划信息(图 10.4)。

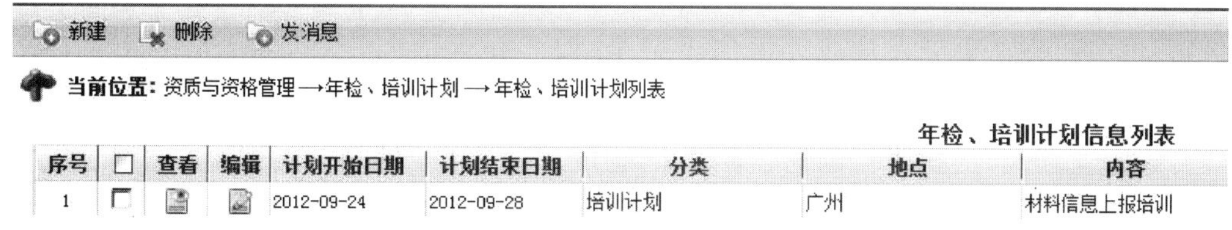

图 10.4　年龄、培训计划查询

使用者可以点击“资质与资格管理”→“人员培训管理”,查阅、编辑从业人员培训记录,并统计培训数据(图 10.5)。

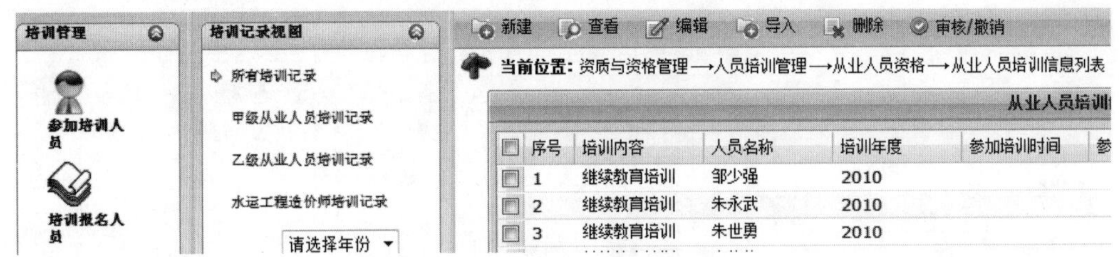

图 10.5　人员培训管理界面

10.3　从业人员管理标准化与信息化优势

目前,全国范围内公路工程造价从业人员持证上岗制度尚未全面贯彻落实,执业管理和信用管理较为薄弱。从业人员,有持有交通运输部公路工程造价人员甲、乙级资格证的,有持有各省交通运输主管部门考核认定的造价员资格证的,也有持有建设主管部门注册造价工程师资格证的,也还存在大量无证上岗现象。根据全国公路造价管理工作调研统计数据,全国公路工程造价从业人员持证情况如图 10.6 所示,无证从业人员达 22.8%人,对比公路工程造价编制的技术含量要求,造价控制质量风险较大。

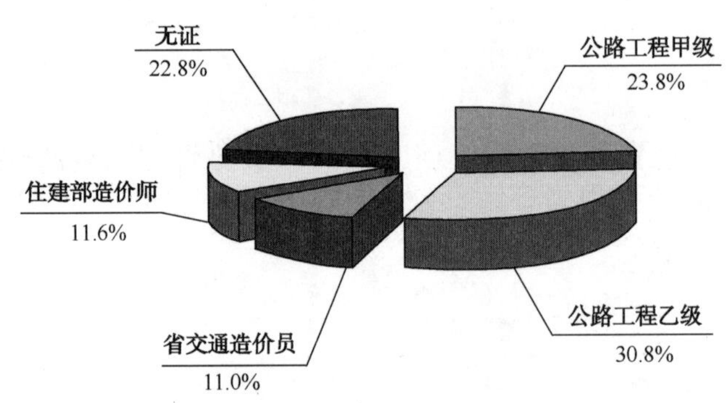

图 10.6　公路工程造价从业人员持证情况

云南、广东等省是国内较早开始推行公路工程造价从业人员持证上岗制度的省份。全国范围内各省公路造价从业人员执业管理还未普遍开展,目前,仅福建、云南、广东等省份常态化开展甲、乙级从业人员资格年检,定期组织从业人员继续教育培训。在信用管理方面,还缺乏客观可行的技术标准和管理手段。广东省制定的《造价文件编制格式质量评分标准》,对造价文件编制格式是否与标准一直等方面进行量化评分,并将评分结果记入从业人员信用记录,以此介入信用管理,是为数不多的有益探索。

从管理方式看,我国目前对公路工程造价从业人员的信息管理大多是通过电子表格(EXCEL)实现,基本上从考试、注册、年检、信用评价等每个环节,信息都是人工操作建立一个表单,表格多、存放散、关联弱、难共享、易遗失,利用率低,给管理带来诸多不便。进行标准化设计和信息化管理后,与从业人员有关的资格管理、年检、继续教育、信用评价等信息实现"一站式"存储管理,长期保存,分类连续积累,易查易找,关联共享,易于分析,易于发布。可以大幅度提高管理效率。多年的实践证明,广东省公路工程造价从业人员整体业务水平较高,这与采用信息化手段及时、常态化的管控有必然的联系。

本章小结

本章从资格准入、继续教育、年检、信用管理等方面介绍了公路工程造价从业人员管理标准化建设成果。介绍了开发的公路造价综合管理系统中的“资质与资格管理”模块功能并示例了使用方法。分析了从业人员管理标准化与信息化优势。

11 造价数据积累查询的标准化与信息化

公路工程造价的确定需要采集工程量、工料机消耗量、工料机价格等大量数据与信息,这些数据和信息的变化直接影响工程造价的取值。虽然有不同时期、不同地区、不同物价水平的差异,但公路建设工程所需的劳动力、机械台班、建筑材料等消耗有一定规律,建设项目之间的造价水平有相似度和可比性。对历史造价数据和信息按一定规则进行归纳、总结、利用,提炼成有参考价值的技术经济指标,既有助于在造价编制和审查过程中充分借鉴,提高工作效率,也可以有效利用于估、概、预算指标和定额标准的修订。但是,现代公路建设项目规模庞大、技术复杂,海量的造价数据和信息,仅凭人工难以可靠地完成积累、分析和利用,需要借助先进的信息化技术予以实现。

11.1 造价数据积累的标准化与信息化

11.1.1 造价数据积累标准化

考虑到未来使用的不确定性,历史数据的积累,应尽量全面、细致,应将与造价形成有关的各种数据,按一定规则,尽量全面收集、存储、保存。对于公路工程造价管理而言,应该存储积累的数据和信息种类繁多、内容丰富。包括建设、养护工程项目的建设规模、技术标准、主要工程量、各阶段造价、工料机价格等项目基本信息,造价文件及审查审批意见、造价监督检查情况、从业人员等管理信息,各类定额、指标等计价标准和计价依据信息。而各类信息展现方式差别很大。造价文件、工料机价格信息是一般是报表型资料,是造价数据积累和挖掘分析的主要对象;审查审批批意见,监督检查报告,招标文件,有关设计评审意见,会议纪要等项目建设、设计、定价的依据,一般是文档类资料,需要及时存储,以便查阅、参考。

利用信息化技术来存储、利用公路建设项目造价数据,关键是要建立数据采集标准,这是数据得以深度利用的基础。数据标准包括文件标准和编码标准两层含义,文件标准即需要存储的文件类型,编码标准即每类造价数据文件的数据格式。

对于造价文件,前面章节讨论的标准化的造价文件编制办法,已经实现了各阶段造价文件的文件标准和编码标准。对于按照标准化方法编制的造价文件,存储时将造价报表中的数据提取存放在数据库中,同时保留原始报表文件附件存放在文件库里。对于历史项目,由于其造价文件编制方法与现行方法不同,为了充分利用历史项目资料,需要对历史项目数据进行重新整理,按照新的编制方法调整成标准化格式后,再按照上述方式进行存储。

对于材料价格信息，可按公路建筑用地方材料（砂、石、水泥等）、外购材料（钢筋、钢绞线、油料、沥青等）、邻省材料价格信息分类存储在材料价格信息库中。

对于从业人员的基本信息、资格证、考试成绩、培训信息、业绩信息等，按规定格式存储在从业人员信息库中。

对于造价文件的审查审批意见、监督检查报告、招标文件、有关设计评审意见、会议纪要等，分门别类地保存在文件资料库中。

11.1.2 数据积累信息化

（1）数据积累流程。数据积累主要包括数据报送、数据审查、分类归档三个环节。

①数据报送。对于造价文件，编制人员可以通过综合管理系统默认的造价编制工具软件的文件上传功能，自动报送造价文件，或通过综合管理系统交互平台，手动报送造价文件。

对于从业人员信息，从业人员可以通过互联网访问给定的网址，凭借个人账户名和访问密码登陆系统，填报个人资料，进行信息报送；也可以在报送造价文件时同步填写编制、审核人员信息报送；还可以通过造价管理台账中从业人员统计表提取。造价管理综合系统接收到上传的造价文件时，系统判断文件类别后，人员报表或者从业资格认证网站上的 EXCEL 文件导入相关信息。

②数据审查。造价数据进入综合系统后，系统工具按造价文件类别自动进行格式校验和数据闭合性验算，对不符合标准格式或数据不闭合的项进行提示。造价审查时，审查人员首先进行格式审查，再对上报文件数量、内容进行审查，审查通过的，造价文件自动归档。

③分类归档。造价信息自动归档，分类存放。造价文件中的数据信息被提取存入造价数据库，造价文件、批复资料等文件资料存入文件库，价格信息存入材料价格信息库，人员信息存入资格管理库。

（2）数据积累信息化实现。管理人员通过操作综合管理系统对各种上报提交数据审核通过后，综合管理系统自动进行信息分类存储，以备利用。

11.1.3 示例

下面以编制人员报送招标阶段造价文件为例，介绍造价数据积累的存储操作过程。

第一步：登录系统。使用者通过互联网，按照指定的 IP 地址，登录造价综合管理系统，在登录界面选择“文件报送”业务类型，如图 11.1 所示。

第二步：创建项目信息。录入拟报送项目的主要信息，如填写项目基本信息、主要工程数量、工程造价、工料机消耗量以及与造价相关的其他信息，如图 11.2 所示。

图 11.1　操作界面 1

基本信息　主要工程数据　工程造价　工料机消耗　其他　标段信息

进展阶段：招标阶段（已有阶段）★
项目名称：广东云罗(双凤至蓄滨)高速1123（已有项目）★
造价负责人：清远市交通局
重点项目：是
路网类型：国网
项目性质：新建项目
区　域：粤东
项目建设地址：
建设管理单位：　清除
项目公司：广东省云罗高速公路有限公司　清除
可研编制单位：　清除
主要设计单位：　清除
造价监督机构：广东省交通运输工程造价管理站　清除
工程质量监督机构：　清除

图 11.2　操作界面 2

第三步：创建标段信息。招标阶段，高速公路项目分多个标段招标，分标段录入基本信息，如图 11.3 所示。

图 11.3　操作界面 3

第四步：创建送审任务（批次）。如需分批报送数据，可分批次创建，如图 11.4 所示。

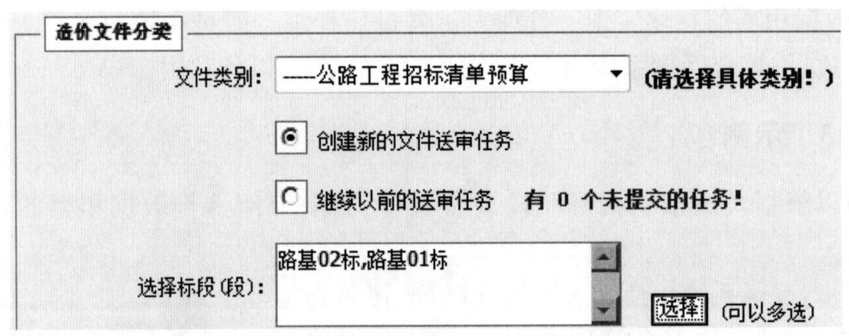

图 11.4　操作界面 4

第五步：上传文件。根据操作界面提示，分标段分别上传造价文件（招标阶段是工程量清单和清单预算）电子报表、编制质量评分、编审人员信息、计价软件数据包及其他需要上传的附件，如图 11.5 所示。

第六步：提交。所有按规定必须提交的造价文件上传完后，点击 ⇨下一步 打开确认提交页面，确认没有遗漏，点击“提交”按钮，该报送任务自动发送，存入综合管理系统，如图11.6所示。

图11.5　操作界面5

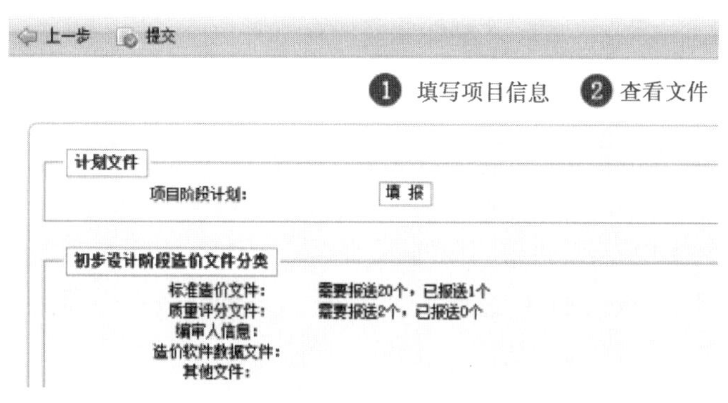

图11.6　操作界面6

11.2　造价数据查询的标准化与信息化

11.2.1　造价数据查询标准化

对项目管理信息数据、造价数据、造价指标、工程规模与技术标准信息以及计价办法、定额标准、材料价格、从业人员等信息进行查询、分析、比较，是公路工程造价管理的必要抓手。对上述信息进行必要的标准化处理，确保信息不失真，是造价标准化工作的重要内容，应从以下七个方面规范造价数据。

(1)基础数据查询。基础数据查询应按规定的程序、内容进行查询。分为计价标准、市场信息、项目管理信息和从业人员信息四类。项目管理信息应体现公路建设项目与造价管理业务相关的主要信息。如车道数、设计时速、计划工期、线路长度等建设项目基本信息；从业人员信息应包括姓名、性别、工作单位、单位类别、联系方式、执业资格编号等基本信息；计价标准包括部颁估算、概算、预算、决算编制办法，估算指标与概、预算定额标准以及地方性补充计价办法和补充定额等内容；市场信息应包括各地人工、材料、设备等公路工程价格信息等。

(2)造价数据查询。录入的造价数据按一定的规则分别进入各自属性的数据库，实现对系统中存储的历史项目造价数据进行同一项目不同阶段纵向对比(如同一项目概算与估算、预算与概算、预算与决算等)，不同项目同一阶段的横向对比(如不同项目估算与估算、概算与概算等),同一项目不同标段工程量清单、清单预算对比,不同项目的工程量清单、清单预算的交叉对比查询。

(3)造价指标查询。造价指标查询标准化是造价数据标准化的核心内容。实现对系统存储历史项目的相关造价数据进行指标统计后进行查询、利用。根据造价审查及管理需要,按照与标准化的估、概、预、决算项目表“项”、“目和节”、“细目”分级对应的原则制定综合指标、分项指标、单元指标计算规则。综合指标对应项目表中“项”一级,分项指标对应项目表中“目和节”一级,单元指标对应项目表中“细目”一级。综合指标反映项目总体造价情况,分项指标反映占造价比例较大的工程造价情况,而单元指标是从抓住主要矛盾入手,主要对分项工程中常用的设计方案或对总体造价影响较大的设计方案进行设定,分特殊路基单元指标、高边坡、桥梁、立交、隧道等单元指标。

综合指标、分项指标、单元指标,只是按照工程的项目节对应层级不同,均包含总体造价指标、方案经济指标、工程量指标、造价占比指标四类。总体造价指标反映工程建设项目的总体造价水平,例如建筑安装工程的公路公里造价指标;方案经济指标反映具体设计方案的经济性,例如路基长度造价指标;工程量指标反映方案工程量大小,例如清除换填体积面积比、桥梁基础含筋率;造价占比指标反应各类工程项目费用占比情况,例如建筑安装工程造价占比。图 11.7~图 11.9 分别展示了不同造价指标的计算规则示例。

公路工程一级综合指标清单									
需输入的主要参数:路基宽度、桥梁宽度、隧道建筑界限净宽、路基填、挖长度									
指标编号	项目或费用名称	指标单位		总体造价指标	方案经济指标	工程量指标	造价占比指标	合价(元)	计算规则
z	第一部分 建筑安装工程费用								
z-1	建安工程路线总长度造价指标	元	公路公里	√					本项合价/路线总长度(主线长度)
z-2	建安工程建筑总面积造价指标	元	m^2	√					本项合价/建筑总面积{路线总长度(主线长度)×路基(或桥隧)宽度}
z-3	建安工程造价占比		%				√		建安费/公路基本造价
z1	临时工程								
z1-1	临时工程路线总长度造价指标	元	公路公里	√					本项合价/路线总长度(主线长度)
z1-2	临时工程建筑总面积造价指标	元	m^2	√					本项合价/建筑总面积{路线总长度(主线长度)×路基(或桥隧)宽度}
z1-3	临时工程造价占比		%				√		本项合价/建安费

图 11.7 公路工程综合指标示例

从满足不同使用者需求的角度看,造价指标查询应具有开放性,使用者可以根据个人需求自由定义计算规则,通过调用相应的数据源,采用一定的计算符号[“+”、“-”、“×”、“/”、“()”],建立新的计算规则,查询自己关注的数据信息。这也是查询标准化需要设计的内容之一。

(4)项目信息查询。针对单一公路建设项目,需要查询其基本信息,包括立项批复、设计批复、计划工期、主要工程数量、分项造价、资源消耗等内容。要求能够对系

公路工程二级分项指标清单									
需输入的主要参数：便道(桥)宽度									
指标编号	项目或费用名称	指标单位		总体造价指标	单项造价指标	工程量指标	造价占比	合价（元）	计算规则
z1	临时工程								
z1-a	临时道路		km						指新建便道与利用原有道路的总长
z1-a-1	临时道路公路公里造价	元	公路公里	√					合价/路线总长度
z1-a-2	临时道路公里造价	元	km		√				km指临时道路长度，合价/临时道路长
z1-a-3	临时道路建筑面积造价	元	m²		√				合价/（临时道路长度×路基均宽）
z1-a-4	临时道路造价占比		%				√		合价/临时工程费用
z1-a-5	临时道路面积长度比	m²	km			√			临时道路建筑面积/临时道路长度
z1-a-6	临时道路路线长度比	km	公路公里			√			临时道路长度/路线总长度

图 11.8　公路工程分项指标示例

公路工程三级单元指标清单——软基处理									
需输入的主要参数：工程数量、合价									
指标编号	项目或费用名称	指标单位		总体造价指标	方案经济指标	工程量指标	造价占比指标	合价（元）	计算规则
RJCL	软土地区路基处理	km	m²						处理长度和平面面积
RJCL-a	清除换填处理	m³	m²						换填体积及处理面积
RJCL-a-1	清除换填体积单方造价	元	m³		√				合价/换填体积
RJCL-a-2	清除换填面积单位造价	元	m²		√				合价/处理面积
RJCL-a-3	清除换填处理造价占比		%				√		合价/软土地区路基处理费用
RJCL-a-4	清除换填体积面积比	m³	m²			√			换填体积/处理面积
RJCL-b	抛石挤淤处理	m³	m²						抛石体积及处理面积
RJCL-b-1	抛石体积单方造价	元	m³		√				合价/抛石体积
RJCL-b-2	抛石挤淤面积单位造价	元	m²		√				合价/处理面积
RJCL-b-3	抛石挤淤处理造价占比		%				√		合价/软土地区路基处理费用
RJCL-b-4	抛石挤淤体积面积比	m³	m²			√			抛石体积/处理面积

图 11.9　公路工程特殊路基处理单元指标示例

统中存储的历史项目的建设起止时间、立项审批核准、工程建设规模、主要技术指标、主要工程数量等项目基本信息，以及工程总造价、建筑安装工程费用、设备购置费用、工程建设其他费用、预留费用、建设期贷款利息等工程造价信息，人工、材料、机械等工料机消耗量信息，进行同一项目不同阶段的纵向对比和不同项目不同阶段的交叉对比查询。

(5)计价标准查询。要求能够对系统中存储的部颁计价办法、定额标准、补充定额，分建设工程定额、养护工程定额等不同类型，根据使用者需要进行对比、分析。

(6)市场价格查询。要求能够对系统中存储的历年公路工程人工、材料、设备价格信息价进行同比查询、环比查询，借助以往的历史价格信息进行预测分析未来价格变化趋势。

(7)从业人员查询。要求能够对系统中存储的从业人员信息，按照资格证类型、获得资格时间、培训情况、考试情况、年检考核情况、从业业绩情况、地区分布等条件分类统计查询。

此外，造价数据查询应具有开放性。除了固定路径查询以上数据信息以外，系统应预留接口，为日后根据管理需要扩展查询功能留有可能，同时适度放开权限，允许不同使用者根据个性化、差异化的需求，自行设计规则查询所需信息。

11.2.2　造价数据查询信息化

根据造价数据查询标准化设计，造价管理综合系统应实现该设计思路。图 11.10 是系统的造价数据查询模块（“综合查询分析”）界面。

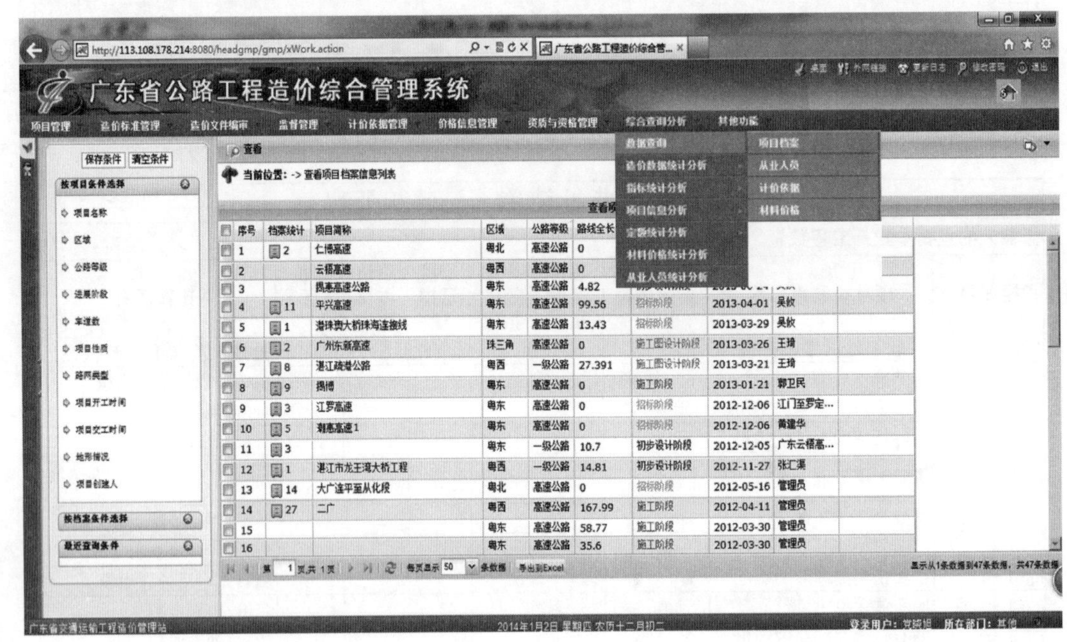

图 11.10　造价数据查询模块操作界面

数据查询模块提供了“数据查询”、“造价数据统计分析”、“造价指标统计分析”、“项目信息分析”、“定额统计分析”、“材料价格统计分析”、“从业人员统计分析”等查询功能菜单。

使用者可以通过点击“综合查询分析”→“数据查询”→“项目档案”打开项目档案查询界面，如图 11.11 所示。

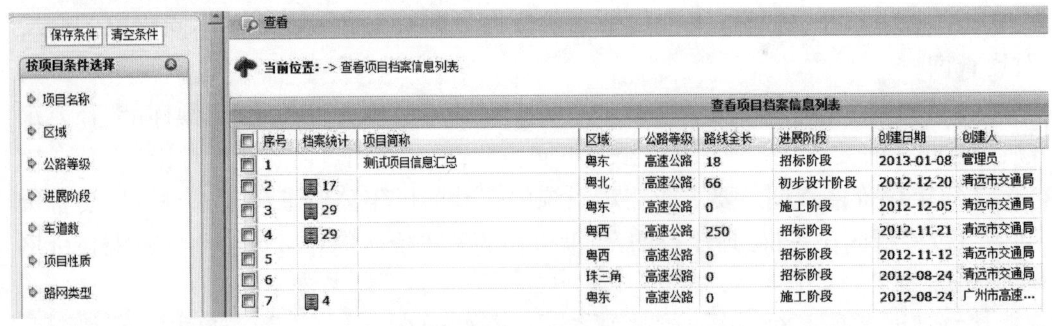

图 11.11　操作界面 1

使用者可以通过点击“综合查询分析”→“数据查询”→“从业人员”打开从业人员查询界面，如图 11.12 所示。

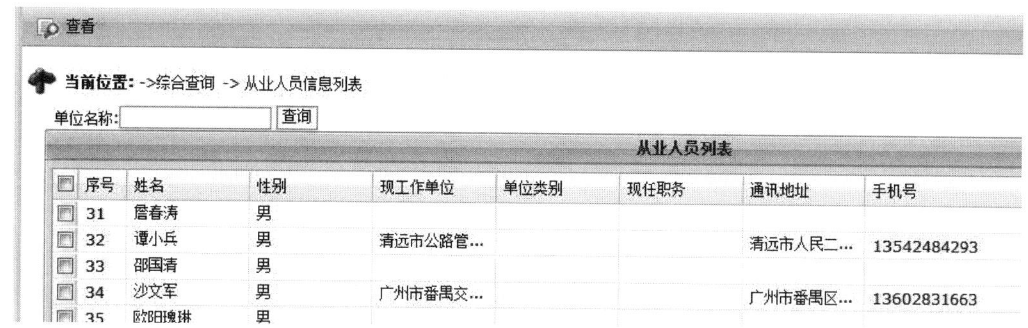

图 11.12 操作界面 2

使用者可以通过点击“综合查询分析”→数据查询”→“材料价格”打开材料价格查询界面,如图 11.13 所示。

图 11.13 操作界面 3

使用者可以通过点击“综合查询分析”→“数据查询”→“计价依据”打开计价依据查询界面,如图 11.14 所示。

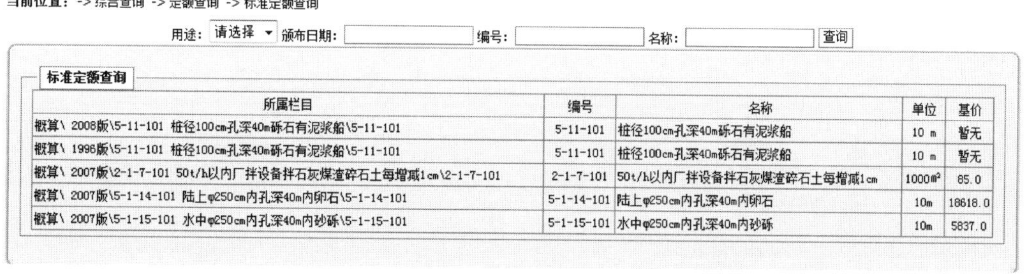

图 11.14 操作界面 4

使用者可以通过点击“综合查询分析”→“造价数据统计分析”→“纵向对比/横向对比/造价对比(标段)/交叉对比”打开造价数据统计分析查询界面,如图 11.15所示。

使用者可以通过点击“综合查询分析”→“造价指标统计分析”→“纵向对比/横向对比/造价对比(标段)/交叉对比”打开造价指标统计分析查询界面,如图 11.16所示。

项目查询条件

项目名称： 创建人：
项目性质：全部 路网类型：全部
项目开工时间：由 至 项目交工时间：由 至
区域：全部 公路等级：全部
车道数：全部 地形情况：全部
建设管理单位： 清除 主线路线全长(KM)：
路基长度(KM)： 支线里程(KM)：
桥梁长度(m)： 桥梁数(座)：
隧道长度(m)： 隧道数(座)：

图 11.15 操作界面 5

当前位置：综合查询分析->指标统计分析->纵向对比（综合指标分析）->项目筛选

查询条件

项目名称： 创建人：
项目性质：全部 路网类型：全部
项目开工时间：由 至 项目交工时间：由 至
区域：全部 公路等级：全部
车道数：全部 地形情况：全部
建设管理单位： 清除 主线路线全长(KM)：
路基长度(KM)： 支线里程(KM)：
桥梁长度(m)： 桥梁数(座)：
隧道长度(m)： 隧道数(座)：

图 11.16 操作界面 6

使用者可以通过点击“综合查询分析”→“项目信息分析”→“纵向对比/交叉对比”打开项目信息分析查询界面，如图 11.17。

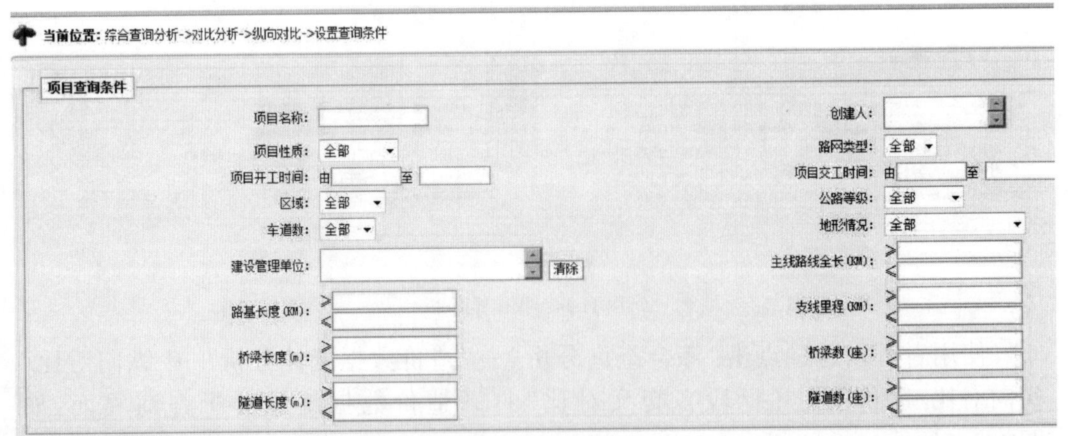

图 11.17 操作界面 7

使用者可以通过点击“综合查询分析 ”→“定额统计分析”→“定额对比”打开定额对比分析查询界面，如图 11.18 所示。

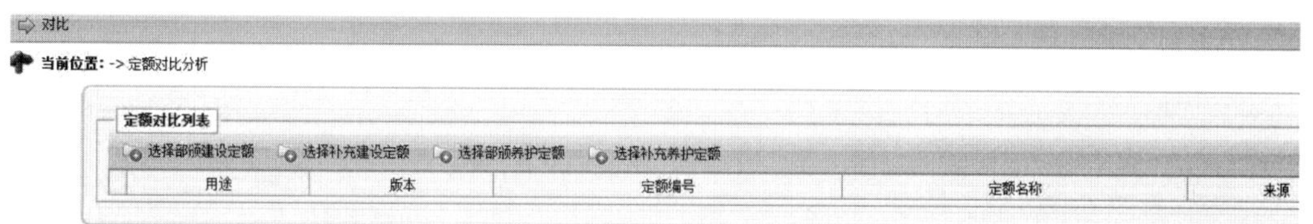

图 11.18　操作界面 8

使用者可以通过点击“综合查询分析”→“材料价格统计分析”打开材料价格统计分析查询界面,如图 11.19 所示。

图 11.19　操作界面 9

使用者可以通过点击“综合查询分析”→“从业人员统计分析”打开从业人员统计分析查询界面,如图 11.20 所示。

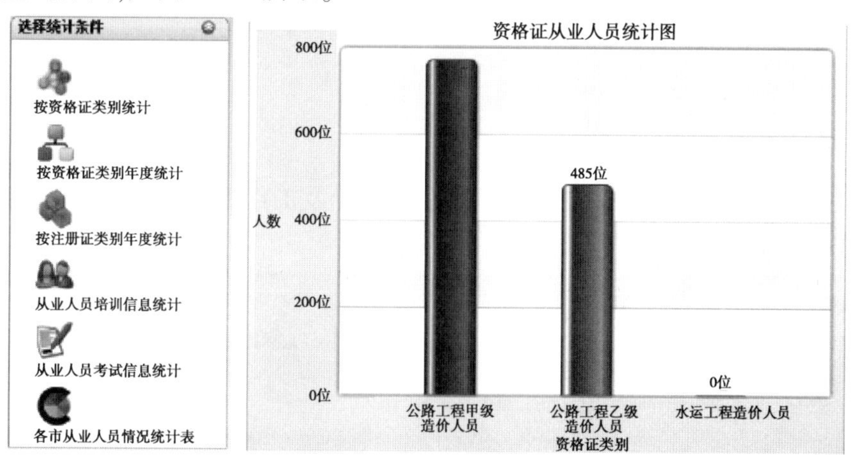

图 11.20　操作界面 10

11.2.3　示例

下面以查询某高速公路项目综合造价指标纵向对比情况为例,演示造价数据查询操作过程。

第一步:筛选项目。录入查询条件,选择查询项目”博深高速公路”,如图 11.21 所示。

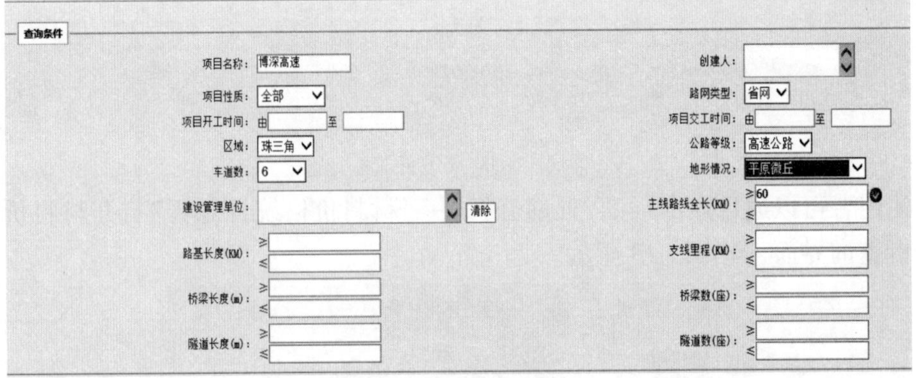

图 11.21　操作界面 1

第二步：设置项目对比阶段。勾选拟对比阶段，如图 11.22 所示。

已有条件

项目名称：博罗至深圳高速公路

选择阶段

- ☑可研阶段
- ☑初步设计阶段
- ☐施工图设计阶段
- ☐招标阶段
- ☐招标阶段（合同签订）
- ☐施工阶段(工程变更)
- ☐施工阶段(造价监督台帐)
- ☐交工验收文件
- ☐结算文件
- ☐竣工阶段

其他条件

数据类型：上报数据

图 11.22　操作界面 2

第三步：显示查询结果。可对两阶段造价变化及工程规模变化情况进行对比，如图 11.23 所示。

博罗至深圳高速公路综合指标纵向对比分析(右键单元格显示清单数据)

指标编号	项目或费用名称	单位	计算公式	可研阶段（参考指标）		初步设计阶段			平均值
				计算式	指标值	计算式	指标值	对比值	
z-1	建安工程路线总长度造价指标	元/公路公里	本项合价/路线总长度…	(617554000…（来源于项目…	97667879.17	(59910319…（来源于项…	94854843.26	-2813035.92	96261361.21
z-3	建安工程造价占比	%	建安费/公路基本造价	((61755400…（来源于项目…	67.64	((5991031…（来源于项…	69.71	2.07	68.68
z1-1	临时工程路线总长度造价指标	元/公路公里	本项合价/路线总长度…	(27173800.0…（来源于项目…	429761.19	(38074300…（来源于项…	602822.99	173061.80	516292.09
z1-3	临时工程造价占比	%	本项合价/建安费	((27173800.…（来源于项目…	0.44	((3807430…（来源于项…	0.64	0.20	0.54
z2-1	路基工程路线总长度造价指标	元/公路公里	本项合价/路线总长度…	(580324700.…（来源于项目…	9177996.20	(50405260…（来源于项…	7980566.81	-1197429.39	8579281.51
z2-2	路基工程路基长度造价指标	元/km	本项合价/路基长度（…	(580324700.…（来源于项目…	18780734.63	(50405260…（来源于项…	21675020.43	2894285.80	20227877.53
z2-5	路基工程造价占比	%	路基工程费用/建安费	(580324700.…（来源于项目…	0.09	(50405260…（来源于项…	0.08	-0.01	0.09
z2-6	路基长度占比	km/公路公里	指路基长度/路线总长…	((30.90/63.2…（来源于项目…	48.87	((23.26/63…（来源于项…	36.82	-12.05	42.84

图 11.23　操作界面 3

11.3 造价数据积累与查询的标准化与信息化优势

目前,全国27个省开展了造价资料的收集积累工作,按照资料存储方式的不同,分为纸质存储、计算机存储和数据库存储三类,其中13个省开发了数据库,积累挖掘造价数据。据了解,交通运输部也已着手推进全国性的公路造价管理大数据平台的建设。通过对造价数据的标准化与信息化处理后,历史造价数据得到更全面、更持久、更规范的保存,数据积累内容更丰富,数据应用更充分,为未来的公路建设项目造价管理可提供大量有益经验和参照标准。

11.3.1 数据积累更丰富

过去,由于缺少系统规划,大量有价值的造价数据往往分散在不同岗位工作人员的手中或计算机中,甚至部分数据未被重视,未能留存下来。分散管理的数据一方面容易遗失,另一方面,由于个人存储习惯不同,可能会难于追溯本源,降低利用价值。进行标准化与信息化设计后,对需要积累存储的造价数据信息的种类、存储方式、工作程序、主要内容均进行了规定并集中存储,为最大化利用历史数据,挖掘公路工程的价值规律和价格规律提供了可能。

11.3.2 数据利用更充分

以往,由于技术条件限制,造价资料往往以纸质形式保存,容易丢失且查找、分析困难。进入计算机时代后,造价管理部门逐渐运用电子计算机对已完工项目的造价资料进行编目存储,建立检索和借阅管理系统。但一方面,造价数据本身缺乏统一的编制规则,数据繁杂、规律性不强;另一方面,各种造价数据也缺乏统一的存储标准,造成数据利用难度较大,可利用价值不高。标准化与信息化处理后,避免了数据接口不同带来的信息孤岛问题;利用数据库技术,采用统一的数据格式、编码规则,设计研发大量分析数据的工具,仅造价指标清单列表中的造价指标统计就多达一千多项,为项目造价管理提供了大量准确、详尽的数据支撑。

本章小结

本章从数据积累类型、数据标准两方面介绍了造价数据积累标准化方法,从基础数据查询、造价数据查询、造价指标查询、项目信息查询、计价标准查询、市场价格查询、从业人员查询等方面介绍了数据查询标准化方法。介绍了开发的造价管理综合系统中数据积累与查询相关模块的功能并示例了使用方法。分析了造价数据积累与查询标准化与信息化优势。

12　造价数据的系统集成与分析技术

交通运输行政管理部门、造价管理机构、建设单位、施工企业是与公路造价管理关系最为紧密的利益攸关方，其在造价管理中的利益关切点各有不同。交通运输行政管理部门是代表政府行使行业主管职能的部门，关注造价总体控制情况、资金计划落实程度、社会效益；造价管理机构受其委托，负责具体事务性工作，关注造价管理各环节的规范性、完备性和准确性；建设单位负责项目实施，更为关心的是合理的工程造价能否为质量和工期目标提供支撑，同时关注投资效益和竣工决算是否合规；施工企业参与投标、开展生产经营活动，关心的是投标报价的风险性和合同价的抗风险能力。在构建公路工程造价综合管理系统过程中，应充分考虑各方需求，以求实现交通运输行政管理部部门、造价管理机构、建设单位、施工企业等造价相关方可以充分利用和借助信息化平台提供的数据信息和管理手段，找准工作抓手，降低工作风险，提高工作绩效，寻找利益平衡点，最终实现工程造价的合理确定和有效控制。

未来的公路工程造价标准化和信息化技术的发展将更为精细，功能分类更趋明晰，造价大数据建设的顶层设计架构更为科学。片区管理、分层设计、关注个人需求和项目造价深度等技术将得以广泛应用。

12.1　片 区 管 理

片区管理即一定地域范围内的公路造价管理工作，交通运输管理部门、造价管理机构予以高度关注。下面分别从工作关注点和工作抓手两方面讨论交通运输管理部门和造价管理机构如何利用综合管理平台，开展片区管理工作。

12.1.1　交通运输管理部门——行业管理

(1)关注点。交通运输管理部门关心公路建设资金计划控制落实情况。片区管理中，关注片区范围内“三超”项目(批复概算超估算、预算超概算、决算超概算)比重，超额的幅度和发生“三超”的原因，以及工程变更情况，包括重大变更数量、涉及金额、批复情况和变更原因。总结经验、汲取教训，以便日后改善提高。

(2)工作抓手。综合管理系统积累了片区内全部公路建设项目估算、概算、预算、招标控制价(清单预算)、合同价、造价台账、变更预算、工程结算、竣工决算等各阶段造价信息，并从交通运输行业管理需要出发，设计开发了统计指标，为交通运输行业部门了解和掌握片区公路建设项目“三超”情况提供了简洁有效的工具。

使用者可以通过点击“综合查询分析”→“造价数据统计分析”→“纵向对比”，选择对比建设阶段估算、概算、预算、决算，筛查“三超”项目，显示每个“三超”项目超额环节以及超额幅度。同时对比“三超”项目各阶段造价数据,着重查看突出显示的超额费用单元,分析原因,总结经验,为后续公路建设项目造价监管能力的提高提供可借鉴意见,如图 12.1 所示。

	A	B	C	D	E	F	G	H	I	J	K
1					广州至河源高速公路广州段 造价数据(项目清单)纵向对比						
2	项	目	节	细目	工程或费用名称	单位	初步设计阶段				
3							工程量	概算金额	经济指标	工程量	预算金额
4					第一部分 建筑安装工程费	公路公里	202.327	10119308703.19	50,014,623.37	24.896	1321249277.00
5	一				临时工程	公路公里	202.327	98458607.43	486,631.08	24.896	29435511.00
6		1			临时道路	km	227.790	32019602.43	140.566.32	20.064	6286032.00
7			1		临时便道的修建与维护	km					
8			2		原有道路的维护与恢复	km					
9		2			临时便桥	m/座	4,483.000/6.000	24299142.24	4,049,857.04	170,000.000/3.000	3968122.00
10		3			临时轨道铺设	km	47.006	1261975.26	26,847.11	2.900	224592.00
11		4			临时电力线路	km	185.915	10086447.57	54,253.01	9.000	4072671.00
12		5			临时电讯线路	km	139.015	464447.57	3,340.99	0.000	89855.00
13		6			临时码头	座					
14		7			拌和设施安拆及其他临时工程	处/m2	40.000	30326992.36	758,174.81	1.000/1,200.00	14794239.00
15			1		路面稳定粒料拌和设施安拆及场地处理	座/m2					
16			2		沥青混合料拌和设施安拆及场地处理	座/m2					
17			3		水泥混凝土拌和设施安拆及场地处理	座/m2					

图 12.1 操作界面 1

12.1.2 造价管理机构——业务管理

(1)关注点。造价管理部门关心造价确定与控制各环节的完备性,关注造价的核定有据可依、程序得当、符合规定。片区管理中,造价管理部门更为关注片区公路建设项目造价文件编制质量以及施工阶段工程设计变更环节基建程序的执行情况。

(2)工作抓手。造价综合管理系统积累了片区全部公路建设项目各阶段造价文件编制质量的评分结果以及造价管理台账文件等。为造价管理部门了解和掌握造价文件编制质量以及设计变更程序执行情况,进而掌握建设项目资金使用依据和程序的合规性,提供了精细化的分析工具。

①造价文件编制质量。可以通过综合管理系统进入造价文件编审单机版工具软件,对各类造价文件进行综合评分,了解各造价文件编制质量综合评分值,如图 12.2 所示。

重新评分　评当前项　重新统计　清除锁定　显示统计　评分标准 广东项目清单预算2011版

	忽略	预算项目节	清单子目号	名称	单位	数量	设计数量1	设计数量2	扣分原因	是否超标	标准分值	扣分	锁定
1	☐	⊟ 1		第一部分 建筑安装工程费	公路公里		7.817			☐	1		☐
2	☐	⊟ 1-1		临时工程	公路公里		7.817			☐	1		☐
3	☐	⊟ 1-1-1		临时道路	km		11.046			☐	1		☐
4	☐	⊟ 1-1-1-1		临时便道的修建与维护	km		11.046		深度超出	☑	1		☐
5	☐	⊟	103-1	临时道路、便桥工程					深度超出	☑	2		☐
6	☐		103-1-1	临时道路修建、养护与拆除(包括	总额	1.050			深度超出;名称错误	☑	2	-1	☐
7	☐	⊟ 1-1-2		临时便桥	m/座		819.000	8.400		☐	1		☐
8	☐	⊟	103-1	临时道路、便桥工程						☐	2		☐
9	☐	⊟	103-1-2	临时便桥修建、养护与拆除(包括					名称错误;单位错误	☐	2	-2	☐
10	☐		103-1-2-1	普通临时便桥	总额	1.050			新增清单子目	☐	2		☐
11	☐		103-1-2-2	水上钢栈桥	总额	1.050			新增清单子目	☐	2		☐
12	☐	⊟ 1-1-4		临时电力线路	km		2.835			☐	1		☐
13	☐	⊟	103-3	临时供电设施						☐	2		☐
14	☐		103-3-1	设施架设、拆除	总额	1.050				☐	2		☐

	章节编号	章节名称	标准分小计	扣分小计	实际得分	占总标准分%	最终得分	百分制分%
1	1	第一部分 建筑安装工程费	1602	-110	1492	98.2219	91.4776	93.1336
2	1-1	临时工程	57	-6.5	50.5	3.4948	3.0963	88.5965
3	1-2	路基工程	168	-5	163	10.3004	9.9938	97.0238
4	1-4	桥梁涵洞工程	460	-30.5	429.5	28.2036	26.3336	93.3696
5	1-5	交叉工程	574	-26	548	35.1931	33.599	95.4704
6	1-7	公路设施及预埋管线工程	325	-41	284	19.9264	17.4126	87.3846
7	1-10	建安工程其他费用	17	-1	16	1.0423	0.981	94.1176
8	2	第二部分 设备及工具、器具购	1	0	1	0.0613	0.0613	100
9	3	第三部分 工程建设其他费用	1	0	1	0.0613	0.0613	100
10	4	其它部分	27	-1	26	1.6554	1.5941	96.2963

标准分合计	1631
扣分合计	-111
最终得分合计	93.1944
超标准(预)	76
超标准(清)	346
超标准合计	422
附加分	5
质量分	98.1944

图 12.2 操作界面 2

②工程变更环节基建程序执行情况,可以通过点击造价综合管理系统“监督管理”→“监督检查统计”→“变更检查表”,显示在建或已完工的公路项目统计期内发生变更的批复核准情况,并详细显示未批复核准但已发生的工程变更名称、变更内容、变更金额等详细信息。方便造价管理部门从整体和细部不同角度了解公路建设项目变更程序的执行情况和存在突出问题的项目及类型,为日后专项治理指明方向,如图 12.3、图 12.4 所示。

图 12.3 操作界面 3

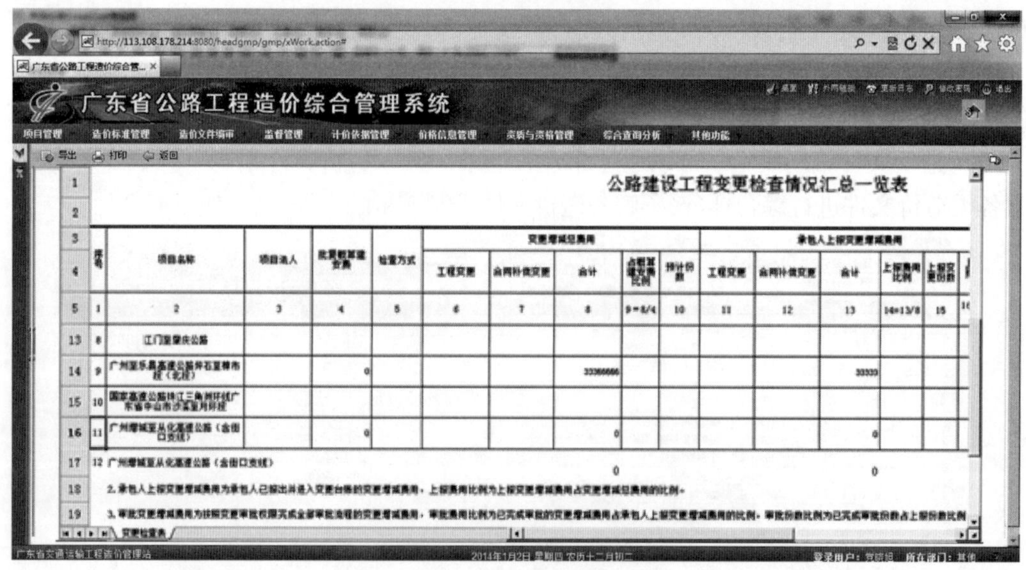

图 12.4 操作界面 4

12.2 层次管理

不同行政等级、技术等级的道路,建设资金来源不同,造价管理的侧重点也有所差异。例如,根据建设资金来源方式及特点,可以把高速公路建设项目分为国家高速公路网(以下简称“国高网”)和省级高速公路网(以下简称“省高网”)项目,国省道项目(以下专指非高速公路的国省道项目),县乡公路项目和村道项目。下面分别针对不同管理层次即不同项目类型,分别从工作关注点和工作抓手两方面讨论交通运输管理部门和造价管理机构如何利用建立的造价管理信息化平台,分层次开展造价管理工作。

12.2.1 “国高网”、“省高网”项目造价管理

(1)交通运输管理部门——行业管理。“国高网”、“省高网”项目建设资金通常采取两类渠道筹集,一是政府财政提供资本金,剩余部分通过银行贷款筹集,发展政府还贷公路;或是采用多元化融资方式,引入社会力量投资兴建经营性收费公路。不论是政府还贷公路还是经营性公路,都要通过收取通行费偿还贷款或回报投资人。根据《收费公路管理条例》规定,公路收费标准和时限取决于公路建设成本。在目前公路收费标准和收费时限引起社会极大关注的背景下,交通运输管理部门对“国高网”、“省高网”项目的建设成本更趋关注,希望通过有效的监督,控制项目建设成本,引导收费标准不至过高,使收费标准经得起审计,降低社会对行业的不满,减少关注度。因此,交通运输主管部门关注“国高网”、“省高网”项目的资金使用控制情况,关心项目有没有“三超”,工程设计变更是否合理。

可以通过综合管理系统的“综合查询”模块,通过“条件筛选”,选择项目类型,对统计期内建成的“国高网”、“省高网”项目,显示各阶段造价差异(图 12.5),判断是否是“三超”项目,分析超额计价单元及原因,为交通运输管理部门进一步分析决策提供参考。

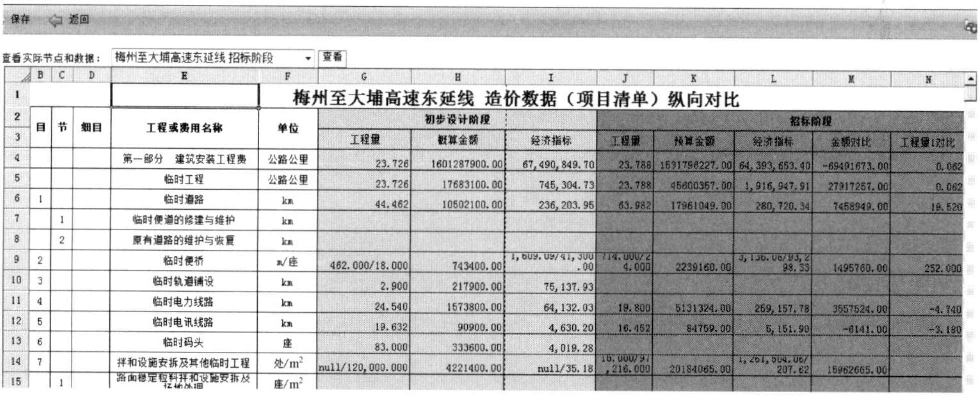

保存 返回

查看实际节点和数据：梅州至大埔高速东延线 招标阶段 查看

梅州至大埔高速东延线 造价数据(项目清单)纵向对比

目	节	细目	工程或费用名称	单位	初步设计阶段			招标阶段				
					工程量	概算金额	经济指标	工程量	预算金额	经济指标	金额对比	工程量1对比
			第一部分 建筑安装工程费	公路公里	23.726	1601287900.00	67,490,849.70	23.788	1531796227.00	64,393,653.40	-69491673.00	0.062
			临时工程	公路公里	23.726	17683100.00	745,304.73	23.788	45600357.00	1,916,947.91	27917257.00	0.062
1			临时道路	km	44.462	10502100.00	236,203.95	63.982	17961049.00	280,720.34	7458949.00	19.520
	1		临时便道的修建与维护	km								
	2		原有道路的维护与恢复	km								
2			临时便桥	m/座	462.000/18.000	743400.00	1,609.09/41,300.00	714.000/24.000	2239160.00	3,136.06/93,298.33	1495760.00	252.000
3			临时轨道铺设	km	2.900	217900.00	75,137.93					
4			临时电力线路	km	24.540	1573800.00	64,132.03	19.800	5131324.00	259,157.78	3557524.00	-4.740
5			临时电讯线路	km	19.632	90900.00	4,630.20	16.452	84759.00	5,151.90	-6141.00	-3.180
6			临时码头	座	83.000	333600.00	4,019.28					
7			拌和设施安拆及其他临时工程	处/m²	null/120,000.000	4221400.00	null/35.18	16.000/97,216.000	20184065.00	1,261,504.06/207.62	15962665.00	
	1		路面稳定粒料拌和设施安拆及[illegible]	座/m²								

图 12.5 造价差异对比

亦可通过“监督管理”→“监督检查统计”→“变更检查表”,查看项目的重大变更事项、批复情况,掌握工程变更情况。

(2)造价管理机构——业务管理。造价管理机构要做好“国高网”、“省高网”项目的造价审查和过程监督。在进行项目各阶段造价数据审查时,可以充分利用综合管理系统提供的单元指标和分项指标,统计与审查项目类似的历史项目的造价数据,为判断“国高网”、“省高网”项目各项费用合理性提供参考。

12.2.2 国省道项目造价管理

(1)交通运输管理部门——行业管理。国省道项目建设资金主要来源于一定比例的燃油税收入拨款和地方财政投入。由于燃油税投入主要考虑公路养护资金,地方财政对交通运输支持的能力和力度有限,国省道项目一般都是定额投入、投资总额限定的资金模式。因此,交通运输管理部门较为关注国省道项目的建设质量,担心投资总额限定情况下出现劣质工程。所以,交通运输行业部门更关注设计方案、施工组织合理性,侧重方案比选和资金投入时机的选择,既不能一味不顾质量地压低造价,更不能盲目地把一些没有经过大量实践验证,可靠性还不确定的新技术新工艺用进去,增加质量风险和工程成本。鉴于这类需求,交通运输管理部门可以根据待建项目的地形、地质条件、建设标准,梳理系统中存储的历史项目,利用综合管理系统提供的分项指标和单元指标,统计类似历史项目和待建项目推荐方案的造价指标,进行横向对比,在决策阶段,以此作为判断项目推荐方案的合理性的初步参考。

(2)造价管理机构——业务管理。造价管理机构在项目设计阶段,要充分利用造价影响方案设计。利用综合管理系统提供的单元指标和分项指标,对系统存储的类似历史项目进行统计,获得有指导意义的造价指标作为控制设计的依据。在方案论证阶段,利用综合管理系统提供的单元指标对备选设计方案进行统计,查找和分析方案异同,推荐技术上可行、经济上合理的方案;在项目实施阶段,借助类似历史项目的单元统计指标和分项统计指标,做好招标清单预算、管理台账、变更预算、竣工决算等造价文件审查,保证每一环节建设费用合理合规。

12.2.3 县乡公路项目造价管理

(1)交通运输管理部门——行业管理。县乡公路项目多由地方政府自筹建设资金,上级财政根据公路等级予以一定数额的差额补贴。由于县乡财政一般都是“吃饭”财政,经费紧张,时常出现县乡公路上级财政补贴被挪用的现象。因此,交通运输管理部门常常关注县乡公路项目补贴是否确实用于项目建设。可以通过登录综合管理系统,操作综合查询模块,查看拨款项目的造价管理台账文件和竣工决算文件,了解拨款去向。

(2)造价管理机构——业务管理。造价管理部门一要做好施工阶段的造价监督,通过重点检查建设单位通过系统上报、存储的项目自查报告和台账文件,了解项目进展和资金使用进度;二要做好竣工阶段的决算审查,重点了解工程结算及合同支付情况,确保资金未被挪用。

12.2.4 村道项目资金管理

(1)交通运输管理部门——行业管理。村道项目也是由地方政府自筹资金,上级财政差额补贴,但是补贴的标准一般更低。对于资金困难的村道建设,交通运输管理部门主要关心补助项目是否落实,技术方案是否达到最低技术要求。例如,陕西省农村村道建设实施“群众打底子、政府铺面子”的鼓励政策,对村道铺装进行定额补助。

因此,交通运输管理部门主要关心路面是否铺装,厚度是否达到技术要求等。交通运输行业部门可以通过查询综合管理系统中存储的村道项目决算文件,了解实际完成的工程量,掌握项目是否实施,是否达到了最低技术要求。

(2)造价管理机构——业务管理。造价管理部门在方案论证阶段重点审查项目技术方案是否满足最低技术要求。实施阶段,重点审查造价台账记录的实际完成工程量与设计的一致性以及变更的合理性。竣工阶段,重点审查决算工程量与设计工程量的一致性以及变化的原因。

12.3 个人管理

对造价从业人员管理、加强从业队伍建设,也是交通运输管理部门及其造价管理机构的主要职责之一。下面分别从工作关注点和工作抓手两方面讨论交通运输管理部门和造价管理机构如何利用造价管理信息化平台,开展个人管理。

12.3.1 交通运输管理部门——行业管理

(1)关注点。交通运输行业部门关注本区域内公路造价从业人员的总体情况,包括资格持证数量、执业总体水平、从业质量和信用情况。

(2)工作抓手。综合管理系统积累了在本地区注册的所有公路造价从业人员的资格、年检、继续教育培训、业绩信用等信息,并根据交通运输行业部门的管理需要开发设计了统计工具,为行业部门及时了解企业、人员情况提供了支撑。

可通过综合管理系统操作“资质与资格管理”→“人员基本信息”,按照获取从业资格时间显示在本地区注册的所有甲、乙级公路造价人员的姓名、年龄、性别、持证类型、所在单位、统计期内继续教育、工作业绩和信用信息。也可以通过操作界面左侧“从业人员信息视图”,选择性地显示甲、乙级人员的基本信息;还可以通过操作界面左侧“人员信息模块”→“业绩信息”,显示从业人员的工作业绩信息,如图 12.6 所示。

图 12.6 人员信息

12.3.2 造价管理机构——业务管理

(1)关注点。造价管理机构负责造价从业人员的具体业务管理。关注对造价从业人员的执业监督、年检和信用评价的及时性、客观性、准确性。

(2)工作抓手。综合管理系统积累了在本地区注册的所有甲乙级持证人员的个人基本信息、继续教育情况、统计期内的全部造价业绩和所有造价文件编制质量评分结果。这为造价管理机构开展造价从业人员的资格年检、执业监督和信用评价提供了客观详实的基础信息。

在施工阶段,进行从业人员持证情况检查时,可以对照造价从业人员基本信息库检查落实是否持证;年检时,根据信息库记录的持证、业绩和继续教育情况,判断是否具备年检通过条件;信用评价时,利用信息库记录的造价从业人员工作质量评分结果,综合进行信用评价。

12.4 项目分析

对于具体公路建设项目,造价管理部门关心项目造价水平是否合理,是否有造价失控风险;建设单位关心成本与工程进度、质量、安全的平衡,资金使用能否顺利通过决算;施工企业关心如何报价能达到中标和收益平衡。下面将分别讨论造价管理部门、建设单位、施工企业如何利用造价综合管理信息化平台,把握造价风险。

12.4.1 造价管理机构

(1)关注点。对于具体建设项目,造价管理部门关心资金使用是否依据充分、符合规定,项目造价是否符合工程规律和价格规律。

(2)工作抓手。考虑到类似工程结构物,在人、材、机消耗方面有相似性。综合管理系统积累了丰富的历史项目数据信息,并开发设计了大量统计指标对历史项目造价信息进行挖掘。

可以利用综合管理系统提供的分项指标和单元指标,对与关注项目和与关注项目地形条件、沿线环境、建设标准相类似的历史项目造价数据分别进行统计,并进行横向比照分析;同时对关注项目系统中存储的各阶段造价数据进行纵向对比分析,结合横向分析和纵向分析的结果,综合判断项目造价合理性。

12.4.2 建设单位

(1)关注点。对于具体建设项目,建设单位关心资金使用能否顺利通过决算审查(计),特别是工程设计变更依据是否充分,新增价格是否合理,工程量变化是否有据可循。

(2)工作抓手。可以利用综合管理系统积累的历史项目信息,查找与要求变更部位地形条件、沿线环境、建设标准相类似的历史项目,分析历史项目对应部位的施工方案、单价标准和造价水平,判断变更的合理性,也可以利用系统提供的分项指标和单元指标对历史项目对应部位造价水平进行统计,进行横向比照,分析变更合理性。

12.4.3 施工企业

(1)关注点。招投标阶段,施工企业报价过高无法中标,报价过低一旦中标面临亏损风险。对报价风险进行科学分析,了解多大概率能中标,多大概率有亏损风险,对施工企业极为重要。

(2)工作抓手。综合管理系统积累了大量历史项目招标控制价、合同价、结算价和决算价信息。通过查找类似历史项目招标控制价、合同价、结算价和决算价信息,以及相应的材料价格信息,并采用系统提供的分项指标和单元指标对历史项目造价数据进行统计,结合当前材料价格和企业自身实际,可以把握报价可能中标的价格区间和报价风险。

本章小结

本章从工作关注点和工作抓手两方面分别讨论了交通运输管理部门和造价管理机构如何利用综合管理系统,开展片区、不同层次路网项目(国高网、省高网项目,国省道项目,县乡公路项目、村道项目)的造价管理工作和从业人员管理,以及造价管理部门、建设单位、施工企业如何利用造价综合管理系统把握项目建设造价风险。